ChatGPT
챗GPT를 활용한 기초 전산회계

이선표 지음

도서출판
어울림
www.aubook.co.kr

　오픈 AI인 챗GPT, 빅데이터, 클라우드 컴퓨팅 등과 같은 지능정보통신기술을 활용하여 다양한 의사결정을 하고 있으며, 이런 지능정보통신기술의 도입에 따라 의사결정에 필요한 회계정보를 보다 정확하게 제공해 주기를 요구하고 있다. 따라서 과거와 같은 방식으로 회계처리를 해서는 기업과 관계된 이해관계자들의 의사결정과정에서 요구하는 정확하고 예측 가능한 회계정보를 제공하는 것은 쉽지 않다.

　지능정보통신기술을 경영 환경에 적용함에 따라 회계담당자는 일반기업회계기준에 의한 이론적 지식을 단순하게 학습하기보다는 다양한 지능정보통신기술을 활용하여 회계처리능력을 가져야만 다양하게 요구하는 회계정보를 신속·정확하게 제공할 수 있으므로 실무에서도 수월하게 적용할 수 있다. 이런 변화에 대학교에서도 일반기업회계기준에 의한 이론 중심의 교육과정에 지능정보통신기술을 활용한 회계프로그램 사용 능력을 배양할 수 있는 실무 교육과정을 추가하여 회계교육을 다양화 하고 있다.

　본 교재는 회계에 관한 전문적인 지식이 적지만, 실무에서 필요로 하는 전산회계를 배워보겠다는 초보 학습자가 쉽게 학습할 수 있도록 챗GPT를 활용하여 개발하였다. 즉, 초보 학습자의 눈높이에 맞게 챗GPT를 활용하여 집필된 본 교재를 통해 회계에 대한 기본적인 내용과 회계프로그램 사용방법을 학습한다면, 기업의 회계업무에 대해 회계프로그램으로 처리하는 실무능력을 가질 수 있을 뿐만 아니라 정보통신기술을 활용할 수 있는 능력도 가질 것이다.

　다수의 전산회계 관련 교재가 회계이론 학습 부문과 회계프로그램 학습 부문을 구분하여 설명함으로써 이론과 실무를 동시에 학습하는 데 있어서 다소 어려움이 있다. 본 교재에서는 이러한 것을 해결하고자 하였으며, 동시에 한국세무사회에서 실시하는 국가공인 '전산회계2급' 자격시험에 초점을 맞춰 이론 학습과 실무 학습을 동시에 할 수 있도록 구성하였다. 따라서 회계프로그램을 처음 접하는 학습자들이 본 교재로만 학습하여도 이론을 바탕으로 실무를 학습할 수 있기에 전산회계 관련 자격증도 어렵지 않게 취득할 수 있을 것으로 생각한다.

　본 교재는 저자가 대학에서 많은 기간을 걸쳐 전산회계 관련 강의를 하면서 ⑴ 학습자가 반드시 알아야 하는 사항, ⑵ 실무에서 꼭 필요로 하는 사항, ⑶ 다른 교재에 포함되지 않았지만 실무를 처리하는 데 있어 필요로 하는 사항 등에 대해 학습자 눈높이에 맞춰 설명함으로써 학습자가 회계프로그램에 대한 자신감을 갖도록 하였다. 이러한 저자의 노력에도 불구하고 교재의 내용이 완벽하지 않을 수 있으므로 본 교재를 통해 학습하는 과정에서 수정해야 할 부분이 있거나 더 좋은 방향으로 나아갈 수 있는 의견을 제시해준다면 향후 개정판을 출판할 때 최대한 반영하여 전산회계를 처음 접하는 학습자에게 도움을 주고자 노력할 것이다.

　끝으로 본 교재가 출간될 수 있도록 격려해 주고 큰 힘이 되어 준 가족에게 진심으로 감사하며, 본 교재의 발행을 위해 다양한 지원을 해준 도서출판 어울림 허병관 사장님과 편집부 여러분께도 진심으로 감사드린다.

2025년 12월
저자

Chapter 03 회계의 기초 / 47

Chapter 04 회계정보의 생성 / 75

Chat GPT Chapter 08 재고자산 / 180

ChatGPT Chapter 09 유형자산 / 207

Chat GPT Chapter 10 │ 부채와 자본 / 232

Chat GPT Chapter 11 수익과 비용 / 252

Chapter 14 데이터관리 / 313

Chapter 15 종합연습문제 / 320

01 전산회계의 이해

제1절 전산회계의 기초

1. 전산회계의 필요성과 기대효과

(1) 전산회계의 필요성

인공지능을 활용한 챗GPT, 빅데이터 및 클라우드 컴퓨팅 등과 같은 지능정보통신기술의 발전으로 인하여 기업 환경은 급격하게 변하고 있으므로 과거와 같은 방식으로 업무를 처리해서는 기업에서 필요로 하는 경영 및 회계정보를 제공하는 것은 한계에 부딪힌다. 특히, 급변하는 글로벌 환경에 처해있는 기업의 경영자는 사업과 관련된 의사결정을 함에 있어서 경영 및 회계정보의 신속하고 정확한 제공을 요구하고 있으므로, 과거와 같은 업무처리를 해서는 기업의 의사결정에 필요로 하는 경영 및 회계정보를 신속하게 전달하는 것은 쉽지 않다.

이런 이유로 인해 기업은 다양한 지능정보통신기술을 활용하여 회계업무를 전산화하고 있으며, 이에 따라 회계담당자들도 지능정보통신기술을 활용한 회계처리 능력을 갖추는 것은 필요하다. 이런 환경 변화에 맞춰 대학에서도 이론을 중심으로 진행하는 교육과정을 대폭 개편하여 회계이론과 회계실무, 전산회계 및 지능정보통신기술 활용한 기업정보처리를 할 수 있도록 교육과정을 운영하고 있다.

를 활용한 학습

전산회계는 기업의 효율적인 운영과 정확한 재무관리를 위해 필수적이며, 전산회계의 필요성은 다음과 같다.

(1) 업무 효율성 향상

　① 자동화 : 수작업으로 처리하던 전표 입력, 계산, 장부 작성 등을 자동으로 수행해 시간과 노력을 절약한다.

　② 속도 : 대량의 데이터를 빠르게 처리하고, 실시간으로 재무상태를 파악할 수 있다.

(2) 정확성 보장

　① 오류 감소 : 자동 계산을 통해 사람이 저지르는 실수를 줄이고, 정확한 데이터를 제공한다.

　② 데이터 검증 : 입력된 정보에 대한 검증과 오류 탐지가 쉬워진다.

(3) 데이터 관리 및 분석 용이

　① 체계적 저장 : 대량의 데이터를 체계적으로 저장하고 관리할 수 있다.

　② 다양한 분석 가능 : 재무제표, 손익계산서, 현금흐름표 등을 쉽게 작성하고 분석할 수 있다.

(4) 비용 절감

　① 인력 비용 절감 : 반복 작업을 줄여 인력에 대한 부담을 낮춘다.

　② 운영 효율성 : 재고관리, 세금신고 등 다양한 업무를 효율적으로 처리해 비용을 절감한다.

(5) 법규 및 규정 준수 용이

　① 세무 신고 편의 : 부가가치세, 원천세 등 세무 신고를 간편하게 처리한다.

　② 정책 변화 대응 : 세법이나 회계 기준 변경 시 빠르게 적용 가능하다.

(6) 의사결정 지원

　① 실시간 정보 제공 : 경영진이 실시간으로 재무상태를 파악해 전략적 결정을 내릴 수 있다.

　② 보고서 작성 : 다양한 형태의 보고서를 자동 생성해 경영 성과를 분석한다.

보충 전산회계의 필요성에 대해 ChatGPT의 답변을 보면, 기업이 재무 및 회계 데이터를 효율적으로 처리하고 관리하는 데 매우 중요한 역할을 할 것이라 하였다. 물론 회계의 많은 부분이 국제회계기준을 통해 전 세계적으로 통일화되어 있지만, 국가마다 가진 특수한 환경으로 인해 차이가 있으므로 정확성 여부를 판단하고, 그러한 정보의 신뢰성은 전문가의 판단이 중요하게 될 것으로 생각한다. 한편, Open AI를 활용하여 전산회계를 학습하는 방법에 대해 ChatGPT의 답변을 보면, 다양한 방법을 제시하고 있으나 그중에서 전산회계 시뮬레이션은 학습자에게 있어 실제 업무에 적용 가능한 기술적 능력을 키우는 데 의미 있는 역할을 할 것으로 생각한다.

를 활용한 학습

OpenAI를 활용해 전산회계를 효율적으로 학습하는 방법은 다음과 같다.

(1) AI 튜터로 활용하기 : 대화형 학습

　① 질문과 답변 : 전산회계 이론이나 실무에 대한 궁금한 점을 바로 물어보고 이해할 때까지 설명을 들을 수 있다.

　② 맞춤형 피드백 : 틀린 문제를 분석하고, 약점을 보완할 수 있는 학습 계획을 제시받을 수 있다.

　③ 예시와 연습 문제 제공 : 분개 처리, 재무제표 작성 등 실무 예시와 연습 문제를 요청해 실력을 키울 수 있다.

(2) 코드와 자동화 : 파이썬을 활용한 전산회계 실습
  ① 파이썬으로 회계 자동화 : 엑셀 파일에서 데이터를 불러와 분개나 합계 처리 자동화. 또한 Pandas 라이브러리를 활용해 대량 데이터를 빠르게 분석.
  ② 스크립트 작성 학습 : 반복적인 회계 작업을 파이썬 코드로 작성해 실무 활용 능력을 높일 수 있다.
  ③ AI로 오류 검증 : 작성한 코드를 검사하고 개선 방안을 제안 받아 코딩 능력도 함께 향상.

(3) 맞춤형 학습 플랜 설계
  ① 레벨 진단 테스트 : 현재 실력을 평가하고, 초·중·고급에 맞는 학습 계획을 추천받는다.
  ② 커리큘럼 구성 : 회계이론, 전산회계 1급·2급, 실무활용까지 단계별 커리큘럼을 설계해 준다.
  ③ 목표 설정 및 피드백 : 매일(매주) 학습목표를 설정하고, 진도와 성과를 점검해 동기부여를 유지

(4) 실시간 자료 검색 및 최신 정보 습득
  ① 세법 개정 내용 파악 : OpenAI의 웹 검색 기능으로 최신 세법과 회계 기준 변화를 빠르게 확인
  ② 업계 동향 및 사례 학습 : 최신 회계 사건이나 기업의 재무제표 분석 사례를 참고해 실무 감각 향상

(5) 전산회계 자격증 대비
  ① 기출문제 풀이 및 해설 : 전산회계 1급·2급 기출문제를 풀고 자세한 해설을 통해 이해도를 높인다.
  ② 모의고사 생성 : 자주 출제되는 유형의 문제를 AI가 만들어 주어 시험 대비에 효과적이다.
  ③ 약점 보완 학습 : 틀린 문제를 분석하고, 추가 설명과 유사 문제로 약점을 보완한다.

(6) 대화형 실무 시뮬레이션
  ① 가상 기업 설정 : 가상의 기업을 만들어 실제처럼 전표 입력, 원가 계산, 세무 신고까지 실습
  ② 케이스 스터디 : 다양한 업종별 회계 시나리오를 통해 특정 상황에서의 회계 처리 방법을 학습
  ③ 결산 및 분석 연습 : 월말 결산, 손익 계산, 재무제표 작성 등 종합적인 회계 업무를 시뮬레이션

(2) 전산회계의 기대효과

기업은 일상적이고 반복적으로 발생하는 기업의 거래를 빠르고 정확하게 처리하여 의사결정을 함에 있어서 필요로 하는 회계정보를 신속하게 지원하기 위하여 지능정보통신기술을 이용한 전산회계를 도입하고 있는데, 기대효과는 다음과 같다.
  ① 전산회계에 의한 회계처리는 신속하고 간편하므로 시간과 비용을 절감할 수 있다.
  ② 회계담당자는 장부에 직접 기록하는 방식으로 회계처리를 하면서 나타나는 반복적인 장부 관리에 투입된 시간을 회계정보의 분석업무로 활용할 수 있다.
  ③ 회계정보를 이용하는 다수의 이해관계자에게 시기적으로 적절한 의사결정을 할 수 있도록 최근의 회계정보와 분석 자료를 정확하게 제공할 수 있다.

ChatGPT를 활용한 학습

전산회계를 기업경영에 도입함으로써 얻을 수 있는 기대효과는 다음과 같다.

(1) 업무 효율성 증대

① 자동화 처리 : 전표 입력, 원가 계산, 재무제표 작성 등을 자동으로 처리해 시간과 인력을 절감.

② 빠른 의사결정 지원 : 실시간으로 재무 데이터를 파악해 신속한 경영 판단이 가능.

③ 중복 작업 감소 : 부서 간 정보 공유가 원활해 중복된 회계 작업을 줄일 수 있다.

(2) 정확성 및 신뢰성 향상

① 오류 최소화 : 수작업에서 발생할 수 있는 입력 오류나 계산 실수를 크게 줄인다.

② 데이터 일관성 확보 : 모든 회계자료가 일관성 있게 관리되어 신뢰할 수 있는 재무정보 제공

③ 투명성 강화 : 거래내역이 체계적으로 기록되어 외부감사나 세무신고 시 신뢰도를 높인다.

(3) 비용 절감 효과

① 인건비 절감 : 회계 인력의 반복적인 업무를 줄여 핵심 업무에 집중할 수 있도록 한다.

② 업무 효율성에 따른 비용 감소 : 효율적인 재고 관리와 예산 통제를 통해 불필요한 비용을 절감

③ 디지털 문서 관리 : 종이 사용을 줄이고, 전자 문서로 관리해 저장 비용 절감

(4) 경영 전략 수립 지원

① 정확한 손익 분석 : 손익계산서, 대차대조표 등을 통해 사업별, 부서별 수익성을 분석한다.

② 예산 관리 효율화 : 과거 데이터를 기반으로 정확한 예산 편성과 비용 통제가 가능하다.

③ 시나리오 분석 : 가상의 시나리오를 설정해 투자, 비용, 수익의 변화를 미리 예측

(5) 신속한 세무 처리 및 법규 준수

① 세무 신고 자동화 : 부가가치세, 원천세 등의 세무 신고를 간편하게 처리해 납세 오류를 방지

② 법규 변경에 유연한 대응 : 세법 개정이나 새로운 회계 기준에 신속히 대응 가능하다.

③ 감사 대응 강화 : 투명한 회계 처리로 외부 감사나 세무 조사에 대비가 수월하다.

(6) 데이터 활용 및 분석 능력 강화

① 빅데이터 활용 : 거래 내역, 매출, 비용 데이터를 분석해 매출 예측과 리스크 관리를 강화

② 대시보드 제공 : 재무상태를 한눈에 볼 수 있는 시각화 자료와 보고서를 제공한다.

③ KPI(Key Performance Indicator) 측정 : 다양한 경영 지표를 쉽게 관리해 성과 평가와 전략 수립에 활용

(7) 경쟁력 강화 및 성장 지원

① 의사결정 지원 강화 : 실시간으로 제공되는 정확한 데이터를 바탕으로 전략적 결정을 빠르게 내린다.

② 고객 대응 능력 향상 : 신속한 매출, 채권 관리로 고객 서비스의 품질을 높인다.

③ 디지털 전환 가속화 : 전산회계를 통해 디지털 경영 기반을 구축해 경쟁 우위를 확보한다.

요약하자면, 전산회계는 효율성과 정확성뿐만 아니라, 비용 절감과 경영 전략 수립에 큰 도움을 준다. 이를 통해 기업은 투명하고 체계적인 재무 관리를 실현하고, 성장 가능성을 높일 수 있다.

보충 전산회계의 기대효과에 대해 ChatGPT의 답변을 보면, 교재에서 제시한 바와 같이 유사한 응답을 보인다. 물론 법적 준수, 비즈니스 성장 지원 등과 같은 사항은 전산회계시스템에 Open AI가 심도 있게 적용되어 운영될 때 가능할 것으로 판단된다.

2. 전산회계와 수(手)작업회계의 차이점

수작업(장부에 직접 기록하는 방식)으로 회계처리를 하여 재무제표를 작성하는 과정은 여러 과정을 거쳐야 하는 것뿐만 아니라 그 과정에서 하나의 오류가 발생하게 되면 여러 단계를 걸쳐 파악해야 하므로 신속하게 회계정보를 산출하지 못하는 어려움이 있다. 그러나 전산회계로 회계처리를 하여 재무제표를 작성하는 과정은 간단하며, 그 과정에서 오류가 발생하더라도 쉽게 수정할 수 있을 뿐만 아니라 재무제표 작성도 쉽게 이루어질 수 있다. 물론 전산회계에 의한 회계처리를 할 때는 모든 것이 회계프로그램으로 이루어지기 때문에 오류의 발견이 쉽지 않다는 단점도 있으며, 회계처리가 된 자료의 세부내용을 확인하기 위해서는 고도의 전문 지식이 필요하다는 측면도 있다.

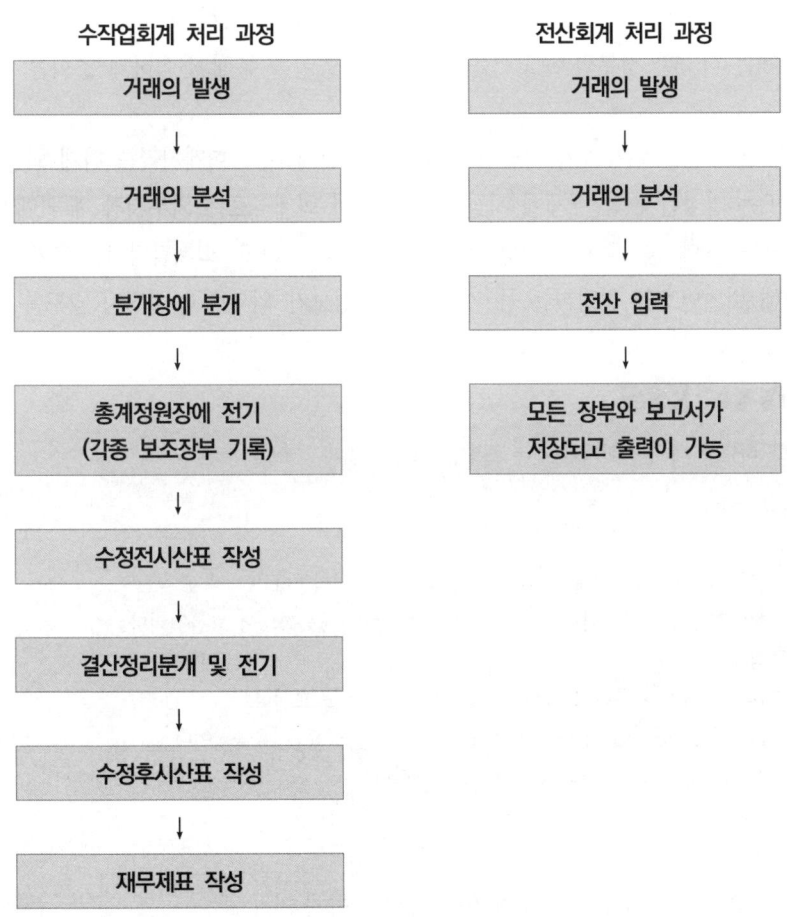

3. 전산회계의 특징

수작업회계와 비교해 볼 때 전산회계는 다음과 같은 특징이 있다.

① 전산회계는 특정 거래에 대해 1회만 회계프로그램에 입력하면 모든 회계처리가 종료된다. 그러나 수작업회계는 분개장, 총계정원장, 거래처원장, 현금출납장 등 여러 장부에 반복적으로 기록해야 하므로 오류가 발생하기 가능성이 크다.

② 전산회계는 회계처리의 업무 내용이 전부 코드화되어 시기적절하게 조회와 검색을 할 수 있으므로 의사결정에 유용한 회계정보를 적시에 제공할 수 있고, 회계 관련 작업비용도 절감할 수 있다.

③ 회계프로그램으로 처리된 회계자료는 파일형식으로 보관되기 때문에 직접 거래내용을 확인하기 어렵지만, 기록된 내용의 변경에 대해서도 1회만 수정하여 입력하면 관련된 회계장부를 모두 변경시킴으로 장부의 작성을 쉽게 할 수 있다.

④ 전산회계는 다양한 장부와 보고서를 화면 또는 종이를 통해 신속하게 조회할 수 있다.

한편, 회계프로그램을 이용하여 기업에서 발생한 거래에 대해 회계처리를 하게 되면 회계자료는 하드디스크 또는 일정한 저장 매체에 저장된다. 따라서 회계자료는 외부저장 매체(예 : USB · 외장디스켓 · 웹 하드 등)에 정기적으로 저장하여 별도 보관해야 하고, 회계담당자는 회계자료의 보안을 유지하기 위해 비밀번호를 설정하는 등 기업의 내부정보가 외부로 누설되지 않도록 해야 한다.

ChatGPT를 활용한 학습

수작업회계와 비교할 때 전산회계가 갖는 특징은 다음과 같다.

(1) **처리 속도와 효율성**

≪ 전산회계

① 빠른 처리 : 대량의 데이터를 짧은 시간에 자동으로 처리한다.

② 반복 업무 자동화 : 전표 입력, 계산, 장부 작성 등이 자동화되어 효율적이다.

≪ 수작업회계

① 느린 처리 : 수기로 기록하고 계산하므로 시간이 많이 소요된다.

② 반복 작업 부담 : 동일한 작업을 여러 번 반복해야 하므로 비효율적이다.

➡ 특징 : 전산회계는 속도와 효율성 면에서 탁월하다.

(2) **정확성과 신뢰성**

≪ 전산회계

① 오류 최소화 : 자동 계산을 통해 입력 오류와 계산 실수가 거의 없다.

② 데이터 검증 기능 : 잘못된 입력이나 비정상적인 거래를 즉시 감지한다.

《 수작업회계

① 오류 발생 가능성 높음 : 수기로 입력하고 계산하다 보니 실수 확률이 높다.

② 검증 어려움 : 오류를 찾아 수정하는 데 많은 시간이 필요하다.

➡ 특징 : 전산회계는 높은 정확성과 검증 기능을 갖추고 있다.

(3) 데이터 관리 및 접근성

《 전산회계

① 체계적 데이터 관리 : 클라우드나 데이터베이스를 통해 대량 데이터를 쉽게 관리한다.

② 실시간 접근 가능 : 언제 어디서나 필요한 재무 데이터를 조회할 수 있다.

《 수작업회계

① 종이 문서 의존 : 대량 데이터를 관리하기 어렵고, 보관 공간이 필요하다.

② 느린 접근성 : 특정 자료를 찾거나 조회하는 데 시간이 걸린다.

➡ 특징 : 전산회계는 체계적인 관리와 빠른 접근성이 강점이다.

(4) 비용 측면

《 전산회계

① 초기 도입 비용 부담 : 소프트웨어 구매와 교육비용이 발생하지만, 장기적으로 인건비와 운영비 절감

② 효율에 따른 비용 절감 : 자동화로 인한 인건비와 실수로 인한 비용 손실 감소

《 수작업회계

① 초기 비용 적음 : 별도의 시스템 없이 시작할 수 있지만, 인건비가 많이 든다.

② 장기 비용 증가 : 반복 업무와 오류 수정에 많은 인력이 필요해 운영비가 증가한다.

➡ 특징 : 전산회계는 초기 비용은 있지만, 장기적으로는 비용 절감 효과가 크다.

(5) 보안과 데이터 백업

《 전산회계

① 보안 기능 : 암호화, 접근 권한 설정 등을 통해 민감한 데이터를 보호한다.

② 자동 백업 : 정기적인 백업 기능으로 데이터 유실 위험이 적다.

《 수작업회계

① 보안 취약 : 종이 문서는 분실, 파손의 위험이 있고, 열람 통제가 어렵다.

② 백업 어려움 : 손실 시 복구가 어렵고, 복사본 관리에 한계가 있다.

➡ 전산회계는 강력한 보안과 백업 체계를 갖추고 있다.

(6) 법규 및 규정 준수

《 전산회계

① 자동 업데이트 : 세법이나 회계 기준이 변경될 때 자동으로 업데이트된다.

② 정확한 세무 신고 : 부가가치세, 원천세 신고를 정확하게 처리한다.

《 수작업회계

① 수동 업데이트 필요 : 법규 변경 시 수기로 일일이 수정해야 한다.

② 세무 신고 오류 위험 : 복잡한 세법을 수기로 처리하다 보니 오류가 발생할 수 있다.

➡ 특징 : 전산회계는 법규 준수와 세무 신고에서 유리하다.

(7) 보고서 작성 및 분석 기능

 《 전산회계
 ① 다양한 보고서 자동 생성 : 손익계산서, 대차대조표, 현금흐름표 등을 간편하게 작성한다.
 ② 분석 기능 탑재 : 데이터 시각화와 다양한 분석 툴을 통해 경영진의 의사결정을 지원한다.
 《 수작업회계
 ① 보고서 작성 번거로움 : 수기로 작성하다 보니 시간과 노력이 많이 든다.
 ② 분석 한계 : 복잡한 데이터 분석이 어려워 경영 정보로 활용하기에 한계가 있다.
 ➡ 특징 : 전산회계는 보고서 작성과 데이터 분석에서 뛰어나다.

〈요약〉 전산회계의 특징
 • 속도와 효율성 : 빠르고 효율적인 작업 처리
 • 정확성과 신뢰성 : 오류 방지와 체계적인 검증
 • 데이터 관리 능력 : 체계적 저장과 실시간 접근성
 • 비용 절감 효과 : 자동화로 인한 인건비 감소
 • 보안과 백업 : 강력한 보안 체계와 데이터 보호
 • 법규 준수 지원 : 자동 업데이트와 세무 편의성
 • 분석 및 보고 기능 : 다양한 보고서와 분석 툴 제공

제2절 전산회계의 작업 순서

일반적으로 회계처리를 한다는 의미는 회계상 거래를 식별하는 것부터 시작하여 재무제표 작성에 이르기까지 회계순환과정(accounting cycle)을 반복적으로 실시한다는 것을 의미한다. 이러한 회계순환과정을 회계프로그램을 이용하여 회계처리를 하게 된다면 한 번의 회계처리 즉, 전표를 한 번만 입력하면 재무제표와 기업에서 필요로 하는 회계 관련 부속서류를 쉽고 빠르게 작성할 수 있다.

한국세무사회에서 실시하고 있는 국가공인 '전산회계2급' 자격시험을 취득하고자 할 때는 다음과 같은 항목을 학습해야 한다.

(1) **회사등록**

회계처리의 주체가 되는 회사명, 사업자등록번호, 사업장주소 등 기본사항을 입력하거나 수정할 수 있다.

(2) 거래처등록

거래처별 세부내용을 관리하기 위하여 매출처, 매입처, 금융기관, 신용카드회사 등을 구분하여 등록해야 한다.

(3) 계정과목 및 적요등록

회계프로그램에 설정된 계정과목을 기업에서 사용하고자 하는 계정과목으로 수정하거나 추가 등록할 수 있다.

(4) 환경설정

시스템 환경을 설정하기 위해 사용하는 메뉴로 시스템 전반에 영향을 미치기 때문에 초기에 정확하게 설정한 후 될 수 있으면 수정하지 않아야 한다.

(5) 전기분재무제표

회계프로그램을 사용하여 회계처리를 처음 하는 기업은 전년도의 재무제표와 비교식으로 작성하기 위해서는 직전 연도의 재무상태표, 손익계산서 등의 자료를 등록해야 한다.

(6) 전표입력

기중에 발생한 거래(사건) 또는 결산할 때 발생한 수정분개 사항(수익과 비용의 이연, 수익과 비용의 예상 및 자산과 부채의 평가 등)을 일반전표에 입력한다.

(7) 결산자료입력

기말에 재무제표를 작성하는 데 필요한 결산정리사항 중 자동(재고자산, 대손상각비, 감가상각비, 무형자산상각비, 법인세비용 등)으로 전표입력이 이루어지는 계정에 대해 정확한 금액을 입력한다.

(8) 장부 조회와 재무제표의 출력

총계정원장, 일계표, 월계표, 현금출납장, 매출장, 매입장, 거래처원장, 전표, 합계잔액시산표 등 여러 종류의 장부를 조회할 수 있으며, 재무상태표, 손익계산서 등과 같은 재무제표를 출력할 수 있다.

　이러한 내용을 '전산세무회계프로그램(케이렙)'을 이용하여 정확하게 학습한다면, 다른 회계프로그램(가령, 세무사랑, 더존, 이카운트, 경리나라 등)을 사용하는 데 있어서 커다란 어려움 없이 쉽게 적응하여 사용할 수 있다.

<table>
<tr><td>**제3절**</td><td>**전산세무회계프로그램 교육용프로그램 KcLep 설치**</td></tr>
</table>

　한국세무사회에서는 전산세무회계자격시험에서 사용하는 전산세무회계프로그램을 개발하여 '전산회계2급' 자격증 취득을 희망하는 학습자에게 'KcLep교육용세무사랑Pro'를 무료로 내려받아 사용할 수 있도록 하고 있다.

　한국세무사회 국가공인자격시험 사이트(http://license.kacta.or.kr)를 접속하여 홈페이지 하단에 있는 ① '케이렙(수험용)다운로드'아이콘을 클릭해서 내려받아 컴퓨터에 설치하면, 다음과 같은 ② 'KcLep교육용세무사랑Pro' 아이콘이 바탕화면에 생성된다.

생성된 아이콘을 더블클릭하면 다음과 같은 '전산세무회계자격시험 교육용프로그램KcLep'이 실행된다.

본 교재의 모든 내용은 전산회계를 처음으로 배우는 학습자를 대상으로 '전산회계 2급'을 기준으로 설명하고 있으므로 종목선택에서 [4. 전산회계 2급]을 선택하면, '전산회계 2급'의 학습 범위를 확인할 수 있다.

다음으로 드라이브를 선택해야 하는데, 별도로 드라이브를 지정하지 아니하면 컴퓨터의 내장 하드디스크인 [C : ₩KcLepDB]가 자동으로 지정된다. 그러나 휴대용 저장 매체인 USB 등을 이용하여 프로그램을 사용·저장하기 위해서는 별도로 인식되는 USB 드라이브인 [G : ₩KcLepDB] 또는 [F : ₩KcLepDB]를 지정해야 한다.

드라이브를 선택한 후에는 회사코드를 입력해야 프로그램을 사용할 수 있다. '회사코드' 란에 직접 회사코드를 입력해도 되고, 회사코드 [   ] 💬 의 💬 을 클릭하면 이미 사용하고 있는 회사명과 회사코드가 조회되므로 입력하고자 하는 회사를 선택하면 된다. 물론 처음으로 프로그램을 사용하는 경우에는 회사명과 회사코드가 조회되지 않기 때문에 회사명 아랫부분에 있는 회사등록 을 클릭하여 회사등록 절차를 실행하여야만 KcLep프로그램을 사용할 수 있다.

제4절 전산회계2급 자격시험 출제범위

한국세무사회에서 실시하는 국가공인 '전산회계2급' 자격증은 이론 시험 30%와 실무 시험 70%로 출제되며, 그 내용은 다음과 같다.

1. 이론 시험

당좌자산, 재고자산, 유형자산, 부채, 자본금 및 수익과 비용 등과 관련된 내용을 객관식 15문제(각 2점)로 평가하고 있다.

구 분	문제 유형
회 계 의 기 본 원 리	자산, 부채, 자본 및 수익·비용의 개념, 회계의 순환과정, 결산
당 좌 자 산	현금 및 현금성자산, 단기금융상품, 매출채권
재 고 자 산	재고자산의 개념과 종류, 상품계정
유 형 자 산	유형자산의 개념과 종류, 유형자산의 취득과 처분
부 채	부채의 개념과 종류, 매입채무
자 본 금	자본의 분류, 개인기업의 자본금
수 익 과 비 용	수익과 비용의 분류
계	30점

2. 실무 시험

기초정보의 등록·수정(회사등록, 거래처등록, 계정과목 및 적요등록, 초기이월), 거래 자료의 입력(일반전표입력, 오류 정정, 결산정리사항), 입력자료 및 여러 장부 조회 등에 대한 것을 평가하고 있으며, 세부 점수는 다음과 같다.

구 분	평가범위	세부내용
기초정보의 등록·수정 (20%)	회사등록 수정	사업자등록증에 의한 회사등록
	거래처등록	거래처자료에 의한 거래처등록
	계정과목 및 적요등록	계정과목·적요의 추가 등록 또는 변경
	초기이월	전기분 재무제표를 보고 추가 등록, 오류 정정
거래 자료의 입력 (40%)	일반전표입력	거래내용에 따른 일반전표의 입력
	오류 정정	입력자료의 계정과목·금액 등 수정, 중복 입력자료의 삭제
	결산자료 입력	결산정리사항을 일반전표 입력 메뉴에 입력
입력자료 및 제 장부조회(10%)	전표입력 자료의 조회	입력되어 제공되는 자료에 대한 금액·건수·거래처 등을 조회
	장부의 조회	특정 계정과목·특정 거래처·특정 기간의 금액 조회
계		70점

02 기초정보관리

회계프로그램인 KcLep프로그램을 이용하여 회계처리를 시작하고자 할 때는 기업의 사업자등록증을 이용하여 회사등록을 먼저 해야 한다.

제1절 회사등록

1. 회사등록 방법

'KcLep프로그램'(교육용프로그램KcLep)'을 처음 사용하는 경우에는 회사코드가 조회되지 않기 때문에 ▨ 회사등록 ▨ 을 클릭하여 회사등록 절차를 실행하여야만 한다.

회사등록은 회계처리를 하고자 하는 회사와 관련된 내용을 등록하는 절차로 회계프로그램을 사용하기 위해서는 가장 먼저 해야 하는 기본적인 작업이다. [회사등록]을 통해 입력된 내용은 각종 출력물에 회사의 인적사항을 자동으로 표시될 뿐만 아니라 세금과 관련된 각종 서식에도 자동으로 표시된다.

▨ 회사등록 ▨ 을 클릭하면, 화면 좌측은 코드 번호, 회사명, 법인과 개인의 구분 등을 입력하게 되어 있고, 화면 우측은 회계연도, 사업자등록번호, 과세유형, 대표자명, 대표자 주민등록번호, 사업장 주소, 자택 주소, 업태, 종목, 주업종코드, 사업장전화번호, 공동사업장 여부, 소득 구분, 개업연월일, 사업장관할세무서, 지방소득세납세지 등 기업의 기본적인 내용을 입력하게 되어 있다.

사업자는 사업장 주소지 관할 세무서에 사업자등록을 신청하면 다음과 같은 사업자등록증을 받는데, 여기에는 회사의 대외적인 업무와 관련된 기본사항들이 포함되어 있다.

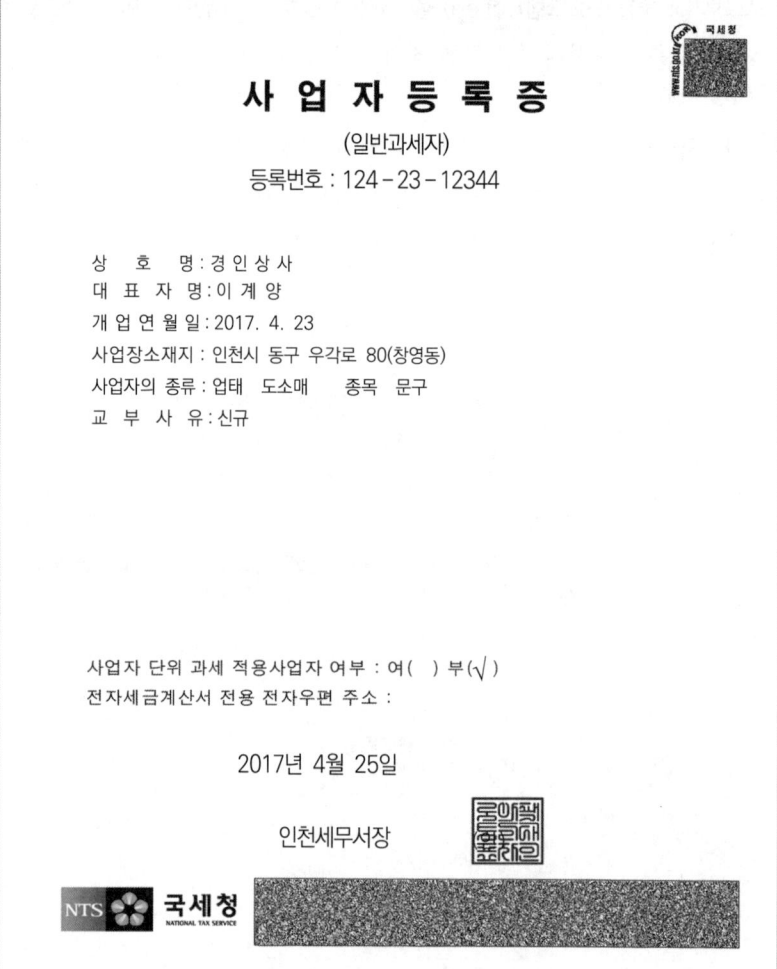

이러한 사업자등록증을 이용하여 회사등록을 하면, 그 결과는 다음의 화면과 같다. 여기서 회사코드는 '101부터 9999까지' 임의로 부여할 수 있으며, 등록된 다른 회사의 코드와 중복되지 않으면 된다.

본 교재에서는 '**경인상사**'의 코드를 '**6000**'(제10기 2026년 1월 1일부터 2026년 12월 31일까지)으로 등록하고, 주업종코드는 '도매 및 소매업/문구용품, 회화용품, 사무용품 도매업'에 해당하는 '**513430**'으로 등록한다. 그리고 사업장동코드에 사업자등록증에 있는 '(창영동)'을 입력하면, 사업장동코드가 생성될 뿐만 아니라 사업장관할세무서와 지방소득세 납세지가 자동으로 부여된다.

회사등록에 필요한 것을 모두 입력하면, Esc 또는 ⊗닫기 를 선택하여 회사등록 종료한다. 그런 다음에 'KcLep프로그램' 시작화면에서 회사코드 '6000'을 입력하면, 다음과 같은 화면이 표시되어 기업의 회계처리를 할 수 있게 된다.

2. 회사등록 관련 보충설명

⑴ [회계연도]는 회계정보를 제공하기 위해 설정한 일정한 기간으로 보통 1년을 기준으로 한다. 따라서 개인사업자는 1월 1일부터 12월 31일까지를 1회계연도로 하고 있으며, 신규로 사업을 개시한 경우는 사업개시일로부터 12월 31일까지를 1회계연도로 한다. 한편, 법인사업자의 경우 회계기간을 정관에 규정하고 있지만, 그 기간은 1년을 초과하지 않는다.

⑵ [사업자등록번호]는 일정한 규칙이 있는데, 사업자등록번호를 잘못 입력한 경우에는 빨간색으로 표시된다.

사업자등록번호의 구성

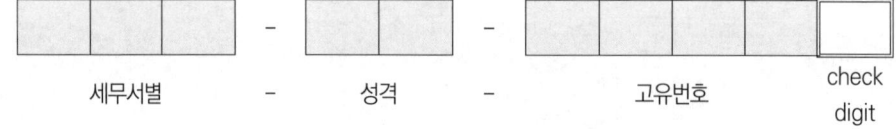

① 세무서별 : 세무서별로 3자리의 코드 번호로 구성되어 있다.
      (예) 종로세무서 : 101, 대전세무서 : 305
② 성   격 : 사업자의 성격에 따라서 아래와 같이 구성되어 있다.
   1~79 : 개인 과세사업자
   81 : 영리법인(본점)
   82~84 : 비영리, 공공법인
   85 : 지점법인
   90~99 : 개인 면세사업자
③ 고유번호 : 사업자별로 고유번호가 아래와 같이 구성되어 있다.
   마지막 5자리 숫자 중 앞 4자리는 과세사업자(일반과세자와 간이과세자), 면세사업자, 법인사업자별로 등록 또는 지정일자 순서로 사용 가능한 번호를 0001부터 9999까지 부여한 것이고, 마지막 1자리는 국세청에서 전산시스템에 의한 사업자등록번호 오류 여부를 검증하기 위하여 부여한 것이다.

(3) [사업장주소] 란으로 이동하면 ⌨ 나 F2를 선택한다. 우편번호 검색창이 뜨면 도로명 또는 지번으로 주소를 검색할 수 있다. 여기에서는 [도로명주소+건물번호]를 선택하여 검색창에 [우각로 80]을 입력하고 검색을 선택하면 주소창이 나타나며, 사업장주소를 선택하면 된다.

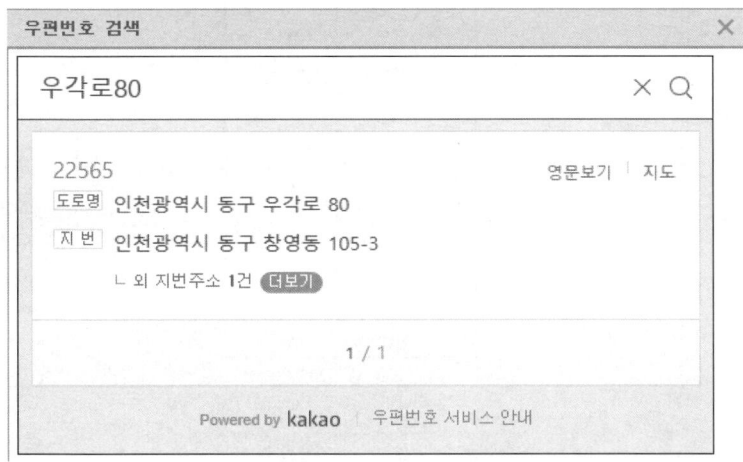

(4) [주업종코드] 란으로 ⌨ 을 클릭하여 종목인 '문구'를 입력하고 검색하면 주업종코드를 자동으로 검색해 준다.

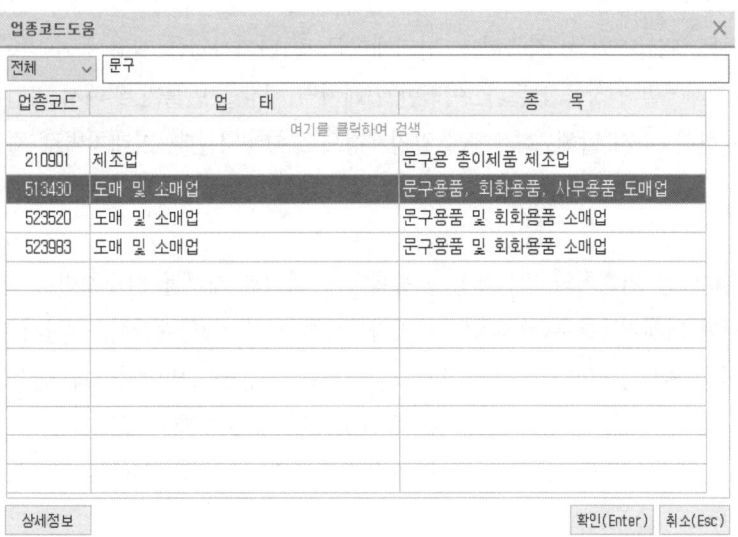

(5) [사업장관할세무서] 란에서 ▦을 클릭하면 다음과 같은 보조화면이 나타나며, 사업장 주소 관할 세무서를 선택하면 된다. 다만, 사업장주소를 검색하여 입력하면 '사업장동코드'와 '사업장관할세무서'는 자동으로 입력된다.

제2절 거래처등록

  기업은 상품 관련 신용거래를 할 때 또는 기타 채권과 채무에 관한 거래가 발생했을 때, 외상매출금, 받을어음, 외상매입금, 지급어음, 단기대여금 및 단기차입금 계정 등과 같은 계정에 대해 보조장부로서 거래처별 원장을 만든다. 이러한 거래처별 원장을 만들기 위해서 기업은 거래처를 별도로 관리해야 한다. 다시 말해, 회계에서 인명계정으로 활용되는데, 거래처별로 채권과 채무를 관리하는 거래처원장이 이에 해당한다.

  [거래처등록]이란 거래처의 기본내용을 등록하여 채권과 채무를 거래처별로 할 수 있도록 하는 것이다. 이러한 거래처등록은 거래처의 사업자등록증 사본, 세금계산서, 계산서 및 일반영수증 등의 자료를 이용하여 입력한다. KcLep프로그램에서는 거래처를 일반거래처, 금융기관 또는 신용카드로 구분하여 관리하는데, 일반거래처는 00101부터 97999까지 코드를 부여하며, 금융기관은 98000부터 99599까지 코드를 부여하며, 신용카드는 99600부터 99999까지 코드를 부여한다.

[기초정보관리]의 하위메뉴인 [거래처등록]을 클릭하면 아래와 같은 화면이 나타난다.

실습예계

경인상사의 거래처에 대해 [거래처등록]을 하시오(단, 모든 거래처의 유형은 동시를 선택한다).

코드	거래처 상호	대표자	사업자 등록번호	주소	업태	종목
1101	송 파 문 구	김마포	105-03-43135	서울 송파구 동남로 282	도소매	문구
1102	여 수 상 사	이여수	105-81-91237	서울 영등포구 경인로 704	제조	문구
1103	㈜ 상 우	김상우	112-81-60125	서울 종로구 자하문로 62	제조	문구
1104	금 장 상 사	이금장	125-34-12324	서울 강남구 봉은사로 409	도소매	문구
1105	태 극 설 비	김산두	220-25-14514	서울 금천구 가산로 12	서비스	설비
1106	상 진 문 구	김상진	236-43-17937	서울시 중구 남대문로 116	도소매	문구
1107	한 진 상 사	김한진	113-23-79350	서울시 용산 한강대로 50길 40	도매	문구 외
1108	㈜ 인 천	이수만	202-81-00395	인천시 계양구 길마로 13	제조	문구
1109	수 민 상 사	이수민	120-23-34671	서울시 서대문구 독막로 129	도소매	문구
2110	동 신 상 사	임하늘	120-25-34675	경기도 부천시 부천로 102	도소매	문구
2111	제 일 문 구	송제일	130-02-31754	서울시 송파구 가락로 134	제조	문구 외
2112	현 정 상 사	김연근	120-23-33158	서울시 중구 남대문로 120	도소매	문구
2113	한 국 개 발 ㈜	김한국	120-81-74620	서울시 송파구 강동대로 59	부동산	자문
2114	정 문 상 회	김정문	120-10-25847	인천시 남구 경원대로 720	소매	문구
2115	보 배 중 고 차	상보배	245-12-54683	경기도 광명시 가리대1길 13	소매	자동차
2116	아 름 다 운 문 구	이현정	505-21-21994	서울시 송파구 강동대로 61	소매	문구
2117	마 포 빌 딩	이현무	124-25-32102	서울시 영등포구 국제금융로 108	부동산	임대
2118	신 망 상 사	장신협	118-17-61077	서울시 송파구 동남로 515	소매	문구
2119	한 우 촌 식 당	송목우	104-90-35122	서울시 송파구 가락로 138	음식점	음식점
2120	한 국 방 송 공 사	이재정	342-57-12549	생략		
98000	국 민 은 행	계좌번호 : 337-56-732541 / 보통예금				
99600	신 한 카 드 (매 출)	신용카드 가맹점번호(1234567)				
99601	국 민 카 드 (매 입)	사업용 신용카드(9874-4561-2345-8462)				

1. 일반거래처 등록

[화면 좌측 입력 방법]

① [코드] 란에 거래처 코드 번호를 입력한다. 코드 번호는 [00101~97999]의 범위 내에서 부여할 수 있으며, 기업에서 임의대로 부여한다.

② [거래처명] 란에 거래처 상호(商號)를 입력한다.

③ [등록번호] 란에는 입력하지 않고 우측의 [1. 사업자등록번호]에 입력하면, 그 내용이 자동으로 반영된다.

④ [유형] 란에 '매출거래처'는 '1'을, '매입거래처'는 '2'를 선택한다. 그리고 매출과 매입이 다 발생할 때는 '3' '동시'를 선택한다.

[화면 우측 입력 방법]

① [사업자등록번호] 란에 거래처의 사업자등록번호를 입력한다. 만약 사업자등록번호를 잘못 입력하면 빨간색으로 표시되어 오류가 있음을 알려준다.

② [주민등록번호] 란에 거래처가 사업자가 아닌 개인인 경우는 세금계산서합계표상 '주민등록번호 기재분'으로 표기해야 하므로 주민등록번호를 입력한 후 우측의 [주민기재분] 란에 '1'을 선택하면 된다.

③ [대표자성명] 란에 거래처의 대표자성명을 입력한다.

④ [업종] 란에 거래처의 사업자등록증상 업태를 입력하고, [종목] 란에 거래처의 사업자등록증상 종목을 입력한다.

⑤ [주소] 란에서 💬 을 눌러 조회 후 입력한다.

⑥ 기타 사항('6.연락처'부터 '18.사용여부'까지)은 입력을 생략한다.

[실습예제]에 주어진 일반거래처를 입력하면 다음과 같다.

2. 금융기관 등록

금융기관으로 거래하는 거래처가 있는 경우에는 거래처등록 화면의 상단에 [금융기관]을 선택하여 입력한다. 일반거래처 등록과 같은 방법으로 코드, 거래처명, 계좌번호, 유형 등을 입력한다. 다만, 금융기관의 거래처코드는 [98000~99599] 부여할 수 있다.

[실습예제]에 주어진 금융기관을 입력하면 다음과 같다.

3. 신용카드 등록

신용카드를 사용하는 거래처가 있는 경우에는 거래처등록 화면의 상단에 [신용카드]를 선택하여 입력한다. 일반거래처 등록과 같은 방법으로 코드, 거래처명, 가맹점(카드)번호, 유형 등을 입력한다. 이때 매출거래처인 경우는 '가맹점번호'를 입력하고, 매입거래처인 경우는 '신용카드번호'를 입력한다. 다만, 신용카드 거래처코드는 [99600~99999] 부여할 수 있다.

[실습예제]에 주어진 신용카드를 입력하면 다음과 같다. 화면에 카드번호가 빨간색으로 표시되고 있으므로 오류가 있는 것이다. 그러나 신용카드번호를 현재 사용되는 것을 제시하면 다른 문제가 발생할 수 있으므로 가상의 번호를 예제로 준 것이므로 빨간색으로 표시된다.

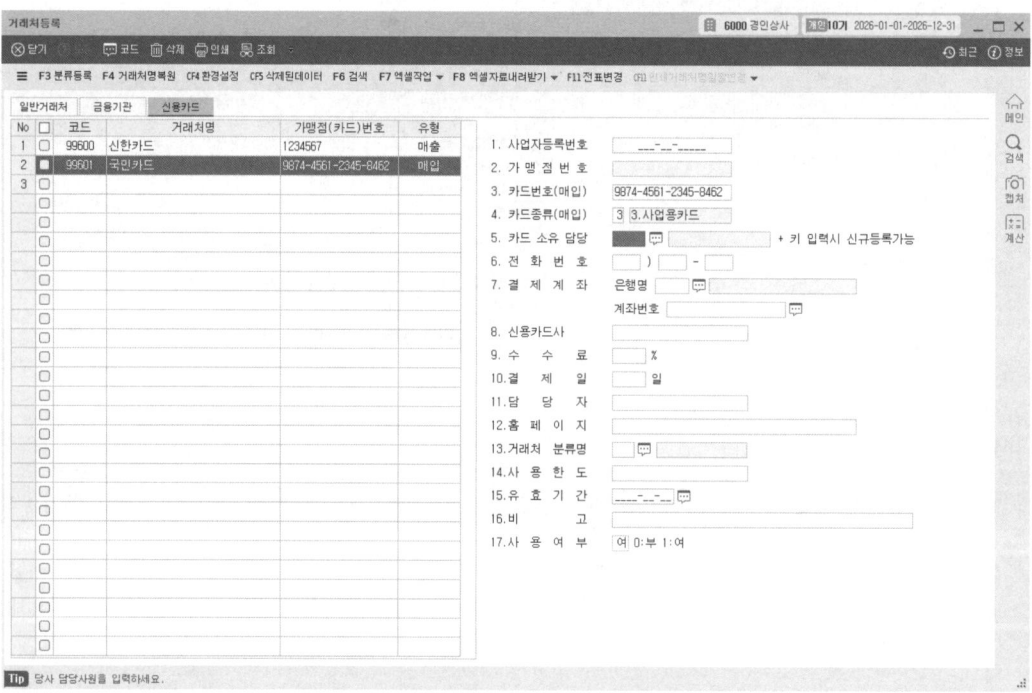

제3절 계정과목 및 적요등록

거래가 발생하면 분개장에 계정과목과 적요 내용을 기록해야 한다. KcLep프로그램에서는 일반적으로 사용하고 있는 계정과목과 적요를 이미 등록하여 놓았으나 각 기업의 거래상황에 따라 계정과목과 적요를 추가하거나 수정할 필요가 있을 것이다. 따라서 계정과목 및 적요등록 메뉴에서는 기업이 필요한 계정과목과 적요를 신규로 등록하거나 수정할 수 있다.

기본화면에서 [기초정보관리]의 하위메뉴인 [계정과목 및 적요등록]을 선택하면, 다음과 같이 [계정과목 및 적요등록] 화면이 나타난다. [계정과목 및 적요등록] 화면의 좌측은 이미 등록된 계정과목이 나타나고, 우측은 이미 등록된 적요등록 사항이 나타난다. 따라서 화면 좌측의 '당좌예금'계정에 커서를 위치시키면, 화면 우측에 [현금적요] 란과 [대체적요] 란이 보인다. 이때 적요는 사용자의 필요성에 따라 이미 등록된 적요에 추가하여 사용할 수 있다.

[계정과목 및 적요등록] 화면의 좌측에 [계정체계]를 제시하고 있는데, 이 계정체계는 0101부터 1010번까지 부여된 계정과목 코드가 어떤 분류로 정리되는지를 나타내고 있다. [계정체계] 란의 커서를 아래로 이동시키면, 우측의 [코드/계정과목]은 계정체계에 맞추어 변경되어 어떤 계정과목

이 어느 [계정체계]에 포함되는지를 알 수 있다. 이들의 코드에서 같은 이름으로 사용되는 계정과목이 제조원가(501 - 600)와 판매관리비(801 - 900)에 포함되어 있는데, 같은 계정과목이 다른 코드 번호로 사용되고 있다는 사실을 주의해야 한다.

계정과목의 수가 많으므로 커서를 이동하여 원하는 계정과목을 쉽게 찾기 힘들 수가 있다. 이 경우 계정과목을 검색하려면 ▦ 또는 Ctrl+F를 선택하여 쉽게 찾을 수 있다. 다시 말해, [코드/계정과목] 란에 커서가 있는 상태에서 F2를 선택하면, 아래와 같은 표시된 [찾기] 화면에 계정과목을 입력하고 Enter↵를 누르면 해당 계정과목이 검색된다.

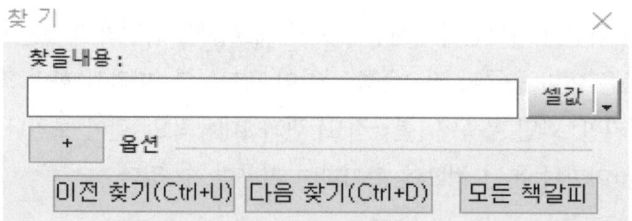

계정과목을 새롭게 추가하고자 할 때는 [계정체계]를 참고하여 화면 우측의 [계정코드(명)] 란의 사용자설정계정과목을 추가할 계정과목의 이름으로 수정하면 된다. 계정과목은 검은색과 빨간색으로 표시되는데, 검은색 계정과목은 코드 범위 내에서 언제나 수정하여 사용할 수 있다. 그러나 빨간색은 계정과목의 특수한 성격 때문에 가능한 한 수정하지 않아야 한다. 다만, 부득이 수정하는 경우 Ctrl+F를 선택해야만 [계정코드(명)란]이 나타나 수정할 수 있는 상태가 된다.

> ≫ **[계정과목 및 적요등록] 메뉴의 이해**
>
> (1) 매출채권과 매입채무의 계정과목
> 일반기업회계기준은 외상매출금과 받을어음을 [매출채권]으로, 외상매입금과 지급어음을 [매입채무]로 재무제표에 표시하도록 하고 있다. 그러나 기업 실무에서는 관리적인 측면 때문에 외상매출금, 받을어음, 외상매입금, 지급어음 등과 같은 구체적인 계정과목을 사용하고 있다. 다만, 제출용 재무제표에서는 일반기업회계기준에서 예시한 계정과목인 [매출채권]과 [매입채무]로 통합되어 표시된다.
>
> (2) 차감 계정
> 차감 계정의 코드체계는 본 계정의 코드 번호의 다음 번호를 부여하기 때문에 홀수 번호이다. 예를 들면, 외상매출금 계정의 코드 번호는 [108]이고, 외상매출금에 대한 대손충당금의 코드 번호는 [109]이다. 또한, 건물계정의 코드 번호는 [202]이고, 건물에 대한 감가상각누계액의 코드 번호는 [203]이다.

실습예제

다음 사항을 계정과목 및 적요등록 메뉴에서 등록하시오.

1 '812. 여비교통비' 계정과목의 대체적요 3번에 '시외출장비 가지급정산'을 등록하시오.

[입력하기]

커서를 [코드/계정과목]에 놓고 코드 번호 '0812'를 직접 입력하여 [여비교통비] 란으로 이동한 후 오른쪽 대체적요 3번에 '시외출장비 임시 지급 정산'을 입력한다.

2 상품 판매할 때 당점 부담 택배비의 현금 지급 거래가 빈번하여 운반비 계정의 현금적요 4번에 '택배비 지급'을 등록하시오.

[입력하기]

커서를 [코드/계정과목]에 놓고 💬 또는 Ctrl+F를 선택하여 [찾을내용]에 '운반비'를 입력하고 Enter↵를 누르면 코드(0824)/계정과목(운반비) 란에 자동으로 이동한다. 여기에서 화면 우측의 [현금적요] 란에 적요 NO에서 4 입력하고 Enter↵를 누른 후 '택배비 지급'을 입력한다.

3 퇴직금 중간정산을 신청하는 직원들에게 퇴직금을 지급하기로 하였다. 판매관리비의 퇴직급여 계정에 다음의 적요를 등록하시오.

> 현금적요 1. 퇴직금 중간정산에 따른 지급

[입력하기]

[계정체계]에서 판매관리비를 선택한다. 그리고 0806번 퇴직급여 계정을 선택한 후 현금적요에 '1. 퇴직금 중간정산에 따른 지급'을 입력한다.

제4절 환경등록

　[환경등록]을 선택하면 다음과 같은 화면이 나타난다. 전산회계 2급은 '도소매기업'을 전제하고 있으므로 있는 메뉴를 그대로 사용하면 된다. 다만, 고정자산 간편자동등록 사용 　0.사용안함 을 '사용안함'으로 설정해야 한다. 그렇지 않을 경우에는 일반전표입력을 하는 과정에서 유형·무형자산을 취득하게 되면 거래를 입력할 때 추가로 고정자산에 해당하는 작업을 해야 하기 때문이다.

　한편, '제조기업'의 경우 '② 분개유형 설정'에서 매출을 '401 상품매출'에서 '404 제품매출'로, 매입을 '146 상품'에서 '153 원재료'로 변경하여 사용하는 것이 회계처리를 쉽고 빠르게 할 수 있다.

環境登録 화면

| 환경등록 | | 6000 경인상사 | 제10기 2026-01-01~2026-12-31 |

회계 | 원천 | 개인

① 부가세 소수점 관리

　　　　　자 리 수　끌 전 처 리
수　　　량　　0
단　　　가　　0　　　1.절사
금　　　액　　　　　　2.올림

② 분개유형 설정
매　　　　출　0401　상품매출
매 출 채 권　0108　외상매출금
매　　　　입　0146　상품
매 입 채 무　0251　외상매입금
신용카드매출채권　0120　미수금
신용카드매입채무　0253　미지급금

③ 추가계정 설정
구 분 유 형 계 정 과 목 추 가
매 출 　 매 출
　　　　매출채권
매 입 　 매 입
　　　　매입채무

④ 부가세 포함 여부
　카과, 현과의 공급가액에 부가세 포함　1.전체포함
　건별 공급가액에 부가세 포함　1.포함
　과세 공급가액에 부가세 포함　0.전체미포함
⑤ 봉사료 사용 여부　0.사용안함
⑥ 유형:불공(54)의 불공제 사유　2
　유형:영세율매출(12.16) 구분
⑦ 단가 표시　1.사용
⑧ 표준(법인세)용 재무제표　1.일반법인
⑨ 건물외 유형고정자산 상각방법　1.정률법
⑩ 고정자산 간편자동등록 사용　0.사용안함/1.사용　0.사용안함
⑪ 현장코드 엔터키 자동복사　0.사용안함
⑫ 부서사원코드 엔터키 자동복사　0.사용안함
⑬ 프로젝트코드 엔터키 자동복사　0.사용안함
⑭ 세금계산서 인쇄시 복수거래 정렬 방법　1.입력순
⑮ 의제류 자동 설정　0.없음
　의제매입공제율　6 / 106
　재활용매입공제율　6 / 106
　구리 스크랩등　5 / 105
⑯ 신용카드매입 입력창 사용여부(일반전표)　0.사용안함
⑰ 휴일 표시 사용여부　1.사용

Tip 0.사용안함, 1.사용합

Chapter

03 회계의 기초

제1절 회계의 기본개념

1. 회계의 의의

회계(accounting)는 특정 기업에 대해 이해관계자들이 합리적인 경제적 의사결정을 하는데 유용한 재무정보를 제공하기 위한 일련의 과정 또는 체계를 의미한다. 여기에서 이해관계자란 기업과 관련된 거래처, 주주, 채권자, 임직원, 국가(국세청, 지방자치단체 등) 및 고객 등을 의미하며, 이들은 의사결정을 하는 데 재무제표를 활용한다.

ChatGPT를 활용한 학습

회계(Accounting)란 기업이나 조직의 경제적 활동을 기록, 분류, 요약, 해석하여 이해관계자들에게 유용한 정보를 제공하는 체계적인 과정이다. 회계의 궁극적인 목적은 의사결정에 필요한 재무정보를 제공해 기업의 자원 관리와 경영 성과를 평가할 수 있도록 돕는 것이다.

(1) 회계의 주요 목적

   ① 의사결정 지원 : 경영진, 투자자, 채권자 등 이해관계자들이 합리적인 의사결정을 할 수 있도록 정확한 재무정보를 제공

   ② 성과 측정 : 일정 기간 동안의 수익과 비용을 분석해 기업의 경영성과를 평가

   ③ 재무상태 파악 : 자산, 부채, 자본 등을 통해 기업의 재정 상태를 명확히 보여줌.

   ④ 법적 요구 충족 : 세금 신고나 규제 준수를 위해 정확한 회계 정보가 필수

   ⑤ 책임 추적 : 경영자의 자원 활용과 책임을 명확히 함으로써 투명성 확보

(2) 회계의 기능

   ① 기록(Recording) : 거래를 일정한 규칙에 따라 기록

   ② 분류(Classifying) : 비슷한 성격의 거래를 계정별로 분류

   ③ 요약(Summarizing) : 재무제표 작성으로 요약된 정보를 제공

   ④ 해석(Interpreting) : 정보를 분석하고 해석해 의사결정에 활용

(3) 회계의 3대 분야
① 재무회계 : 외부 이해관계자에게 재무 정보를 제공
② 관리회계 : 경영 의사결정을 지원하기 위한 내부 정보 제공
③ 세무회계 : 세법에 따른 세금 계산과 신고를 위한 정보 제공

2. 재무제표

재무제표란 기업의 이해관계자에게 유용한 정보를 제공하는 대표적인 보고서로써 재무상태표, 손익계산서, 현금흐름표, 자본변동표 및 주석으로 구성된다.

(1) 재무상태표

재무상태표는 특정 시점 현재 기업의 재무상태에 대한 정보를 제공하는 재무보고서이다. 즉, 재무상태란 기업이 보유하고 있는 경제적 자원인 자산과 경제적 의무인 부채, 그리고 소유자 지분인 자본을 의미한다. 재무상태표는 이해관계자들이 특정 기업의 유동성, 재무적 탄력성, 수익성, 위험 등을 평가하는 데 유용한 정보를 제공한다.

(2) 손익계산서

손익계산서는 일정 기간 기업의 경영성과에 대한 정보를 제공하는 재무보고서이다. 이러한 손익계산서는 수익 항목과 비용 항목으로 구성되어 있으며, 수익에서 비용을 차감하여 이익을 계산하는데 그것이 경영성과를 나타내는 것이다. 따라서 손익계산서는 해당 회계기간의 경영성과를 나타낼 뿐만 아니라 기업의 미래현금흐름과 수익창출능력 등을 예측하는 데 필요로 하는 유용한 정보를 제공한다.

(3) 현금흐름표

현금흐름표는 일정 기간 기업의 현금흐름에 대한 정보를 제공하는 재무보고서이다. 이러한 현금흐름표는 해당 회계기간에 속하는 현금유입과 현금유출의 내용을 영업활동, 투자활동 및 재무활동으로 구분하여 제공한다. 즉, 현금흐름표는 기업의 현금창출 능력에 관한 정보를 제공함으로써 이해관계자가 미래현금흐름을 추정할 수 있게 하는 것은 물론, 기업의 부채 상환능력, 배당금 지급능력 및 자금의 유동성을 평가하는 데 유용한 정보를 제공한다. 또한, 현금흐름 정보는 같은 거래와 사건에 대하여 기업별로 서로 다른 회계처리를 적용함에 따라 발생하는 영향을 제거하기 때문에 경영성과에 대한 기업 간 비교를 쉽게 만든다.

(4) 자본변동표

자본변동표는 일정 기간 자본의 크기와 그 변동에 관한 정보를 제공하는 재무보고서이다. 특히, 법인(法人)기업의 경우 자본을 구성하고 있는 자본금, 자본잉여금, 자본조정, 기타포괄손익누계액, 이익잉여금(또는 결손금)의 변동에 대한 포괄적인 정보를 제공한다. 다시 말해, 자본변동표에는 자본의 기초잔액과 기말잔액을 모두 기록하기 때문에 재무상태표와 연결을 할 수 있고, 자본의 변동에 대해서는 손익계산서와 현금흐름표상의 정보와 연계하여 볼 수 있어 자본변동표를 잘 활용하면 각 재무제표 간의 관계를 명확하게 파악할 수 있다. 다만, 개인(個人)기업에서는 자본금 계정만 사용하여 정보를 제공하기 때문에 자본에 대해 구체적으로 구분하지 않는다.

(5) 주석

재무제표의 내용 중 추가적 설명이 필요한 계정과목에 대해 특정 기호를 붙인 다음에, 재무제표 본문 밖에 같은 기호나 번호를 붙이고 그에 대한 보충설명을 통해 추가적인 정보를 이해관계자에게 제공하는 것이다.

구 분	주요 내용
재무상태표	**특정 시점의 재무상태**를 나타내는 보고서 재무상태란 **자산, 부채 및 자본**의 크기를 의미한다.
손익계산서	**일정 기간의 경영성과**를 나타내는 보고서 경영성과는 **수익과 비용**으로 표시된다.
현금흐름표	일정 기간 현금의 유입과 유출의 내용을 나타내는 보고서
자본변동표	일정 기간 자본의 변동 내용을 나타내는 보고서
주석	독립된 보고서는 아니며, 보고서 계정과목에 기호를 붙이고 별지에 같은 기호를 표시하여 그 내용을 설명한 것

ChatGPT를 활용한 학습

재무제표(Financial Statements)는 기업의 재무상태와 경영성과를 이해관계자들에게 명확히 전달하기 위해 작성된 보고서이다. 이 보고서는 특정 시점의 재무상태와 일정 기간 동안의 경영성과 및 현금흐름을 체계적으로 보여준다. 이를 통해 투자자, 채권자, 경영진 등 이해관계자들이 합리적인 의사결정을 할 수 있도록 돕는다.

〈필수적으로 작성하는 재무제표의 종류(4대 재무제표)〉

⑴ 재무상태표(Statement of Financial Position) : 특정 시점의 자산, 부채, 자본을 나타내는 보고서로 기업의 재무상태를 파악
　① 자산 : 기업이 보유한 경제적 자원(현금, 재고, 건물 등)
　② 부채 : 갚아야 할 채무(대출금, 미지급금 등)
　③ 자본 : 자산에서 부채를 뺀 나머지, 소유주의 지분

⑵ 손익계산서(Income Statement) : 일정 기간 동안의 수익과 비용을 통해 경영성과(이익 또는 손실)를 나타내는 보고서로 수익성과 경영 효율성 평가
　① 수익 : 상품 판매, 서비스 제공 등으로 얻은 금액
　② 비용 : 재료비, 인건비, 판매비 등 지출 금액
　③ 순이익 : 수익에서 비용을 뺀 금액

⑶ 현금흐름표(Cash Flow Statement) : 일정 기간 동안의 현금의 유입과 유출을 나타내는 보고서로 현금 관리 능력 평가
　① 영업활동 현금흐름 : 상품 판매, 급여 지급 등 일상적인 활동에서 발생
　② 투자활동 현금흐름 : 자산 매입, 매각 등 투자와 관련된 현금
　③ 재무활동 현금흐름 : 대출, 배당 지급 등 자금 조달 및 상환

⑷ 자본변동표(Statement of Changes in Equity) : 일정 기간 동안 자본의 변화를 나타내는 보고서로 자본의 변동 원인과 내역을 파악
　① 기초자본 : 기간 시작 시의 자본
　② 순이익 : 손익계산서에서 나온 이익
　③ 기타 변동 : 배당 지급, 유상증자 등
　④ 기말자본 : 기간 종료 시의 자본

〈보조적으로 작성되는 재무제표〉
　☞ 주석(Notes to Financial Statements) : 재무제표에 포함되지 않은 상세 설명과 부수적인 정보 제공

《 정리하자면
재무상태표, 손익계산서, 현금흐름표, 자본변동표는 기업의 재무상태와 경영성과를 종합적으로 이해하기 위해 필수적으로 작성되는 재무제표이다. 이 네 가지가 서로 유기적으로 연결되어 기업의 재무상태와 경영성과를 명확히 보여준다.

보충 재무제표에 대해 ChatGPT의 답변을 보면, 필수적으로 작성하는 재무제표에서 주석을 제외하였다. 이러한 답변은 보고서 중심으로 재무제표를 정의하였기 때문에 발생한 것이라 생각한다.

3. 회계단위와 회계연도

(1) 회계단위

기업의 경영활동을 기록·계산하는 장소적 범위를 말하며, 일반적으로 하나의 기업이 회계단위가 된다.

(2) 회계연도(회계기간)

기업의 재무상태와 경영성과를 측정하여 보고하기 위하여 인위적으로 설정한 시간적 단위로 보통 1년 단위이며, 1년을 초과하여 설정하지 않는다.

ChatGPT를 활용한 학습

≪ 회계단위(Accounting Entity)
회계단위는 회계정보를 기록하고 보고하는 대상이 되는 경제적 실체를 말한다. 즉, 누구의 재무 활동을 기록할 것인가를 정의하는 개념이다.

≪ 회계단위의 특징
① 경제적 실체의 독립성 : 개인, 법인, 부서, 프로젝트 등 독립된 경제 주체로 구분. 예를 들어, 대표이사 개인 자산과 회사 자산은 분리해서 기록
② 회계단위 설정의 목적 : 이해관계자들에게 정확한 재무 정보 제공. 특정 조직의 수익성, 안정성 평가 가능
　[적용 예시] ▶법인 : 삼성전자, LG 등은 각기 다른 회계단위
　　　　　　　 ▶부서별 : 제조부, 영업부의 재무 활동을 별도로 기록 가능

≪ 회계연도(Fiscal Year)
회계연도는 기업이 일정 기간 동안의 재무상태와 경영성과를 파악하기 위해 설정한 1년간의 기간이다. 이는 일반적으로 12개월을 기준으로 하며, 꼭 1월 1일~12월 31일일 필요는 없다.

≪ 회계연도의 특징
① 기간의 자율성 : 기업의 특성과 업종에 따라 회계연도 시작일을 자율적으로 결정 가능.
　예 : 4월 1일~다음 해 3월 31일
② 목적 : 일정한 기간 동안의 수익과 비용을 비교해 경영성과 평가. 세무 신고 및 배당금 산정의 기준이 됨.
　[적용 예시] ▶일반 기업 : 1월 1일~12월 31일
　　　　　　　 ▶학교 : 3월 1일~다음 해 2월 28일
　　　　　　　 ▶정부 : 10월 1일~다음 해 9월 30일(미국의 경우)

1. 재무상태표

재무상태표는 특정 시점 현재 기업이 보유하고 있는 재무상태를 나타내는 재무보고서이다. 여기서 재무상태란 자산, 부채 및 자본의 크기를 의미하며, 이러한 재무상태는 유동성배열의 원칙에 의해 구분하여 표시한다.

☞ 유동성배열의 원칙은 자산과 부채는 유동성이 큰 항목부터 배열하여 작성하는 것을 말한다. 여기서 유동성이란 현금으로의 전환 가능성을 말하는데, 유동자산이 비유동자산보다 유동성이 높고, 당좌자산이 재고자산보다 유동성이 높다.

(1) 재무상태표 구성요소

1) 자산

① 자산의 정의

자산은 과거 사건의 결과로 기업이 통제하고 있으며, 미래 경제적 효익이 기업에 유입될 것으로 기대되는 자원을 말한다. 여기서 '미래 경제적 효익'이란 궁극적으로 기업에 현금유입을 가져올 수 있는 잠재력을 의미한다. 다시 말해, 기업이 소유하는 재산으로 재화, 채권, 법적 보호 권리 등을 자산이라고 하는 것이다.

② 자산의 분류

자산은 1년을 기준으로 유동자산과 비유동자산으로 구분한다. 그리고 유동자산은 당좌자산과 재고자산으로 구분하고, 비유동자산은 투자자산, 유형자산, 무형자산 및 기타비유동자산으로 구분한다.

㉮ 유동자산

유동자산은 결산일로부터 1년 이내에 현금화할 수 있는 자산으로 당좌자산과 재고자산으로 구분된다.

당 좌 자 산	즉시 현금으로 전환할 수 있는 자산
재 고 자 산	정상적인 영업활동인 판매를 목적으로 보유하고 있는 자산

④ 비유동자산

비유동자산은 결산일로부터 1년 이후에 현금화되거나 1년 이상 장기간 사용할 목적으로 보유하고 있는 자산으로서 투자자산, 유형자산, 무형자산 및 기타비유동자산으로 구분된다.

투 자 자 산	**장기적인 투자이익을 얻기 위해** 보유하고 있는 증권, 대여금, 부동산 등과 같은 자산
유 형 자 산	장기간 영업활동에 **사용**하기 위해 보유하고 있는 물리적 **형태가 있는** 자산
무 형 자 산	장기간 영업활동에 사용하기 위해 보유하고 있는 물리적 **형태가 없는** 자산
기타비유동자산	투자자산, 유형자산, 무형자산에 속하지 않는 비유동자산으로 **수익성 없는** 자산

ChatGPT를 활용한 학습

자산(Assets)은 기업이 보유하고 있는 모든 경제적 자원을 의미하며, 이는 미래에 경제적 이익을 가져다줄 수 있는 것들을 포함한다. 자산은 재무상태표에서 부채와 자본의 합에 해당하며, 기업의 재무 유동성 및 운영 안정성을 평가하는 데 중요한 역할을 한다.

1. 자산의 기본 특징

① 경제적 가치 : 자산은 현금으로 환산 가능하거나, 미래에 현금 흐름을 창출할 수 있어야 한다.
② 통제 가능성 : 기업이 법적 또는 실질적으로 통제할 수 있는 자원이어야 한다.
③ 과거 사건에 의한 발생 : 자산은 과거의 거래나 사건에 의해 발생해야 한다.

2. 자산의 구성요소

(1) 유동자산(Current Assets)

유동자산은 1년 이내 또는 정상 영업주기 내에 현금화가 가능한 자산을 의미한다. 이는 기업의 단기적인 재무 유동성을 평가하는 데 중요한 지표가 된다.

(2) 유동자산의 세부 항목

① 현금 및 현금성 자산(Cash and Cash Equivalents) : 바로 사용할 수 있는 현금과 3개월 이내에 현금화 가능한 자산 〈예 : 현금, 당좌예금, 보통예금, 단기 예금, 양도성 예금증서〉
② 매출채권(Accounts Receivable) : 상품이나 서비스를 제공하고 아직 받지 못한 금액으로 대손충당금 설정으로 회수 가능성 관리
③ 재고자산(Inventory) : 판매를 위해 보유 중인 상품, 원재료, 재공품, 완성품 등으로 평가는 선입선출법(FIFO), 후입선출법(LIFO) 등 다양한 방법 사용함.
④ 단기금융상품(Short-term Investments) : 1년 이내에 처분할 목적으로 보유한 주식, 채권 등 〈예 : 단기 채권, 단기 예금〉
⑤ 선급비용(Prepaid Expenses) : 미리 지급한 비용으로, 아직 제공받지 않은 서비스나 상품의 대가 〈예 : 선불 보험료, 임차료〉

(3) 비유동자산(Non-Current Assets)

비유동자산은 1년 이상 동안 보유할 자산으로, 주로 장기적인 투자와 관련된 자산이다. 이는 기업의 장기적인 성장 가능성과 안정성을 평가하는 지표가 된다.

(4) 비유동자산의 세부 항목
① 유형자산(Property, Plant, and Equipment) : 물리적인 형태가 있는 자산으로, 장기간 사용 가능
〈예 : 토지, 건물, 기계, 차량, 설비〉
- 감가상각 : 사용 기간에 따라 감가상각 처리 필요(토지는 제외).
② 무형자산(Intangible Assets) : 형태가 없는 자산으로, 법적 권리나 경제적 이익을 제공
〈예 : 특허권, 상표권, 영업권(Goodwill), 저작권〉
- 상각 : 일정 기간 동안 상각 필요.
③ 투자자산(Investment Assets) : 장기적인 투자 목적으로 보유한 자산
〈예 : 장기 주식, 장기 채권, 부동산 투자〉
④ 장기금융상품(Long - term Financial Assets) : 1년 이상 보유할 금융 자산
〈예 : 장기 예금, 장기 채권〉
⑤ 기타 비유동자산(Other Non - Current Assets) : 위에 속하지 않는 장기성 자산
〈예 : 임차보증금, 장기 대여금〉

2) 부채

① 부채의 정의

부채는 과거 사건의 결과로 기업이 부담하는 것으로 미래에 경제적 효익을 갖는 자원의 유출 또는 사용이 예상되는 현재 의무이다. 다시 말해, 기업이 미래에 타인 또는 다른 기업에 지급해야 할 의무 즉, 채무를 말한다. 한편, 자본을 일반적으로 자기자본이라고 하는 것에 반해, 부채를 타인자본이라고도 한다.

② 부채의 분류

부채는 1년을 기준으로 유동부채와 비유동부채로 구분한다.
㉮ 유동부채
유동부채는 결산일로부터 1년 이내에 상환 기간이 도래하는 부채를 말한다.
㉯ 비유동부채
비유동부채는 결산일로부터 1년 이후에 상환 기간이 도래하는 부채를 말한다.

ChatGPT를 활용한 학습

부채(Liabilities)는 기업이 타인에게 갚아야 할 의무나 채무를 의미한다. 이는 과거의 거래나 사건에 의해 발생하며, 현금, 상품, 서비스 등으로 상환해야 하는 미래의 경제적 희생을 수반한다. 재무상태표에서 부채는 자산에서 자본을 뺀 나머지로 표현된다.

1. 부채의 기본 특징
  ① 경제적 의무 : 부채는 현금 지급, 상품 인도, 서비스 제공과 같은 미래의 경제적 희생을 수반
  ② 과거 사건 : 부채는 과거의 거래(대출, 매입 등)에 의해 발생
  ③ 법적 강제성 : 일정 시점까지 상환 의무가 있음.

2. 부채의 구성요소
  (1) 유동부채(Current Liabilities)
  유동부채는 1년 이내 또는 정상 영업주기 내에 상환해야 하는 부채를 말한다. 이는 단기적인 상환 능력(유동비율, 당좌비율)을 평가하는 데 중요한 지표가 된다.
  ① 매입채무(Accounts Payable) : 상품이나 서비스를 받고 아직 지급하지 않은 금액
    〈예 : 납품 대금, 외상 구매 대금〉
  ② 단기차입금(Short-term Borrowings) : 1년 이내에 갚아야 할 대출금
    〈예 : 운전자금 대출, 어음 할인〉
  ③ 미지급금(Accrued Expenses) : 상품이나 서비스를 받고 대금을 아직 지급하지 않은 상태
    〈예 : 미지급 임금, 미지급 대금〉
  ④ 미지급비용(Accrued Liabilities) : 발생했으나 아직 지급되지 않은 비용
    〈예 : 미지급 이자, 미지급 세금〉
  ⑤ 선수금(Advances from Customers) : 미리 받은 대금으로, 향후 상품이나 서비스를 제공해야 함.
    〈예 : 예약금, 선불금〉
  ⑥ 유동성 장기부채(Current Portion of Long-term Debt) : 장기부채 중 1년 이내에 갚아야 할 부분
    〈예 : 장기 대출의 1년 내 상환분〉
  (2) 비유동부채(Non-Current Liabilities)
  비유동부채는 1년 이후에 상환해야 하는 부채를 말한다. 이는 장기적인 재무 안정성을 평가하는 지표가 되며, 재무 건전성 및 부채 비율 분석에 중요함.
  ① 사채(Bonds Payable) : 장기 자금 조달을 위해 발행한 채권으로 이자 지급 의무가 있으며, 만기 시 원금 상환해야 함.
  ② 장기차입금(Long-term Borrowings) : 1년 이상 동안 상환해야 할 대출금
    〈예 : 설비 투자 대출, 부동산 담보 대출〉
  ③ 퇴직급여충당부채(Retirement Benefit Obligations) : 퇴직 시 지급해야 할 급여를 대비한 부채로 기업의 인건비 부담을 반영
  ④ 이연법인세부채(Deferred Tax Liabilities) : 미래에 납부해야 할 법인세를 반영한 부채로 세금의 이연 효과 반영
  ⑤ 기타 비유동부채(Other Non-Current Liabilities) : 위에 속하지 않는 장기성 부채
    〈예 : 임대보증금, 장기 미지급금〉

3. 부채와 관련된 주요 비율
   ① 부채비율(Debt Ratio) : 부채로 조달된 자산의 비중
      (총부채÷총자산)×100
   ② 이자보상배율(Interest Coverage Ratio) : 이자 지급 능력 평가
      (영업이익÷이자비용)

3) 자본

① 자본의 정의

자본은 자산총액에서 부채총액을 차감한 잔액을 말한다. 따라서 자본은 자기자본, 순자산 및 소유주지분 등이라는 용어를 사용한다.

② 자본의 분류

법인기업의 자본은 자본금, 자본잉여금, 자본조정, 기타포괄손익누계액 및 이익잉여금으로 구분되나 전산회계 2급에서 출제되는 개인기업은 '자본금' 계정 하나만으로 자본을 회계처리한다.

ChatGPT를 활용한 학습

자본(Equity)은 기업의 자산 중에서 부채를 제외한 순수한 소유주지분을 의미한다. 자본은 소유주가 투자한 자금과 기업이 벌어들인 이익의 누적분으로 구성된다. 재무상태표에서 자본은 '자산 - 부채 = 자본'이라는 등식에 따라 계산된다.

1. 자본의 기본 특징(K-GAAP 기준)
   ① 소유주지분 : 자본은 소유주(주주)의 순자산을 의미
   ② 영구적 자금 : 자본은 기업에 영구히 투자된 자금으로, 상환 의무가 없음.
   ③ 잔여지분 : 자산에서 부채를 뺀 잔여 재산에 대한 권리

2. 자본의 구성요소(K-GAAP 기준)
   (1) 자본금(Paid-in Capital) : 자본금은 주주가 기업에 직접 투자한 자금을 의미한다. 상법에 따라 발행주식의 액면가 총액을 자본금으로 규정한다.
      ① 보통주 자본금 : 의결권이 있는 보통주 발행에 따른 자본금
      ② 우선주 자본금 : 의결권이 제한되지만 보통주보다 배당이 우선 지급.
      ③ 자기주식 : 기업이 자신의 주식을 매입한 경우로서 자본에서 차감 항목으로 표시
      ☞ 자본금의 중요성 : 초기 자금 조달 능력과 소유 구조를 나타냄. 재무 안정성 평가의 기초
   (2) 자본잉여금(Capital Surplus) : 자본잉여금은 자본금 이외에 발생한 자본으로, 주로 주식발행초과금으로 구성된다. 법적으로 자본금으로 전환 불가하며, 이익잉여금과 구별된다.
      ① 주식발행초과금 : 액면가 초과 금액으로 주식을 발행했을 때 발생
      ② 감자차익 : 자본 감소 시 주식 매입가가 액면가보다 낮을 때 발생

③ 기타 자본잉여금 : 합병차익, 주식교환차익 등이 포함

☞ 자본잉여금의 중요성 : 법정적립금으로 전환 가능 → 재무 안정성 강화, 주주가치 상승에 기여

(3) 이익잉여금(Retained Earnings) : 이익잉여금은 영업활동을 통해 벌어들인 순이익 중 배당되지 않고 남은 금액이다. 이는 기업의 내부 유보 자금으로, 재투자와 배당의 재원이 된다.

① 법정적립금 : 기업의 손실 보전을 위해 법적으로 적립이 요구되는 잉여금으로 상법에 따라 자본금의 50%까지 적립 가능

② 임의적립금 : 기업이 자체적으로 정한 기준에 따라 적립하는 것으로 설비 투자, 연구 개발 등에 사용

③ 미처분이익잉여금 : 아직 처분되지 않은 이익잉여금으로 배당 또는 재투자에 사용

☞ 이익잉여금의 중요성 : 재무 건전성과 성장 가능성의 지표. 배당 여력을 판단하는 기준

(4) 기타자본구성요소(Other Components of Equity) : 기타자본구성요소는 자본금, 자본잉여금, 이익잉여금 외에 자본의 변동에 영향을 미치는 항목들이다.

① 평가이익 및 손실 : 금융자산이나 부동산의 평가 차익 또는 평가손실

예 : 재평가잉여금, 환율변동효과

② 자기주식 : 기업이 자신의 주식을 매입한 경우로 자본에서 차감

③ 기타포괄손익누계액 : 미실현 이익 또는 손실로, 순이익에 포함되지 않음

예 : 환산차익, 매도가능증권평가이익

☞ 기타자본구성요소의 중요성 : 자본 변동에 대한 투명성 제공. 포괄손익 분석에 필수적.

3. 자본과 관련된 주요 비율(K-GAAP 기준)

① 자기자본비율 : 자본이 차지하는 비율로, 재무 안정성 평가

(자본÷총자산)×100

② 부채비율 : 부채의존도를 나타내며, 위험도 평가

(부채÷자본)×100

(2) 재무상태표 등식

자산, 부채 및 자본으로 구성되는 재무상태표는 다음과 같은 등식이 항상 성립된다.

자산 = 부채 + 자본

ChatGPT를 활용한 학습 재무상태표(Statement of Financial Position)

재무상태표는 특정 시점에 기업이 보유한 자산, 부채, 자본을 나타내는 재무제표이다. 이를 통해 기업의 재정 상태와 건전성을 파악할 수 있으며, 이해관계자들에게 투자 및 대출에 관한 의사결정에 필요한 정보를 제공한다.

1. 재무상태표의 기본 구조

재무상태표는 다음과 같은 기본 등식을 따른다.

자산 = 부채 + 자본

이 등식은 기업이 보유한 자산이 어떻게 조달되었는지를 보여준다.

2. 재무상태표의 형식
  ⑴ 보고식(Report Form) : 자산 → 부채 → 자본 순서로 세로로 나열하며 일반적으로 사용
  ⑵ 계정식(Account Form) : T자형으로 좌측에 자산, 우측에 부채와 자본을 나열하여 등식을 쉽게 이해할
    수 있음.

⑶ 재무상태표 양식

㈜경인	재무상태표 20X1년 12월 31일 현재	단위 : 원

자산
Ⅰ. 유동자산
  ⑴ 당좌자산
  ⑵ 재고자산
Ⅱ. 비유동자산
  ⑴ 투자자산
  ⑵ 유형자산
  ⑶ 무형자산
  ⑷ 기타비유동자산
	부채
	Ⅰ. 유동부채
	Ⅱ. 비유동부채
	
	자본
	Ⅰ. 자본금
	Ⅱ. 자본잉여금
	Ⅲ. 자본조정
	Ⅳ. 기타포괄손익누계액
	Ⅴ. 이익잉여금	

⑷ 재무상태표 계정과목

		당좌자산
유동 자산	현 금 및 현 금 성 자 산	현금, 당좌예금, 보통예금 및 현금성자산 포함
	단 기 금 융 상 품	금융상품 중 만기가 1년 이내인 것
	단 기 매 매 증 권	단기매매차익을 목적으로 보유하는 주식 및 채권
	매 출 채 권	일반적인 상거래에서 발생한 채권(외상매출금, 받을어음)
	미 수 금	상품 이외의 물품을 외상으로 판매한 경우의 채권
	단 기 대 여 금	1년 이내에 상환을 조건으로 돈을 빌려준 경우의 채권
	선 급 금	일반 상거래에서 선급한 금액(지급한 계약금)
	선 급 비 용	비용이 발생하지 않았으나 미리 지급한 비용
	미 수 수 익	수익이 발생하였으나 아직 받지 못한 수익
		재고자산
	상 품	판매를 목적으로 외부에서 매입한 자산
	소 모 품	1년 이내 사용 목적의 자산

		투자자산
비유동자산	장 기 금 융 상 품	금융상품 중 만기가 1년 이후인 것
	매 도 가 능 증 권	단기매매증권이나 만기보유증권에 해당하지 않는 주식, 채권
	만 기 보 유 증 권	만기까지 보유할 목적으로 보유하는 채권
	장 기 대 여 금	1년 이후에 상환을 조건으로 돈을 빌려준 경우의 채권
	투 자 부 동 산	투자목적 또는 비업무용으로 소유하는 토지, 건물 등
		유형자산
	토 지	영업활동에 사용할 목적으로 보유하는 대지, 임야 등
	건 물	영업활동에 사용할 목적으로 보유하는 공장, 창고 등
	기 계 장 치	영업활동에 사용할 목적으로 보유하는 기계장치 및 부속설비
	차 량 운 반 구	영업활동에 사용할 목적으로 보유하는 자동차나 육상운반구
	비 품	영업활동에 사용할 목적으로 보유하는 책상, 컴퓨터 등
	건 설 중 인 자 산	영업활동에 사용할 목적으로 자가 제작 중인 자산
		무형자산
	영 업 권	다른 회사를 인수·합병할 때 과다하게 준 금액(권리금과 유사)
	산 업 재 산 권	특허권, 실용신안권, 의장권, 상표권 등
	개 발 비	신제품, 신기술의 개발과 관련하여 발생한 비용
	컴 퓨 터 소 프 트 웨 어	업무처리를 하면서 필요한 소프트웨어
		기타비유동자산
	보 증 금	임차보증금, 영업보증금 포함
	장 기 매 출 채 권	일반적인 상거래에서 발생한 장기채권
	장 기 미 수 금	상품 이외의 물품을 외상으로 판매한 경우의 장기채권
유동부채	매 입 채 무	일반적인 상거래에서 발생한 채무(외상매입금, 지급어음)
	단 기 차 입 금	1년 이내에 상환을 조건으로 돈을 빌려온 경우의 채무
	미 지 급 금	상품 이외의 물품을 외상 또는 어음으로 취득한 경우의 채무
	선 수 금	일반 상거래에서 미리 받은 계약금
	예 수 금	일시적으로 맡아서 나중에 지급해야 하는 부채
비유동부채	사 채	장기자금을 조달하기 위해 이자와 원금 등을 기록한 채권
	장 기 차 입 금	1년 이내에 상환을 조건으로 돈을 빌려온 경우의 채무
	충 당 부 채	지출의 시기 및 금액이 불확실한 추정부채
	장 기 매 입 채 무	일반적인 상거래에서 발생한 장기채무(상환기일이 1년 이상)
	장 기 미 지 급 금	상품 이외의 물품을 외상으로 취득한 경우의 장기채무
자본	자 본 금	자산총액에서 부채총액을 차감한 것으로 소유주의 몫

2. 손익계산서

손익계산서는 일정 기간 기업의 경영성과에 대한 정보를 제공하는 재무보고서이다. 손익계산서는 수익과 비용으로 구성되며, 수익에서 비용을 차감한 잔액이 (+)인 경우 당기순이익이 되고, (-)인 경우 당기순손실이 된다.

(1) 손익계산서 구성요소

1) 수익

① 수익의 정의

수익은 재화의 판매, 용역의 공급 등과 같은 영업활동과 그 밖의 부수적인 활동을 통해 증가하는 순자산(자본)으로서 자산의 증가 또는 부채의 감소를 발생시킨다.

② 수익의 분류

㉮ 매출액 : 기업의 주된 영업활동으로 발생하는 수익을 말한다. 즉, 상품이나 용역 등을 판매한 금액을 말한다.

㉯ 영업외수익 : 기업의 주된 영업활동이 아닌 활동으로부터 발생한 수익을 말한다.

2) 비용

① 비용의 정의

비용은 재화의 구입, 용역의 수취 등과 같은 영업활동과 그 밖의 부수적인 활동을 통해 감소하는 순자산(자본)으로서 자산의 감소 또는 부채의 증가를 발생시킨다.

② 비용의 분류

㉮ 매출원가 : 기업의 주된 영업활동으로 발생하는 비용을 말한다. 즉, 매출액에 대응되는 원가를 말한다.

㉯ 판매비와 관리비 : 상품이나 용역 등의 판매활동과 기업의 관리활동을 수행하는 과정에서 발생한 비용으로 매출원가를 제외한 영업비용을 말한다.

㉰ 영업외비용 : 기업의 주된 영업활동이 아닌 활동으로부터 발생한 비용을 말한다.

㉱ 법인(소득)세비용 : 기업의 이익에 비례하여 국가 등에 내는 세금을 말한다.

Chat GPT를 활용한 학습

손익계산서(Income Statement)는 일정 기간 동안 기업의 경영 성과를 보여주는 재무제표이다. 이 문서를 통해 기업이 얼마나 수익을 냈는지(이익) 또는 손실을 보았는지를 파악할 수 있다. 보통 1년이나 분기별로 작성된다.

1. 손익계산서의 주요 구성요소
   손익계산서는 수익에서 비용을 뺀 결과로 순이익을 계산하는 방식으로 구성된다.
   ① 매출액(Sales or Revenue) : 상품이나 서비스를 판매하고 받은 총 금액
   ② 매출원가(Cost of Goods Sold, COGS) : 제품이나 서비스를 판매하기 위해 직접 소요된 비용
   ③ 매출총이익(Gross Profit) : 매출액 – 매출원가
   ④ 판매관리비(Selling and Administrative Expenses) : 운영을 위해 필요한 간접비용
   ⑤ 영업이익(Operating Income) : 매출총이익 – 판매관리비(기업의 주된 영업활동에서 발생한 이익)
   ⑥ 영업외수익 및 비용(Non-operating Income and Expenses) : 영업활동 외의 수익과 비용
   ⑦ 법인세 비용(Income Tax Expense) : 세전이익에 대해 납부해야 하는 세금
   ⑧ 당기순이익(Net Income) : 영업이익+영업외수익 – 영업외비용 – 법인세 비용(기업의 최종적인 이익)

2. 손익계산서의 중요성
   ① 경영성과 평가 : 일정 기간 동안의 이익을 통해 기업의 성과를 측정
   ② 투자 판단 : 투자자들은 순이익과 이익률을 통해 투자 가치를 판단
   ③ 경영전략 수립 : 비용 구조를 분석해 효율적인 비용 관리 가능

(2) 손익계산서 등식

수익과 비용으로 구성되는 손익계산서는 다음과 같은 등식이 성립된다.

> **수익 – 비용 = 순이익(또는 순손실)**

(3) 손익계산서의 양식

손익계산서

경인상사	20×1년 1월 1일부터 20×1년 12월 31일까지	단위 : 원
Ⅰ. 매출액		×××
Ⅱ. 매출원가		(×××)
1. 기초상품재고액	×××	
2. 당기상품매입액	×××	
3. 기말상품재고액	(×××)	
Ⅲ. 매출총이익		×××
Ⅳ. 판매비와관리비		(×××)
Ⅴ. 영업이익		×××
Ⅵ. 영업외수익		×××
Ⅶ. 영업외비용		(×××)
Ⅷ. 소득세비용차감전순이익		×××
Ⅸ. 소득세비용		(×××)
Ⅹ. 당기순이익		×××

(4) 손익계산서 계정과목

매출액		주된 영업활동과 관련된 상품 등 판매금액
매출원가		주된 영업활동과 관련된 상품 등 매입원가
판매비와관리비	급여	근로를 제공한 임직원에게 지급하는 인건비
	퇴직급여	지급해야 할 퇴직금 중 당기 부담분에 속하는 부분
	복리후생비	임직원에게 지급하는 복리후생비(회식비, 근무복 지급 등)
	여비교통비	여비와 교통비(출장비 등)
	기업업무추진비	업무와 관련하여 거래처와 관련하여 발생한 비용
	통신비	전화료, 인터넷사용료, 우편료 등
	수도광열비	수도요금, 전기요금, 가스요금 등
	세금과공과	재산세, 자동차세 등과 같은 세금과 각종 공과금
	감가상각비	건물, 비품 등 유형자산의 감가상각비
	임차료	토지, 건물 등의 빌려 사용할 경우 지급하는 사용대가
	수선비	유형자산의 원상유지를 위한 수선활동에서 발생한 비용
	보험료	자산과 관련된 화재, 도난 등 각종 보험료
	차량유지비	차량운반구 유지비용(차량유류대금, 차량수리비 등)
	운반비	상품을 판매과정에 발생한 운송비용
	도서인쇄비	도서구입비, 인쇄비, 신문구독료 등
	소모품비	각종 문구 등 소모성 비품을 구매하여 사용한 비용
	수수료비용	받은 용역의 대가를 지급할 때 사용되는 비용
	광고선전비	TV, 라디오, 신문 등에 광고하면서 발생한 비용
	대손상각비	매출채권이 회수 불가능하게 되었을 때 발생한 비용
	잡비	판매비와관리비에 해당하나 중요성이 적은 비용
영업외수익	이자수익	일시적인 여유자금을 대여하거나 예금한 후 받는 이자
	배당금수익	다른 회사의 주식을 소유함으로써 받은 이익 배당액
	임대료	부동산 등을 타인에게 빌려주고 사용 대가로 받는 수익
	단기매매증권처분이익	단기매매증권 등을 처분하였을 경우 장부금액과의 차익
	유형자산처분이익	유형자산을 장부금액보다 비싸게 처분하는 경우의 차익
	자산수증이익	무상으로 자산을 증여받았을 때 발생하는 이익
	잡이익	영업외수익에 해당하나 중요성이 적은 수익
영업외비용	이자비용	차입금 등 타인에게 자금을 빌리고 대가로 지급하는 비용
	단기매매증권평가손실	단기매매증권을 보유하는 경우의 장부금액보다 하락한 금액
	기부금	업무와 관련 없이 무상으로 지급하는 금전 등
	유형자산처분손실	유형자산을 장부금액보다 싸게 처분하는 경우의 차손
	재해손실	천재지변, 화재 등으로 발생하는 자산의 손실
	잡손실	영업외비용에 해당하나 중요성이 적은 비용
소득세비용		당기순이익에 비례하여 국가 등에 내는 세액

3. 재무상태표와 손익계산서의 관계

재무상태표는 특정 시점 현재의 재무상태를 나타내는 보고서이므로 식①과 식②는 각각 성립한다.

기초자산 = 기초부채 + 기초자본 - - - - - - - -①
기말자산 = 기말부채 + 기말자본 - - - - - - - -②

손익계산서는 일정 기간 경영성과를 나타내는 보고서이며, 식③에 의해 당기순이익을 계산한다. 여기서 일정 기간이란 기초와 기말 사이의 기간을 의미하며, 일반적으로 1년으로 한다.

수익 - 비용 = 당기순이익 - - - - - - -③

그리고 당기순이익은 기업의 경영성과를 의미하며, 이는 출자자(주주)의 몫이므로 자본에 포함해야 한다.

기초자본 + 당기순이익 = 기말자본 - - - - - - -④

따라서 식②에 식④를 대입하면, 식⑤가 도출된다.

기말자산 = 기말부채 + 기초자본 + 당기순이익 - - - - - - - -⑤

한편, 식⑤에 식③을 대입하면, 식⑥이 도출된다.

기말자산 = 기말부채 + 기초자본 + 수익 - 비용 - - - - - - -⑥

위의 식⑥은 기초자본에 기중 자본을 변동시키는 항목은 당기손익항목만 있다고 가정한 것이다. 만약, 기중에 사업주가 추가로 출자를 했거나 찾아갔으면 기초자본과 기말자본 사이에 이를 반영하여야 한다. 따라서 기중에 자본 거래가 있는 경우, 다음과 같이 식⑦이 도출된다.

기말자산 = 기말부채 + 기초자본 + 수익 - 비용 + 추가출자 - 인출금 - - - - -⑦

결국, 재무상태표에 표시되는 기말자본은 다음과 같이 식⑧이 도출된다.

기말자본 = 기초자본 + 수익 - 비용 + 추가출자 - 인출금 - - - - - - -⑧

다만, 개인기업이므로 배당의 개념이 없지만, 법인기업의 경우에 있어서 배당하는 경우에는 기말자본에서 배당금을 추가로 차감해야 한다. 또한, 법인기업의 경우에 '추가출자'는 '증자'라는 용어로, '인출금'은 '감자'라는 용어로 사용한다.

기말자본 = 기초자본 + 수익 - 비용 + 증자 - 감자 - 배당금 - - - - - - -⑨

개인기업의 재무상태표와 손익계산서의 관계를 그림으로 표시하면 다음과 같다.

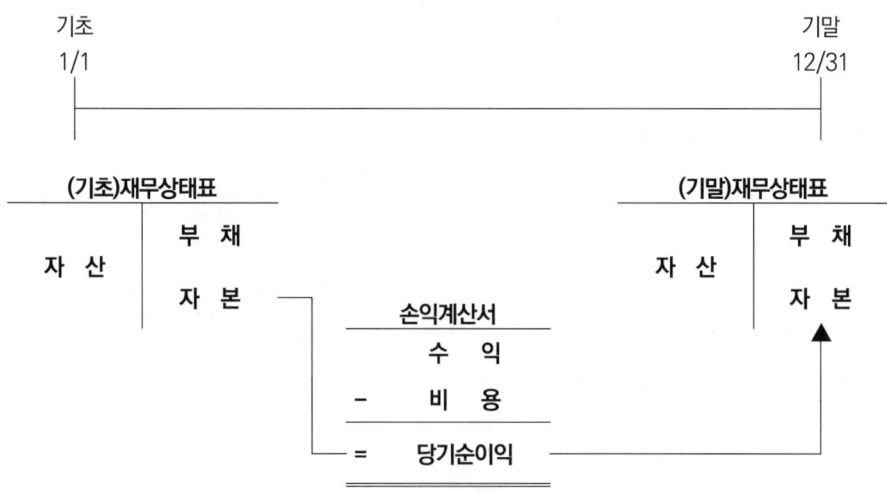

ChatGPT를 활용한 학습 재무상태표와 손익계산서의 관계

① 당기순이익 ➡ 자본 변동
- 손익계산서의 당기순이익은 재무상태표의 자본 항목에 영향을 준다.
계산식 : 기초자본 + 당기순이익 - 배당 = 기말자본

② 수익과 비용 ➡ 자산과 부채 변동
- 수익은 현금(자산) 증가 또는 미수금(자산) 증가로 이어짐.
- 비용 발생 시 현금(자산) 감소 또는 미지급금(부채) 증가가 발생

③ 이익잉여금의 변화
- 손익계산서의 순이익은 재무상태표의 이익잉여금으로 누적
이익잉여금 = 누적 순이익 - 배당

④ 감가상각비의 반영
- 손익계산서 : 감가상각비는 비용으로 반영되어 순이익 감소
- 재무상태표 : 감가상각비는 감가상각누계액으로 반영되어 자산가치 감소로 반영

 # 객관식 연습문제

01 다음은 무엇에 대한 설명인가?

> 정보이용자의 합리적인 의사결정에 유용한 회계정보를 제공

① 회계목적　　　　　　　　　　② 회계분류
③ 회계연도　　　　　　　　　　④ 회계단위

해설 회계는 특정 기업에 대해 이해관계자들이 합리적인 경제적 의사결정을 하는데 유용한 재무적 정보를 제공하기 위한 일련의 과정이다.

02 회계기간에 대한 설명으로 옳지 않은 것은?

① 회계연도라고도 한다.
② 원칙적으로 1년을 초과할 수 없다.
③ 유동자산과 비유동자산의 구분기준이다.
④ 전기, 당기 및 차기로 구분할 수 있다.

해설 기업의 재무상태와 경영성과를 측정하여 보고하기 위하여 인위적으로 설정한 시간적 단위이다.

ChatGPT를 활용한 학습

《 정답 : ③ 유동자산과 비유동자산의 구분기준이다.

《 해설

① (O) 회계기간은 보통 1년 단위로 설정되며, 이를 회계연도(Fiscal Year)라고 한다.
② (O) 대부분의 경우 1년을 기준으로 하며, 예외적으로 설립 첫해 등에는 1년 미만이 될 수 있지만 1년을 초과할 수 없다.
③ (X) 유동자산과 비유동자산의 구분 기준은 1년 이내에 현금화 가능한지 여부이다. 이는 회계기간과는 직접적인 관련이 없다.
④ (O) 회계기간은 보통 전기(이전 기간), 당기(현재 기간), 차기(다음 기간)로 구분된다.

03 회계기간에 대한 설명으로 옳은 것은?

① 기업의 경영활동을 기록·계산하는 기간적 범위이다.
② 기업의 경영활동을 기록·계산하는 장소적 범위이다.
③ 거래가 발생하면 항목별로 기록하는 단위이다.
④ 채권과 채무가 소멸할 때까지를 말한다.

해설 회계기간은 원칙적으로 1년을 초과할 수 없다.

04 필수 재무제표에 해당하지 않는 것은?

① 재무상태표   ② 주석
③ 현금흐름표   ④ 합계잔액시산표

해설 재무제표를 작성하는 과정에서 사용되는 보고서는 필수 재무제표에 해당하지 않는다.

05 다음 괄호 안에 들어갈 내용으로 옳은 것은?

( )는 일정 기간 기업 실체의 경영성과에 대한 정보를 제공하는 재무보고서이다.

① 현금흐름표   ② 손익계산서
③ 재무상태표   ④ 자본변동표

해설 손익계산서는 기업의 경영성과에 대한 정보를 제공한다.

06 손익계산서와 관련이 있는 것으로 옳지 않은 것은?

가. 일정기간   나. 경영성과   다. 재무제표   라. 재무상태

① 가   ② 나
③ 다   ④ 라

해설 재무상태와 관련된 것은 재무상태표이다.

07 **재무상태표의 구성요소에 대한 설명으로 옳지 않은 것은?**

① 기업이 경영활동을 위하여 소유하고 있는 각종의 재화와 채권을 자산이라 한다.

② 기업이 장래에 타인에게 갚아야 할 채무를 부채라 한다.

③ 기업의 부채에서 자본을 차감한 것을 자산이라 한다.

④ 자산, 부채, 자본은 기업의 재무상태를 나타낸다.

해설 자산은 부채와 자본의 합계이다.

ChatGPT를 활용한 학습

《 정답 : ③ 기업의 부채에서 자본을 차감한 것을 자산이라 한다.

《 해설
  ① (O) 자산은 기업이 소유한 현금, 재고, 미수금 등 모든 재화를 의미한다.
  ② (O) 부채는 대출금, 미지급금 등 기업이 갚아야 할 금액을 말한다.
  ③ (X) 부채에서 자본을 차감한 것은 자산이 아니라, 오히려 자산에서 부채를 차감한 것이 자본이다.
  ④ (O) 재무상태표는 이 세 가지 요소를 통해 기업의 재정 상태를 보여준다.

08 **재무제표에 반드시 기재하지 않아도 되는 것은?**

① 기업명   ② 보고기간 종료일 또는 회계기간

③ 대표자명   ④ 보고통화 및 금액 단위

해설 기업명, 보고기간 종료일 또는 회계기간, 보고통화 및 금액 단위를 재무제표의 명칭과 함께 기재한다.

09 **재무상태표의 기본구조에 대한 설명으로 옳지 않은 것은?**

① 자산과 부채는 유동성이 낮은 항목부터 배열하는 것을 원칙으로 한다.

② 비유동자산은 투자자산, 유형자산, 무형자산, 기타비유동자산으로 구분한다.

③ 유동자산은 당좌자산과 재고자산으로 구분한다.

④ 자본은 자본금, 자본잉여금, 자본조정, 기타포괄손익누계액 및 이익잉여금으로 구분한다.

해설 재무상태표의 작성은 유동성배열을 원칙으로 한다.

ChatGPT를 활용한 학습

≪ 정답 : ① 자산과 부채는 유동성이 낮은 항목부터 배열하는 것을 원칙으로 한다.

≪ 해설

① (X) 재무상태표에서는 유동성이 높은 항목부터 배열하는 것이 원칙이다. 즉, 유동성이 높은 자산(현금, 매출채권 등)이 먼저, 유동성이 낮은 자산(토지, 건물 등)이 나중에 배치된다. 또한, 부채도 단기부채(유동부채)가 먼저, 장기부채(비유동부채)가 나중에 배치된다.

10 다음 ( ) 안에 들어갈 내용의 연결이 옳은 것은?

유동자산은 당좌자산과 (A)로 구분하고, 비유동자산은 (B), (C), 무형자산 및 (D)으로 구분한다.

① A : 자   본,   B : 투자자산
② A : 투자자산,   D : 재고자산
③ B : 재고자산,   C : 투자자산
④ B : 투자자산,   D : 기타비유동자산

해설 유동자산은 당좌자산과 재고자산으로 구분하고, 비유동자산은 투자자산, 유형자산, 무형자산, 기타비유동자산으로 구분한다.

11 다음 ( ) 안에 들어갈 내용의 연결이 옳은 것은?

토지를 판매 목적으로 취득하면 (가)으로, 토지를 투기목적으로 취득하면 (나)으로, 토지를 영업에 사용할 목적으로 취득하면 (다)으로 처리한다.

① (가)투자자산, (나)재고자산, (다)유형자산
② (가)재고자산, (나)투자자산, (다)유형자산
③ (가)재고자산, (나)유형자산, (다)투자자산
④ (가)투자자산, (나)유형자산, (다)재고자산

해설 같은 자산이라고 하더라도 보유하는 목적에 따라 재고자산, 투자자산 및 유형자산으로 구분할 수 있다.

12 영업활동에 사용할 목적으로 1년 이상 보유하는 자산에 해당하는 것으로만 묶인 것은?

> 가. 사무실 업무용 컴퓨터 　　　　다. 판매용 자전거
> 나. 투자목적용 건물 　　　　　　　라. 상품운반용 차량

① 가, 나　　　　　　　　　　　　② 가, 라
③ 나, 다　　　　　　　　　　　　④ 나, 라

해설 '가'와 '라'는 유형자산에 해당하고, '나'는 투자자산, '다'는 재고자산에 해당한다.

13 재무상태표를 작성할 때 부채 부분에서 단기차입금을 장기차입금보다 먼저(위에) 표시하는 것은 어느 원칙을 따르는 것인가?

① 유동성배열법　　　　　　　　　② 총액표시원칙
③ 구분표시원칙　　　　　　　　　④ 계속주의원칙

해설 부채도 자산과 마찬가지로 현금으로 전환되는 속도가 빠른 것부터 표시해야 하는 유동성배열법을
적용하고 있다.

ChatGPT를 활용한 학습

《 정답 : ① 유동성배열법

《 해설

① (O) 유동성이 높은 항목부터 순서대로 배열하는 원칙이다. 부채 항목에서도 단기부채(유동부
채) → 장기부채(비유동부채) 순서로 배치하는 것이 원칙이다. 따라서 단기차입금(1년 이내
상환) → 장기차입금(1년 이후 상환) 순서로 표시된다.

② (X) 총액표시원칙 : 자산과 부채는 각각 총액으로 표시해야 하며, 이를 상계(相計)하여 순액으
로 표시하지 않는다는 원칙이다. 즉, 부채에서 자산을 차감하여 순부채만을 기재하는 것이
아니라, 총부채 금액을 표시해야 한다는 원칙이다.

③ (X) 구분표시원칙 : 서로 성격이 다른 항목은 명확히 구분하여 표시해야 한다는 원칙이다. 가
령, 유동자산과 비유동자산, 유동부채와 비유동부채 등을 구분하는 것이다. 하지만, "어떤 순
서로 배열하는지"에 대한 원칙은 아니다.

④ (X) 계속주의원칙 : 기업이 장기간 계속해서 경영활동을 유지할 것이라는 가정을 전제로 한
다는 원칙이다. 재무제표를 작성할 때 청산(폐업) 기준이 아니라, 기업이 계속 운영된다는 가
정 하에 작성해야 한다. 하지만, 부채의 배열 순서와는 관련이 없다.

14 유동성배열법에 따라 다음 계정의 배열순서로 옳은 것은?

| ㈎ 비품 ㈏ 상품 ㈐ 단기대여금 ㈑ 영업권 |

① (나) - (다) - (가) - (라)

② (다) - (나) - (가) - (라)

③ (나) - (다) - (라) - (가)

④ (다) - (나) - (라) - (가)

해설 비품은 유형자산, 상품은 재고자산, 단기대여금은 당좌자산, 영업권은 무형자산에 해당한다.

15 다음 설명 중 밑줄 친 항목과 관련 있는 계정으로 나열된 것은?

부채는 과거의 거래나 사건의 결과로 다른 실체에 미래에 자산이나 용역을 제공해야 하는 특정 실체의 채무를 말하며, 유동부채, 비유동부채로 분류한다.

① 외상매입금, 단기차입금

② 사채, 임대보증금

③ 선수금, 장기미지급금

④ 외상매출금, 받을어음

해설 유동부채는 결산일로부터 1년 이내에 상환해야 하는 채무를 말한다.

16 다음 자료에 의해 총자산은 계산하면 얼마인가?

| • 상품 : 60,000원 • 미수금 : 30,000원 • 지급어음 : 10,000원 • 단기차입금 : 30,000원 |
| • 비품 : 15,000원 • 선수금 : 40,000원 • 받을어음 : 20,000원 • 외상매출금 : 35,000원 |

① 140,000원   ② 150,000원

③ 160,000원   ④ 170,000원

해설 지급어음, 단기차입금, 선수금은 부채에 포함된다.

17 다음 빈칸에 들어갈 금액으로 옳은 것은?

회 사 명	자 산	부 채	자 본
㈜인천	㈎	450,000원	550,000원
㈜서울	900,000원	360,000원	㈏

	㈎	㈏			㈎	㈏
①	1,000,000원	1,260,000원		②	1,000,000원	540,000원
③	100,000원	1,260,000원		④	100,000원	540,000원

해설 회계등식(자산＝부채＋자본)을 이용하면 된다.

18 다음 자료에서 기말자산을 계산하면 얼마인가?

- 기초자산 : 90,000원　• 기초부채 : 40,000원　• 기말부채 : 30,000원　• 당기순손실 : 10,000원

① 50,000원　　　　　　　② 70,000원

③ 80,000원　　　　　　　④ 90,000원

해설 기초자본(50,000)＝기초자산(90,000)－기초부채(40,000)
기초자본(50,000)＋당기순손실(－10,000)＝기말자산(?)－기말부채(30,000)
기말자산＝70,000

19   기초자산 720,000원, 기초부채 350,000원, 기말부채 250,000원이다. 회계기간 중의 수익총액은 520,000원, 비용총액은 400,000원인 경우 기말자산은 얼마인가?

① 740,000원   ② 750,000원

③ 760,000원   ④ 770,000원

해설 기초자본 370,000원 + 순이익 120,000원 = 기말자본 490,000원
기말자본 490,000원 + 기말부채 250,000원 = 기말자산 740,000원

ChatGPT를 활용한 학습

≪ 정답 : ① 740,000원

≪ 해설

⑴ 기초자본(기초순자산) 계산

   기초자본 = 기초자산 - 기초부채

   기초자본 = 720,000 - 350,000 = 370,000

⑵ 당기순이익 계산

   당기순이익 = 수익 - 비용

   당기순이익 = = 520,000 - 400,000 = 120,000

⑶ 기말자본(기말순자산) 계산

   기말자본 = 기초자본 + 당기순이익

   기말자본 = 370,000 + 120,000 = 490,000

⑷ 기말자산 계산

   기말자산 = 기말부채 + 기말자본

   기말자산 = 250,000 + 490,000 = 740,000

20   다음 자료를 이용하여 회계 기간에 발생한 비용총액을 계산하면 얼마인가?

- 전기말 자산총계 : 5,000,000원   - 전기말 부채총계 : 2,000,000원
- 당기말 자산총계 : 6,300,000원   - 당기말 부채총계 : 3,000,000원
- 당기중 수익총액 : 2,800,000원

① 2,400,000원   ② 2,500,000원

③ 2,600,000원   ④ 2,700,000원

해설 기말자본(순자산) = 기초자본 + 당기순이익
3,300,000원 = 3,000,000 + (2,800,000 - X)
X = 2,500,000

21 **다음 자료에서 기초부채를 계산하면 얼마인가?**

> - 기초자산 : 60,000원   - 추가출자 : 15,000원   - 기말자산 : 70,000원
> - 기말부채 : 30,000원   - 당기순이익 : 5,000원

① 40,000원   ② 35,000원

③ 30,000원   ④ 25,000원

해설 기초자본(?)+추가출자 15,000+순이익 5,000원=기말자본 40,000원
따라서 기초자본은 20,000원이므로
기초자산 60,000=기초부채(?)+기초자본 20,000

22 **다음 중 빈칸에 가장 알맞은 것은?**

> (가)+ 비용=기말부채+(나)+수익

	(가)	(나)		(가)	(나)
①	기초자본	당기순이익	②	기말자산	당기순이익
③	기말부채	기말자본	④	기말자산	기초자본

해설 수익-비용=이익, 기초자본+이익=기말자본

04 회계정보의 생성

제1절 회계순환과정의 개념

1. 의의

회계상 거래(사건)가 발생하면 이를 인식하고 측정하여 장부에 기록하고 재무제표를 작성한 후 정보이용자에게 보고하는 일련의 과정을 반복적으로 하는데, 이를 회계순환과정이라고 한다.

2. 회계순환과정

회계순환과정은 크게 회계기간에 실시하는 절차와 결산일에 실시하는 절차로 구분할 수 있다. 가령, 1월 1일부터 12월 31일까지 회계연도로 되어 있는 기업의 경우 회계기간에 하는 절차는 1월 1일부터 12월 31일까지 발생한 거래에 대해 반복적으로 기록하는 절차를 말하고, 결산일에 하는 절차는 결산일인 12월 31일에 회계 기간에 기록해오던 장부를 실재와 일치시키도록 정리하여 재무제표를 작성하고 장부를 마감하는 절차를 말한다.

회계기간에 실시하는 절차 (회계기간 중 거래 발생 시점마다 반복 수행)	결산일에 실시하는 절차 (결산 시점에 1회만 수행)
1. 거래 인식 2. 분개장 3. 원장 전기	4. 수정전시산표 작성 **5. 수정분개(결산정리분개)** 6. 수정후시산표 작성 **7. 재무제표 작성** **8. 장부마감**

ChatGPT를 활용한 학습

회계순환과정은 회계 기록과 보고의 흐름을 나타내는 과정으로, 기업이 경제적 활동을 기록하고 재무제표를 작성하는 일련의 단계이다. 쉽게 말하면, 기업의 활동(예 : 제품 판매, 비용 지출 등)을 어떻게 회계로 기록하고, 이를 통해 재무상태와 성과를 보고하는지에 대한 흐름을 의미한다.

(1) 거래 발생(Transaction Occurs) : 기업의 경제적 활동이 발생한다. 예를 들어, 제품을 팔거나 비용을 지불하는 등의 활동이다.

(2) 분개(Journalizing) : 발생한 거래를 분개장에 기록한다. 거래가 일어날 때마다 각 항목(자산, 부채 등)에 적절하게 차변(Debit)과 대변(Credit)을 구분하여 기록한다.

(3) 총계정원장에 기록(Posting to the Ledger) : 분개된 내용을 총계정원장에 옮겨서 각 계정별로 정리한다. 총계정원장은 각 항목(현금, 매출 등)의 변동을 추적할 수 있는 장부이다.

(4) 시산표(Trial Balance) 작성 : 총계정원장에서 각 계정의 잔액을 모아서 시산표를 작성한다. 시산표는 차변과 대변의 합계가 일치하는지 확인하는 단계이다. 만약 일치하지 않으면 오류가 있는지 다시 확인해야 한다.

(5) 조정분개(Adjusting Entries) : 회계 기간의 마감 전에 발생했지만 아직 기록되지 않은 거래(예 : 미지급비용, 선급비용 등)에 대해 조정한다. 이 단계는 정확한 재무제표를 작성하기 위해 필요하다.

(6) 재무제표 작성(Financial Statements) : 손익계산서(Income Statement)와 재무상태표(Balance Sheet) 같은 최종 재무제표를 작성한다. 재무제표는 회사의 경영성과(이익 또는 손실)와 재무상태(자산, 부채, 자본)를 나타낸다.

(7) 닫기 분개(Closing Entries) : 수익과 비용 계정의 잔액을 이익잉여금 등으로 옮기면서 회계 기간을 닫는다. 이 과정을 통해 다음 회계 기간에 대한 준비를 한다.

(8) 차기 시점 재무제표 준비(Post - closing Trial Balance) : 닫기 분개 후, 남은 계정 잔액을 확인하여 새 회계 기간을 시작할 준비를 한다.

보충 회계순환과정에 대해 ChatGPT의 답변은 일반적인 순서대로 설명하고 있다. 다만, 용어에 있어서 수정분개를 '조정분개'로, 마감분개를 '닫기 분개'라고 용어를 사용하고 있다는 점은 아직까지 실무에서 사용하는 용어에 대한 학습이 이루어지지 않았기 때문에 발생한 것이라고 생각한다.

제2절 회계기간에 실시하는 절차

1. 거래의 발생

(1) 거래의 의의

거래란 재무상태와 경영성과에 변화를 가져오는 경제적 사건을 말한다. 즉, 자산, 부채 및 자본(수익과 비용 포함)의 변화를 발생시키면 회계상 거래에 해당하기 때문에 분개를 통해 장부에 기록하여 재무제표에 반영한다.

(2) 거래의 종류

거래는 여러 가지로 구분할 수 있으나 일반적으로 ① 외부거래와 내부거래, ② 교환거래, 손익거래 및 혼합거래로 구분한다.

① 외부거래와 내부거래

외부거래	기업과 기업 외부의 상대방 간에 발생한 거래 ex) 상품을 판매하는 거래, 기계장치를 구입하는 거래 등
내부거래	기업 내부에서 발생한 거래 ex) 종업원에게 급여를 지급하는 거래, 기계장치를 사용하는 거래 등

Chat GPT를 활용한 학습

회계학에서 '외부거래'와 '내부거래'는 기업의 재무활동을 기록할 때 구분하는 기준이다. 이 두 가지 거래는 기업의 자산, 부채, 자본, 수익, 비용 등과 어떻게 관계되는지에 따라 다르게 처리된다.

⑴ 외부거래(External Transactions) : 기업 외부의 제3자와 이루어지는 거래이다. 이는 기업과 외부 사람(또는 기업) 간에 발생하는 거래로, 회계 기록에 직접적으로 반영된다.

〈예시〉 ① 제품을 판매하고 현금을 받았다(매출 거래), ② 대출을 받았다(부채 증가), ③ 재고를 구매하고 외상으로 지불(자산 증가, 부채 증가), ④ 직원 급여를 지급(비용 발생)

〈특징〉 ① 외부 거래는 회계에 반드시 기록된다. ② 외부 거래는 기업의 재무상태에 실질적인 영향을 미친다. ③ 외부와의 거래는 수익, 비용, 자산, 부채와 관련하여 기업의 재무제표를 변화시키는 주요 원인이다.

⑵ 내부거래(Internal Transactions) : 기업 내에서 발생하는 거래로, 회계 기록에는 직접적으로 반영되지 않지만 재무제표에 영향을 미칠 수 있다. 주로 기업 내의 자산, 부채, 자본 등을 이동하거나 조정하는 거래이다.

〈예시〉 ① 자산의 감가상각 : 기업이 보유한 기계나 장비의 가치를 상각하는 거래, ② 재고 자산의 평가 변경 : 재고의 재평가로 인해 자산의 가치를 수정하는 거래, ③ 이익잉여금의 이전 : 이익을 다른 계정으로 이전하는 거래(예 : 이익잉여금을 자본금으로 이전), ④ 배당금 지급 후 이익잉여금 감소 : 배당금을 지급하면서 자본이 감소하는 거래

〈특징〉 ① 내부 거래는 회계적으로 기록되지만 외부 제3자와의 거래는 아님. ② 외부 거래와 달리 현금 흐름이나 외부의 실질적 변동을 일으키지는 않지만, 회계 시스템의 정확성을 위해 기록된다. ③ 내부 거래는 단기적인 자산 이동이나 회계상의 조정을 나타낸다.

≪ 정리

■ 외부거래는 기업과 외부 제3자 간의 거래로, 기업의 재무상태와 성과에 직접적인 영향을 미친다.
■ 내부거래는 기업 내에서 발생하는 거래로, 기업의 재무제표에 간접적으로 영향을 미치며, 주로 자산 이동이나 조정과 관련된다.

외부 거래와 내부 거래의 차이점

구분	외부 거래(External Transactions)	내부 거래(Internal Transactions)
주체	기업과 외부 제3자	기업 내부의 부서 간, 자산 간 거래
재무제표 반영	반드시 반영(자산, 부채 등 변화)	간접적으로 반영(주로 자산 이동, 조정)
예시	제품 판매, 대출 받기, 급여 지급	감가상각, 재고 재평가, 이익잉여금 이전
영향	기업의 재무상태에 직접적인 영향	회계상의 조정이나 내부 자산 관리
회계 처리	회계 기록에 직접적으로 반영됨	조정이나 이동에 반영되지만 외부 거래는 아님

② 교환거래, 손익거래 및 혼합거래

교환거래	손익이 발생하지 않고 재무상태에만 영향을 주는 거래 ex) 토지, 건물 등을 현금으로 취득하는 거래
손익거래	손익이 발생하여 경영성과와 재무상태에 영향을 주는 거래 ex) 급여, 보험료 등을 현금으로 지급하는 거래
혼합거래	거래를 통해 손익도 발생하고 교환도 이루어지는 거래 ex) 보유한 자산을 장부금액보다 높은 금액으로 판매하는 거래

ChatGPT를 활용한 학습

회계에서 거래는 일반적으로 교환거래, 손익거래, 혼합거래로 분류되며, 이는 거래의 성격과 재무제표에 미치는 영향을 기준으로 구분된다.

⑴ 교환거래(Exchange Transaction)

자산, 부채, 자본 항목 간의 이동이 발생하는 거래로 재무상태표 항목들 간의 변동을 초래하지만, 손익에는 직접적인 영향을 미치지 않음.

〈예시〉 ① 현금을 출자하여 자본금을 증가시키는 경우, ② 고정자산을 매입하면서 현금을 지급하는 경우,
③ 부채를 상환하는 경우

(2) 손익거래(Revenue & Expense Transaction)

수익과 비용의 발생으로 인해 기업의 순이익(손실)에 영향을 미치는 거래로 주로 손익계산서 항목에 영향을 줌.

〈예시〉 ① 상품을 판매하여 매출을 기록하는 경우, ② 직원 급여를 지급하여 비용이 발생하는 경우, ③ 이자 수익을 얻거나 이자 비용을 지급하는 경우

(3) 혼합거래(Mixed Transaction)

교환거래와 손익거래의 요소를 동시에 포함하는 거래로 자산, 부채, 자본뿐만 아니라 손익에도 영향을 줌.

〈예시〉 ① 감가상각비 인식 : 고정자산(자산) 감소+감가상각비(비용) 증가, ② 대손상각 : 매출채권(자산) 감소+대손상각비(비용) 증가, ③ 유형자산 처분 시 매각금액이 장부가액과 다를 경우 : 현금(자산) 증가/감소+유형자산(자산) 감소+처분손익(수익 또는 비용) 발생

〈거래 구분 기준〉

① 재무상태표만 영향을 받는가? → 교환거래

② 손익계산서에 영향을 주는가? → 손익거래

③ 재무상태표와 손익계산서 모두 영향을 받는가? → 혼합거래

이러한 분류는 회계처리를 명확히 하고, 기업의 경영성과 및 재무상태를 보다 정확하게 분석하는 데 중요한 역할을 한다.

(3) 회계상 거래와 일반적 의미의 거래

회계상 거래와 일반적 의미의 거래는 많은 부분이 일치하나 약간의 차이를 보인다. 예를 들면 화재나 도난 등으로 인해 자산이 감소한 경우 일반적 의미의 거래라고 하지 않으나 회계상 거래에는 해당한다. 따라서 재무제표에 반영되어야 하는 거래가 어떤 것인지를 식별하는 것은 매우 중요하다.

일반적 의미의 거래는 아니나 회계상 거래인 경우 (장부에 기록해야 함)	– 화재, 도난 등으로 자산이 없어진 경우 – 기계장치 사용에 따른 가치 감소(감가상각) – 보유한 단기매매증권의 가치 변동
일반적 의미의 거래이면서 회계상 거래인 경우 (장부에 기록해야 함)	– 상품의 외상매매 – 부동산 매매 – 계약금 지급하거나 받는 경우
일반적 의미의 거래나 회계상 거래가 아닌 경우 (장부에 기록하지 않음)	– 상품의 주문(매매**계약**) – 건물의 임대차 **계약** 체결 – 종업원의 채용

ChatGPT를 활용한 학습

(1) 회계상 거래와 일반적 의미의 거래의 차이

구분	회계상 거래	입반적 의미의 거래
정의	기업의 재무제표에 영향을 미치는 경제적 사건	재화나 서비스의 교환 또는 계약 체결 등 경제적 활동
영향 범위	자산, 부채, 자본, 수익, 비용 중 하나 이상 변동	재무제표에 직접 영향을 미치지 않을 수도 있음
예시	-상품을 판매하여 매출이 발생함(손익거래) -은행 대출을 받아 부채 증가(교환거래) -감가상각을 인식하여 자산 감소 및 비용 증가 (혼합거래)	-고객과의 구매 계약 체결(아직 회계상 거래 아님) -납품 계약 체결(금액이 확정되지 않으면 회계상 거래 아님) -MOU(양해각서) 체결(법적 구속력이 없다면 회계상 거래 아님)

(2) 거래를 회계상 거래로 인식하는 기준

회계상 거래는 다음 기준을 충족해야 한다.

① 재무적 영향을 미치는가? → 자산, 부채, 자본, 수익, 비용 중 하나 이상이 변동해야 함

② 금액이 확정되었는가? → 거래의 금액이 객관적으로 측정 가능해야 함

③ 법적 또는 경제적 실체가 있는가? → 실제로 발생한 경제적 사건이어야 하며, 단순한 계약 체결만으로는 회계상 거래가 아님

(3) 회계상 거래로 인식되지 않는 사례

① 단순 계약 체결(재화나 서비스가 실제로 이전되지 않은 경우)

② 협력 의향서(MOU) 체결(법적 구속력이 없을 경우)

③ 구두 합의(계약이 확정되지 않거나, 회계적 영향을 미치지 않는 경우)

④ 장래의 예상 거래(아직 발생하지 않은 경우)

《 **결론**

회계상 거래는 기업의 재무제표(자산, 부채, 자본, 수익, 비용)에 영향을 미치는 경제적 사건을 의미하며, 단순한 계약 체결이나 구두 합의는 회계상 거래로 인식되지 않는다.

2. 분개

(1) 의의

분개(分介 : journalizing)란 회계상 거래를 발생순서대로 '분개장'이라는 장부에 차변과 대변으로 나누어 기록하는 과정을 말한다. 다시 말해, 분개란 거래가 발생하면 그 내용을 간단명료하게 기입(記入)하는, 거래에 관한 최초의 회계 기록을 말한다. 다시 말해, 거래를 직접 계정에 기입하는 것은 기록의 오류 또는 탈루의 가능성을 발생시킬 수 있으므로 계정기입의 준비 단

계로서 분개라는 기록이 행해진다.

결국, 분개는 구체적인 계정과목과 금액을 정하는 것을 말하며, 거래에 대한 최초의 회계 기록이다. 분개 기록의 형식은 차변(debit)에 기록할 계정에 대해서는 왼쪽에, 대변(credit)에 기록할 계정에 대해서는 오른쪽에 각각 계정과목과 금액을 표시한다. 이 경우 거래의 이중성의 원칙에 따라 차변금액과 대변금액은 반드시 일치해야 한다.

(2) 거래의 이중성

모든 거래는 원인과 결과로 이루어져 회계등식의 차변(좌변)과 대변(우변)에 동일하게 영향을 준다. 이처럼 거래의 이중성으로 인해 장부에 기록할 때마다 차변과 대변에 이중으로 거래를 기록하는 데 이를 복식부기라고 한다. 한편, 복식부기로 인해 거래의 차변 기록금액과 대변 기록금액은 항상 같은데 이를 대차평균의 원칙이라고 하며, 회계의 신뢰성과 정확성을 유지하는 핵심 원칙이다.

Chat GPT를 활용한 **학습**

거래의 이중성(Dual Aspect of Transactions)은 모든 회계 거래가 반드시 두 개의 계정에 영향을 미친다는 개념이다. 즉, 한 계정이 증가하면 다른 계정이 감소하거나, 한 계정이 차변으로 기록되면 다른 계정이 대변으로 기록되어야 한다. 이 원칙은 복식부기(Double-Entry Accounting)의 핵심 개념으로, 모든 거래는 차변(Debit)과 대변(Credit)으로 나뉘며, 차변 합계와 대변 합계는 항상 일치해야 한다.

모든 거래는 다음과 같은 영향을 준다.

① 자산 ↔ 부채 또는 자본의 변동
   은행에서 대출을 받으면 현금(자산 증가) ↔ 차입금(부채 증가)

② 자산 ↔ 다른 자산의 변동
   현금으로 기계를 구매하면 기계(자산 증가) ↔ 현금(자산감소)

③ 자산 ↔ 수익 또는 비용의 변동
   상품을 판매하면 현금(자산 증가) ↔ 매출(수익 증가)

④ 부채 ↔ 비용의 변동
   직원 급여를 외상으로 하면 급여비용(비용 증가) ↔ 미지급금(부채 증가)

(3) 회계등식

기업이 보유한 자원을 자산이라 하고, 기업이 부담하는 의무를 부채라고 하면 자산에서 부채를 뺀 금액을 자본(순자산)이라고 한다(식①). 이때 부채는 음(-)으로 표시되고 있으므로 이를 양수(+)로 일치시키기 위해서 우변으로 이항하면 식②가 되며, 식②를 회계등식 또는 재무상

태표등식이라고 한다. 그리고 수익에서 비용을 뺀 것을 순이익이라고 하며 이를 식③으로 표시할 수 있는데, 식③을 손익계산서 등식이라고 한다. 기업의 순이익은 주주의 몫이므로 자본에 포함 시키는데, 이를 반영한 것이 식④이며 이를 변형한 것이 식⑤에 해당한다. 식⑤에서 음(-)으로 표시된 비용을 좌변으로 이항하면 식⑥이 만들어지는데, 거래요소의 결합관계는 식⑥에 근거한 것이다.

① 자산-부채=자본

② 자산=부채+자본 ···· 재무상태표 등식(회계등식)

③ 수익-비용=순이익 ···· 손익계산서 등식

④ 자산=부채+(자본+순이익)

⑤ 자산=부채+(자본+수익-비용)

⑥ 자산+비용=부채+자본+수익 ···· 시산표 등식(계정기입의 원리)

ChatGPT를 활용한 학습

회계등식은 기업의 자산, 부채, 자본 간의 관계를 나타내는 기본 회계 원칙으로, 모든 거래가 영향을 미쳐도 항상 성립해야 하는 공식이다.

(1) 기본 회계등식

자산=부채+자본

➡ 기업이 보유한 자산(Assets)은 부채(Liabilities)와 자본(Equity)으로 조달된다는 의미이다.

(2) 회계등식의 확장

기업이 수익을 올리고 비용을 지출하면서, 회계등식은 다음과 같이 확장된다.

자산=부채+자본+(수익-비용)

(3) 확장된 회계등식의 의미

① 수익이 발생하면 자본이 증가

② 비용이 발생하면 자본이 감소

③ 배당금 지급 시 자본이 감소

(4) 회계등식의 활용

① 재무제표 작성의 기초 : 회계등식은 재무상태표의 기본 구조이며, 기업의 재무 상황을 분석하는 데 필수적이고, 기업이 자산을 어떤 자금(부채 또는 자본)으로 조달했는지 파악 가능함.

② 거래 분석 및 기록(분개 과정) : 모든 거래가 회계등식을 벗어나지 않도록 기록해야 함

③ 기업 경영 및 재무 분석 : 기업의 재무 안정성을 평가하는 데 활용

④ 오류 검증 및 회계감사 : 회계등식이 성립하지 않으면 회계 오류 가능성이 있음을 알기 때문에 재무제표를 감사할 때 필수적인 원칙임.

(4) 계정기입의 원리

복식부기에서 자산, 부채, 자본, 수익, 비용을 기록하는 방법은 시산표 등식과 같으며, 이렇게 계정과목을 기입하는 것을 계정기입의 원리라고 한다. 즉, 자산과 비용의 증가를 차변에, 부채, 자본 및 수익의 증가를 대변에 기록한다.

차변(Dr)	대변(Cr)
자산(+)	부채(+)
	자본(+)
비용(+)	수익(+)

Chat GPT를 활용한 학습

회계에서 사용되는 계정기입의 원리는 복식부기(Double-entry bookkeeping) 원칙을 기반으로 한다. 이는 모든 거래가 두 개의 계정에 영향을 미치며, 차변과 대변의 금액이 항상 일치해야 한다는 원칙이다.

(1) 복식부기의 원리
  모든 거래는 자산, 부채, 자본, 수익, 비용 중 적어도 두 개 이상의 계정에 영향을 준다. 즉, 한 계정이 증가하면, 다른 계정은 감소하거나 동일한 금액만큼 반대 효과를 가진다. 이 경우, 차변(Debit) 금액과 대변(Credit) 금액이 항상 동일하여 회계의 균형을 유지한다.

(2) 계정 분류 및 차변·대변 원칙

계정 분류	증가 시	감소 시
자산(Assets)	차변	대변
부채(Liabilities)	대변	차변
자본(Equity)	대변	차변
수익(Revenue)	대변	차변
비용(Expenses)	차변	대변

(5) 분개를 위한 거래요소의 결합관계

계정기입의 원리는 자산, 부채, 자본, 수익, 비용의 (+)만 기록한 것이고, 반대쪽에 기록할 때는 부호가 (-)로 바뀌게 된다. 결국 '계정기입의 원리'를 이용하여 '분개를 위한 거래요소의 결합관계'를 만들면 내용은 다음과 같으며, 복식부기에서 자산, 부채, 자본, 수익, 비용의 증감을 기록하는 원리이다.

차변(Dr)	대변(Cr)
자산의 증가(+)	자산의 감소(−)
부채의 감소(−)	부채의 증가(+)
자본의 감소(−)	자본의 증가(+)
수익의 감소(−)	수익의 발생(+)
비용의 발생(+)	비용의 감소(−)

(6) 계정

자산, 부채, 자본, 수익, 비용의 증감을 개별적으로 기록하여 계산하기 위하여 설정한 항목을 계정(account)이라고 한다. 또한, 현금이나 외상매출금 등과 같이 분개를 할 때, 기록하는 계정의 명칭을 '계정과목(title of account)'이라고 한다. 자산, 부채 및 자본에 해당하는 재무상태표 계정은 기말에 차기 이후로 이월되는 '영구계정(permanent account)'이라 하며, 수익과 비용에 해당하는 손익계산서계정은 차기로 이월되지 않고 당기에 마감하여 소멸시켜 차기에는 새롭게 설정하므로 '임시계정(temporary account)'이라고 한다.

구 분		계정과목의 예
재무상태표 계 정	자산 계정	현금, 매출채권, 미수수익, 상품, 토지, 건물, 비품 등
	부채 계정	매입채무, 미지급금, 미지급비용, 차입금 등
	자본 계정	자본금 등
손익계산서 계 정	수익 계정	매출, 임대료수익, 이자수익, 유형자산처분이익 등
	비용 계정	매출원가, 급여, 보험료, 임차료, 광고선전비, 이자비용 등

① 자산과 부채 계정의 예

채권(자산)	채무(부채)	성격
매출채권		**일반 상거래에서 발생한** 채권(외상매출금, 받을어음)
	매입채무	**일반 상거래에서 발생한** 채무(외상매입금, 지급어음)
미수금		일반 상거래 **이외**의 물품을 외상으로 판매한 경우의 채권
	미지급금	일반 상거래 **이외**의 물품을 외상으로 판매한 경우의 채무
선급금		일반 상거래에서 먼저 지급한 금액(지급한 계약금)
	선수금	일반 상거래에서 먼저 받은 금액(수취한 계약금)

채권(자산)	채무(부채)	성격
대여금		금전 대차거래에서 발생한 채권(빌려준 현금)
	차입금	금전 대차거래에서 발생한 채무(빌린 현금)
대급금		상대방을 대신하여 미리 지급하는 자산
	예수금	제3자로부터 일시적으로 받아 보관하는 부채
가지급금[1]		현금을 지급하였으나 계정과목이 미확정된 경우
	가수금[1]	현금을 수취하였으나 계정과목이 미확정된 경우

주1) 가지급금, 가수금 및 미결산 등은 내용이 확정되지 않은 미결산계정이므로 재무상태표에 표시하면 안된다. 따라서 결산시점까지 원인을 파악해서 적절한 계정과목으로 대체하여야 한다.

② 수익과 비용 계정의 예

수 익	비 용	성격
매출		**주된 영업활동과 관련하여 발생한 수익**
	매출원가	**주된 영업활동과 관련하여 발생한 비용**
이자수익		대여금, 예금 등으로부터 받은 이자액
	이자비용	차입금 등으로 인해 지급한 이자액
임대료		건물 등을 빌려주고 받은 사용액
	임차료	건물 등을 빌리고 지급한 사용액
수수료수익		주된 영업활동 이외에서 받은 각종 수수료
	수수료비용	영업활동 등 과정에서 지급한 각종 수수료
	급여	임직원에게 지급한(할) 월급, 상여금, 기타수당 등
	여비교통비	임직원에게 지급한 교통비 또는 출장비 등
	소모품비	영업활동과정에서 사용된 소모품(종이, 볼펜 등)
	보험료	영업활동과정에서 지출한 각종 보험료 발생액
	광고선전비	대중매체(TV, 신문 등)에 지급한 광고비

ChatGPT를 활용한 학습 회계에서 계정(Account)이 가지는 의미

(1) 계정(Account)의 정의

회계에서 계정(Account) 이란 기업의 모든 경제적 거래를 분류하고 기록하는 항목을 의미한다. 쉽게 말해, 돈이 들어오고 나가는 모든 항목을 체계적으로 정리한 것이다. 다시 말해, 회계 거래는 단순한 숫자가 아니라 자산, 부채, 자본, 수익, 비용 등 여러 가지 요소로 구성되며, 이러한 요소를 구분하고 기록하기 위해 계정이 사용된다.

(2) 계정의 목적과 역할

① 거래를 분류하여 기록 → 모든 회계 거래를 체계적으로 정리
② 재무제표 작성의 기초 제공 → 손익계산서, 재무상태표 작성 시 필수

③ 재무 정보의 신뢰성 확보 → 기업의 자산·부채·수익 등을 정확하게 반영

④ 경영 의사결정 지원 → 수익성과 재무 건전성 분석에 활용

(3) 계정의 5가지 주요 분류

회계에서 계정은 다음 5가지 주요 범주로 나뉜다.

계정 분류	설명	예시
자산(Assets)	기업이 소유한 경제적 가치	현금, 외상매출금, 재고자산, 토지
부채(Liabilities)	기업이 갚아야 할 의무	외상매입금, 차입금, 미지급비용
자본(Equity)	기업의 소유주 몫	자본금, 이익잉여금
수익(Revenue)	기업의 경제적 이익	매출, 이자수익, 임대수익
비용(Expenses)	기업의 경제적 희생	급여, 임차료, 감가상각비

《 핵심 원칙

· 자산(+) → 차변 기록 / 자산(-) → 대변 기록

· 부채(+) → 대변 기록 / 부채(-) → 차변 기록

· 자본(+) → 대변 기록 / 자본(-) → 차변 기록

· 수익(+) → 대변 기록 / 비용(+) → 차변 기록

《 결론

① 계정(Account)은 기업의 모든 재무 거래를 기록하고 분류하는 기본 단위

② 5가지 계정(자산, 부채, 자본, 수익, 비용)으로 나뉘며, 회계의 핵심 개념

③ 복식부기 원칙에 따라 차변과 대변으로 기록하여 재무제표 작성의 기초 제공

④ 기업의 재무상태와 경영 성과를 분석하는 데 필수적인 도구

즉, 계정이 없다면 회계기록이 혼란스러워지고, 재무제표를 정확하게 작성할 수 없게 된다.

(7) 전표

전표(傳票, Slip)란 일정한 거래를 유형별로 기록 및 관리하기 위하여 회계거래에 대한 계정과목, 거래내용(적요), 거래처, 금액 등을 기재할 수 있도록 만든 서식으로 분개장을 대신하여 사용한다. 다시 말해, 일정한 양식에 따라 거래내용을 기재하는 것으로 분개장의 거래내용을 거래단위별로 분리하여 기록한 종이쪽지이다. 일반적으로 사용하는 전표는 입금전표, 출금전표 및 대체전표이다.

입금 전표	현금 수취(입금)를 기록하는 전표로 차변은 무조건 현금이므로 상대편 대변 계정과목과 금액만 기록한다. 입금전표는 **붉은색**으로 인쇄되어 있다.
출금 전표	현금 지급(출금)을 기록하는 전표로 대변은 무조건 현금이므로 상대편 차변 계정과목과 금액만 기록한다. 출금전표는 **파란색**으로 인쇄되어 있다.
대체 전표	현금의 수취와 지급을 수반하지 않거나 일부 현금을 수반하는 경우에 차변과 대변을 모두 기록해야 한다. 대체전표는 **검은색**으로 인쇄되어 있다.

입 금 전 표

서기 20　년　월　일

과 목		항 목		대 표
적　　　　　요		금　　　　액		전 무
				상 무
				부 장
				과 장
				계
합　　　계				

출 금 전 표

서기 20　년　월　일

과 목		항 목		대 표
적　　　　　요		금　　　　액		전 무
				상 무
				부 장
				과 장
				계
합　　　계				

대 체 전 표

계	과 장	부 장	상 무	전 무	대 표

(차 변)　　　　서기 20　년　　　월　일　　　(대 변)

과 목	적 요	금　　액	과 목	적 요	금　　액
합 계			합 계		

ChatGPT를 활용한 학습

(1) 전표(Voucher)

회계에서 전표란 기업의 각종 거래를 기록하는 증빙 서류로, 거래 발생 시 이를 회계 장부에 기입하기 전에 먼저 작성하는 문서이다. 이러한 전표는 거래의 내용, 금액, 계정과목, 거래 상대방, 발생 날짜 등을 명확하게 기록하여 회계 처리를 체계적으로 수행할 수 있도록 도와준다.

(2) 전표의 역할

① 회계 거래의 증빙 → 모든 거래를 기록하여 나중에 검토 가능
② 회계 오류 방지 → 거래 내역을 전표로 먼저 정리하여 실수 예방
③ 재무제표 작성의 기초 자료 제공 → 거래 내역을 정확히 기록해 재무제표 작성 지원
④ 내부 통제 기능 → 회계 담당자 간 거래 내역 확인 및 관리 가능

(3) 3전표제(Three Voucher System)

3전표제는 회계 거래를 3가지 종류의 전표로 분류하여 기록하는 방식으로, 거래 유형에 따라 전표를 구분하여 작성하는 시스템이다. 3전표제는 전표의 체계적인 분류 및 관리를 가능하게 하여 회계 업무의 정확성을 높이는 데 도움을 준다.

(4) 3전표제의 종류

전표 유형	설명	예시
현금출납전표(Cash Voucher)	현금의 입금과 출금 거래를 기록	현금으로 상품 구입, 현금 매출
대체전표(Transfer Voucher)	현금을 제외한 모든 거래 기록	외상 매출, 감가상각비 반영
결제전표(Payment Voucher)	은행 계좌를 통한 입출금 거래 기록	계좌이체로 대금 지급, 대출금 상환

(5) 3전표제의 장점

① 거래 유형별 분류로 회계관리 용이 → 현금, 외상, 계좌 거래를 명확히 구분
② 거래 기록의 명확성 증가 → 어떤 유형의 거래인지 쉽게 파악 가능
③ 회계 오류 방지 → 전표 작성 후 검토 과정에서 오류 발견 가능
④ 재무 보고의 신뢰성 확보 → 체계적인 기록으로 정확한 재무제표 작성 가능

《 결론

① 전표는 모든 거래를 기록하는 기초 문서이며, 정확한 회계 처리를 위한 필수 도구
② 3전표제(현금출납전표, 대체전표, 결제전표)는 거래 유형별로 전표를 구분하여 작성하는 시스템
③ 거래를 체계적으로 정리하고 오류를 방지하는 데 유용한 방식으로, 많은 기업이 활용
즉, 3전표제는 회계 업무를 더욱 체계적으로 관리하고, 재무제표 작성의 신뢰성을 높이는 중요한 시스템이다.

보충 전표에 대한 ChatGPT의 답변은 현재 'KcLep프로그램'와 '더존'에서 일반적으로 사용하고 있는 입금전표, 출금전표 및 대체전표로 구분하지 않고, 결제전표(은행 계좌를 통한 입출금 거래 기록)를 제시하고 있다는 점을 볼 수 있다.

3. 총계정원장 및 전기

(1) 총계정원장

자산·부채·자본·수익·비용에 속하는 모든 계정의 기록·계산하는 장부를 총계정원장이라 한다.

총계정원장은 계정과목별로 작성되는 장부인데, 이는 계정과목별로 분류·기록함으로써 계정 과목별 잔액을 파악하기 쉽고, 기말에 결산을 쉽게 하기 위함이다. 따라서 총계정원장의 기말 잔액은 (+)쪽에 남게 된다. 즉, 자산과 비용은 차변에 잔액이 남으며, 부채, 자본 및 수익은 대변에 잔액이 남게 된다.

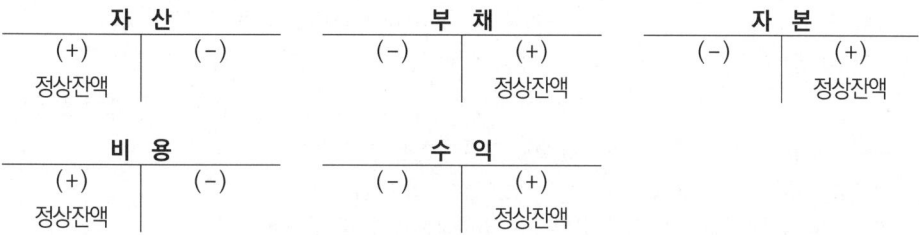

(1) 총계정원장(General Ledger)

총계정원장은 모든 회계 거래를 계정별로 정리하여 기록하는 장부를 의미한다. 즉, 기업이 발생시킨 모든 회계 거래가 개별 계정(account)별로 정리되어 있으며, 이를 통해 회사의 재무상태와 경영성과를 한눈에 파악할 수 있도록 도와주는 핵심 회계 장부이다.

(2) 총계정원장의 역할 및 목적

① 거래 내역의 종합 정리 → 개별 계정별로 거래를 체계적으로 정리
② 재무제표 작성의 기초 자료 제공 → 재무상태표(B/S), 손익계산서(I/S) 작성의 기반
③ 회계 오류 방지 및 검토 기능 → 계정별 거래 내역을 쉽게 확인하여 오류 수정 가능
④ 기업의 재무상태 및 경영 성과 분석 → 수익, 비용, 자산, 부채, 자본 등의 흐름 파악 가능

(3) 계정원장의 구조 및 구성 요소

총계정원장은 일반적으로 다음과 같은 요소로 구성된다.

항 목	설 명
계정과목(Account Title)	자산, 부채, 자본, 수익, 비용 등 거래를 기록하는 계정 이름
기초잔액(Beginning Balance)	회계 기간의 시작 시점에서 계정의 잔액
거래 내역(Transaction Details)	해당 계정에서 발생한 거래의 날짜, 금액, 내용

항 목	설 명
차변(Debit)	자산 증가, 부채 감소, 비용 증가 등 차변 항목 기록
대변(Credit)	자산 감소, 부채 증가, 수익 증가 등 대변 항목 기록
기말잔액(Ending Balance)	회계 기간이 끝날 때 해당 계정의 최종 잔액

⑷ 총계정원장의 작성 과정

거래 발생 → 분개장(Journal) 기록 → 총계정원장 정리 → 시산표 작성 → 재무제표 작성

⑸ 총계정원장의 장점

① 회계 데이터의 체계적 관리 → 모든 거래를 계정별로 정리하여 쉽게 분석 가능
② 재무제표 작성의 기초 자료 → 정확한 재무보고를 위한 필수 장부
③ 오류 및 부정 방지 → 거래 내역을 명확히 기록하여 내부 감사를 용이하게 함
④ 경영 의사결정 지원 → 자산, 부채, 수익 등의 흐름을 파악하여 경영 전략 수립 가능

《 **결론**

① 총계정원장은 모든 거래 내역을 계정별로 정리한 핵심 회계 장부
② 분개장의 정보를 바탕으로 계정별로 거래를 정리하고 잔액을 계산
③ 재무제표 작성의 기초 자료로 활용되며, 기업의 재무상태 및 성과 분석에 필수적
④ 체계적인 기록과 관리로 회계 오류를 방지하고 기업 경영에 도움을 줌
즉, 총계정원장은 기업의 모든 회계 거래를 종합적으로 정리하고 관리하는 중심 역할을 하는 중요한 문서이다.

(2) 전기

거래를 발생순서별로 분개를 한 후 총계정원장에 옮겨 적어야 하는데, 이를 '전기(轉記 : posting)한다'라고 말한다. 전기하는 방법은 차변에 있는 금액은 차변에, 대변에 있는 금액은 대변에 기입하고 계정과목은 상대편 계정과목을 기록한다. 만약 상대편 계정과목이 2개 이상을 사용하면 제좌(諸座)라고 기재한다. 즉, 전기는 다음과 같은 방법으로 한다.

① 해당 계정과목을 설정한다.
② 분개장의 차변과 대변에 기록된 금액을 해당 계정과목의 차변과 대변에 그대로 옮겨 적는다.
③ 해당 거래의 원인이 되는 상대 계정과목을 기재한다.

ChatGPT를 활용한 학습

(1) 전기(Posting)

전기란 분개장에서 기록된 회계 거래를 총계정원장의 각 계정으로 옮겨서 정리하는 과정을 의미한다. 즉, 분개장에 기록된 모든 거래를 계정별로 정리하여 회계 장부를 체계적으로 관리하는 과정이다.

(2) 전기의 의미와 목적

① 거래 내역을 계정별로 정리 → 개별 계정의 잔액을 파악할 수 있음
② 재무제표 작성의 기초 자료 제공 → 계정별 잔액을 기반으로 손익계산서, 재무상태표 작성
③ 회계 오류 방지 및 검토 기능 → 분개 기록이 올바르게 적용되었는지 확인 가능
④ 거래 흐름의 명확한 파악 → 기업의 자산, 부채, 자본, 수익, 비용의 변동을 쉽게 추적

(3) 전기의 과정

거래 발생 → 분개(Journalizing) → 전기 → 시산표 작성 → 재무제표 작성

(4) 전기의 중요성

① 회계 기록의 체계적 관리 → 모든 거래를 계정별로 정리하여 분석 용이
② 재무제표 작성의 핵심 과정 → 전기가 올바르게 수행되지 않으면 정확한 재무제표 작성 불가
③ 재무 정보의 신뢰성 확보 → 거래 내역이 정확하게 반영되어야 기업 재무 건전성 평가 가능
④ 경영 의사결정 지원 → 경영자가 기업의 자산·부채·수익 등의 변화를 쉽게 파악 가능

《 결론

① 전기는 분개장에서 총계정원장으로 거래를 옮기는 과정
② 모든 회계 거래를 계정별로 정리하고, 재무제표 작성의 기초 자료를 제공
③ 정확한 전기 없이는 올바른 재무제표 작성이 불가능하며, 기업의 재무상태 분석이 어려워짐
즉, 전기는 회계의 핵심 과정 중 하나로, 회계정보를 체계적으로 관리하는 데 필수적인 단계이며, 회계정보를 효과적으로 관리하고 기업경영의 신뢰성을 높이는 중요한 역할을 한다.

(3) 장부

기업의 활동을 체계적이고 합리적으로 관리하기 위하여 여러 가지 장부를 사용하고 있는데, 크게 주요장부와 보조장부로 분류한다. 다시 말해, 거래를 기록하는 분개장과 총계정원장은 주요장부를 구성하며, 그 외의 장부는 모두 보조장부로 구성한다.

주요장부		분개장, 총계정원장
보조장부	보조기입장	매입장, 매출장, 현금출납장 등
	보조원장	상품재고장, 매출처원장, 매입처원장

구분	주요 장부	보조 장부
기능	전체 회계 기록을 종합 정리	특정 거래나 계정의 상세 내역 기록
예시	분개장, 총계정원장, 시산표, 재무제표	현금출납부, 매출채권 원장, 매입채무 원장
중요도	필수적으로 작성해야 함	필요에 따라 선택적으로 사용
활용	재무제표 작성의 기초 자료	주요 장부를 보완하고 상세한 내역을 관리

예제 1 컴퓨터를 판매하는 개인사업자(도소매) 김한국氏의 12월 중 거래이다. 분개한 후 총계정원장에 전기 하시오.

거래 1	1일	김한국氏가 현금 500,000원을 출자하여 영업을 시작하다.
거래 2	2일	컴퓨터 전시를 위한 건물(매장) 100,000원을 현금으로 구입하다.
거래 3	3일	판매용 컴퓨터 200,000원을 구입하면서 대금 중 50,000원은 현금으로, 나머지는 외상 구입하다.
거래 4	4일	건물에 대한 화재보험에 가입하고, 1년분 보험료 12,000원을 현금으로 지급하다.
거래 5	7일	소모품 25,000원을 현금으로 구입하다.
거래 6	10일	㈜부천에 컴퓨터 300,000원을 판매하고 현금을 받다.
거래 7	13일	㈜안양에 컴퓨터 100,000원을 외상으로 판매하다.
거래 8	20일	영업활동에 사용할 자동차 70,000원을 외상으로 구입하다.
거래 9	22일	㈜서울로부터 판매용 컴퓨터 500,000원에 대한 매매계약을 체결하다.
거래 10	25일	거래은행에서 6개월 후 상환하기로 하고 현금 10,000원을 차입하다.
거래 11	26일	급여 40,000원을 지급해야 하나 자금이 부족해 지급하지 못하다.
거래 12	29일	3일 매입한 컴퓨터에 대한 외상대금 중 100,000원을 현금으로 지급하다.
거래 13	30일	13일 외상으로 판매한 대금 중 70,000원을 현금으로 받다.

(1) 분개

거래 1 김한국氏가 현금 500,000원을 출자하여 영업을 시작하다.

거래 분석	자산의 증가		자본의 증가	
계정과목	현금		자본금	
분개	차) 현 금	500,000	대) 자 본 금	500,000

거래 2 건물 100,000원을 현금으로 구입하다.

거래 분석	자산의 증가		자산의 감소	
계정과목	건물		현금	
분개	차) 건 물	100,000	대) 현 금	100,000

거래 3 판매용 컴퓨터 200,000원을 구입하면서 대금 중 50,000원은 현금으로, 나머지는 외상으로 구입하다. 단, 상품 거래는 2분법을 적용한다.

거래 분석	자산의 증가		자산의 감소, 부채의 증가	
계정과목	상품		현금 외상매입금	
분개	차) 상 품	200,000	대) 현 금 외상매입금	50,000 150,000

거래 4 1년분 보험료 12,000원을 현금으로 지급하다.

거래 분석	비용의 발생		자산의 감소	
계정과목	보험료		현금	
분개	차) 보 험 료	12,000	대) 현 금	12,000

거래 5 소모품 25,000원을 현금으로 구입하다.

거래 분석	자산의 증가		자산의 감소	
계정과목	소모품		현금	
분개	차) 소 모 품	25,000	대) 현 금	25,000

거래 6 ㈜부천에 컴퓨터 300,000원을 판매하고 현금을 받다.

거래 분석	자산의 증가		수익의 발생	
계정과목	현금		상품매출	
분개	차) 현 금	300,000	대) 상품매출	300,000

거래 7 ㈜안양에 컴퓨터 100,000원을 외상으로 판매하다.

거래 분석	자산의 증가		수익의 발생	
계정과목	외상매출금		상품매출	
분개	차) 외상매출금	100,000	대) 상품매출	100,000

거래 8   영업활동에 사용할 자동차 70,000원을 외상으로 구입하다.

거래 분석	자산의 증가		부채의 증가	
계정과목	차량운반구		미지급금	
분개	차) 차량운반구	70,000	대 미지급금	70,000

거래 9   ㈜서울로부터 판매용 컴퓨터 500,000원에 대한 매매계약을 체결하다.

거래 분석	자산, 부채, 자본, 수익, 비용의 증감 없음(회계상 거래가 아님).	
계정과목		
분개	차)	대)

거래 10   은행에서 6개월 후 상환하기로 하고 현금 10,000원을 차입하다.

거래 분석	자산의 증가		부채의 증가	
계정과목	현금		단기차입금	
분개	차) 현 금	10,000	대 단기차입금	10,000

거래 11   급여 40,000원을 지급해야 하나 자금이 부족하여 지급하지 못하다.

거래 분석	비용의 발생		부채의 증가	
계정과목	급여		미지급비용	
분개	차) 급 여	40,000	대) 미지급비용	40,000

거래 12   3일 매입한 컴퓨터의 외상대금 중 100,000원을 현금으로 지급하다.

거래 분석	부채의 감소		자산의 감소	
계정과목	외상매입금		현금	
분개	차) 외상매입금	100,000	대) 현 금	100,000

거래 13   13일 외상으로 판매한 대금 중 70,000원을 현금으로 받다.

거래 분석	자산의 증가		자산의 감소	
계정과목	현금		외상매출금	
분개	차) 현 금	70,000	대) 외상매출금	70,000

(2) 전기

　[예제 1] 거래 중 일부분을 전기하면 다음과 같다.

거래 1 　12/1 　　차) ① 현금 　　　② 500,000 　　대) ③ 자본금 　　　　500,000

① 현 　 금			
12/1	③ 자본금	② 500,000	

③ 자 본 금			
		12/1	① 현 금 　② 500,000

거래 2 　12/2 　　차) 건물 　　　　100,000 　　대) 현금 　　　　100,000

현 　 금			
12/1	자본금	500,000	12/2 　　건물 　　　100,000

건 　 물			
12/2	현금	100,000	

거래 3 　12/3 　　차) 상품 　　　200,000 　　대) 현금 　　　　　50,000
　　　　　　　　　　　　　　　　　　　　　　　　외상매입금 　　150,000

상 　 품			
12/3	제좌	200,000	

현 　 금			
12/1	자본금	500,000	12/2 　건물 　　　100,000
			12/3 　상품 　　　 50,000

외상매입금			
		12/3	상품 　　　150,000

제3절 **결산일에 실시하는 절차**

　　결산이란 회계기간에 기록한 총계정원장의 잔액(또는 합계)을 바탕으로 재무상태와 경영성과를
정확하게 파악하기 위해 수정분개(결산정리분개)를 한 후 장부를 마감하여 재무제표를 작성하는 과
정을 말한다. 이러한 결산절차를 ⑴ 결산 예비절차, ⑵ 결산 본 절차, ⑶ 결산보고서 작성으로 구분
한다.

결산 예비절차	① 시산표 작성 ② 재고조사표 작성(원장의 정리·기입) ③ 수정분개(결산정리분개) ④ 수정후시산표 작성
결산 본 절차	① 집합손익계정 설정 ② 수익·비용계정 마감 ③ 재무상태표계정 마감 ④ 장부의 마감 및 이월시산표 작성
결산보고서 작성	재무상태표, 손익계산서, 현금흐름표, 자본변동표, 주석 등

1. 시산표(Trial Balance) 작성

⑴ 의의

　　시산표는 결산 예비절차에 해당하는 것으로 회계기간 중 총계정원장으로 전기(轉記)된 계정별
차변·대변의 합계액 또는 잔액을 한 표에 모아 계정기입이 정확하게 되었는가를 검사하기 위
해 작성하는 보고서로 수정전시산표라고도 한다. 시산표의 차변에 자산과 비용의 합계 또는
잔액을, 대변에 부채, 자본 및 수익의 합계 또는 잔액을 기록하여 차변금액과 대변금액의 합계
가 일치하는지를 검사하여 오류 여부를 확인하는 것이다. 한편, 수정후시산표는 수정전시산표
에 수정분개를 반영한 후 작성하는 시산표이며, 수정후시산표를 토대로 재무상태표와 손익계
산서를 작성한다.

[예제 1]에서 원장에 전기한 금액을 기초로 작성한 합계잔액시산표는 다음과 같다.

합계잔액시산표

차	변	계정과목	대	변
② 잔 액	① 합 계		① 합 계	② 잔 액
593,000	880,000	현금	287,000	
30,000	100,000	외상매출금	70,000	
25,000	25,000	소모품		
200,000	200,000	상품		
100,000	100,000	건물		
70,000	70,000	차량운반구		
	100,000	외상매입금	150,000	50,000
		미지급금	70,000	70,000
		미지급비용	40,000	40,000
		단기차입금	10,000	10,000
		자본금	500,000	500,000
		상품매출	400,000	400,000
40,000	40,000	급여		
12,000	12,000	보험료		
1,070,000	1,527,000		1,527,000	1,070,000

(2) 시산표 종류

① 합계시산표

총계정원장 각 계정의 차변합계액과 대변합계액을 각각 집계하여 하나의 표로 만든 것이다 ([예제 1]의 합계잔액시산표 중 ① 합계만 표시한 표).

② 잔액시산표

총계정원장 각 계정의 잔액만을 집계하여 하나의 표로 만든 것이다([예제 1]의 합계잔액시 산표 중 ② 잔액만 표시한 표).

③ 합계잔액시산표

총계정원장 각 계정의 차변합계액과 대변합계액 및 잔액을 집계하여 하나의 표로 만든 것, 즉 합계시산표와 잔액시산표를 결합한 것으로 실무에서 주로 사용한다.

Chat GPT를 활용한 학습

(1) 시산표(Trial Balance)

시산표는 총계정원장에 기록된 계정별 잔액을 정리하여 차변과 대변의 합계가 일치하는지 확인하는 회계장부이다. 즉, 회계 거래가 올바르게 기록되었는지를 점검하는 중간 단계의 재무 보고서이다.

(2) 시산표의 목적 및 용도

① 회계 오류 확인 → 차변과 대변의 합계가 일치하는지 점검하여 오류 발견

② 재무제표 작성의 기초 자료 → 손익계산서와 재무상태표 작성 전 계정별 잔액 확인

③ 재무 기록의 정확성 검토 → 회계 장부가 올바르게 정리되었는지 확인

④ 경영 의사결정 지원 → 기업의 재무상태를 간단히 분석하는 도구

(3) 시산표의 종류

① 합계시산표(Trial Balance of Totals) : 각 계정의 차변과 대변의 총계(총액)를 기록하는 것으로 거래 전체 규모를 파악하는 데 유용하나 각 계정의 잔액을 알기 어렵다.

② 잔액시산표(Trial Balance of Balances) : 각 계정의 최종 잔액만을 기록하여 재무제표 작성의 기초 자료로 사용되며, 차변 잔액과 대변 잔액이 일치하는지 확인 가능하다.

③ 수정시산표(Adjusted Trial Balance) : 기말 조정 후의 잔액을 반영한 것으로, 감가상각비, 미수·미지급 비용 등 수정 분개를 반영한 시산표이다.

(4) 시산표의 한계점

차변과 대변의 합계가 일치한다고 해서 모든 오류가 없는 것은 아니다. 즉, 기록 누락, 잘못된 계정 사용 등의 오류는 발견되지 않을 수도 있으므로 추가적인 검토(예 : 재무제표 분석, 감사)가 필요하다.

《 결론

① 시산표는 회계기록이 정확한지 점검하고, 재무제표 작성을 위한 기초 자료로 사용됨

② 합계시산표, 잔액시산표, 수정시산표 등 다양한 형태로 활용 가능

③ 회계 오류를 최소화하는 중요한 도구이지만, 모든 오류를 찾아내는 것은 불가능하므로 추가 검토가 필요함

즉, 시산표는 회계 정확성을 점검하는 필수 도구이며, 올바른 재무 보고를 위한 중요한 중간 단계이다.

2. 재고조사표(inventory sheet) 작성

결산에 있어 정확한 재무상태와 경영성과를 파악하기 위하여 자산, 부채, 자본, 수익, 비용에 관한 모든 사항을 실재와 일치시키기 위해 수정해야 하는데 이러한 수정사항, 즉 결산정리사항을 집합시켜 알아보기 쉽게 정리한 표를 재고조사표라 한다.

다시 말해, 장부금액과 실재 금액이 다르면 장부금액을 실재 금액과 일치시켜 결산해야 정확한 재무상태와 경영성과를 얻을 수 있으므로 각 계정의 금액을 수정하기 위하여 실제로 상품, 건물, 기계장치, 비품 등의 가치, 수량 등을 조사하는 것을 재고조사라고 하며, 조사한 결과를 한 표에 집

합시킨 것을 재고조사표라고 하는 것이다.

Chat GPT를 **활용한** **학습**

결산 시점에서 재고조사표(inventory sheet)를 작성하는 이유는 다음과 같다.

(1) 재무제표의 정확성 확보

재고자산은 재무상태표(대차대조표)와 손익계산서의 중요한 요소이므로, 정확한 실사를 통해 장부상의 수량과 실제 수량이 일치하는지 확인해야 한다.

(2) 매출원가 및 손익 계산

매출원가는 다음과 같이 계산된다.

$$매출원가 = 기초재고 + 당기매입 - 기말재고$$

기말재고 금액이 정확해야 매출원가가 올바르게 산출되며, 이에 따라 손익 계산의 신뢰성을 확보할 수 있다.

(3) 재고 조정 및 오차 확인

재고관리 시스템(ERP, 회계장부 등)과 실제 재고 간 차이를 확인하여 분실, 도난, 파손, 오류 등을 발견하고 조정할 수 있다.

(4) 세무 신고 및 법적 요구사항 충족

기업은 정확한 재무제표를 기반으로 법인세, 부가가치세(VAT) 등을 신고해야 하므로, 세무감사 대비 및 법적 요건을 충족하기 위해 재고조사가 필수적이다.

(5) 운영 효율성 및 의사결정 지원

불필요한 재고, 과잉재고, 부족재고 등을 파악하여 재고관리 전략을 개선하고, 원가 절감 및 수익성 향상에 기여할 수 있다.

즉, 재고조사표는 단순한 기록이 아니라 재무제표의 정확성을 높이고, 손익 계산을 정확히 하며, 재고 운영의 효율성을 개선하는 핵심 자료이다.

3. 결산정리분개

결산정리분개(수정분개)란 기말 결산시점에 있어서 정확한 재무상태와 경영성과를 파악하기 위해서 발생주의에 따라 처리되지 않은 거래, 즉 결산정리사항에 대해 수정하는 것을 말한다. 결산정리분개를 해야 하는 결산정리사항은 다음과 같다.

(1) 선수수익과 선급비용의 이연

회계기간에 자금의 유입 또는 유출에 대해 회계처리를 하였으나 결산일 현재 관련 수익이나 비용이 발생하지 않았을 때 이에 관한 적절한 수정분개가 필요하며, 이때 사용하는 계정과목이 선수수익과 선급비용이다.

① 선수수익

선수수익은 현금(대가)은 미리 수취하였으나 기말 결산일 현재 수익으로 실현되지 않았을 때 설정하는 부채를 말한다.

예제 2 20X2년 4월 1일에 1년분 임대료 120,000원을 현금으로 받고 전액 수익으로 처리하였을 경우, 12월 31일 필요한 수정분개를 하시오.

현금 수취할 때(4월 1일)	차) 현 금	120,000	대) 임 대 료	120,000[1]
기말 결산할 때(12월 31일)	차) 임 대 료	30,000	대) 선수수익	30,000[2]

1) 1년 치 임대료 120,000원을 받았으므로 매월 10,000원씩 임대료를 받는 것이라 할 수 있다. 따라서 4월 1일부터 12월 31일까지 기간이 경과 하였으므로 9개월에 해당하는 90,000원을 임대료수익으로 계상하면 된다.
2) 기간이 지나지 아니한 30,000원은 현금을 먼저 받았으나 아직 수익이 실현된 것이 아니므로 선수수익이라는 부채를 계상한다.

② 선급비용

선급비용은 현금(대가)은 미리 지급하였으나 기말 결산일 현재 비용으로 인식되지 않았을 때 설정하는 자산을 말한다.

예제 3 20X2년 10월 1일에 1년분 보험료 120,000원을 지급하고 전액 비용으로 처리한 경우, 12월 31일 필요한 수정분개를 하시오.

현금 지급할 때(10월 1일)	차) 보 험 료	120,000[1]	대) 현 금	120,000
기말 결산할 때(12월 31일)	차) 선급비용	90,000[2]	대) 보 험 료	90,000

1) 1년분 보험료 120,000원을 지급하였으므로 매월 10,000원씩 보험료를 내는 것이라 할 수 있다. 따라서 10월 1일부터 12월 31일까지 기간이 경과하였으므로 3개월에 해당하는 30,000원을 보험료 비용으로 계상하면 된다.
2) 기간이 지나지 아니한 90,000원은 현금을 먼저 지급했으나 아직 비용이 발생한 것이 아니므로 선급비용이라는 자산으로 계상한다.

(2) 미수수익과 미지급비용의 계상

회계기간에 수익이나 비용이 발생하였으나 결산일 현재 자금의 유입과 유출이 없어 회계처리를 하지 않았을 때 이에 관한 적절한 수정분개가 필요하며, 이때 사용하는 계정과목이 미수수익과 미지급비용이다.

① 미수수익

미수수익은 기간 경과에 따른 수익은 실현되었으나 기말 결산일까지 현금(대가)을 받지 않을 때 계상하는 자산을 말한다.

예제 4 거래처에 단기 대여한 것에 대한 기간 경과 이자 5,000원이 발생하였으나 결산일 현재 받지 못한 경우, 12월 31일 필요한 수정분개를 하시오.

| 기말 결산할 때(12월 31일) | 차) 미수수익 | 5,000 | 대) 이자수익 | 5,000 |

② 미지급비용

미지급비용은 기간 경과에 따른 비용은 발생하였으나 기말 결산일까지 현금(대가)을 지급하지 않으면 계상하는 부채를 말한다.

예제 5 급여 20,000원을 지급하여야 하나 결산일 현재 지급하지 못한 경우, 12월 31일 필요한 수정분개를 하시오.

| 기말 결산할 때(12월 31일) | 차) 급   여 | 20,000 | 대) 미지급비용 | 20,000 |

(3) 소모품의 정리

소모품 중 당기에 사용한 부분은 비용(**소모품비**)으로 계상하여야 하고, 미사용한 부분은 자산(**소모품**)으로 계상하여야 한다. 즉, 기업에서는 소모품을 구입하는 시점에 자산으로 처리할 수도 있고 비용으로 처리할 수도 있으므로 수정전시산표에 나타난 계정과목이 어떤 것인지를 보고 수정분개를 해야 한다.

	구입 시점에 모두 비용처리 방법	구입 시점에 모두 자산처리 방법
구 입 시	차) 소모품비 ××× 　　대) 현 금 ×××	차) 소 모 품 ××× 　　대) 현 금 ×××
결 산 시	차) 소 모 품 ×××[1] 　　대) 소모품비 ×××[1]	차) 소모품비 ×××[2] 　　대) 소 모 품 ×××[2]

주1) 이미 인식한 비용(소모품비) 중 미사용 분만큼 감소시켜 자산(소모품)으로 인식
주2) 이미 인식한 자산(소모품) 중 사용분만큼 감소시켜 비용(소모품비)으로 인식

예제 6 다음에서 12월 31일 필요한 수정분개를 각각 하시오.

① 결산 때 소모품 미사용액은 30,000원인데 시산표상에는 소모품(자산) 100,000원으로 표시됨.

구 입 시	차)	소 모 품	100,000	대)	현　　금	100,000
결 산 시	차)	소모품비	70,000	대)	소 모 품	70,000

② 결산할 때 소모품 미사용액은 30,000원인데 시산표상에는 소모품비(비용) 100,000원으로 표시됨.

구 입 시	차)	소모품비	100,000	대)	현　　금	100,000
결 산 시	차)	소모품	30,000	대)	소모품비	30,000

(4) 다른 계정에 대한 정리

현금과부족, 가수금, 가지급금, 상품(매출원가), 대손충당금, 감가상각, 평가손익 및 인출금 등에 대해서도 결산일에 장부금액과 실재 금액을 일치시키는 데 필요한 결산정리(수정분개)를 하여야 하는데, 자세한 내용은 각 계정에 포함된 부분에서 설명한다.

ChatGPT를 활용한 학습

결산 시점에서 결산정리분개(수정분개, Adjusting Entries)는 회계기간 동안의 거래를 정확하게 반영하고, 재무제표를 신뢰할 수 있도록 조정하는 필수 절차이다. 따라서 결산 시점에서 결산정리분개를 하는 이유는 다음과 같다.

⑴ 발생주의(Accrual Basis) 회계 원칙 준수

기업 회계 기준에서는 현금주의가 아닌 발생주의를 따른다. 발생한 수익과 비용을 실제 기간에 맞게 반영하기 위해 수정분개가 필요하다. 가령, 연말까지 발생한 이자수익이 아직 입금되지 않았다면 "미수이자"로 인식한다.

⑵ 수익과 비용의 정확한 대응(수익·비용 대응 원칙)

특정 회계 기간의 수익과 비용이 올바르게 대응되도록 조정해야 한다. 가령, 다음 해에 사용할 보험료를 올해 비용에서 제외하고 "선급보험료"로 처리한다.

⑶ 계정 잔액의 정확한 반영

일부 계정은 시간이 지나면서 조정해야 하는 항목이 있다. 가령, 유형자산의 감가상각을 반영하여 정확한 자산가치를 기록하거나 수취채권에 대해 대손충당금 설정하여 재무제표에 반영한다.

⑷ 재무제표의 신뢰성 확보

결산 시점에서 재무제표를 보다 정확하고 일관되게 만들기 위해 필요하며, 투자자, 채권자, 세무 당국 등에게 신뢰할 수 있는 정보를 제공해야 한다.

(5) 세무 신고 및 법적 요구사항 충족

법인세 신고 및 기타 세무 보고 시 정확한 수익과 비용을 반영해야 하며, 수정분개를 통해 과소 또는 과대 신고를 방지할 수 있다.

〈대표적인 결산정리분개 예시〉

유형	계정	수정 전	수정 후
미수수익	이자수익	반영되지 않음	미수이자 인식
미지급비용	급여	반영되지 않음	미지급급여 인식
선급비용	보험료	전액 비용 처리	일부 선급보험료로 조정
감가상각비	유형자산	감가 반영 없음	감가상각비 반영
대손충당금	매출채권	대손위험 미반영	예상 대손 반영

결론적으로, 결산정리분개(수정분개)는 단순한 장부 수정이 아니라, ① 발생주의 회계 원칙 준수, ② 정확한 수익·비용 대응, ③ 재무제표의 신뢰성 확보 등을 위한 필수 절차이다. 따라서 결산정리분개를 통해 기업의 재무상태를 명확히 파악하고, 투자자 및 세무 당국의 신뢰를 얻을 수 있다.

〈참조〉 정산표(working sheet)

정산표란 재무제표의 작성을 쉽게 할 수 있도록 수정전시산표, 수정분개, 수정후시산표, 손익계산서, 재무상태표를 하나의 표로 모아 놓은 서식을 말한다. 정산표의 작성은 결산과정에서 선택하여 작성되며, 회계를 처음 학습하는 자에 있어서는 회계를 이해하는데 있어서 많은 도움이 된다.

---

4. 장부 마감

(1) 손익계산서계정 마감

손익계정은 임시계정에 해당함으로 수익계정과 비용계정을 모두 집합손익으로 대체 분개하여 소멸시킨 후 집합손익계정의 잔액을 당기순이익(자본금 가산) 또는 당기순손실(자본금 차감)로 대체하여야 한다. 이때 집합손익의 대변에는 수익계정을, 집합손익의 차변에는 비용계정을 기록한다. 그 결과, 대변이 차변보다 크면 수익이 비용보다 큰 경우이므로 당기순이익이 발생하며, 차변이 대변보다 크면 비용이 수익보다 큰 경우이므로 당기순손실이 발생한다.

(2) 재무상태표계정 마감

영구계정인 자산, 부채 및 자본에 대해서는 별도 분개를 하지 않고 원장에 '차기이월', '전기이월'로 마감한다. 자산, 부채, 자본 모두 (+)쪽에 잔액이 남는데 자산은 차변에, 부채와 자본은 대변에 잔액이 남는다. 차기(次期)로 이월되는 기초금액도 (+)쪽에 잔액이 기록된다.

자   산

1/1 전기이월	10,000	1/1~12/31	70,000
1/1~12/31	80,000	12/31 차기이월	20,000
	90,000		90,000
1/1 전기이월	20,000		

부채 · 자본

1/1~12/31	70,000	1/1 전기이월	10,000
12/31 차기이월	20,000	1/1~12/31	80,000
	90,000		90,000
		1/1 전기이월	20,000

ChatGPT를 활용한 학습

장부마감(Closing the Books)이란 한 회계 기간의 모든 거래를 정리하고, 손익 계정을 마감하여 다음 회계 기간으로 이월할 준비를 하는 과정이다.

1. 목적

　① 특정 회계 기간의 재무제표를 확정

　② 손익계정을 정리하여 다음 기간의 새로운 시작을 준비

　③ 재무제표의 신뢰성과 정확성 확보

2. 장부마감의 주요 과정

　⑴ 결산정리분개(수정분개, Adjusting Entries) 반영

　　① 발생주의 원칙에 따라 미수수익, 미지급비용, 감가상각비 등을 반영

　　② 계정 잔액을 정확히 조정하여 재무제표의 신뢰성 확보

　⑵ 손익 계정의 마감(Closing Temporary Accounts)

　　① 손익계정(매출, 비용, 이자수익 등)을 마감하여 당기순이익(손실)을 확정

　　② 손익계정의 잔액을 "이익잉여금" 또는 "미처분이익잉여금" 계정으로 이체

　⑶ 자산·부채 계정의 이월(이월분개, Carry Forward Entries)

　⑷ 재무제표 작성 및 확정 : 손익계산서, 재무상태표, 현금흐름표, 자본변동표 작성하여 내부 승인 및 외부 감사 진행(필요 시)

　⑸ 최종 장부마감 및 회계연도 종료 : 회계시스템에서 해당 회계 연도의 입력을 제한하고 마감하고, 마감 후에는 새로운 회계연도에 거래를 기록

3. 장부마감의 중요성

　① 회계 연도의 종료를 공식화하고, 재무제표를 정확히 확정

　② 손익 계정을 마감하여 새로운 회계 연도를 준비

　③ 회계 오류를 수정하고, 내부·외부 감사에 대비

　④ 세무 신고 및 법적 요건을 충족

즉, 장부마감은 회계의 "리셋" 과정으로, 정확한 재무보고를 위한 필수 절차이다.

5. 결산보고서 작성

(1) 손익계산서

수정후시산표에 있는 대변의 수익계정과 차변의 비용계정을 그대로 손익계산서 양식으로 옮겨 기록한다. 이때 수익과 비용의 차이가 당기손익이며, 당기손익은 재무상태표 자본에 가감(加減)하여 반영한다.

(2) 재무상태표

수정후시산표에 있는 차변의 자산 계정과 대변의 부채와 자본 계정을 재무상태표 양식으로 옮겨 기록한다. 이때 차변과 대변의 차이는 손익계산서의 당기손익에 해당하는 것으로 그 금액을 자본금에 반영하면 차변과 대변의 합계금액이 일치한다. 만약 차변과 대변의 합계금액이 일치하지 않으면 작성하는 과정에서 오류가 있다는 것이므로 전체적인 절차를 다시 확인하여 수정해야만 한다.

객관식 연습문제

01 회계상 거래로 볼 수 없는 것은?

① 수해로 건물 일부가 파손되다.
② 현금을 분실하다.
③ 상품이 운송 도중 파손되다.
④ 상품을 인도하는 계약을 체결하다.

해설 계약은 회사의 자산, 부채, 자본에 영향을 주지 아니하므로 회계상 거래로 보지 않는다.

ChatGPT를 활용한 학습

≪ 정답 : ④ 상품을 인도하는 계약을 체결하다.

≪ 해설
① 건물(자산)의 가치가 감소하므로 회계상 거래이다.
② 자산(현금)이 감소하는 사건이므로 회계상 거래이다.
③ 상품(자산)이 감소하므로 회계상 거래이다.
④ 계약은 경제적 사건이지만, 기업의 재무상태(자산·부채·자본 등)에 직접적인 영향을 미치지 않기 때문이다.

02 회계상 거래가 아닌 것은?

① 기계장치의 사용으로 가치가 감소하다.
② 상품 보관 창고의 보증금으로 10,000,000원을 지급하기로 구두 계약하다.
③ 거래처에서 상품 2,000,000원을 외상으로 매입하다.
④ 결손아동을 돕기 위해 100,000원을 기부하다.

해설 구두 계약은 계약이 실제로 성사되기 전까지는 회계상 거래로 보지 않는다.

03 빈칸에 들어갈 (가)과 (나)의 내용으로 옳은 것은?

> 특정 계정의 금액을 다른 계정으로 옮기는 것을 (가)(이)라고 하고, 분개장에 기록된 분개 기입을 해당 계정 원장에 옮겨 적는 것을 (나)(이)라고 한다.

① (가) : 전기, (나) : 대체　　　　② (가) : 대체, (나) : 전기
③ (가) : 이월, (나) : 전기　　　　④ (가) : 기장, (나) : 전기

해설 계정 금액을 옮기는 것을 대체라고 하며, 분개한 것을 총계정원장에 기록하는 것을 전기라 한다.

04 회계상 모든 거래를 발생순서대로 빠짐없이 기입하는 장부는?

① 분개장　　　　　　　　　② 매입처원장
③ 매출처원장　　　　　　　　④ 현금출납장

해설 모든 거래를 발생순서대로 기록하는 장부를 분개장이라 한다.

05 거래의 결합관계로 옳지 않은 것은?

① 차) 자산감소　대) 자산증가　　② 차) 부채감소　대) 부채증가
③ 차) 부채감소　대) 수익발생　　④ 차) 자산증가　대) 수익발생

해설 시산표 등식에 의할 경우, 자산의 증가는 차변에 기록한다.

ChatGPT를 활용한 학습

> 《 정답 : ② 차) 부채감소 대) 부채증가(옳지 않음) → 잘못된 답변〈정답은 ①〉
> 　부채가 줄어들면서 동시에 증가하는 거래는 존재하지 않으며, 부채가 감소할 때는 자산감소(상환) 또는 수익 발생(면제 이익)으로 처리된다.
>
> 《 해설
> 　① 차) 자산감소 대) 자산증가(옳음) : 자산 간 교환 거래
> 　② 차) 부채감소 대) 부채증가(옳지 않음) : 부채가 줄어들면서 동시에 증가하는 경우는 일반적으로 발생하지 않음. 부채가 감소하면 반대편 계정은 자산감소(차입금 상환) 또는 자본 증가(채무 탕감)로 나타남.
> 　③ 차) 부채감소 대) 수익발생(옳음) : 부채를 탕감 받으면 기업에는 수익으로 인식됨.
> 　④ 차) 자산증가 대) 수익발생(옳음) : 수익 발생 시 자산(현금, 외상매출금 등)이 증가함.
> 　〈보충〉 ChatGPT의 답변을 보면, 거래의 결합관계에 대해서도 정확히 인식하지 못하고 있다. 즉, 차변(Debit)에 기록되는 것이 자산증가, 부채감소, 자본감소 및 비용발생이고, 대변(Credit)에 기록되는 것이 자산감소, 부채증가, 자본증가 및 수익발생이라는 기본적인 개념에 대해서 인식하지 못하고 있다.

06 **계정과목 중 증가액이나 발생액이 대변에 나타나는 것은?**

① 받을어음　　　　　　　　　② 차량운반구

③ 지급어음　　　　　　　　　④ 기부금

해설 증가액이 대변에 나타나는 계정은 부채, 자본 및 수익이다.

07 **거래에 대한 거래요소의 결합관계로 옳은 것은?**

> 임대료를 현금으로 받아 개인기업의 대표가 개인적인 용도로 사용하다.

① 부채의 감소 · 수익의 발생

② 자본의 감소 · 수익의 발생

③ 비용의 발생 · 자산의 감소

④ 자본의 감소 · 자산의 감소

해설 개인기업의 대표가 개인적인 용도로 사용한 경우에는 인출금 계정으로 회계처리(자본의 감소) 후 결산 시점에 자본금을 감소시키는 대체분개를 한다.

08 **업무용 차량 300,000원을 취득하고, 대금 중 100,000원은 현금으로 200,000원은 약속어음 을 발행하여 지급한 경우 영향으로 옳은 것은?**

① 총자산과 총자본이 증가한다.

② 총자산과 총부채가 증가한다.

③ 총부채가 증가하고, 총자본은 감소한다.

④ 총자산이 감소하고, 총부채가 증가한다.

해설 차량의 취득은 자산의 증가, 현금의 지급은 자산의 감소, 약속어음의 발행은 부채의 증가

09 거래처를 방문하기 위해 C마트에서 과일바구니 100,000원을 신용카드로 구매하였을 경우, 옳은 분개는?

① 차)	기업업무추진비	100,000	대)	미지급금	100,000
② 차)	기업업무추진비	100,000	대)	외상매입금	100,000
③ 차)	복리후생비	100,000	대)	미지급금	100,000
④ 차)	복리후생비	100,000	대)	외상매입금	100,000

해설 거래처와 관련된 모든 지출액은 '기업업무추진비'계정으로 처리하며, 신용카드 사용액은 '미지급금'계정으로 처리한다.

10 다음과 같은 결합관계로 이루어진 거래로 옳은 것은?

차) 비용의 발생	대) 부채의 증가

① 차량유류비 200,000원을 신용카드로 결제하다.

② 전기요금 100,000원을 보통예금 통장에서 자동이체하다.

③ 단기차입금 1,000,000원과 이자 30,000원을 현금으로 지급하다.

④ 상품운반용 트럭 15,000,000원을 외상으로 구매하다.

해설 차량유류비는 비용에 해당하고, 카드결제는 부채를 증가시킨다.

11 다음의 회계처리에 대해 추정하였을 경우, 옳은 거래는 무엇인가?

차) 예수금 10,000원	대) 보통예금 10,000원

① 임직원 급여에서 차감하기로 하고 10,000원을 보통예금계좌에서 이체하다.

② 상품 판매계약을 체결하고 계약금 10,000원이 보통예금계좌에 입금되다.

③ 거래처에 상품을 주문하고 계약금 10,000원을 보통예금계좌에서 이체하다.

④ 임직원 급여 지급 시 차감한 소득세 등 10,000원을 보통예금계좌에서 이체하다.

해설 급여 지급할 때 소득세 등을 원천징수한 후 지급할 때 대변에 예수금으로 처리해야 하고, 실제로 납부하는 경우에는 대변에 예수금을 차변으로 대체하면 된다.

12 총계정원장에서 당기에 어음을 발행한 금액은 얼마인가?

지급어음			
3/ 5 제　　좌	30,000원	1/ 1　전기이월	200,000원
6/10 보통예금	100,000원	2/22　상　　품	150,000원
12/31 차기이월	220,000원		

① 100,000원　　　　　　　　② 130,000원

③ 150,000원　　　　　　　　④ 220,000원

해설 어음을 발행하면 부채의 증가를 가져오기 때문에 대변에 기록된 금액이다.

13 선수금 계정에 전기된 4월 8일 거래의 설명으로 옳은 것은?

선수금			
4/ 8 매출	150,000원	4/ 6　현금	150,000원

① 상품을 주문하고 계약금을 지급하다.

② 상품을 주문받고 계약금을 받다.

③ 상품을 매입하고 계약금을 차감하다.

④ 상품을 매출하고 계약금을 차감하다.

해설 선수금은 계약금과 관련된 거래에서 발생하는 계정으로, 상대방에게 받을 때는 대변에, 계약이 완료된 경우에는 차변으로 대체한다.

14 밑줄 친 (가)의 결산절차에 해당하는 내용으로 옳은 것은?

결산절차 : (가) ➡ 본 절차 ➡ 보고서 작성

① 시산표 작성　　　　　　　② 재무상태표 작성

③ 분개장 마감　　　　　　　④ 원장의 마감

해설 결산은 예비절차, 본 절차 및 보고서 작성으로 이루어진다.

15 결산의 본 절차에 해당하는 것은?

① 시산표 작성
② 결산 수정분개
③ 총계정원장 마감
④ 재무상태표 작성

해설 결산의 본 절차에는 집합손익의 설정과 장부 마감이 포함된다.

16 분개장에 분개한 거래가 총계정원장에 바르게 전기되었는지의 정확성 여부를 대차평균의 원리에 따라 검증하기 위해 작성하는 것은?

① 정산표
② 시산표
③ 손익계산서
④ 재무상태표

해설 총계정원장의 잔액 또는 합계를 집계한 보고서는 시산표이며, 시산표를 통해 오류를 검증할 수 있다.

17 계정잔액의 표시가 잘못된 것은?

①	자 본 금	②	상 품
	5,000,000원	100,000원	

③	미지급금	④	임차보증금
	100,000원		300,000원

해설 자산 잔액은 차변에, 부채와 자본 잔액은 대변에 위치한다.

18 잔액시산표에서 잔액이 차변에 나타나는 계정은?

① 미지급금
② 외상매입금
③ 토지
④ 자본금

해설 시산표 등식에 의하면, 자산은 차변에, 부채와 자본은 대변에 잔액을 나타낸다.

19 다음 ( )안에 적합한 계정과목은? 단, 결산시점까지 더 이상의 거래는 없다고 가정한다.

( )			
12/15	200,000	12/10	300,000

① 당좌예금　　　　　　　　　② 외상매입금
③ 광고선전비　　　　　　　　④ 받을어음

해설 기말잔액이 대변에 남았으므로 부채, 자본, 수익 중 하나이다.

20 시산표의 작성으로 발견할 수 없는 오류에 해당하는 것은?

① 분개의 차변과 대변 중 어느 한쪽만을 전기한 경우
② 분개의 차변과 대변의 계정과목을 반대로 전기한 경우
③ 분개의 차변과 대변 금액을 다르게 기재한 경우
④ 분개의 차변과 대변 모두를 같은 쪽에 전기한 경우

해설 시산표는 대차평균의 원리를 이용한 자기검증기능이 있으므로 차변·대변 금액의 변화가 없는 오류는 발견할 수 없다.

21 합계잔액시산표에서 오류를 발견할 수 있는 상황에 해당하는 것은?

① 거래 전체의 분개를 빠뜨린 경우
② 한 거래를 같은 금액으로 이중으로 분개한 경우
③ 분개할 때 대·차 금액을 다르게 입력한 경우
④ 분개할 때 대·차 계정과목을 잘못 기록한 경우

해설 시산표의 차변과 대변의 합계가 일치하지 않을 때는 오류가 있는 것이다.

22 잔액시산표 작성 시 당좌예금 계정 잔액 20,000원을 외상매출금 계정 차변에 기입하는 오류가 발생한 경우 차변·대변 합계액에 미치는 영향으로 옳은 것은?

① 차변합계만 20,000원 과대계상된다.

② 대변합계만 20,000원 과소계상된다.

③ 차변·대변 합계에 영향이 없다.

④ 차변·대변 모두 20,000원 과소계상된다.

해설 당좌예금과 외상매출금은 모두 자산이므로 차변·대변 합계액에 영향을 미치지 않는다.

23 손익에 관한 결산정리 중 수익의 이연에 해당하는 계정과목은?

① 선급보험료　　　　　　　　② 미수이자

③ 미지급비용　　　　　　　　④ 선수수익

해설 수익의 이연은 선수수익이다.

24 손익에 관한 결산정리 중 비용의 이연에 해당하는 계정과목은?

① 선수임대료　　　　　　　　② 미수이자

③ 선급보험료　　　　　　　　④ 미지급이자

해설 비용은 이연은 선급비용이다.

25 결산시점에 임차료 미지급분을 계상하다. 이와 관련 있는 내용은?

① 수익의 예상　　　　　　　　② 비용의 예상

③ 비용의 이연　　　　　　　　④ 수익의 이연

해설 임차료는 비용에 해당하고, 향후 지급해야 할 것을 예상할 수 있다.

26 결산정리분개(수정분개) 중 감가상각비의 계상에 적용되는 전표는?

① 입금전표　　　　　　　　　② 출금전표

③ 입출금전표　　　　　　　　④ 대체전표

해설 결산정리분개는 모두 대체전표에 작성한다.

27 회계기간 중 소모품 120,000원을 현금 구매하면서 다음과 같이 회계처리하다. 결산시점에 창고를 조사하였더니 소모품이 30,000원 남은 것으로 조사되었을 경우 옳은 회계처리는?

차) 소모품비 120,000원	대) 현 금 120,000원

① 차) 소모품비 90,000원 대) 현   금 90,000원
② 차) 소모품비 30,000원 대) 현   금 30,000원
③ 차) 소 모 품 90,000원 대) 소모품비 90,000원
④ 차) 소 모 품 30,000원 대) 소모품비 30,000원

> 해설 구매 시점에 모두 비용으로 처리하였으므로 창고에 남아있는 소모품만큼 자산으로 계상하고 비용은 감소시켜야 한다.

28 다음 계정기입에서 당기 소모품 중 사용하지 않은 금액은?

소 모 품 비			
10/25 현 금	50,000	12/31 소 모 품	20,000
		12/31 손 익	30,000
	50,000		50,000

① 10,000원　　　　　　　　　② 20,000원
③ 30,000원　　　　　　　　　④ 50,000원

> 해설 구매 시점에 모두 비용으로 처리하였으므로 미사용분은 대변에 자산으로 기재한다.

29 손익계산서에 표시되는 이자수익은 얼마인가?

이자수익			
12/31 선수수익	50,000원	8/ 1 보통예금	80,000원
12/31 손익	30,000원		

① 30,000원　　　　　　　　　② 50,000원
③ 80,000원　　　　　　　　　④ 160,000원

> 해설 총계정원장에 집합손익으로 대체되는 금액이 손익계산서에 표시된다.
> 분개　 8/ 1 차) 보통예금 80,000원 대) 이자수익 80,000원
> 　　　 12/31 차) 이자수익 50,000원 대) 선수수익 50,000원
> 　　　 12/31 차) 이자수익 30,000원 대) 집합손익 30,000원

30 20×1년 8월 1일 6개월분 보험료 1,200,000원을 현금으로 지급하고 비용으로 회계처리를 한 경우, 결산시점에 선급비용으로 계상될 금액은 얼마인가? (단, 결산일은 12월 31일이라고 가정한다.)

① 0원 ② 200,000원
③ 300,000원 ④ 400,000원

해설 1개월분 보험료 1,200,000원÷6개월=200,000원/월
당기분 보험료(8월~12월, 5개월)×200,000원=1,000,000원
따라서 선급보험료는 1개월분 200,000원이 된다.

31 다음 자료를 이용하여 당월 발생한 급여를 구하면 얼마인가? 단, 전월 미지급액은 당월에 지급하는 것으로 가정한다.

• 당월현금지급액 : 500,000원	• 전월 미지급액 : 200,000원
• 당 월 선 급 액 : 100,000원	• 당월 미지급액 : 300,000원

① 500,000원 ② 400,000원
③ 300,000원 ④ 200,000원

해설 발생주의 당월 급여=당월 현금지급액−전월 미지급액−당월 선급액+당월 미지급액

32 손익계정의 기재 내용을 가장 적절하게 설명한 것은?

손 익			
:		:	
12/31 자 본 금	10,000	:	

① 당기순이익 10,000원을 자본금계정에 대체
② 당기순손실 10,000원을 자본금계정에 대체
③ 추가출자액 10,000원을 손익계정에 대체
④ 인출금 10,000원을 손익계정에 대체

해설 개인기업에서 발생한 순이익은 자본금계정에 대체한다.

33 **결산시점에 손익계정으로 대체되는 계정은?**

① 인출금

② 당좌예금

③ 감가상각비

④ 대손충당금

해설 집합손익계정으로 대체되는 것은 비용과 수익이다.

34 **계정 중 다음 연도로 이월시키는 영구계정에 해당하지 않는 것은?**

① 외상매입금

② 이자수익

③ 단기차입금

④ 비품

해설 영구계정은 실질계정이라고도 하며, 재무상태표에 표시되는 계정을 말한다.

35 **(   )안에 적합한 계정과목은?**

	(		)	
당좌예금	300,000	전기이월		200,000
현금	150,000	차량운반구		600,000
차기이월	350,000			
	800,000			800,000

① 미수금

② 미지급금

③ 선급금

④ 외상매출금

해설 전기이월이 차변에 발생하면 자산, 대변에 발생하면 부채, 자본이다. 항상 (+)쪽에 전기이월과
기말잔액이 남게 된다.

05 전기분재무제표

전기 재무제표와 관련된 내용은 당기에 회계처리를 통해 만들어지는 당기 재무제표와 비교하기 위해서 이월시켜야 한다. 따라서 회계프로그램을 처음 사용하는 기업에서 전기 재무제표를 입력해야 할 필요성은 다음과 같다.

① 전기 재무제표와 당기 재무제표를 비교한 정보를 만들어 이해관계자에게 제공하여 의사결정의 유용성을 증대시키기 위해 필요하다.
② 자산, 부채 및 자본의 전기말일 잔액을 당기 첫날로, 즉 1월 1일로 이월시켜 회계 기록의 연속성을 유지하는 데 필요하다.
③ 거래처의 계정별 잔액을 당기 첫날로, 즉 1월 1일로 이월시켜 거래처 관리의 연속성 및 효율성을 유지하는 데 필요하다.

'KcLep프로그램'에서 전기분재무제표 메뉴에서 입력해야 할 내용은 다음과 같다.

① 전기분재무상태표
② 전기분손익계산서
③ 거래처별초기이월
④ 마감후이월

'KcLep프로그램'으로 회계기간 중에 발생한 거래에 대한 회계처리를 정상적으로 실시한 후 '마감후이월' 메뉴에서 장부를 마감하면, 전기분재무제표와 관련된 자료는 자동으로 이월되기 때문에 'KcLep프로그램'을 계속해서 사용하는 기업은 이 부분에 대해 작업을 별도로 하지 않아도 된다.

제1절 전기분재무상태표

전기분재무상태표를 입력하게 되면 계정별 잔액을 이월시킴과 동시에 비교식 재무상태표를 작성할 수 있다. 따라서 당기에 처음으로 'KcLep프로그램'으로 회계처리를 하는 경우 비교식 재무상태표의 작성, 전기분손익계산서의 매출원가(재고자산의 기초재고금액)를 계산하기 위해서는 전기분재무상태표를 반드시 입력해야 한다.

기본화면에서 [전기분재무제표]의 하위메뉴인 [전기분재무상태표]를 선택하면 다음과 같은 화면이 나타난다. 화면 좌측은 자산에 대한 코드, 계정과목 및 금액을 입력할 수 있고, 중앙에는 부채 및 자본에 대한 코드, 계정과목 및 금액을 입력할 수 있다. 또한, 화면 우측은 입력된 계정과목의 금액에 대해 계정별 합계가 자동으로 계산되어 표시하여 대차차액의 유무를 확인할 수 있도록 해준다.

실습예제

경인상사의 제9기(전기) 재무상태표에 대해 해당 메뉴에 입력하시오.

재무상태표

경인상사		제9기 2025년 12월 31일 기준		(단위 : 원)
현 금	10,937,000	외 상 매 입 금		48,000,000
당 좌 예 금	52,500,000	지 급 어 음		39,800,000
보 통 예 금	50,450,000	미 지 급 금		18,038,700
정 기 적 금	19,600,000	예 수 금		2,500,000
외 상 매 출 금	39,530,000	단 기 차 입 금		20,000,000
대 손 충 당 금	(395,300)	장 기 차 입 금		58,000,000
받 을 어 음	13,300,000	자 본 금		58,950,000
대 손 충 당 금	(133,000)	(당기순이익 : 8,950,000)		
단 기 대 여 금	17,500,000			
상 품	4,500,000			
건 물	30,000,000			
감 가 상 각 누 계 액	(19,000,000)			
차 량 운 반 구	42,000,000			
감 가 상 각 누 계 액	(21,000,000)			
비 품	10,500,000			
감 가 상 각 누 계 액	(5,000,000)			
자 산 총 계	245,288,700	부 채 와 자 본 총 계		245,288,700

[입력 방법]

⑴ '현금'계정과 같이 특정 계정과목의 코드 번호를 알고 있는 경우에는 [코드] 란에 코드 번호인 '101'을 직접 입력한다. 그러면 계정과목인 '현금'이 자동으로 표시되고, 커서가 [금액] 란으로 이동된다. [금액] 란에 '10,937,000'을 입력한다. 본 프로그램에서 거래금액을 입력할 때, 키보드의 '+'를 누르면 천 단위 즉, "000"이 자동으로 입력된다(예를 들어, 1,000,000원을 입력하고자 하면 ⇒ 1'+''+'를 누르면 된다).

⑵ 계정과목의 코드 번호를 모를 경우, 다음과 같은 두 가지 입력 방법이 있다.

  ① 화면 상단의 [💬 코드] 클릭하면 다음과 같은 보조화면인 [계정코드도움]이 나타나는데, 여기서 입력하고자 하는 [당좌예금]을 선택한 다음 [확인(Enter)]을 누르고, 금액란에 '52,500,000'을 입력한다.

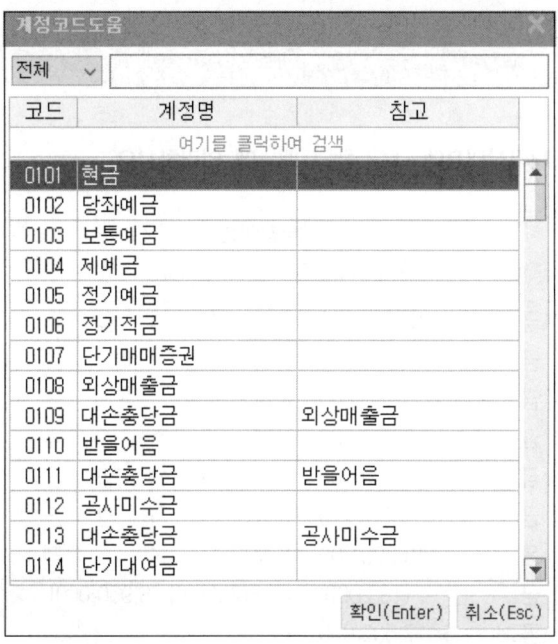

② [전체] 란에 커서를 위치시키고 입력하고자 하는 계정과목인 '외상매출금'의 앞 두 글자인 '외상'을 입력하고 확인(Enter)를 누르면, 해당 글자가 포함된 [계정코드도움] 보조화면이 다음 과 같이 나타난다. 여기서 외상매출금의 계정과목에 커서를 위치시킨 후 확인(Enter)을 누르 고, 금액란에 '39,530,000'을 입력한다.

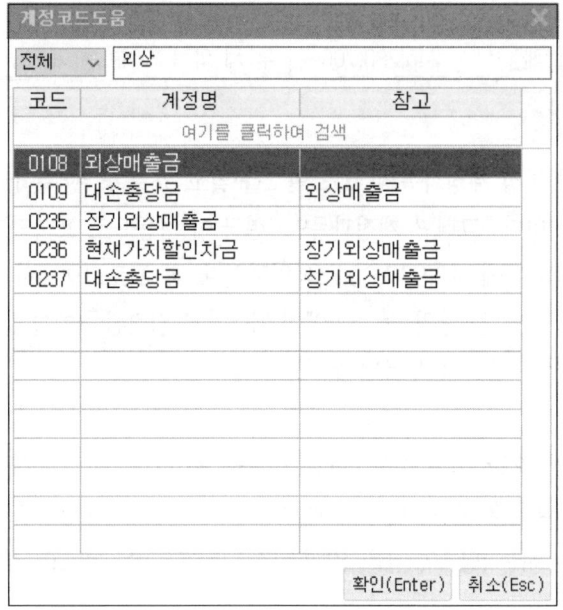

⑶ 외상매출금 다음에 있는 대손충당금의 입력은 외상매출금 코드 번호 [108]의 다음 번호인 '109'를 입력하고, [금액] 란에 '395,300,000'을 입력한다. 해당 계정의 차감 계정은 항상 본 계정의 코드 번호 다음 번호인 홀수 번호를 입력하면 된다. 또한, [전체] 란에 커서를 위치시키고 입력하고자 하는 계정과목인 '대손충당금'의 앞 두 글자인 '대손'을 입력하고 확인(Enter) 를 누르면, 해당 글자가 포함된 [계정코드도움] 보조화면이 다음과 같이 나타난다. 여기서 외상매출금의 대손충당금 계정과목에 커서를 위치시킨 후 확인(Enter)을 누르고, 금액란에 '395,300,000'을 입력해도 된다.

특히, 'KcLep프로그램'에서 대손충당금을 입력할 때 잘못된 코드를 입력하지 않도록 관련 자산과의 연계된 계정을 다음과 같은 [계정코드도움] 화면에서 '참고'를 통해 보여주기 때문에 입력하는 과정에서 발생하는 실수를 최소화할 수 있는 장점이 있다.

⑷ 나머지 계정과목도 같은 방법으로 입력한 결과는 다음 화면과 같다. 주의해야 할 것은 실습예제에 있는 '당기순이익'은 계정과목이 아니고 손익계산서에 계산된 금액을 표시한 것이므로 입력하지 않는다.

>> **자산의 차감(평가) 계정의 입력 방법**

자산을 차감(평가)하는 계정은 대손충당금, 재고자산평가충당금, 감가상각누계액, 현재가치할인차금, 국고보조금 및 공사부담금 등이 있으며, 이러한 차감(평가) 계정은 해당 자산의 장부금액을 계산할 경우 반드시 고려해야 하므로 정확하게 관련된 계정코드를 입력해야 한다.

제2절 전기분손익계산서

    'KcLep프로그램'으로 전년도 회계처리를 한 경우에는 [마감후이월] 메뉴에서 장부를 마감하면 자동으로 반영된다. 그러나 해당연도에 처음으로 'KcLep프로그램'을 이용하여 회계처리를 하는 경우 비교식 손익계산서를 작성하기 위하여 전기분손익계산서의 계정과목과 금액을 반드시 입력해야 한다.

    기본화면에서 [전기분재무제표]의 하위메뉴 [전기분손익계산서]를 선택하면 다음과 같은 입력화면이 나타난다. 화면 좌측에서는 수익과 비용에 대한 코드, 계정과목 및 금액을 입력할 수 있고, 화면 우측은 좌측에서 입력된 계정과목을 성격에 따라 구분하여 계정별 합계를 자동으로 표시되어 당기순이익을 확인할 수 있다.

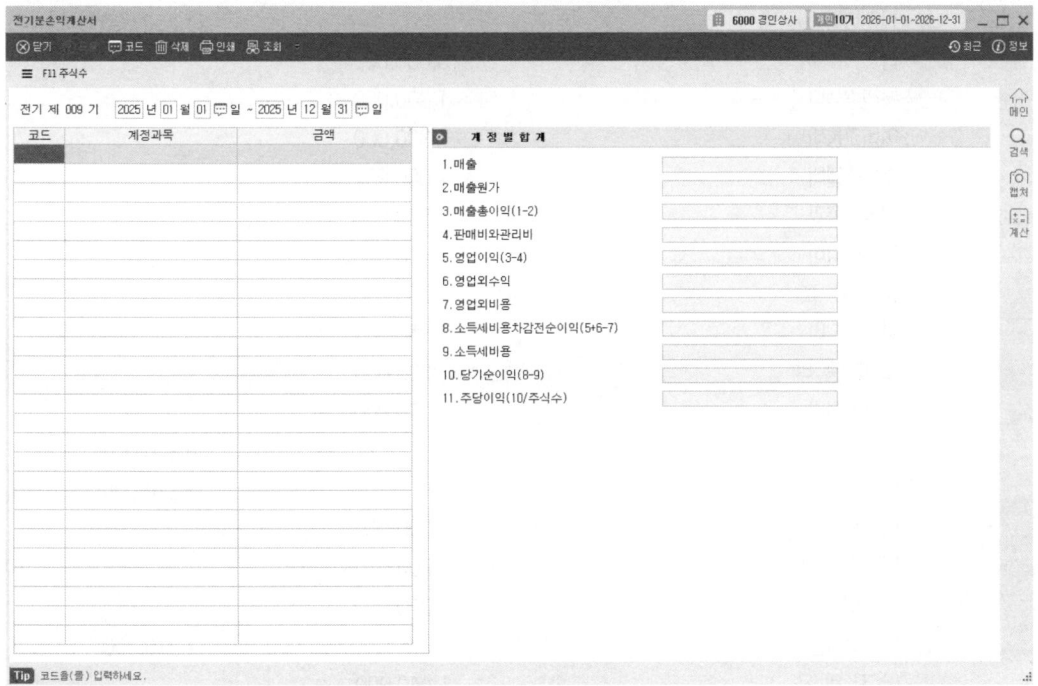

실습예제

경인상사의 제9기(전기) 손익계산서에 대해 해당 메뉴에 입력하시오.

손익계산서

경인상사	2025년 1월 1일부터 2025년 12월 31일까지	(단위 : 원)
과 목	**금 액**	
Ⅰ. 매 출 액		185,900,000
상품매출	185,900,000	
Ⅱ. 매출원가		155,200,000
기초상품재고액	6,600,000	
당기상품매입액	153,100,000	
기말상품재고액	4,500,000	
Ⅲ. 매출총이익		30,700,000
Ⅳ. 판매비와 관리비		21,350,000
급 여	15,000,000	
복리후생비	1,300,000	
여비교통비	300,000	
수도광열비	1,000,000	
세금과공과	800,000	
감가상각비	400,000	
임 차 료	1,200,000	
차량유지비	300,000	
소 모 품 비	280,000	
광고선전비	770,000	
Ⅴ. 영업이익		9,350,000
Ⅵ. 영업외수익		1,810,000
임 대 료	700,000	
이 자 수 익	800,000	
잡 이 익	310,000	
Ⅶ. 영업외비용		2,210,000
이 자 비 용	1,440,000	
기 부 금	560,000	
잡 손 실	210,000	
Ⅷ. 소득세비용차감전순손익		8,950,000
Ⅸ. 소득세비용		0
Ⅻ. 당기순이익		8,950,000

[입력 방법]

⑴ 코드, 계정과목 및 금액의 입력 방법은 전기분 재무상태표의 입력 방법과 비슷하다. [코드] 란
에 '상품'을 입력한 후 [Enter↵]를 누르면, 해당 글자가 포함된 [계정코드도움] 보조화면이 다음
과 같이 나타난다. 여기서 [상품매출]에 커서를 위치시키고 [확인(Enter)]을 누르고 금액란에
'185,900,000'을 입력한다.

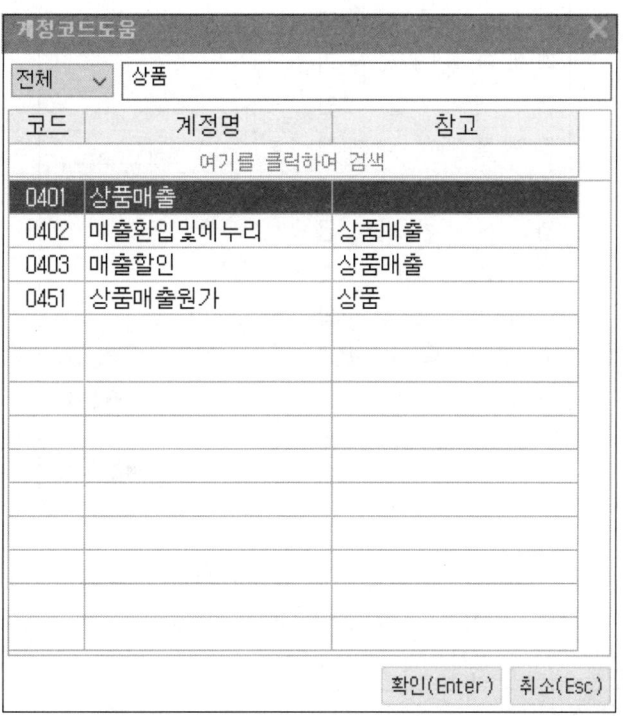

⑵ [코드] 란에 '상품'을 입력한 후 Enter↵ 를 누르면, 해당 글자가 포함된 [계정코드도움] 보조화
면이 다음과 같이 나타난다. 여기서 [상품매출원가]를 선택한 후 Enter↵ 를 누르면, 다음과 같
은 보조화면이 나타난다.

매출원가		✕
기 초 상 품 재 고 액		
당 기 상 품 매 입 액	+	
매 입 환 출 및 에 누 리	−	
매 입 할 인	−	
타 계 정 에 서 대 체 액	+	
타 계 정 으 로 대 체 액	−	
관 세 환 급 금	−	
상 품 평 가 손 실	+	
상 품 평 가 손 실 환 입	−	
기 말 상 품 재 고 액	−	4,500,000
매 출 원 가	=	−4,500,000

확인(Tab)

보조화면이 나타난 [기말상품재고액]은 전기분 재무상태표에 입력된 [상품]의 금액 '4,500,000'
이 자동으로 표시된 것이다. 여기에 [실습예제]에 있는 기초상품재고액 '6,600,000'과 당기상품매
입액 '153,100,000'을 입력한 후 확인(Tab) 을 누른다.

매출원가		✕
기 초 상 품 재 고 액		6,600,000
당 기 상 품 매 입 액	+	153,100,000
매 입 환 출 및 에 누 리	−	
매 입 할 인	−	
타 계 정 에 서 대 체 액	+	
타 계 정 으 로 대 체 액	−	
관 세 환 급 금	−	
상 품 평 가 손 실	+	
상 품 평 가 손 실 환 입	−	
기 말 상 품 재 고 액	−	4,500,000
매 출 원 가	=	155,200,000

확인(Tab)

(3) 나머지 계정과목은 전기분 재무상태표 입력한 것과 같은 방법으로 입력하면 되고, 그 결과는 다음 화면과 같다. 다만, 실습예제에 있는 '당기순이익'은 계정과목이 아니고, 수익에서 비용을 차감하여 자동으로 계산되는 금액이므로 입력하지 않는다.

제3절 거래처별초기이월

[거래처별초기이월]은 외상매출금, 받을어음, 선급금, 미수금, 대여금 등과 같은 수취채권과 외상매입금, 지급어음, 선수금, 미지급금, 차입금 등과 같은 지급채무에 대하여 거래처별 장부를 만들어 관리하고자 할 때 사용하는 메뉴이다. 즉, 계정과목별로 거래처와 전기말 잔액을 입력하여 거래처별로 수취채권과 지급채무를 관리하기 위한 메뉴이다. 한편, 'KcLep프로그램'으로 전년도 회계처리를 한 경우에는 [마감후이월] 메뉴에서 장부마감을 하면 거래처별 잔액이 다음 회계연도의 초기이월로 자동으로 반영된다.

기본화면에서 [전기분재무제표]의 하위메뉴 [거래처별초기이월]을 선택하고 F4 불러오기 를 누르면, 다음과 같은 보조화면이 나타난다.

전기분재무상태표에서 데이터를 불러오시겠습니까?

예(Y)　　아니오(N)

여기서 예(Y) 를 선택하면 다음과 같은 화면이 나타난다.

화면에서 외상매출금, 받을어음 등과 같은 수취채권을 선택한 후 거래처별로 금액을 화면 우측에 입력하여 차액이 없어지도록 입력하면 된다. 그다음, 외상매입금, 지급어음 등과 같은 지급채무를 선택한 후 거래처별로 금액을 화면 우측에 입력하면 차액이 없어진다.

실습예제

경인상사의 거래처별 다음 자료를 이용하여 거래처별 전기이월 메뉴에 입력하시오.

계정과목	거래처별	금 액
외 상 매 출 금	여 수 상 사	18,200,000
	㈜ 상 우	12,000,000
	동 신 상 사	8,450,000
	정 문 상 회	350,000
	아 름 다 운 문 구	530,000
받 을 어 음	㈜ 상 우	5,500,000
	상 진 문 구	4,350,000
	한 진 상 사	2,100,000
	제 일 문 구	650,000
	현 정 상 사	700,000
단 기 대 여 금	㈜ 상 우	9,000,000
	한 진 상 사	8,500,000
외 상 매 입 금	여 수 상 사	6,000,000
	㈜ 상 우	300,000
	한 진 상 사	16,700,000
	동 신 상 사	10,000,000
	현 정 상 사	15,000,000
지 급 어 음	한 진 상 사	21,000,000
	동 신 상 사	9,600,000
	현 정 상 사	9,200,000
단 기 차 입 금	금 장 상 사	4,000,000
	신 망 상 사	11,000,000
	국 민 은 행	5,000,000

[입력 방법]

⑴ 화면 왼쪽에 있는 계정과목 중에서 [외상매출금] 과목에 커서를 위치한다.

⑵ 화면 오른쪽에 거래처에 대한 코드는 화면 상단의 💬 코드 클릭하면 다음과 같은 보조화면 인 [거래처도움]인 나타난다.

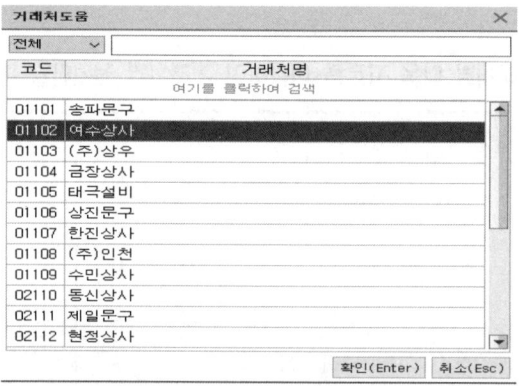

여기서 [01102 여수상사]를 선택하고 확인(Enter) 을 누른 후 해당 거래처의 금액 '18,200,000' 을 입력한다. 만약 거래처가 많으면 💬 코드 클릭하고 나타난 [거래처 도움] 창에서 거래처의 첫 두 글자를 입력하면 해당 거래처가 나타나므로 쉽게 선택할 수 있다.

⑶ 계속하여 거래처별로 금액을 입력하면 화면 오른쪽 아래에 거래처별로 입력된 금액의 합계가 표시되어 차액이 없어지는데, 그 결과는 다음과 같다.

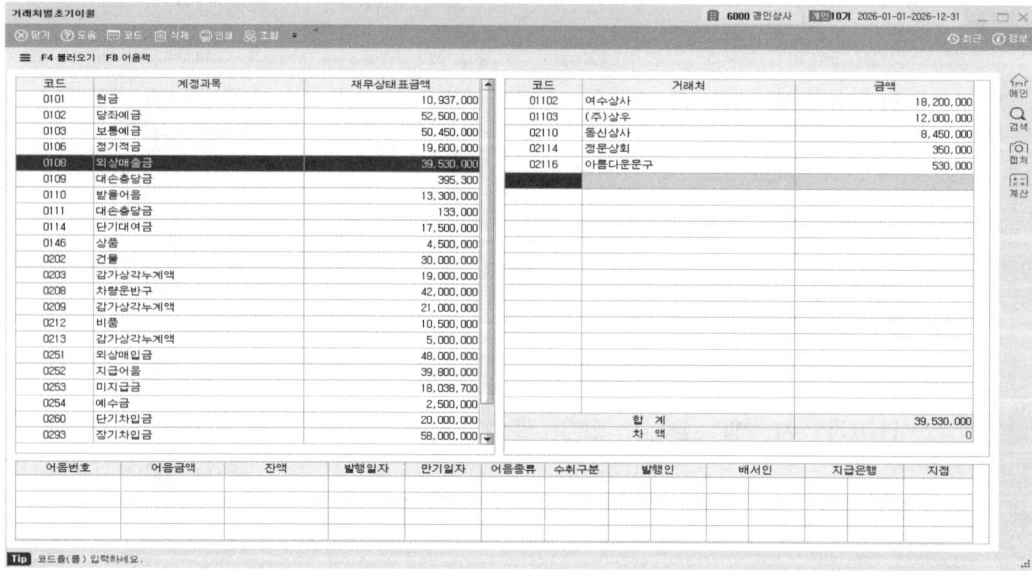

(4) 화면 왼쪽의 계정과목 중에서 [받을어음] 과목에 커서를 위치시키고, 거래처별로 금액을 입력한 결과는 다음과 같다.

(5) 단기대여금, 외상매입금, 지급어음, 단기차입금에 대한 입력도 외상매출금, 받을어음 계정의 거래처별 입력과 같은 방법으로 입력한다(입력한 결과에 대한 캡처 화면 제시는 생략).

제4절 마감후이월

[마감후이월]은 '자산, 부채 및 자본'의 영구(실질)계정을 차기로 이월시키고, '수익과 비용'의 임시(명목)계정을 집합손익계정에 대체시켜 총계정원장을 최종 마감하는 작업이다. 'KcLep프로그램'을 통해 [마감후이월]을 하게 되면, 자료의 추가입력이 불가능할 뿐만 아니라 입력된 자료를 안전하게 보존하여 다음연도 회계연도로 이월시키는 것이다.

[마감후이월]은 'KcLep프로그램'을 사용하여 회계연도의 거래를 모두 회계처리를 하고, 결산에 대한 작업을 모두 실행한 후 진행하는 것이다. 따라서 본 교재에서는 아직 회계기간에 대한 거래를 회계처리를 하지 않았기 때문에 [마감후이월]을 실행해서는 안 된다.

[입력 방법]

⑴ 기본화면에서 [전기분재무제표]의 하위메뉴인 [마감후이월]을 클릭하면 다음과 같은 화면이 나타난다.

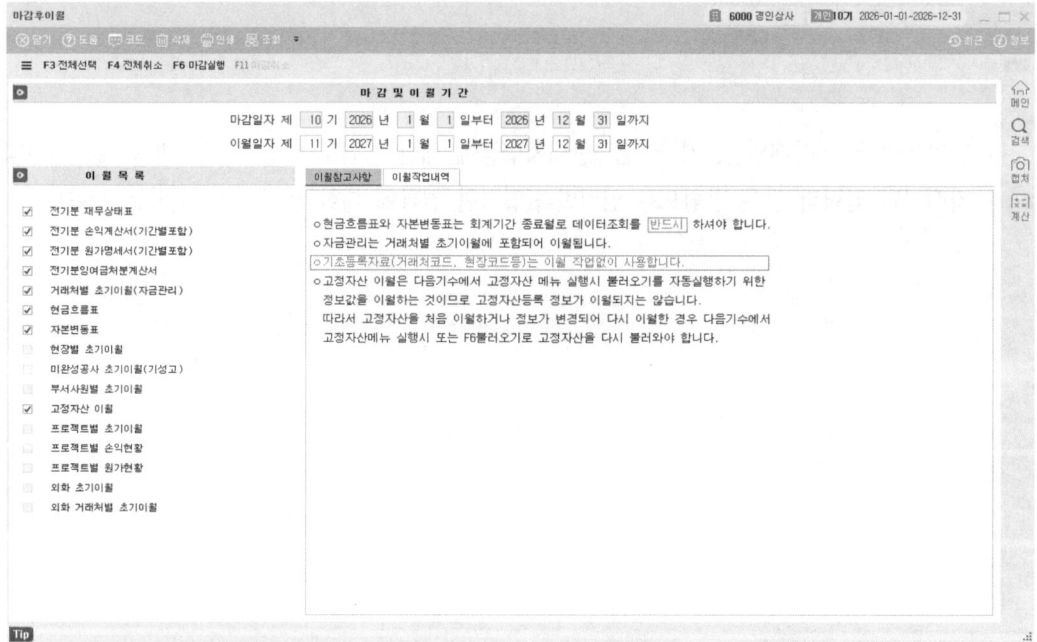

⑵ 화면에서 마감 및 이월 기간을 확인하고 **F6 마감실행** 을 선택하면 모든 장부가 마감된다.

Chapter
06 일반전표입력

제1절 개요

1. 일반전표입력의 중요성

회계프로그램을 사용하지 않고 수작업으로 기록하여 회계처리를 할 때에 거래(사건)가 발생하면 전표(또는 분개장)에 기재한 후 총계정원장, 매입장, 매출장, 거래처원장 등 각종 회계장부에 각각 추가로 수작업으로 기록해야 한다. 그러나 회계프로그램으로 회계처리를 할 때는 거래(사건)가 발생하면 일반전표입력 메뉴에 한 번만 입력하면, 기업에서 필요로 하는 여러 회계장부에 자동으로 기록해 준다.

따라서 'KcLep프로그램'으로 회계상 거래를 회계처리하는 데 있어서 가장 중요한 작업은 일반전표를 입력하는 것이다. 왜냐하면, 일반전표의 입력이 끝나면 회계자료의 분류, 정리, 계산, 집계, 보관, 출력 등과 같은 회계처리는 'KcLep프로그램'에 의해 자동으로 처리되기 때문이다.

2. 일반전표입력의 화면 구성

[일반전표입력]은 부가가치세신고와 관련된 거래를 제외한 모든 거래를 입력한다. 예를 들어, 비용의 지급을 위해 현금으로 지출한 거래, 투자자산을 매각하고 현금으로 받은 거래, 비품을 외상으로 구매한 거래 등과 같은 거래를 입력한다.

한편, 전산회계2급 자격시험에서는 부가가치세 관련 거래를 출제하지 않기 때문에 모든 거래는 [일반전표입력] 메뉴에 입력한다.

일반전표입력은 기본화면에서 [전표입력]의 하위메뉴인 [일반전표입력]을 클릭하면, 다음과 같은 화면이 나타나는데 크게 세 부분으로 구분된다.

⑴ 화면 상단 부분은 날짜, 전표번호, 구분(출금, 입금, 차변, 대변), 계정과목, 거래처, 적요, 차 변금액 및 대변금액을 입력하도록 구성한다.

⑵ 화면 중간 부분은 '카드등사용여부'를 표시하는 기능이 있고, 그다음 부분에는 상단 부분에서 입력된 내용을 표시(전표 종류, 일자, 계정과목, 적요, 차변, 대변)한다.

⑶ 화면 맨 아랫부분은 화면에서 커서가 위치한 곳에 대한 설명을 표시하고 있으므로 초보자도 쉽게 전표입력을 할 수 있다.

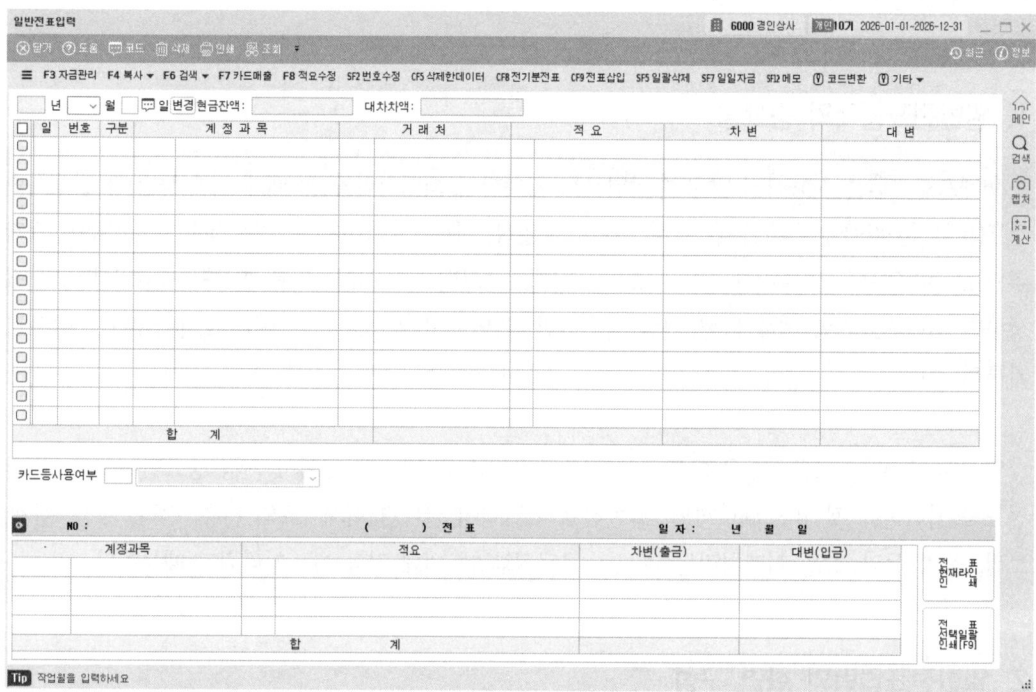

3. 일반전표를 입력할 때 유의할 점

[일반전표입력] 메뉴에 거래를 입력할 때 다음 사항을 유의해야 한다.

(1) 적요는 거래내용을 요약한 것으로 등록된 적요번호를 선택하여 입력하거나 간략하게 직접 입력하면 된다.

(2) 수취채권 및 지급채무와 관련 거래는 반드시 거래처코드 및 거래처를 입력한다. 그렇지 않을 때는 거래처별 계정과목 잔액을 할 수 없으므로 거래처 관리에서 문제가 발생한다.

　① 수취채권 : 외상매출금, 받을어음, 미수금, 선급금, 단기대여금, 장기대여금, 가지급금, 부도어음과수표 미결산 등
　② 지급채무 : 외상매입금, 지급어음, 미지급금, 선수금, 단기차입금, 장기차입금, 유동성장기부채 등

(3) 판매비와관리비는 '800번대' 계정코드를 사용하여 입력한다. 같은 계정과목이라도 500번대, 600번대, 700번대 계정코드에 있으나 도소매를 하는 기업의 경우에는 800번대 계정코드만을 사용해야 한다.

≫ 단축키 해설

Esc	메뉴를 종료할 때 사용한다.
F2	계정과목 또는 거래처코드 도움을 받을 때 사용한다.
F3	자금관리를 하고자 할 때 사용하나, 학습용은 지원하지 않는다.
F4	전표를 복사하고자 할 때 사용한다.
F6	전표의 입력 기간, 전표번호, 분개 구분, 계정코드, 거래처코드 등을 이용하여 전표검색을 하고자 할 때 사용한다.
F7	차변의 계정과목이 외상매출금 또는 미수금일 경우에만 실행되며, 이는 선 세금계산서 등의 정규증빙 발행 후, 추후 결제수단으로 신용카드를 사용하는 경우 증빙이 중복되는 것을 방지하기 위한 기능이다.
F8	적요를 추가하거나 이미 등록된 적요를 수정하고자 할 때 사용한다.
Shift + F2	전표번호의 불일치를 수정할 때 사용한다.
Ctrl + F9	하나의 거래에 대해서 전표입력이 완료된 후, 동일전표 사이에 계정을 추가하고자 할 때 사용한다. 이 기능의 장점은 전표번호가 이미 입력된 전표와 같은 번호로 생성된다는 점이다.

제2절 출금전표

출금전표는 자산의 구입, 비용의 지급 및 부채의 상환 등을 위해 기업 외부로 현금을 지출하는 경우에 사용하는 전표이다. 이러한 출금전표는 대변에 현금계정이 반드시 나타나기 때문에 차변 계정에 표시되는 계정과목만을 입력하면 된다.

실습예제

7월 1일 ㈜상우로부터 업무용 책상 500,000원을 현금으로 구입하다.

<table>
<tr><td rowspan="2" colspan="2">출 금 전 표
2026년 7월 1일</td><td rowspan="2">결

재</td><td>담당</td><td>과장</td><td>부장</td><td>사장</td></tr>
<tr><td></td><td></td><td></td><td></td></tr>
<tr><td>계 정 과 목</td><td>적   요</td><td>원 면</td><td colspan="3">금   액</td></tr>
<tr><td>비 품</td><td>업무용 책상 구입</td><td></td><td colspan="3">₩500,000</td></tr>
<tr><td></td><td></td><td></td><td colspan="3"></td></tr>
</table>

차) 비 품   500,000   대) 현 금   500,000

[입력 방법]

① [월] 란에서 입력하고자 하는 [7]을 선택하거나 직접 '7'을 입력한다.

② [일] 란에 입력하려는 '1'을 입력하고 Enter↵를 누르면, 커서는 [구분] 란으로 이동된다. 주의해야 할 것은 [일] 란에 '1'을 입력하는 경우에는 7월 1일에 발생한 거래만 계속 입력하도록 설정되기 때문에 7월에 발생한 거래를 모두 입력하고자 하면 날짜를 입력하지 않고 공란을 두고 Enter↵를 누르면 된다.

③ [번호] 란은 전표번호를 말하는데, 날짜별로 0001부터 자동으로 부여된다. 따라서 날짜가 변경되면 전표번호는 새롭게 0001부터 자동으로 부여된다.

④ [구분] 란에 커서가 위치하면, 화면 하단에 다음과 같은 전표의 유형이 나타난다.

> **Tip** 구분을 입력하세요. 1.출금, 2.입금, 3.차변, 4.대변, 5.결산차변, 6.결산대변

즉, 거래유형에 따라 해당 번호를 선택하면 된다. 7월 1일 거래는 현금이 지출된 것이므로 '1'을 입력한다. 그러면 커서는 [계정과목] 란으로 자동 이동된다.

⑤ [계정과목] 란은 코드 3자리를 입력한다. 만약, 입력해야 할 계정과목의 코드 번호를 모를 때 가장 쉬운 방법은 [계정과목] 란에 사용될 계정과목인 '비품'을 입력하고 Enter↵를 누르면, [코드]와 [계정과목]이 자동 반영된다. 이 방법 외에도 화면 상단에 있는 🗨코드 클릭하거나 F2를 누르면, 보조화면인 [계정코드도움]이 나타남으로 필요한 [계정과목]을 직접 검색할 수도 있다.

⑥ [거래처] 란은 채권·채무 관련 계정 등의 거래처별 잔액 또는 거래내용을 관리하기 위해 [코드]와 [거래처]를 입력하는 칸이다. [코드] 란에 거래처의 두 글자만 입력하고 Enter↵를 누르면, [거래처도움] 보조화면이 나타나기 때문에 해당 거래처를 선택하고 확인(Enter)을 클릭하면 된다.

⑦ [적요] 란에 '1 비품 취득 때 현금 지급'을 선택하고 Enter↵를 누른다. 그러면 커서가 [차변] 란으로 이동된다(다만, 자격시험에서는 특별한 경우를 제외하고 '적요' 입력을 생략한다).

⑧ [차변] 란에 거래금액 '500,000'을 입력하고 Enter↵를 누르면, [대변] 란에는 자동으로 (현금) 계정이 표시된다. 또한, 화면 하단에 전표 입력된 내용을 볼 수 있도록 분개를 보여준다. 물론 차변과 대변을 구분해서 보여주지 않지만, 금액란에서 차변에 기록되어 있는지 대변에 기록되어 있는지를 확인할 수 있게 되어 있다.

⑨ [카드등사용여부] 란은 실무상 중요한 기능이나, 학습용 버전에서는 그 기능이 생략되어 있다.

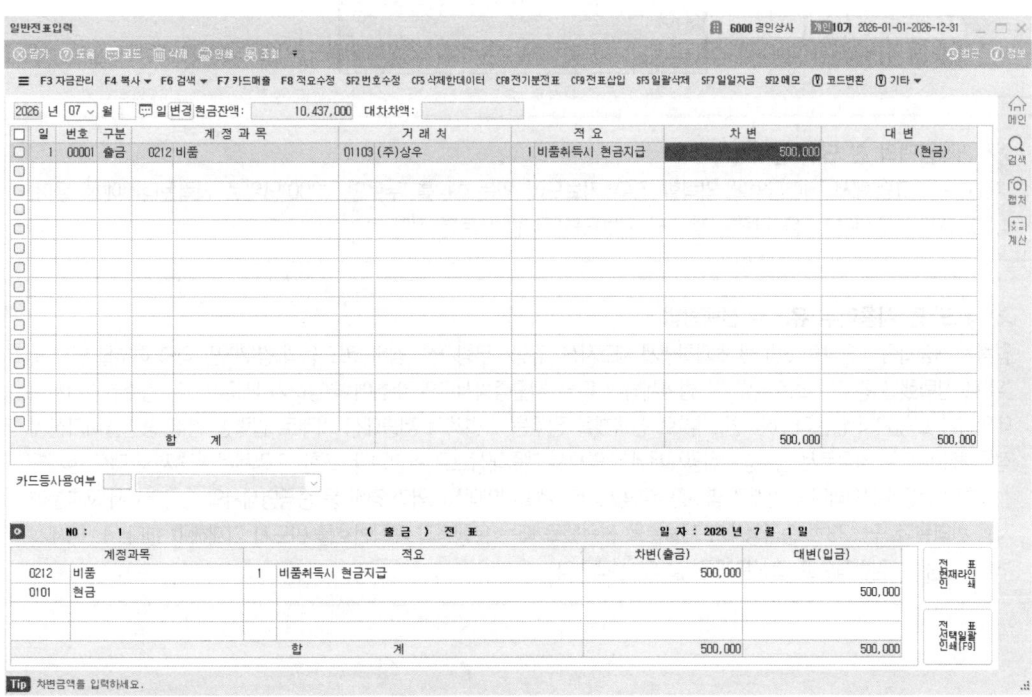

≫ 전표의 선택방법

현금의 지출만 있는 거래는 1.출금

현금의 수취만 있는 거래는 2.입금

현금의 지출과 수취가 전혀 없는 거래는 3.차변과 4.대변

현금의 지출과 수취가 일부 있는 거래는 3.차변과 4.대변

결산수정사항에 대한 (자동)수정분개는 5.결산차변, 6.결산대변

≫ 계정코드 번호를 모를 때 계정과목 입력 방법

(1) 한글로 검색

코드로 비품 계정의 코드를 찾기 힘들면 [코드] 란에서 '비품'이라는 글자를 입력한 후 [Enter↵] 를 누르면, [코드]와 [계정과목]이 자동으로 반영된다.

(2) 🖳 코드 또는 F2에 의한 계정과목 조회

🖳 코드 클릭하거나 F2를 누르면, 보조화면인 [계정코드도움]이 나타나므로 필요한 [계정과목]을 직접 검색할 수도 있다.

≫ 거래금액의 천 단위 입력하기

'KcLep프로그램'에서 거래금액을 입력할 경우 키보드에 있는 '+'를 누르면, '000'단위로 입력된다. 예를 들어, 4,000,000의 입력은 '4'를 입력한 후 '+' 키보드를 두 번 누르면 된다.

≫ 카드 등 사용여부 유 · 무 선택방법

입력된 계정과목의 금액이 3만 원 초과하면서 재고자산, 유형 · 무형자산, 경비 코드 등의 경우에만 입력 여부를 받으며, '유'로 선택했을 경우는 소득세법 및 법인세법에 따른 지출증빙서류의 수취에 해당하기 때문에 영수증수취명세서로 데이터가 보내지지 않는다. 하지만, '부'로 선택했을 경우는 2.명세서 제출대상 거래로 입력한 경우 증빙불비가산세 적용대상이 되는 경우로서 영수증수취명세서에서 명세서 제출대상으로 반영된다. 또한, 3.명세서 제출제외 대상 명세를 선택하면 증빙수취제외대상 거래로 영수증수취명세서의 제출제외대상내역과 경비 등 송금명세서의 송금명세서 제출분에 자동 반영된다. 단, 33번 송금명세서 제출분을 선택했을 때는 은행명과 계좌번호를 반드시 기재해야 한다. 1. 명세서 '해당 없음'은 일반적으로 결산분개를 할 때 선택한다.

제3절 입금전표

입금전표는 자산의 처분, 수익의 발생, 부채의 조달 등과 같은 거래를 통해 기업으로 현금이 들어올 때 사용하는 전표이다. 이러한 입금전표는 차변에 현금계정이 반드시 나타나기 때문에 대변 계정에 표시되는 계정과목만을 입력하면 된다.

실습예제

7월 4일 여수상사의 외상대금 300,000원을 현금으로 받다.

<table>
<tr><td colspan="3" rowspan="2">입 금 전 표
2026년 7월 4일</td><td rowspan="2">결

재</td><td>담당</td><td>과장</td><td>부장</td><td>사장</td></tr>
<tr><td></td><td></td><td></td><td></td></tr>
<tr><td>계 정 과 목</td><td>적　　　요</td><td>원 면</td><td colspan="4">금　　　액</td></tr>
<tr><td>외상매출금</td><td>외상대금 회수</td><td></td><td colspan="4">₩300,000</td></tr>
<tr><td></td><td></td><td></td><td colspan="4"></td></tr>
</table>

차) 현　　금　　300,000　　대) 외상매출금　　300,000

[입력 방법]

① [일] 란에 입력하려는 거래 일자 '4'를 입력하고 [Enter↵]를 누른다.

② [구분] 란에 현금이 들어오는 것이므로 '2'를 입력한다.

③ [계정과목] 란에 '외상매출금' 계정의 앞 두 글자 '외상'만 입력하고 [Enter↵]를 누른 다음, [0108 외상매출금] 선택하고 [확인(Enter)]을 클릭한다.

④ [코드] 란에 '여수상사'의 앞 두 글자 '여수'만 입력하고 [Enter↵]를 누르면, 다음과 같은 [거래처 도움] 보조화면이 나타난다. 보조화면에서 [여수상사] 선택하고 [확인(Enter)]을 클릭한다.

⑤ [적요] 란에 '1 외상매출금 현금회수'를 선택하고 Enter↵를 누른다.

⑥ [대변] 란에 거래금액 '300,000'을 입력하고 Enter↵를 누르면, [차변] 란에는 자동으로 (현금)
계정이 표시된다.

>> 거래처입력방법
① 거래처코드를 알고 있는 경우에는 해당 코드를 직접 입력한다. 코드를 입력하면 거래처명은 자동으로 표시된다.
② 거래처코드를 모를 때에는 ▣ 코드 클릭하거나 F2를 누르면, 이미 등록된 코드와 거래처명이 있는 보조화면 [거래처
  도움]이 나타난다. 이때 커서를 이동하여 원하는 거래처를 선택하고 확인(Enter) 을 클릭한다.
③ [코드] 란에서 '+' 또는 '00000'을 입력한 후 이미 등록된 거래처명을 입력하고 Enter↵ 를 누르면 해당 거래처가
  선별되어 화면에 조회된다.
④ 거래처코드를 사용하지 않을 때는 [코드] 란에서 Enter↵ 를 누르고 넘어간 후 거래처명을 직접 입력한다. 만약 거래처
  관리가 필요 없는 거래처는 거래처명만 입력해도 된다.

>> 신규 거래처 등록방법
신규 거래처의 경우 [거래처코드] 란에서 '+' 또는 '00000'을 입력한 후 거래처명을 입력하면 보조화면이 활성화되면서
거래처코드를 자동 부여하는데, 수정 버튼을 선택하여 거래처코드와 사업자등록번호 등을 입력한다. 가령, 7월 4일
신규 거래처인 초롱상사의 거래처코드를 '300'으로 등록하는 경우 입력 방법은 다음과 같다.
① [거래처코드] 란에 '+'를 입력한 후 [거래처] 란에 '초롱상사'를 입력하면 다음과 같은 보조화면이 나타난다.

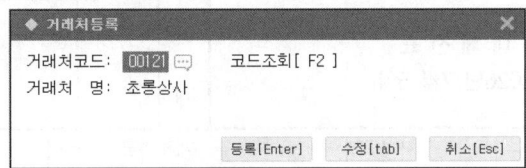

② 거래처코드를 자동으로 생성된 '121'을 '300'으로 수정하고 Enter↵ 를 누른다.
③ 화면 하단의 [거래처등록] 란에서 사업자등록번호, 대표자명, 업태 및 종목 등을 입력한다.

➡ 거 래 처 등 록			
거래처코드: 00300	사업자등록번호: ___-__-_____	▣ 사업자등록상태조회	
거래처명: 초롱상사	주민등록번호: _____-_____	주민등록기재분: 부 0:부 1:여	
	대표자명:	업태:	종목:
	우편번호,주소: ▦		
	전화번호: ( ) -		

대체전표는 일상적인 거래에서 현금 받음과 지급이 전혀 없는 경우와 전체 금액 중 일부분 현금을 받거나 줄 때 사용하는 전표이다. 이러한 대체전표는 차변의 계정과목과 금액을 입력할 뿐만 아니라 대변의 계정과목과 금액도 입력해야 한다.

실습예제

7월 5일 동신상사로부터 업무용으로 사용할 컴퓨터 800,000원을 구입하면서 대금은 나중에 지급하기로 하다.

대 체 전 표 2026년 7월 5일		결 재	담당	과장	부장	사장

계정과목	차변금액	계정과목	대변금액
비 품	₩800,000	미지급금	₩800,000
적요		컴퓨터를 외상으로 구입	

차) 비 품　　800,000　　대) 미 지 급 금　　800,000

[입력 방법]

① [일] 란에 입력하려는 '5'를 입력하고 Enter↵를 누른다.

② [구분] 란에 차변을 입력하기 위하여 '3'을 입력한다.

③ [계정과목] 란에 '비품'을 입력하고 Enter↵를 누르면 [0212 비품]이 자동으로 표시된다.

④ [거래처] 란에서 '동신'을 입력하고 Enter↵를 누르면, 보조화면에 [02110 동신상사]가 나타나면 확인(Enter)을 클릭한다.

⑤ [적요] 란에 '2 비품취득시 미지급발생'을 선택하고 Enter↵를 누르면, 커서가 [차변] 란으로 이동된다.

⑥ [차변] 란에 거래금액 '800,000'을 입력하고 Enter↵를 누른다.

⑦ [일] 란에서 Enter↵를 누르면 '5'는 자동으로 입력된다.

⑧ [구분] 란에 대변을 입력하기 위하여 '4'를 입력한다.

⑨ [계정과목] 란에서 '미지급금'을 입력하고 Enter↵를 누르면, [0253 미지급금]이 자동으로 표시된다.

⑩ [거래처] 란에서 '+'를 입력한 후에 Enter↵를 누르면, 직전 코드(02110)와 거래처(동신상사)가 같게 표시된다.

⑪ [적요] 란에 '3 고정자산 매입시 미지급금 발생'을 선택하고 Enter↵를 누르면, 커서가 [대변] 란으로 이동된다.

⑫ [대변] 란에 거래금액 '800,000'을 확인하고 Enter↵를 누르면, 7월 5일 거래의 입력이 완료된다.

>> **일반전표 입력할 때 Enter↵ 의 추가 기능**

일반전표입력을 하는 경우 Enter↵를 누르면, 금액을 제외한 나머지는 바로 앞줄에서 입력했던 날짜, 구분, 거래처, 적요 등이 자동으로 표시된다. 따라서 거래처, 적요 등을 정확히 입력하기 위해서는 해당 코드 번호를 입력해야 한다.

>> **전표번호의 수정**

① 전표번호를 수정하고자 할 때 SF2 번호수정 을 클릭하거나 Shift+F2를 누르면, [번호] 란으로 이동하게 되는데 이때 필요한 전표번호로 수정하면 된다. 번호를 수정한 뒤에는 다시 SF2 번호수정 또는 Shift+F2를 누르면, 전표번호가 부여되고 원래의 상태로 복귀된다.

② 대체전표는 1개 전표로 보아 같은 전표번호가 부여되며, 차변·대변의 합계가 일치되면 다음 번호로 부여된다. 만약, 동일 거래 일자의 동일 거래임에도 불구하고 입력과 삭제를 반복하는 과정에서 전표번호가 달라져 동일 거래임에도 불구하고 차변 또는 대변으로 기록될 수가 있는데, 이 경우 반드시 전표번호에서 SF2 번호수정 을 클릭하여 [번호] 란에 커서를 위치시켜 전표번호를 직접 수정하여 일치시켜야 한다.

>> **대차차액의 표시 및 차액 분개 요령**

대체전표를 선택하여 금액을 입력하다 오류가 발생하면, 화면 상단 오른쪽 위에 있는 [분개대차차액] 란에 차액이 표시된다. 여기서 '+'는 차변금액이 더 크다는 뜻이고, '-'는 대변금액이 더 크다는 뜻이다. 이러한 기능은 입력 오류를 원천적으로 방지하기 위한 것이므로 반드시 대차를 일치시킨 후 다른 전표를 입력해야만 나중에 오류 등의 발견을 쉽게 할 수 있다.

Chapter

07 당좌자산

1. 현금 및 현금성자산

현금이란 기업이 보유한 자산 중에서 유동성이 가장 빠른 자산으로, 재화와 용역의 구입, 교환의 수단 및 채무의 상환 등과 거래를 하는 데 이용하는 지급의 수단을 말한다. 이러한 현금은 모든 자산의 유동성을 결정하는 기준이 되고, 회계상 측정과 보고의 기준이 된다.

현금으로 분류하기 위해서는 ① 교환의 매개로 사용될 수 있어야 하고, ② 부채의 상환에 언제라도 즉시 사용될 수 있어야 한다. 따라서 현금계정은 금고에 있는 현금(통화 및 통화대용증권)뿐만 아니라 은행에 있는 요구불예금도 포함한다.

한편, 현금성자산은 ① 큰 거래비용이 없이 현금으로 전환하기가 쉽고, ② 이자율에 따른 가치변동의 위험이 중요하지 않은 금융상품으로서 취득 당시 만기(또는 상환일)가 3개월 이내에 도래하는 것을 말한다.

재무상태표에 표시되는 '현금 및 현금성자산' 계정은 통화 및 타인발행수표 등 통화대용증권과 당좌예금, 보통예금 및 현금성자산을 포함한 금액을 표시한 것이다.

현금 및 현금성자산	현금	지폐, 동전 등 통화
	통화대용증권	타인발행수표, 자기앞수표, 송금수표, 우편환증서, 배당금수령통지서, 만기가 도래한 공·사채이자표
	요구불예금*	당좌예금, 보통예금
	현금성자산	채권, 상환우선주, 환매채, 양도성예금증서, 수익증권(취득 당시 만기가 3개월 이내 증권)

* 당좌예금과 보통예금은 현금처럼 즉시 사용할 수 있는 것으로 재무상태표에 보고할 때는 현금 및 현금성자산으로 통합해서 보고하나 기업 내부 관리목적으로 별도의 계정과목으로 구분하여 사용한다.

한편, 주의해야 할 것은 '현금 및 현금성자산'으로 잘못 분류하기 쉬운 항목들이 있다. 예를 들어 '타인이 발행한 선일자수표'나 '타인으로부터 받은 차용증서'를 받은 경우에는 각각 '받을어음' 계정과 '단기대여금' 계정으로 분류하여야 하며, '보유하고 있는 수입인지, 우표' 등은 '선급비용' 계정으로 분류하여야 한다.

ChatGPT를 활용한 학습

1. '현금 및 현금성자산'의 분류 기준
   회계에서 '현금 및 현금성자산(Cash and Cash Equivalents)'로 분류되려면 다음 기준을 충족해야 한다.
   (1) 현금(Cash) : 즉시 사용 가능한 통화 및 통화대용증권
      예) 지폐, 동전, 수표, 당좌예금, 보통예금 등
   (2) 현금성자산(Cash Equivalents) : 단기적(3개월 이내)이고, 현금화가 용이하며, 가치 변동 위험이 거의 없는 자산
      예) 만기 3개월 이내의 정기예금, 기업어음(CP), 국공채, 환매조건부채권(RP) 등
   〈핵심 기준〉 ① 유동성이 높고(즉시 현금화 가능), ② 단기(3개월 이내)이며, ③ 가치 변동 위험이 거의 없는 금융상품

2. '현금 및 현금성자산'의 중요성
   (1) 유동성 관리의 핵심 요소
      기업이 단기적인 지급 능력을 유지하는 데 필수적이며, 급여 지급, 채무 상환, 운영비용 충당 등에 사용된다.
   (2) 재무제표에서의 중요성
      ① 재무상태표(B/S) : 기업의 단기 지급 능력을 평가하는 핵심 지표.
      ② 현금흐름표(C/F) : 영업활동, 투자활동, 재무활동의 자금 흐름을 분석하는 주요 항목.
   (3) 투자자 및 채권자의 신뢰도에 영향
      충분한 현금 보유 여부는 기업의 재무 건전성과 신용도에 직접적인 영향을 준다. 즉, 현금 부족으로 유동성 위기 발생 가능성 증가된다.
      ☞ '현금 및 현금성자산'은 기업의 유동성 관리와 재무 건전성을 평가하는 중요한 요소로, 단기적이고 가치 변동 위험이 없는 금융상품을 포함한다.

2. 현금과부족

현금과부족은 계산상 착오, 기재 누락, 도난, 분실 등과 같은 원인으로 현금의 장부(현금출납장) 잔액과 금고에 있는 실재 잔액이 일치하지 않을 때 발생하며, 그 차이의 원인이 밝혀질 때까지 임시로 설정하는 계정이다. 따라서 '현금과부족' 계정은 금고의 실재 금액이 크느냐 장부 금액이 크느냐에 따라 차변과 대변에 모두 나타날 수 있다.

현금과부족에 대한 원인이 밝혀지면 해당 계정으로 대체하지만, 만약 결산일까지 원인이 밝혀지지 않으면 부족한 경우에는 잡손실(영업외비용)로, 초과한 경우에는 잡이익(영업외수익)으로 대체하여 처리한다.

구 분	부족한 경우의 회계처리	구 분	초과한 경우의 회계처리
현금 부족한 경우	차) 현금과부족　××× 　　대) 현　금　×××	현금 초과한 경우	차) 현　금　××× 　　대) 현금과부족　×××
여비교통비를 기장 누락	차) 여비교통비　××× 　　대) 현금과부족　×××	이자수익을 기장 누락	차) 현금과부족　××× 　　대) 이자수익　×××
결산시점까지 원인이 규명되지 않음	차) 잡 손 실　××× 　　대) 현금과부족　×××	결산시점까지 원인이 규명되지 않음	차) 현금과부족　××× 　　대) 잡 이 익　×××

Chat GPT를 활용한 **학습** '현금과부족'의 의미와 중요성

(1) 현금과부족(Cash Over and Short)의 개념
현금과부족은 기업에서 실제 보유한 현금과 장부상 기록된 현금이 일치하지 않는 경우 발생하는 차액을 의미한다.

(2) 현금과부족 계정의 사용 이유
① 주로 현금 계정과 실제 보유 현금의 불일치를 조정하기 위해 사용됨.
② 매출, 지출, 자금관리 과정에서 발생할 수 있음.
③ 일시적인 차이를 회계처리할 때 사용하며, 후속 조사 후 원인을 파악하여 적절한 계정으로 재분류함.

(3) 현금과부족 발생원인
현금과부족은 보통 실수 또는 오류로 인해 발생하며, 주된 원인은 다음과 같다.
① 현금이 부족(Short)한 경우
　- 현금 지급액을 실제보다 적게 기록했을 때
　- 직원의 실수(예 : 거스름돈 계산 오류)
　- 현금 도난 또는 분실
② 현금이 초과(Over)한 경우
　- 현금 수입을 실제보다 적게 기록했을 때
　- 고객이 초과 지불한 금액을 장부에 반영하지 않은 경우
　- 거스름돈 지급 실수(예 : 고객에게 덜 거슬러 준 경우)

(4) 대표적인 발생 사례
① 편의점, 마트, 음식점 등에서 발생하는 현금계산 실수
② 회계 부서에서 입금 또는 출금을 잘못 기록한 경우
③ 직원이 실수로 고객에게 거스름돈을 덜 주거나 더 줄 경우

(5) 회계처리 방법

현금과부족 계정은 일시적인 차이 조정 계정으로 사용되며, 발생 원인이 파악되면 적절한 계정으로 재분류한다.

① 현금 부족 발생(차변 기록)

차) 현금과부족   10,000   대) 현 금   10,000

• 후속 조사 후 원인을 찾으면 직원 실수라면 급여에서 공제하거나, 영업비용으로 처리 가능.

② 현금 초과 발생(대변 기록)

차) 현 금   25,000   대) 현금과부족   10,000

• 후속 조사 후 원인을 찾으면 매출 증가 또는 부채(고객 환불 예정액)로 처리 가능.

(6) 기말 정산 시 처리 방법

① 정확한 원인을 찾으면 해당 계정으로 대체

직원 실수 → 급여 공제

도난 또는 분실 → 영업비용 처리

② 원인을 찾지 못한 경우

현금 부족 → 영업외비용(잡손실)로 처리

현금 초과 → 영업외수익(잡이익)으로 처리

(7) 현금과부족의 중요성

① 내부 통제 및 감사 목적

- 현금과부족 계정을 분석하면 자금 유출입의 문제점을 발견하고 내부 통제를 강화할 수 있음.

- 잦은 현금 부족 발생 → 부정행위(횡령 등)의 가능성도 있음.

② 기업의 신뢰성과 재무 보고

- 현금관리 오류가 지속되면 재무제표의 정확성이 떨어지고 기업 신뢰도에 악영향을 미침.

③ 손익 영향

- 장부 오류를 해결하지 못하면 현금과부족을 비용 또는 수익으로 반영해야 하며, 이는 기업의 순이익에도 영향을 줄 수 있음.

☞ 현금과부족은 현금 계정과 실제 현금의 불일치를 조정하기 위한 임시 계정이며, 원인을 파악한 후 적절한 계정으로 대체된다. 지속적인 발생은 내부 통제 및 자금 관리의 문제를 나타낼 수 있어 주의가 필요하다.

예제1 다음의 거래에 대해 회계처리를 하시오.

① 금고의 현금시재액은 20,000원이지만 현금출납장의 잔액은 25,000원이었다.

차)   현금과부족   5,000   대)   현 금   5,000

② 현금 차액 중 3,000원은 차입금에 대한 이자비용을 지급한 것으로 밝혀졌다.

차)   이자비용   3,000   대)   현금과부족   3,000

③ 현금 차액 중 나머지 부분은 결산시점까지 원인이 밝혀지지 않았다.

차)	잡 손 실	2,000		대)	현금과부족	2,000

3. 당좌예금

당좌예금은 특정 거래은행과 당좌계약을 맺고, 기업이 경영활동을 하면서 당좌수표를 발행하여 상대방에게 대금을 지급할 때 사용하는 예금이다.

기업이 거래과정에서 상대방에게 당좌수표를 발행하면 당좌수표를 보유한 기업 또는 개인은 당좌계약을 맺은 거래은행에 지급을 요청하기 위해 당좌수표를 제시할 경우, 거래은행은 기업의 당좌예금계좌에서 차감하여 지급하므로 기업은 대변에 당좌예금으로 회계처리한다. 그러나 다른 기업이 발행한 당좌수표를 보유한 경우에는 거래은행으로부터 당좌수표 금액을 찾아 현금처럼 사용할 수 있으므로 '현금'으로 회계처리한다.

일반적으로 당좌예금의 인출은 당좌예금 계정의 잔액 한도 범위 내에서 행해진다. 만약, 당좌예금 잔액을 초과하여 당좌수표를 발행하는 경우에는 거래은행에서 지급을 거절하게 되어 부도 처리된다. 그러나 거래은행과 당좌차월계약[1])을 맺을 때는 당좌예금 계좌의 잔액을 초과하여 당좌수표를 발행할 수 있는데, 이것을 '당좌차월'이라고 한다. 한편, 당좌차월의 잔액이 결산 시점까지 남아있을 때는 '단기차입금'으로 대체하여야 한다.

외상매출금을 타인이 발행한 당좌수표로 받은 경우	차) 현 금 10,000 대) 외상매출금 10,000
외상매입금을 자기가 발행한 당좌수표로 지급한 경우	차) 외상매입금 10,000 대) 당좌예금 10,000

[1) 거래은행 당좌예금 계좌의 잔액이 음수(△)인 상태에서도 기업과 계약한 일정 금액을 한도로 당좌수표를 발행하여도 거래은행이 지급을 보장하는 계약을 말한다.

ChatGPT를 활용한 학습

(1) 당좌예금의 의미

당좌예금(Demand Deposit)이란 기업이 금융기관에 예치한 당좌거래용 예금으로, 수표나 어음 발행을 통해 자유롭게 인출할 수 있는 예금 계정이다.

(2) 당좌예금의 특징

① 자유로운 인출 가능 → 금융기관과 당좌계약을 맺으면, 수표 및 어음 발행이 가능함.

② 이자 발생 없음 → 일반적으로 이자를 지급하지 않는 예금 계정임.

③ 당좌차월(마이너스 잔고) 가능 → 계약에 따라 일정 한도 내에서 당좌대월(Overdraft, 마이너스통장 개념)이 허용될 수 있음.

(3) 주요 활용 사례

① 기업이 거래처에 어음 지급 시 사용

② 당좌수표 발행하여 상품대금 결제

③ 법인 계좌에서 급여 및 운영비 지급

(4) 당좌예금 계정의 회계처리

① 당좌예금 증가(입금) : 기업이 현금을 당좌예금 계좌에 예치할 때

차) 당좌예금   10,000,000   대) 현   금   10,000,000

② 당좌예금 감소(출금/결제) : 당좌예금에서 수표를 발행하여 거래처에 대금을 지급할 때

차) 매입채무   5,000,000   대) 당좌예금   5,000,000

③ 당좌대월(Overdraft) 발생 : 당좌예금 잔액이 부족한 상태에서 수표를 발행하면 은행이 일정 한도 내에서 부족분을 대출해줌.

차) 당좌차월   2,000,000   대) 당좌예금   2,000,000

(이후 갚을 때는 '차입금' 상환 개념으로 처리)

(5) 당좌예금의 관리 방법

① 정기적인 잔액 확인 및 조정

- 은행 계좌와 장부의 일치 여부를 주기적으로 점검(예 : 은행계정조정표 활용)

- 기업이 수표를 발행했으나 아직 은행에서 처리되지 않은 미결제 수표(O/S Check) 등을 고려하여 실질적인 가용 잔고를 관리

② 부정사용 방지

- 수표 및 어음 사용 시 철저한 승인 절차 운영해야 하고, 내부 감사 및 통제 절차를 통해 위조, 분실, 부정 발행 방지

③ 당좌대월 한도 관리

- 은행과의 계약 조건(한도, 이자율 등)을 지속적으로 점검하여 과도한 대월 발생 방지하고, 대월 발생 시 빠르게 상환하여 이자 비용 절감

④ 회계처리 및 재무제표 반영 정확성 유지

- 당좌예금 계정과 실제 은행 계좌를 정기적으로 대조(은행계정 조정)하고, 결산 시 정확한 잔액 반영을 통해 재무제표 신뢰성 유지

☞ 당좌예금은 기업이 거래처에 어음 및 수표로 결제할 때 사용하는 주요 예금 계정으로, 주기적인 잔액 점검과 내부 통제를 통해 정확하게 관리해야 한다.

제2절 단기투자자산

단기투자자산이란 기업의 여유자금을 활용하여 단기간의 수익을 올릴 목적으로 보유한 자산으로 보고 기간 종료일로부터 만기 1년 이내에 도래하는 자산을 말한다. 즉, 단기금융상품, 정기예금·적금, 단기매매증권, 단기대여금 등이 단기투자자산에 해당한다.

단기 투자 자산	단기금융상품	금융기관이 취급하는 정형화된 상품으로 만기가 1년 이내에 도래하는 것
	정기예금, 정기적금	만기가 1년 이내인 예금과 적금
	단기매매증권	단기간의 매매차익을 목적으로 취득한 시장성 있는 주식, 채권 등
	단기대여금	금전을 빌려주고 발생한 채권으로 회수기한이 1년 이내에 도래하는 것

1. 단기금융상품

단기금융상품은 금융기관이 취급하는 정기예금, 정기적금, 단기간 사용이 제한된 예금 및 기타 정형화된 금융상품 등으로 단기적 자금 운용 목적으로 소유하거나 만기가 1년 이내에 도래하는 것을 의미하며, 사용이 제한된 예금에 대해서는 그 내용을 주석으로 기재하여 정확한 정보를 제공해야 한다. 즉, 금융상품을 분류할 때 기한이 취득 시점으로부터 3개월 이내에 만기가 도래하면 '현금성자산'으로 분류하고, 3개월 이후 1년 이내에 만기가 도래하면 '단기금융상품'으로 분류한다. 그리고 1년 이후에 만기가 도래하면 장기금융상품(투자자산)으로 분류한다.

단기적 사용이 제한된 예금이란 특정 용도에 사용하기 위하여 금융기관에 예치하고 있는 예금을 말하며, 여기에는 사채를 상환할 목적으로 운용하고 있는 예금(감채기금), 은행과 당좌개설 계약을 체결하기 위해 은행에 예치해 놓은 보증금(당좌개설보증금) 등이 포함된다. 그리고 정형화된 금융상품이란 금융기관에서 거래되고 있는 기업어음(Commercial Paper, CP), 어음관리계좌(Cash Management Account, CMA), 양도성예금증서(Certificate of Deposit, CD), 금전신탁, 환매조건부채권(Repurchase Agreements, RP) 등을 말한다.

정형화된 금융상품	기업어음 (CP)	신용도가 높은 기업이 자금조달을 목적으로 발행하는 어음형식의 단기채권
	어음관리계좌 (CMA)	고객이 맡긴 예금을 투자금융회사가 단기국공채나 기업어음, 양도성예금증서 등에 투자해서 얻은 이익을 고객에게 돌려주는 상품
	양도성예금증서 (CD)	은행의 정기예금 중에서 해당 증서를 양도할 수 있게 하는 무기명상품
	금전신탁	고객에게 금전을 신탁재산으로 예탁 받아 이를 대출, 사채의 매입 등에 활용한 다음 일정 기간 후에 수익을 고객에게 내주는 상품
	환매조건부채권 (RP)	금융기관이 일정 기간 후 확정금리를 보태어 되사는 조건으로 발행하는 채권

2. 단기매매증권

단기매매증권이란 단기간에 여유자금을 운용할 목적 또는 1년 이내 처분할 목적으로 취득한 시장성 있는 유가증권(주식, 채권 등)을 말한다. 일반적으로 기업이 취득한 유가증권은 실제 보유 의도, 보유 기간 및 보유 목적 등에 따라 단기매매증권, 매도가능증권, 만기보유증권으로 구분한다.

(1) 단기매매증권의 취득

시장성 있는 유가증권을 취득할 때 취득원가를 어떻게 결정하여 회계처리한 것인지는 중요하다. 일반적으로 유가증권을 취득하여 최초로 회계처리를 할 때는 공정가치로 측정하고, 최초 회계처리를 한 후 공정가치의 변동을 당기손익으로 인식하는 단기매매증권이 아닌 경우에는 해당 유가증권의 취득과 직접 관련되는 거래원가(부대비용)는 최초로 회계처리하는 공정가치에 포함(가산)해야 한다. 다시 말해, 단기매매증권을 취득하는 경우 부대비용(가령, 거래수수료, 증권거래세 등)은 영업외비용(수수료비용)으로 처리해야 하지만 그 외 유가증권(만기보유증권과 매도가능증권)의 취득원가는 해당 유가증권을 취득하는 시점의 공정가치와 취득하면서 발생한 부대비용을 합산한 금액을 초과할 수 없다.

한편, 동일 종목을 여러 차례에 걸쳐 서로 다른 가격으로 구매한 경우에는 총평균법 또는 이동평균법을 종목별로 적용하여 단위당 취득원가를 산정하여야 한다. 그 이유는 유가증권의 단위당 취득원가를 산정해야만 유가증권을 처분하면서 발생하는 손익을 계산하는 데 기초가 되는 장부금액을 결정할 수 있기 때문이다. 한편, 이자 지급일 사이에 채권을 취득한 경우에 직전 이자 지급일부터 취득일까지의 발생이자는 취득원가에서 제외해야 한다.

(2) 단기매매증권의 보유

지분증권(주식)을 단기매매증권으로 보유하게 되면 주식을 발행한 기업으로부터 배당금을 받을 수 있고, 채무증권(채권)을 단기매매증권으로 보유하게 되면 채권을 발행한 기업으로부터 이자를 받게 된다. 이 경우 배당금을 받았을 때는 '배당금수익'계정으로, 이자를 받았을 때는 '이자수익'계정으로 처리하여 영업외수익에 가산한다.

(3) 단기매매증권의 평가

단기매매증권의 평가란 결산일 현재 재무상태표에 단기매매증권의 금액을 얼마로 장부에 계상할 것인가를 결정하는 것을 말한다. 따라서 단기매매증권을 결산 시점까지 보유하게 될 때는 적절한 금액으로 평가한 후 장부에 반영하여 기업의 이해관계자에게 공정가치에 대한 제공하는 것은 매우 중요하다고 본다.

다시 말해, 단기매매증권을 취득하여 회계처리한 가격은 단기매매증권을 발행한 기업의 상황에 따라 변동하므로 목적적합한 정보를 제공하기 위해서 결산일 현재 공정가치로 평가하여 장부에 반영하는 것이 합리적인 것이다. 한편, 공정가치를 적용하면서 발생하는 장부금액과의 차액은 영업외수익(단기매매증권평가이익) 또는 영업외비용(단기매매증권평가손실)으로 회계처리한다.

(4) 단기매매증권의 처분

보유하고 있던 단기매매증권을 기업의 상황에 따라 처분하는 경우에는 단기매매증권의 장부금액과 처분금액의 차액을 단기매매증권처분손익으로 계상한다.

이때, 처분금액은 단기매매증권의 매각금액에서 매각에 따른 부대비용(증권회사 수수료, 증권거래세 등)을 차감한 금액이다. 따라서 단기매매증권을 처분하는 경우 **'장부금액＞처분금액'**의 경우 단기매매증권처분손실(영업외비용)로, **'장부금액＜처분금액'**의 경우 단기매매증권처분이익(영업외수익)으로 회계처리한다.

예제 2 다음의 거래에 대해 회계처리를 하시오.

① 단기자금 운용을 목적으로 시장성 있는 ㈜경인의 주식 10주를 1주당 @6,000원(1주당 액면금액 @5,000원)에 취득하고, 매입수수료 300원과 함께 현금으로 지급하다.

차) 단기매매증권	60,000	대) 현　　금	60,300
수수료비용	300		

② ㈜경인으로부터 1주당 500원씩 현금으로 배당을 받다.

차) 현　　금	5,000	대) 배당금수익	5,000

③ 결산시점에 ㈜경인의 1주당 공정가치는 6,200원인 것으로 조사되다.

차) 단기매매증권	2,000	대) 단기매매증권평가이익	2,000

④ ㈜경인의 주식 10주를 주당 6,500원에 처분하고, 전액 당좌예금계좌에 입금하다.

차) 당 좌 예 금	65,000	대) 단기매매증권	62,000
		단기매매증권처분이익	3,000

> **≫ 유가증권**
>
> 유가증권이란 정부, 기업 등이 발행한 채무증권(국채, 사채)과 지분증권(주식)을 말하며, 유가증권을 기업에서 취득하는 목적에 따라 다음과 같이 분류한다.
>
> (1) 단기매매증권
> 　① 단기간의 매매차익을 목적으로 시장성 있는 유가증권을 취득하는 경우
> 　② 취득 시점에 발생한 거래비용은 당기 비용인 수수료비용으로 처리
>
> (2) 만기보유증권
> 　① 만기가 확정된 채무증권을 만기까지 보유할 의도와 능력이 있어 취득하는 경우
> 　② 취득 시점에 발생한 거래비용(부대비용)은 취득원가에 포함
>
> (3) 매도가능증권
> 　① 단기매매증권이나 만기보유증권에 해당하지 않는 유가증권을 취득하는 경우
> 　② 취득 시점에 발생한 거래비용(부대비용)은 취득원가에 포함

Chat GPT를 활용한 학습

(1) 유가증권(Securities)의 의의

유가증권은 재산적 가치를 가지며, 법적으로 매매 및 양도가 가능한 금융 상품을 의미한다. 일반적으로 다음과 같은 형태로 구분된다.

① 주식(Stocks) : 기업이 발행하여 자금을 조달하는 증권으로, 보유 시 배당금 및 의결권 행사 가능

② 채권(Bonds) : 정부, 기업 등이 일정 기간 후 원금과 이자를 지급하기로 약속하고 발행하는 증권

③ 파생상품(Derivatives) : 주식, 채권, 통화 등의 기초자산을 기반으로 한 옵션, 선물 등

④ 기타 금융상품 : 기업어음(CP), 양도성예금증서(CD) 등

(2) 유가증권의 분류

유가증권은 보유 목적에 따라 다음과 같이 분류된다.

① 단기매매증권(Trading Securities) : 단기 시세 차익을 위해 보유(1년 이내)

② 매도가능증권(Available - for - Sale Securities) : 중 · 장기적으로 보유 가능하나, 필요 시 매각 가능

③ 만기보유증권(Held - to - Maturity Securities) : 만기까지 보유할 목적으로 매입한 채권

(3) 유가증권의 평가

① 단기매매증권 : 공정가치(시장가격)로 평가하며, 평가이익 · 손실을 즉시 손익계산서에 반영

② 매도가능증권 : 공정가치 평가하되, 평가이익 · 손실은 기타포괄손익누계액에 반영

③ 만기보유증권 : 취득원가(상각후원가)로 평가하며, 시장가격 변동 영향을 받지 않음

(4) 위험 관리

① 시장 리스크 대응 : 유가증권의 가격 변동성을 고려하여 포트폴리오를 구성

② 신용 리스크 관리 : 투자 대상 기업이나 채권 발행자의 신용등급을 지속적으로 모니터링

③ 유동성 확보 : 기업 운영자금에 문제가 없도록 유가증권 매각 가능성을 고려

☞ 유가증권은 기업의 중요한 자산으로, 유동성 확보 및 투자수익 창출에 기여하지만 시장 변동성과 신용 위험을 동반한다. 따라서 기업은 투자 목적에 맞게 유가증권을 분류하고, 적절한 회계 처리와 위험 관리를 통해 안정적인 재무 운용을 해야 한다.

Chat GPT를 활용한 학습

단기투자자산(Short - term Investments)은 기업이 단기간(일반적으로 1년 이내)에 매각하여 현금화할 의도로 보유하는 금융자산을 의미한다. 이는 주로 유동성이 높은 투자 자산으로, 일반적인 유형은 다음과 같다.

① 단기매매증권(Trading Securities) : 주식, 채권 등으로 단기 시세 차익을 목적으로 매입한 금융자산

② 만기보유증권(Held - to - Maturity Securities, 1년 이내 만기 도래) : 기업이 보유한 채권 중 1년 내 만기가 도래하는 것

③ 매도가능증권(Available - for - Sale Securities, 1년 이내 매각 예정) : 시장성이 있지만 즉시 매도할 계획은 없는 금융자산

④ 단기예금 및 기타 금융상품 : 정기예금, 머니마켓펀드(MMF), 양도성예금증서(CD) 등

단기투자자산이 기업에 미치는 영향은 다음과 같다.

(1) 유동성 확보

① 단기투자자산은 필요할 때 빠르게 현금화할 수 있어 기업의 유동성을 높여준다.

② 갑작스러운 자금 수요가 발생했을 때 재무적 안정성을 제공할 수 있음.

(2) 수익성 향상

① 기업이 유휴자금을 단기투자자산에 운용하면 추가적인 투자 수익을 창출할 수 있음.

② 은행 예금보다 높은 수익률을 기대할 수도 있음.

(3) 재무제표 및 회계 처리

① 단기투자자산은 유동자산(자산항목)으로 분류되며, 공정가치 평가에 따라 손익계산서에 변동이 반영될 수 있음.

② 시장 변동성이 큰 경우, 평가손익이 발생하여 순이익에 영향을 줄 수 있음.

(4) 리스크 관리

① 단기투자자산은 시장 변동성에 영향을 받기 때문에 가치 변동 위험이 존재함.

② 너무 많은 자금을 단기 투자에 묶어두면 장기적인 성장 기회를 놓칠 수 있음.

☞ 단기투자자산은 기업의 유동성과 수익성을 높이는 중요한 자산이지만, 시장 변동성과 평가손실 등의 위험이 수반된다. 따라서 기업은 적절한 비율로 단기투자자산을 운용해야 하며, 재무 전략에 맞춰 투자 결정을 내려야 한다.

제3절 수취채권

1. 의의

수취채권이란 기업이 보유하고 있는 자산을 외상 또는 어음을 받으면서 판매하거나 다른 기업에 자금을 대여하는 등과 같은 거래로 인해 발생한 채권으로 기업이 미래에 회수될 대금을 말한다.

이러한 수취채권은 매출채권과 비(非)매출채권으로 구분하며, 매출채권은 주된 영업활동과정에서 발생한 채권이며, 비매출채권은 부수적인 기업의 활동과정에서 발생한 채권을 의미한다.

구 분	성 격
매출채권	주된 영업활동(재고자산의 판매)과 관련된 채권 - 외상매출금 : 구두(口頭)로 약정된 채권 - 받을어음 : 어음을 받음으로써 약정된 채권
미수금	주된 영업활동 이외의 거래(재고자산 이외의 처분)에서 발생한 채권
선급금	상대방에게 먼저 지급한 계약금
단기대여금	금전을 대여한 경우로 미래에 회수할 채권(빌려준 자금)
가지급금	현금 등을 지급하였으나 계정과목과 금액이 확정되지 않은 경우

Chat GPT를 활용한 학습

1. 수취채권(Receivables)

기업이 상품 또는 서비스를 제공한 후, 고객(채무자)으로부터 미래에 현금을 받을 권리를 의미한다. 이는 기업의 유동자산(자산 항목)으로 분류되며, 주로 다음과 같은 형태가 있다.

(1) 매출채권(Accounts Receivable, A/R)

① 기업이 제품이나 서비스를 판매한 후, 아직 현금을 받지 못한 금액

② 신용거래에 의해 발생하며, 일반적으로 단기(1년 이내)

(2) 어음수취채권(Notes Receivable, N/R)

① 매출채권보다 더 공식적인 지급 약속이 포함된 어음 형태의 채권

② 일정 기한이 지나면 채무자가 지급해야 하며, 법적 효력이 강함

(3) 기타수취채권(Other Receivables)

- 대출금, 미수금, 종업원에 대한 대출 등

2. 기업의 수취채권 관리 방법

수취채권의 효과적인 관리는 기업의 현금흐름 및 재무 건전성에 직접적인 영향을 미치므로, 다음과 같은 전략이 필요하다.

(1) 신용 평가 및 거래 조건 설정

① 고객 신용 평가 : 신용등급, 재무상태, 거래 이력 등을 분석하여 거래 한도 설정

② 신용 거래 조건 조정 : 신규 고객은 소액 거래부터 시작하고, 장기 거래 고객에게는 신용 한도를 점진적으로 확대

③ 할인 정책 활용 : 조기 지급 고객에게 할인 혜택을 제공하여 회수 기간 단축

(2) 채권 회수 전략

① 회수 기한 관리 : 만기 도래 전 미리 고객에게 결제 일정 알림

② 연체 채권 관리 : 일정 기간 이상 연체된 채권에 대해 강력한 회수 조치(추심 업체 위탁, 법적 절차 고려)

③ 할인 판매 또는 팩토링(Factoring) 활용 : 신속한 자금 확보를 위해 금융기관에 채권 매각

(3) 회계처리 및 손실 방지

① 대손충당금 설정(Allowance for Doubtful Accounts) : 회수 불가능할 가능성이 있는 채권에 대해 미리 비용 처리

② 부실채권 정리 : 일정 기간 회수되지 않는 채권은 회계적으로 손실 처리하여 재무제표를 정확하게 유지

☞ 수취채권 관리는 기업의 현금흐름, 수익성, 재무안정성을 유지하는 데 매우 중요하다. 고객의 신용 평가를 철저히 하고, 효율적인 회수 전략을 세우며, 회계적으로 부실채권을 대비하는 것이 필요하다.

2. 매출채권

(1) 외상매출금

외상거래란 재고자산(상품)을 판매하고, 판매대금을 일정 기간이 지나간 후 회수하는 거래를 말한다. 이럴 때 거래처 간 채권·채무가 발생하는데, 여기서 발생한 채권은 '외상매출금' 계정으로 차변에 기록한다.

외상거래의 기록을 '외상매출금' 계정으로만 처리할 경우 거래처별로 채권을 파악할 수 없으므로 거래처별로 채권을 관리하기 위하여 외상매출금의 보조장부인 '매출처원장' 또는 '거래처원장'을 사용한다.
외상매출금은 거래당사자 간에 사전협의한 판매가격으로 기록된다. 하지만 판매가격은 여러 가지 요소, 즉 매출에누리와환입, 매출할인 등에 의해 수정할 수 있기 때문에 외상매출금의 금액은 거래 이후에 변동될 수 있다.

(2) 받을어음

어음거래란 재고자산(상품)을 판매하고, 판매대금을 타인이 발행한 약속어음으로 받은 거래를 말한다. 여기서 약속어음이란 미래 약정된 기일에 어음을 발행한 채무자가 어음을 소지한 채권자에게 어음상 기록된 금액을 지급하겠다는 것을 증권으로 약속한 문서를 말한다. 따라서 약속어음을 소지한 채권자는 '받을어음' 계정으로 기록한다. 외상거래와 마찬가지로 '받을어음' 계정으로만 처리할 경우 거래처별로 채권을 파악할 수 없으므로 거래처별로 채권을 관리하기 위하여 받을어음의 보조장부인 '거래처원장'을 사용한다.

구　　분	회계처리			
어음을 수취할 때(상품 판매 후 어음을 받는다고 가정)	차) 받을어음	×××	대) 상품매출	×××
수취한 어음을 배서양도할 때(외상매입금에 대해 타인이 발행한 어음으로 지급한다고 가정)	차) 외상매입금	×××	대) 받을어음	×××

예제 3 다음의 거래에 대해 회계처리를 하시오.

① ㈜경인에 상품 50,000원을 판매하면서 ㈜경인이 발행한 약속어음 20,000원을 받고, 잔액 30,000원은 나중에 받기로 하다.

차) 외상매출금	30,000	대) 상품매출	50,000
받을어음	20,000		

② ㈜경인의 외상대금을 현금으로 받았으며, ㈜경인의 약속어음도 만기도래하여 당좌 예입되다.

차) 현 금	30,000	대) 외상매출금	30,000
당좌예금	20,000	받을어음	20,000

(3) 어음의 배서

어음의 소지인은 어음에 표시된 만기일이 도달하기 전에 어음상 권리를 자유로이 타인에게 양도할 수도 있다. 즉, 어음을 양도할 때에는 어음의 뒷면에 양도의 의사를 표시하고 기명날인하여 양수인에게 주면 되는데, 이것을 '어음의 배서'라고 한다.

어음의 배서에는 추심위임배서, 배서양도, 어음할인 등으로 구분할 수 있다.

① 추심위임배서

추심위임배서란 어음의 소지인이 어음의 대금추심을 거래은행에 의뢰하기 위하여 어음의 뒷면에 배서하고 어음을 은행에 넘겨주는 경우를 말하며, 이 경우 은행에 지급하는 추심 관련 비용은 '수수료비용'(판매관리비)으로 처리한다.

② 배서양도

배서양도란 어음의 소지인이 해당 어음의 만기일이 도달하기 전에 상품구입대금, 외상매입대금, 자산구입대금 등을 지급하기 위하여 어음상의 채권을 타인에게 양도하는 경우를 말하며, 이 경우 '받을어음'을 대변에 기입하여 처리한다.

③ 어음할인

어음할인이란 어음의 소지인이 자금을 조달하기 위하여 어음의 만기일이 도달하기 전에 금융기관 등에 양도하여 자금을 융통하는 것을 말한다. 이때 금융기관에서 어음의 소지인에게 지급하는 금액은 어음의 만기금액에서 할인 시점부터 만기일까지의 이자를 차감한 금액이다.

어음 등과 같은 매출채권을 할인하면서 해당 매출채권에 대한 권리와 의무가 양도인과 분리되어 실질적으로 양수인에게 이전되는 때에는 매출채권을 직접 차감하고(매각거래), 그 이외의 경우에는 매출채권 등을 담보 제공한 것(차입거래)으로 본다.

한편, 매각거래에 해당하여 발생하는 할인료는 '매출채권처분손실'로 처리하고, 차입거래에 해당하여 발생하는 할인료는 '이자비용'으로 처리한다.

구 분	매각거래인 경우	차입거래인 경우
받을어음 할인 시	차) 현　　　금　　　××× 　　매출채권처분손실　　××× 　　대) 받을어음　　　　　　××	차) 현　　　금　　　××× 　　이 자 비 용　　××× 　　대) 단기차입금　　　　　　×××
어음 만기일	분개없음	차) 단기차입금　　　××× 　　대) 받을어음　　　　　　×××

예제 4 **다음의 거래에 대해 회계처리를 하시오.**

① ㈜경인에 상품 100,000원을 판매하고, 대금은 동사 발행 약속어음으로 받다.

　차) 받 을 어 음　　　　100,000　　　대) 상 품 매 출　　　　100,000

② ㈜경인으로부터 받은 약속어음 100,000원을 은행에서 할인하고, 할인료 5,000원을 제외한 나머지 금액을 보통예금계좌에 입금하다(단, 매각거래로 가정한다).

　차) 보 통 예 금　　　　95,000　　대) 받 을 어 음　　　　100,000
　　매출채권처분손실　　　5,000

(4) 어음의 부도

어음의 만기일이 되면 어음소지인은 어음발행인의 거래은행에 추심 의뢰하여 대금을 받을 수 있다. 그런데 어음의 만기일에 어음추심을 요청하였으나 어음발행인의 사정 때문에 지급을 못하거나 거절할 수도 있는데, 이를 '부도어음'이라고 한다. 다시 말해, 어음이 부도로 된 경우에는 받을어음을 '부도어음'(기타비유동자산)으로 대체시키는 회계처리를 해야 하는데, 그 이유는 부도어음을 정상적인 어음과 구분하여 별도로 관리하기 위함이다.

한편, 은행에서 할인받은 어음이나 배서양도한 어음이 부도 처리되면 어음을 할인받은 기업이 어음 발행자를 대신하여 금융기관에 어음대금을 결제한 후 어음 발행자에게 다시 청구권을 행사하여야 한다. 이때 청구할 수 있는 금액은 어음의 액면금액 이외에 법정이자, 통지비용 등을 포함됨으로 '부도어음'에 가산하여 처리한다. 그러나 '부도어음'에 대해 어음발행인으로부터 어음대금을 더 이상 받을 수 없다고 객관적으로 판명되는 경우에는 그 시점에 대손 처리하여 비용으로 회계처리한다.

Chat GPT를 활용한 학습

1. 매출채권(Accounts Receivable, A/R)
기업이 제품을 판매하거나 서비스를 제공한 후, 아직 현금을 받지 못한 채권을 의미한다. 이는 일반적으로 신용거래에서 발생하며, 단기(1년 이내) 유동자산으로 분류된다.
① 외상매출금(Trade Accounts Receivable) : 제품이나 서비스를 신용으로 제공한 후 받을 금액
② 어음수취채권(Notes Receivable) : 고객이 일정 기한 내 지급을 약속한 어음 형태의 채권

2. 기업의 매출채권 관리 방법
매출채권은 기업의 현금흐름 및 재무 건전성에 영향을 미치므로 효과적인 관리가 필수적이며, 주요 관리 전략은 다음과 같다.
⑴ 신용 정책 및 거래 조건 설정
　① 고객 신용 평가 : 거래 전 신용등급, 재무상태, 거래 이력 분석
　② 신용한도 설정 : 고객별 외상 한도를 설정하여 과도한 채권 발생 방지
　③ 결제 조건 명확화 : 결제 기한, 할인 조건(조기 결제 할인), 연체 이자 등을 계약에 포함
⑵ 채권 회수 관리
　① 회수 일정 모니터링 : 정기적인 대금 회수 스케줄을 운영하여 연체 방지
　② 미수채권 회수 전략
　　 - 기한 초과 전 미리 고객에게 결제 일정 알림
　　 - 연체 고객에게 점진적인 독촉 절차 진행(유선 연락 → 서면 독촉 → 법적 대응)
　　 - 일정 기간이 지난 부실채권은 추심 업체 위탁 또는 법적 조치 고려
⑶ 대손 위험 관리(부실채권 대비)
　① 대손충당금 설정(Allowance for Doubtful Accounts) : 회수 불가능할 가능성이 있는 채권을 미리 비용 처리
　② 부실채권 정리 : 일정 기간 회수되지 않은 채권을 회계적으로 손실 처리하여 재무제표 정리
⑷ 매출채권 유동화(현금화 전략)
　① 팩토링(Factoring) : 금융기관에 매출채권을 매각하여 빠르게 현금화
　② 어음할인 : 어음 수취 시 은행을 통해 할인된 금액을 미리 지급받음
☞ 매출채권은 기업의 중요한 자산이지만, 적절한 관리가 이루어지지 않으면 현금흐름 악화 및 부실채권 증가로 이어질 수 있다. 따라서 신용 평가, 체계적인 회수 전략, 대손충당금 설정, 채권 유동화 등의 방법을 통해 위험을 최소화하면서 자금 회전율을 높이는 것이 중요하다.

ChatGPT를 활용한 학습

1. **어음의 배서(Endorsement)**

   어음 배서란 어음을 다른 사람(기업 또는 금융기관)에게 양도하는 행위를 의미한다. 배서는 어음 뒷면이나 별도의 용지에 양도인의 서명을 함으로써 이루어지며, 기업 간 거래에서 유동성을 확보하는 수단으로 활용된다.

   〈기업의 배서 관리 방법〉

   ■ 배서의 종류를 이해하고 적절히 활용

   ① 배서금지 배서 : 추가 배서를 금지하여 특정 수취인만이 어음을 현금화할 수 있도록 제한

   ② 무담보 배서 : 배서인이 지급책임을 지지 않도록 설정

   ③ 백지식 배서 : 단순한 서명만 기입하여 자유로운 양도가 가능

   ■ 신용도 높은 거래처에만 배서 제공

   ① 어음을 배서하여 양도하는 경우, 어음 지급인이 부도가 나면 배서인(기업)이 지급 책임을 질 수 있음.

   ② 따라서 신용이 확실한 거래처에만 어음 배서를 제공해야 함.

   ■ 배서 이력 및 유통 경로 관리

   기업이 발행하거나 수취한 어음의 배서 이력을 체계적으로 기록하고 관리하여, 불필요한 지급 책임 발생을 방지해야 함.

   ■ 어음 만기 및 회수 계획 수립

   배서한 어음의 만기일을 철저히 관리하여, 지급 기한을 놓치지 않도록 대비해야 함.

2. **어음의 부도(Dishonor)**

   어음 부도란 어음 지급인이 만기일에 어음 금액을 지급하지 못하는 경우를 의미한다. 기업이 어음 부도를 경험하면 현금흐름 문제, 신용도 하락, 법적 분쟁 위험이 발생할 수 있다.

   〈기업의 어음 부도 관리 방법〉

   ■ 신용도 높은 거래처와 어음 거래

   ① 어음 지급인이 신용도가 낮거나 재무상태가 불안정한 경우, 어음 부도 위험이 큼.

   ② 거래 전 상대방의 재무제표, 신용등급, 연체 이력 등을 철저히 분석해야 함.

   ■ 어음 할인 및 지급보증 활용

   ① 어음을 은행에서 할인(조기 현금화) 하여 부도 위험을 낮춤.

   ② 지급보증 어음(Guarantee Bill)을 활용하여 은행 또는 제3자의 지급 보증을 확보.

   ■ 어음의 만기일과 지급 준비금 관리

   기업이 발행한 어음의 만기일을 정확히 관리하고, 어음 지급을 위한 충분한 현금을 확보해야 함.

   ■ 부도 발생 시 신속한 대응

   ① 상대방과 협의 : 지급 연기 협상 또는 다른 지급 방법(현금, 계좌이체) 모색

   ② 법적 조치 고려 : 어음부도 확인서를 발급받아 지급거절 사유를 확인하고, 법적 대응 진행

   ③ 부도 이력 관리 : 부도 경험이 있는 거래처와의 추가 거래를 신중히 검토

3. 비(非)매출채권

(1) 미수금

일반적인 상거래 이외의 거래에서 발생하는 채권은 '미수금' 계정에 기록한다. 즉, 기업이 소유하고 있는 유가증권·비품·건물·토지·투자부동산 등을 처분하고 대금을 나중에 받게 될 때 발생한 채권을 처리하는 계정이 '미수금'이다.

(2) 대여금

차용증서·어음 등을 받고 타인이나 거래처에 자금을 빌려주었을 때 '대여금' 계정으로 처리한다. 이러한 대여금은 회수 기간에 따라 1년 이내면 '단기대여금'으로, 1년 이상이면 '장기대여금'으로 구분한다. 그리고 대여금을 통해 발생하는 이자는 '이자수익'계정으로 기록한다.

(3) 임직원 등 단기채권(선대금)

기업은 주주, 임원, 직원 등에게 급여를 급여일보다 먼저 지급(또는 선대)하여 주거나 일시적으로 자금을 대여하는 경우가 있는데, 이때 '임직원 등 단기채권(선대금)'계정을 사용하여 회계처리한다. '선대금' 계정이 '선급금' 계정과 다른 것은 선급금은 주로 자산의 매입과 관련된 것임에 반하여 선대금은 임직원 등과 관련된 자금의 거래과정에서 나타나는 것이다.

(4) 선급금

기업에서 필요로 하는 자산을 구매(취득)하기 전에 계약을 통해 확실하게 하려고 자산구입 대금의 일부에 해당하는 금액을 계약금 형태로 상대방에게 먼저 지급하는 경우에 '선급금' 계정으로 기록한다.

(5) 선급비용

선급비용은 미래에 발생할 비용을 먼저 지급하였을 경우, 즉 결산일 현재 수정전시산표에 있는 비용 중 아직 기간이 지나지 않은 비용을 의미한다. 즉, 선급비용은 기간 지나지 않은 비용만큼 미래에 누릴 수 있는 권리를 갖고 있다는 것을 표시한 것이다.

(6) 미수수익

미수수익은 회계기간에 거래는 발생했으나 결산시점까지 이와 관련된 현금 등의 수취가 되지 않은 수익으로, 미래에 수익을 받을 수 있는 권리를 갖고 있다는 것을 표시한 것이다. 즉, 미

수수익은 가까운 미래에 자금을 회수할 권리를 표시한 것이다.

(7) 가지급금

가지급금은 현금을 지출하였으나 거래내용이 불분명하거나 처리해야 할 계정과목·금액 등이 확정되지 않았을 때 임시적으로 설정한 계정이다. 그러나 가지급금계정을 재무상태표에 표시하는 것은 회계정보의 신뢰성을 훼손시킬 수 있으므로 결산시점까지 다른 계정으로 대체하도록 규정하고 있다. 따라서 결산시점에 계정과목이나 금액의 내용을 밝혀 적절한 계정과목으로 대체시켜야 하며, 원인이 명확하지 않을 때는 '잡손실' 또는 '잡이익'으로 처리해야 한다.

예제 5 다음의 거래에 대해 회계처리를 하시오.

① 영업활동에 사용 중인 토지(장부금액 100,000원)를 ㈜경인에 120,000원 처분하고, 대금 중 70,000원은 현금으로 받고 잔액은 다음 달에 받기로 하다.

| 차) 현 금 | 70,000 | 대) 토 지 | 100,000 |
| 미 수 금 | 50,000 | 유형자산처분이익 | 20,000 |

② ㈜인천으로부터 상품 100,000원을 매입하기로 계약하고, 계약금 20,000원을 현금으로 지급하다.

| 차) 선 급 금 | 20,000 | 대) 현 금 | 20,000 |

③ ㈜인천으로부터 상품 100,000원을 매입하고, 계약금을 차감한 나머지를 당좌수표를 발행하여 지급하다.

| 차) 상 품 | 100,000 | 대) 선 급 금 | 20,000 |
| | | 당좌예금 | 80,000 |

④ 영업사원의 지방 출장을 지시하면서 현금 50,000원을 먼저 지급한 후, 출장종료 시점에 정산하기로 하다.

| 차) 가 지 급 금 | 50,000 | 대) 현 금 | 50,000 |

⑤ 영업사원이 출장에서 복귀한 후, 교통비로 사용한 40,000원을 제외한 나머지 금액을 현금으로 반납하다.

| 차) 현 금 | 10,000 | 대) 가 지 급 금 | 50,000 |
| 여비교통비 | 40,000 | | |

제4절 대손 회계

기업이 보유하고 있는 수취채권(외상매출금, 받을어음, 미수금, 대여금 등) 중 일정 금액은 회수하지 못할 가능성이 존재한다. 즉, 기업이 보유하고 있는 채권이 채무자의 파산·폐업·행방불명·사망·실종 등의 이유로 대금을 받지 못할 수도 있다. 이때 받지 못하는 금액을 대손(貸損)이라고 하며, 기업으로서는 채권 대금을 받지 못하는 손실이 발생한다.

그러므로 수취채권은 그 회수 가능성을 평가하여 회수 가능 금액을 재무상태표에 공시(公示)해야 정보이용자는 의사결정에 적절하게 활용할 수 있다. 다시 말해, 수취채권의 대손을 추정하는 것은 상품의 매출, 자산의 처분 등이 발생한 기간의 자산과 수익이 과대계상되는 것을 방지하는 동시에 수익과 비용의 대응을 적절하게 보고하기 위함이다.

즉, 기말에 수취채권에 대한 대손을 추정하여 일정 금액을 대손충당금을 설정한 후, 실제로 대손이 발생할 때 사용한다. 다시 말해, 대손충당금(대변 잔액)이 충분한 상황에서 대손이 발생하면, 수취채권과 대손충당금을 상계하는 회계처리를 한다. 그러나 대손충당금이 부족한 경우에는 대손충당금을 우선 상계한 후 부족분을 대손상각비로 회계처리를 하며, 대손충당금이 0원인 경우에도 모두 대손상각비로 회계처리한다.

한편, 기말에 대손충당금을 보충법으로 설정하는 경우 기말 대손 예상액과 수정 전 대손충당금 잔액을 비교해서 그 차액을 대손상각비 또는 대손충당금환입으로 계상한다. 그리고 매출채권의 '대손상각비'는 판매비와관리비로, 비(非)매출채권의 대손상각비인 '기타대손상각비'는 영업외비용으로 처리하며, 대손충당금은 해당 채권에서 차감하는 형식으로 표시한다. 따라서 재무상태표에 표시된 990,000원은 매출채권의 장부금액이고, 4,950,000원은 단기대여금의 장부금액인 것이다.

(요약)재무상태표

현 금		×××
:		
매출채권	1,000,000	
대손충당금	(10,000)	990,000
:		
단기대여금	5,000,000	
대손충당금	(50,000)	4,950,000

① 대손충당금 전기말 잔액	기초잔액은 대변에 표시됨		
② 대손 발생 때	대손충당금>대손발생액	대손충당금　×××　/ 외상매출금　×××	
	대손충당금<대손발생액	대손충당금　×××　/ 외상매출금　××× 대손상각비　×××	
	대손충당금이 0인 경우	대손상각비　×××　/ 외상매출금　×××	
③ 대손충당금 기말 예상액	채권잔액비율법, 연령분석법 등을 이용하여 추정		
④ 대손충당금 당기 설정액	당기설정액(④) = 기말 예상액(③) − 대손충당금 잔액 −④의 금액이 (+)인 경우 　대손상각비　×××　/ 대손충당금　××× −④의 금액이 (−)인 경우 　대손충당금　×××　/ 대손충당금환입 ×××		

[예제 6] 다음의 거래에 대해 회계처리를 하시오.

① 외상매출금 30,000원이 회수불능 하여 대손 처리하다(대손충당금 잔액은 30,000원).

　차) 대손충당금　　　　　　　30,000　　대) 외상매출금　　　　　　30,000

② 외상매출금 30,000원이 회수불능 하여 대손 처리하다(대손충당금 잔액은 20,000원).

　차) 대손충당금　　　　　　　20,000　　대) 외상매출금　　　　　　30,000
　　　대손상각비　　　　　　　10,000

③ 외상매출금 30,000원이 회수불능 하여 대손 처리하다(대손충당금 잔액은 0원).

　차) 대손상각비　　　　　　　30,000　　대) 외상매출금　　　　　　30,000

④ 결산시점에 외상매출금의 1%를 보충법에 따라 대손충당금을 설정하다.
(외상매출금 기말잔액 1,000,000원이고, 대손충당금 기말잔액 8,000원인 경우)

　차) 대손상각비　　　　　　　2,000　　대) 대손충당금　　　　　　　2,000

　　　(계산근거) 기말에 보충할 대손충당금 = 1,000,000원 × 1% − 8,000원 = 2,000원

⑤ 결산시점에 외상매출금의 1%를 보충법에 따라 대손충당금을 설정하다.
(외상매출금 기말잔액 1,000,000원이고, 대손충당금 기말잔액 11,000원인 경우)

　차) 대손충당금　　　　　　　1,000　　대) 대손충당금환입　　　　　1,000

　　　(계산근거) 기말에 보충할 대손충당금 = 1,000,000원 × 1% − 11,000원 = △1,000원

ChatGPT를 활용한 학습

(1) 대손과 대손충당금

① 대손(Bad Debt)이란 회사가 외상으로 판매한 대금을 회수하지 못할 가능성이 높아진 경우 이를 비용으로 처리하는 것을 의미한다. 일반적으로 외상 매출금(매출채권)이나 받을어음 등이 장기간 회수되지 않거나 거래처가 부도·파산하는 경우 발생한다.

② 대손충당금(Allowance for Doubtful Accounts)은 미래의 대손 가능성에 대비하여 미리 설정해 두는 회계 계정이다. 즉, 아직 실제로 대손이 발생하지 않았지만, 일정 비율을 예상하여 비용으로 처리한 뒤, 자산에서 차감하는 방식으로 운영된다.

ⓐ 자산의 평가계정 → 채권(외상매출금·받을어음)에서 차감하는 형태로 기재됨
ⓑ 보수주의 원칙 적용 → 미래의 손실을 미리 반영하여 재무제표의 신뢰성을 높임
ⓒ 손익계산서에는 비용으로 반영 → 대손상각비 계정으로 비용 처리

(2) 대손과 대손충당금의 회계처리

① 대손충당금 설정(예상 손실 반영)
 - 대손충당금은 일반적으로 매출채권의 일정 비율(예 : 1~3%)을 예상하여 설정한다.

② 실제 대손 발생(채권 회수 불가)
 - 실제로 외상채권이 회수 불가능해지면, 기존 설정한 대손충당금에서 제거한다. 만약 대손충당금보다 더 많은 금액이 손실로 확정되었다면, 추가로 비용을 인식해야 한다.

③ 대손 처리 후 우연히 회수된 경우(대손충당금 환입)
 - 이미 대손 처리한 금액을 회수한 경우, 이를 수익으로 반영한다.

(3) 대손충당금 설정 방법

대손충당금은 일반적으로 두 가지 방식으로 설정한다.
① 매출채권 비율법 → 매출채권(외상매출금)의 일정 비율을 대손충당금으로 설정(예 : 2%)
② 개별 채권 분석법 → 거래처별 신용상태를 고려하여 개별적으로 대손충당금 설정

(4) 대손충당금의 중요성

① 기업의 재무 건전성을 높이고, 갑작스러운 손실을 방지
② 예상 손실을 미리 반영하여 회계의 보수주의 원칙 적용
③ 대손 비용을 미리 계상하여 순이익을 보다 신뢰성 있게 보고
 ☞ 대손충당금은 기업이 채권 회수 리스크를 관리하는 중요한 수단이며, 이를 적절히 설정하는 것이 재무제표의 정확성을 높이는 핵심 요소이다.

제5절 실습예제

1. 현금 거래

(1) 현금을 받는 경우

1월 1일 여수상사의 외상대금 200,000원을 현금으로 받다.

(2) 현금을 주는 경우

1월 2일 ㈜상우의 외상대금 300,000원을 현금으로 지급하다.

(3) 수표를 주고받는 경우

1월 3일 동신상사의 외상대금 100,000원을 자기앞수표로 받다.
1월 4일 여수상사의 외상대금 150,000원을 동점발행 당좌수표로 받다.
1월 5일 국민은행 발행 자기앞수표 200,000원을 현금과 교환하다.

(4) 장부금액과 실재 금액이 다른 경우

1월 6일 현금출납장의 잔액과 비교하여 실재 현금이 50,000원 부족한데 그 원인을 파악할 수 없어서, 원인을 찾을 때까지 현금과부족으로 처리하기로 하였다.

〈추가 질문〉 만약, 1월 6일 현금출납장의 잔액과 비교하여 실재 현금이 장부 잔액보다 50,000원 많은 것을 발견하였는데 그 원인을 알 수 없는 경우 회계처리는? 단, 회계프로그램에는 입력하지 않는다.

2. 당좌예금 거래

(1) 당좌예금계좌에 입금하는 경우

1월 7일 국민은행과 당좌거래계약을 체결하면서 현금 1,000,000원을 당좌예금 계좌에 입금하다. 한편, 당좌차월계약에 의한 당좌차월한도액은 100,000,000원이다.
1월 8일 수민상사에게 A 문구 100세트(1세트 당 14,000원)를 판매하기로 계약하고, 대금 중 20%를 당좌예금계좌로 받다.

(2) 당좌수표를 발행하는 경우

1월 9일 상진문구로부터 상품 2,000,000원을 구매하기로 계약하고, 계약금 10%는 당좌수표를 발행하여 지급하다.

3. 보통예금 거래

(1) 보통예금계좌에 입금하는 경우

1월 10일 정문상회의 외상매출금 잔액 전부를 보통예금계좌로 받다. 단, 잔액은 거래처별 계정과목별 원장을 조회하여 확인해야 함.

1월 11일 현정상사에게 상품 10,000,000원 상당액을 판매하기로 계약하고, 계약금으로 판매액의 10%를 보통예금계좌로 받다.

(2) 보통예금계좌에서 이체하는 경우

1월 12일 한진상사의 외상매입금 잔액 전부를 보통예금계좌에서 이체하여 상환하다. 단, 잔액은 거래처별 계정과목별 원장을 조회하여 확인해야 함.

4. 정기 예·적금 거래

1월 13일 국민은행에 가입 중인 정기적금(만기는 당해 사업연도 12월 31일임) 1월분 100,000원을 보통예금계좌에서 이체하다.

5. 외상매출금 거래

(1) 외상 매출대금을 회수하는 경우

1월 14일 ㈜상우의 외상대금 1,500,000원 중 500,000원은 현금으로 받고, 나머지 1,000,000원은 보통예금계좌로 받다.

1월 15일 동신상사의 외상대금 3,500,000원 중 2,000,000원은 현정상사 발행 약속어음으로 받고, 1,500,000원은 보통예금계좌에 입금되다.

1월 16일 여수상사의 외상대금 500,000원이 회수기일 도래하여 이 중 350,000원은 동점발행 약속어음으로 받고, 나머지 잔액은 당좌예금 계좌로 받다.

(2) 대손이 발생한 경우

1월 17일 아름다운문구의 파산으로 인하여 외상매출금 530,000원이 회수 불가능하여 대손처리 하다. 단, 대손충당금에 대한 계정별원장 잔액을 조회하여함.

6. 받을어음 거래

(1) 어음을 받는 경우

1월 18일 ㈜상우의 외상대금 500,000원을 동점발행 약속어음으로 받다.

(2) 어음의 만기가 도래한 경우

1월 19일 상진문구로부터 받아 보관 중인 약속어음 350,000원이 만기도래하여 제시하였더니 당좌예금계좌로 입금되다.

1월 20일 한진상사로부터 받아 보관 중인 약속어음 1,100,000원이 만기가 도래하여 국민은행에 추심 의뢰하였더니 추심 관련 수수료 50,000원을 차감한 금액이 보통예금계좌로 입금되다.

(3) 어음을 배서양도하는 경우

1월 21일 동신상사의 외상대금 500,000원을 지급하기 위하여 ㈜상우로부터 상품판매대금으로 받은 약속어음 500,000원을 배서양도하다.

1월 22일 한진상사의 외상대금 3,000,000원을 결제하기 위하여 상품판매대금으로 받은 현정상사 발행의 약속어음 700,000원을 배서양도하여 지급하고, 잔액은 약속어음을 발행하여 지급하다.

(4) 어음을 할인하는 경우

1월 23일 제일문구로부터 상품판매대금으로 받은 약속어음 650,000원을 만기 전에 거래처 국민은행으로부터 할인받고, 할인료 38,000원을 차감한 금액을 당좌예금계좌로 받다. 단, 할인된 어음은 매각거래로 가정한다.

7. 단기대여금 거래

1월 24일 금장상사에게 10개월 동안 1,500,000원(연이율 5%)을 대여하기로 약정하고, 당
좌수표를 발행하여 주다.

1월 25일 동신상사의 외상매출금 3,000,000원을 6개월 후 회수조건(연 이자율 6%)으로 대
여금으로 전환해 주다.

1월 26일 만기도래한 ㈜상우의 단기대여금 2,000,000원과 대여금에 대한 이자 60,000원을
전부 보통예금계좌로 입금 받다(원천징수세액은 고려하지 않는다).

8. 가지급금 거래

1월 27일 직원A의 출장비로 현금 500,000원을 먼저 지급하고, 출장 후 출장비 사용명세서
를 받아 출장비를 정산키로 하다.

9. 선급금 거래

1월 28일 판매용 문구 A상품 10,000,000원을 현정상사에서 구매하기로 계약하면서 계약금
1,000,000원을 현금으로 지급하다.

10. 단기매매증권 거래

1월 29일 일시보유목적으로 시장성 있는 ㈜상우의 주식 1,000주(1주당 액면금액 5,000원,
1주당 취득금액 8,000원)를 취득하고, 대금 전부를 당좌수표 발행하여 지급하다.
단, 주식을 취득하면서 발생한 수수료 15,000원은 현금으로 지급하다.

1월 31일 일시적으로 보유하고 있던 ㈜상우의 주식 400주(1주당 처분금액 10,000원)를 처
분하고, 처분과정에서 발생한 수수료 120,000원을 차감한 잔액을 보통예금계좌로
받다.

객관식 연습문제

01 다음은 유동자산의 분류이다. (가)에 해당하는 계정과목으로 옳은 것은?

유동자산	(가)
	재고자산

① 토지   ② 상품
③ 미수금   ④ 차량운반구

해설 유동자산은 당좌자산과 재고자산으로 구성됨으로, (가)에 해당하는 것은 당좌자산이다.

02 당좌자산에 포함되는 것은?

① 받을어음   ② 상품
③ 선수금   ④ 예수금

해설 상품은 재고자산, 선수금과 예수금은 유동부채이다.

03 다음 항목 중 당좌자산으로 표시될 금액의 합계는 얼마인가?

- 현   금 : 2,000원   • 보통예금 : 5,000원   • 상 품 : 3,000원
- 외상매출금 : 3,000원   • 받을어음 : 2,000원   • 비 품 : 1,000원

① 12,000원   ② 13,000원
③ 14,000원   ④ 15,000원

해설 상품은 재고자산, 비품은 유형자산이다.

04 현금 및 현금성자산에 포함되지 않는 것은?

① 현금   ② 보통예금
③ 선급금   ④ 당좌예금

해설 선급금은 계약과정에서 미리 지급한 것으로 당좌자산에 해당한다.

05 현금및현금성자산에 해당하지 않는 것은?

① 우편환증서   ② 당좌예금

③ 선일자수표   ④ 배당금지급통지표

해설 선일자수표는 어음과 유사한 성격을 가진 것이므로 곧바로 현금으로 전환할 수 없다.

Chat GPT를 활용한 학습

항목	설명	포함 여부
① 우편환증서	우체국에서 발행하는 지급증서로 현금과 유사	포함
② 당좌예금	은행에 예치된 수표 발행이 가능한 예금	포함
③ 선일자수표	미래 특정일 이후에 현금화 가능 → 현재 즉시 사용 불가	미포함
④ 배당금지급통지표	배당금 지급을 통지하는 서류일 뿐 실제 현금이 아님	미포함

《 정답
  ③ 선일자수표, ④ 배당금지급통지표(현금 및 현금성 자산에 해당하지 않음)
  (정확한 정답) ④ 배당금지급통지표(배당금을 받을 권리를 알리는 문서일 뿐 실제 현금이 아님)
  → 잘못된 답변을 하고 있다.

06 다음 항목 중 현금및현금성자산의 금액은 얼마인가?

• 수입인지	3,000원	• 배당금지급통지표	5,000원
• 사채이자지급통지표	5,000원	• 보통예금	3,000원
• 만기 6개월 정기예금	5,000원	• 타인발행당좌수표	5,000원
• 우 표	5,000원	• 양도성예금증서(100일 만기)	5,000원

① 18,000원   ② 20,000원

③ 23,000원   ④ 28,000원

해설 현금및현금성자산에 포함되는 것은 배당금지급통지표, 사채이자지급통지표, 보통예금, 타인발행
당좌수표이다.

07 다음의 거래를 회계처리를 할 때, 차변에 기재해야 하는 계정과목은?

> 결산일까지 현금시재 부족액 5,000원에 대한 원인이 밝혀지지 않았다.

① 잡손실   ② 재해손실
③ 현금   ④ 현금과부족

해설 결산일까지 원인이 밝혀지지 않을 때는 잡손실 또는 잡이익으로 회계처리를 해야 한다.

08 당좌예금 잔액을 초과하여 발행한 수표 금액에 대해 결산일에 회계처리를 할 때 가장 적절한 계정과목은? 단, 당좌차월계약은 맺은 것으로 가정한다.

① 현금   ② 미지급금
③ 지급어음   ④ 단기차입금

해설 당좌예금 잔액이 (−)인 것은 거래은행으로 차입한 것이다.

09 다음 거래에 대한 회계처리로 옳은 것은?

> 3월 3일 거래처의 파산으로 외상매출금 90,000원이 회수 불능이 되다(단, 전기에 설정된 대손충당금 잔액은 30,000원이 있다).

		차)			대)		
①	차)	대손상각비	90,000	대)	외상매출금	90,000
②	차)	대손충당금	30,000	대)	외상매출금	90,000
		대손상각비	60,000			
③	차)	대손충당금	60,000	대)	외상매출금	90,000
		대손상각비	30,000			
④	차)	대손충당금환입	90,000	대)	외상매출금	90,000

해설 파산·실종 등으로 인하여 수취채권을 회수하지 못하는 경우 우선하여 대손충당금과 상계한 후 부족한 금액에 대해서는 대손상각비로 처리한다.

10 다음은 A가구의 거래내용이다. 기말 현재 재무상태표에 계상될 매출채권은 얼마인가?

- 기초 매출채권 500,000원
- 미래상사에게 침대 200,000원을 판매하면서 어음을 받다.
- 부천유통에게 책상 300,000원을 판매하면서 현금 100,000원과 약속어음 200,000원을 받다.
- 기말 현재 어음의 만기일은 도래하지 않았다.

① 500,000원   ② 700,000원
③ 900,000원   ④ 1,000,000원

해설 재고자산(상품)을 판매하면서 어음을 받으면 받을어음 계정으로 처리하고, 재고자산 이외의 거래에서 어음을 받으면 미수금 계정으로 처리한다.

11 다음 자료에서 20X2년 말 대손충당금 추가설정액은 얼마인가? 단, 대손충당금은 매출채권 잔액의 1%를 설정하며, 전기 회수불능 채권은 대손충당금으로 상계하였다고 가정한다.

- 20X2. 1. 1 대손충당금 이월액   1,200,000원
- 20X2. 7. 1 전기회수불능채권 현금 회수액   200,000원
- 20X2.12.31 매출채권 잔액   200,000,000원

① 600,000원   ② 800,000원
③ 1,000,000원   ④ 1,200,000원

해설 보충할 대손충당금 = 기말 매출채권 잔액 × 설정률 − 기말 대손충당금 잔액

12 다음의 자료를 토대로 기말에 대손상각비로 추가로 계상할 금액은 얼마인가? (단, 대손충당금은 보충법 적용)

- 기초 매출채권에 대한 대손충당금 잔액은 200,000원이다.
- 3월 3일 거래처의 파산으로 매출채권 250,000원이 회수불능되다.
- 기말 매출채권 잔액 25,000,000원에 대해 1%의 대손을 설정하다.

① 50,000원   ② 100,000원
③ 200,000원   ④ 250,000원

해설 기초대손충당금을 3월 3일 파산에 대해 대손처리 하면서 모두 사용하였으므로, 기말에 대손충당금을 전액 새로 보충해야 한다.

13 ㈜한국으로부터 받은 약속어음 100,000원을 국민은행에 할인하고, 할인료 5,000원 차감한 잔액을 당좌예금계좌로 받다. 이에 대한 분개로 옳은 것은? (단, 어음할인은 매각거래라고 가정한다)

① 차) 당좌예금　　　　100,000　　대) 받을어음　　　　100,000
② 차) 받을어음　　　　100,000　　대) 당좌예금　　　　100,000
③ 차) 당좌예금　　　　　95,000　　대) 받을어음　　　　100,000
　　　매출채권처분손실　　5,000
④ 차) 받을어음　　　　100,000　　대) 당좌예금　　　　　95,000
　　　　　　　　　　　　　　　　　　　매출채권처분손실　　5,000

해설 매출채권을 금융기관에 할인하면서 조건을 매각거래로 할 것인지, 차입거래로 할 것인지를 결정해야 하며, 그것에 따라 회계처리를 다르게 한다.

14 상품 5,000,000원을 판매하기로 계약하고, 계약금(판매금액의 10%)을 거래처에서 발행한 당좌수표로 받다. 이에 대한 분개로 옳은 것은?

① 차) 당좌예금　　500,000　　대) 선 수 금　　500,000
② 차) 현　　금　　500,000　　대) 선 수 금　　500,000
③ 차) 현　　금　　500,000　　대) 매 출 액　　500,000
④ 차) 당좌예금　　500,000　　대) 매 출 액　　500,000

해설 타인발행 당좌수표는 현금계정으로, 자기발행 당좌수표는 당좌예금 계정으로 처리한다.

15 일반적으로 상거래와 관련해서 발생하는 채권에 대해서는 매출채권계정을 사용하나 그 이외의 거래에서 발생하는 채권에 대하여는 (　　)계정을 사용한다.

① 가수금　　　　　　　　　　② 미수금
③ 미수수익　　　　　　　　　④ 가지급금

해설 매출채권(외상매출금, 받을어음)과 비매출채권(미수금, 선급금, 대여금 등)은 구분하여 회계처리한다.

16 일반기업회계기준에 의한 매출채권에 대한 설명으로 옳지 않은 것은?

① 일반적인 상거래에서 발생하는 외상대금을 처리하는 계정이다.

② 상품의 하자로 인하여 반품된 매출환입은 총매출액에서 차감한다.

③ 매출채권을 매각할 경우 '매출채권처분손실'계정이 발생할 수 있다.

④ 상품을 판매한 후 상품의 파손, 부패 등의 사유로 금액을 깎아 주는 것을 매출할인이라 한다.

해설 판매한 상품이 반품되면 '매출환입'으로, 판매한 상품에 하자가 있어 금액을 감액하는 경우에는 '매출에누리'로, 외상대금을 조기 회수하는 경우에는 '매출할인'으로 구분한다.

ChatGPT를 활용한 학습 → 잘못된 답변을 하고 있다.

① 일반적인 상거래에서 발생하는 외상대금을 처리하는 계정이다.

→ 맞음! 매출채권은 외상매출금과 받을어음을 포함하며, 일반적인 상거래에서 발생하는 외상대금을 처리하는 계정이다.

② 상품의 하자로 인하여 반품된 매출환입은 총매출액에서 차감한다.

→ 틀림! 매출환입(반품된 상품)은 매출채권(외상매출금 등)에서 차감하지, 총매출액에서 직접 차감하지 않는다.

③ 매출채권을 매각할 경우 '매출채권처분손실' 계정이 발생할 수 있다.

→ 맞음! 매출채권을 할인하거나 매각할 때, 매각 금액이 장부금액보다 낮으면 '매출채권처분손실' 계정이 발생할 수 있다.

④ 상품을 판매한 후 상품의 파손, 부패 등의 사유로 금액을 깎아 주는 것을 매출할인이라 한다.

→ 틀림! 매출할인은 조기 지급을 유도하기 위해 제공하는 할인이며, 상품의 파손·부패 등으로 가격을 깎아주는 것은 "매출에누리"라고 한다.

17 결산일 현재 매출채권 잔액은 50,000,000원이며, 이에 대한 기초대손충당금 잔액은 100,000원이었고 당기에 대손이 실제 발생한 금액은 50,000원이었다. 기말의 매출채권 잔액에 대하여 1%의 대손충당금을 설정할 경우 재무상태표에 표시되는 매출채권의 장부금액은 얼마인가?

① 49,950,000원   ② 49,900,000원

③ 49,850,000원   ④ 49,500,000원

해설 장부금액이란 해당 자산(매출채권)의 금액에서 평가계정(대손충당금)을 차감한 금액이다.

18 **유가증권 중 단기매매증권에 대한 설명으로 틀린 것은?**

① 기말평가는 공정가치를 적용한다.

② 단기매매증권은 유형자산으로 분류된다.

③ 시장성이 있어야 하고, 단기 시세차익을 목적으로 해야 한다.

④ 기말평가 차이는 영업외수익 또는 영업외비용으로 처리한다.

해설 유가증권은 취득 목적에 따라 구분되며, 기간에 따라 자산을 다르게 분류해야 하나 단기매매증권은 당좌자산에만 포함된다.

19 **유가증권을 보유하는 과정에서 주식배당을 받았을 때 올바른 회계처리방법은?**

① 배당금수익(영업외수익)으로 처리한다.

② 장부금액을 증가시켜주는 회계처리를 하고, 수량과 단가를 새로이 계산한다.

③ 장부금액을 증가시켜주는 회계처리는 하지 않고, 수량과 단가를 새로이 계산한다.

④ 장부금액을 증가시켜주는 회계처리를 하고, 수량과 단가를 새로이 계산하지 않는다.

해설 유가증권(주식)을 보유할 때 발행한 기업으로부터 배당을 받게 되는데, 배당을 받는 기업은 배당금수익으로 처리한다. 다만, 주식배당의 경우에는 실재 금액을 받는 것이 아니므로 회계처리는 하지 않고, 수량과 단가를 새로이 계산한다.

ⓒhatGPT를 활용한 학습

주식배당을 받으면 현금이 아닌 추가 주식을 지급받게 되므로, 즉시 수익(배당금수익)으로 인식하지 않는다. 즉, 주식배당을 받은 경우, 보유 주식의 수량이 증가하지만, 장부금액(장부상 가치)은 변하지 않는다. 따라서 단가는 변하게 되며, 새로운 평균 단가를 계산해야 한다.

① 배당금수익(영업외수익)으로 처리한다. (틀림)
→ 주식배당은 현금배당과 달리 배당금수익으로 인식하지 않는다.

② 장부금액을 증가시켜주는 회계처리를 하고, 수량과 단가를 새로이 계산한다. (틀림)
→ 장부금액을 증가시키지 않는다.

③ 장부금액을 증가시켜주는 회계처리는 하지 않고, 수량과 단가를 새로이 계산한다. (정답)
→ 기존 장부금액을 유지하면서 주식 수량만 증가하고, 단가는 새롭게 조정된다.

④ 장부금액을 증가시켜주는 회계처리를 하고, 수량과 단가를 새로이 계산하지 않는다. (틀림)
→ 장부금액을 증가시키지 않고, 수량은 증가하며 단가는 새롭게 조정된다.

20 단기매매증권에 관한 자료가 다음과 같은 경우 단기매매증권의 처분이익은?

- 20X1년 11월 25일 A주식 1,000주를 현금 6,000,000원으로 구매함.
- 20X1년 12월 31일 결산시점에 A주식 1,000주의 공정가치는 6,500,000원임.
- 20X2년 10월 11일 A주식 500주를 3,500,000원에 현금으로 받고 처분함.

① 250,000원   ② 500,000원

③ 750,000원   ④ 1,000,000원

해설 단기매매증권은 결산일 현재 공정가치로 평가하며, 평가 후 금액이 새로운 장부금액이 되어 처분하는 시점에 고려한다.
- 20X1년 12월 31일 1주당 장부금액 6,500원 = 6,500,000원 ÷ 1,000주
- 20X2년 10월 11일 처분손익 250,000원 = 3,500,000원 − (500주 × 6,500원)

Chat GPT를 활용한 학습 단기매매증권 처분이익 계산

1. A주식의 매입가(취득원가)
   - 1,000주를 6,000,000원에 매입 → 1주당 6,000원
   - 따라서 500주의 취득원가는 : 500주 × 6,000원 = 3,000,000원

2. 결산 시점의 공정가치 평가(20X1년 12월 31일)
   - 1,000주의 공정가치가 6,500,000원 → 1주당 6,500원으로 평가됨.
   - 평가이익 500,000원 발생 → 이를 영업외수익으로 인식.
   - 장부금액이 공정가치로 변경됨으로 500주당 장부금액은 : 500주 × 6,500원 = 3,250,000원

3. 처분 시점의 거래(20X2년 10월 11일)
   - 500주를 3,500,000원에 처분
   - 처분 시점의 장부금액 3,250,000원

4. 처분이익(영업외수익) 계산
   - 처분이익 = 처분금액 − 장부금액 = 3,500,000원 − 3,250,000원 = 3,500,000원 − 3,250,000원
     = 250,000원

Chapter

08 재고자산

제1절 의의와 종류

1. 의의

재고자산이란 정상적인 영업활동과정에서 타인에게 판매하려고 창고와 매장에 보유한 상품, 판매를 목적으로 제조과정에 있는 자산 및 판매에 이용될 제품이나 용역의 제공에 현실적으로 소비하기 위해 보유한 자산을 말한다. 따라서 동일한 컴퓨터이더라도 컴퓨터 판매회사에서 판매용 컴퓨터는 '상품'인 재고자산에 해당하며, 업무에 사용하는 컴퓨터는 '비품'인 유형자산에 해당한다.

2. 종류

재고자산은 판매를 목적으로 보유하고 있는 상품과 제품, 제조과정에 있는 재공품 그리고 제조를 위해 보유하는 원재료 등으로 구분한다.

(1) 상품

도소매를 주된 영업활동으로 하는 기업이 판매를 목적으로 기업 외부에서 구입한 상품, 외부에서 구입하였지만 아직 기업에 도착하지 않은 미착상품, 소비자에게 판매하기 위해 다른 기업에게 맡겨놓은 위탁상품(적송품) 등을 포함한다. 한편, 부동산 매매를 주된 영업활동으로 하는 기업은 판매 목적으로 소유하는 토지, 건물, 기타 이와 유사한 부동산을 상품으로 구분한다.

(2) 제품

제조를 주된 영업활동으로 하는 기업이 판매를 목적으로 제조하여 창고 등에 보관하고 있는 생산품, 부산품 등을 포함한다.

(3) 반제품

제조를 주된 영업활동으로 하는 기업이 제조한 중간제품, 부분품 등으로 외부에 판매 가능한 상태에 있는 것을 말한다.

(4) 재공품

제조를 주된 영업활동으로 하는 기업이 제조과정에 있는 완성되지 않은 제품(또는 반제품)을 말하며, 재공품의 상태에서는 외부에 판매하지 못한다.

(5) 원재료

제조를 주된 영업활동으로 하는 기업이 제조과정에 투입할 목적으로 창고에 보유하고 있는 원료, 재료, 매입부분품, 미착원재료 등을 말한다.

(6) 저장품

제조과정에 투입할 목적으로 보유한 소모공구기구비품, 수선용 부분품 및 기타 저장품 등을 포함한다.

(7) 기타 재고자산

위의 구분에 포함하지 아니하나 판매와 제조를 위해 기업이 보유하고 있는 자산을 말한다.

Chat GPT를 활용한 학습

1. 재고자산
   재고자산(Inventory)은 기업이 판매를 위해 보유하거나, 생산 과정에서 사용되는 자산을 의미한다. 기업의 정상적인 영업활동에서 사용되며, 단기적으로 소비되거나 판매될 목적으로 보유된다.

2. 재고자산의 종류
   재고자산은 일반적으로 다음과 같이 분류된다.
   ① 상품(Merchandise) : 도·소매업에서 구매하여 가공 없이 그대로 판매하는 물품
      예 : 슈퍼마켓의 식품, 의류 매장의 옷, 전자제품 매장의 TV 등
   ② 제품(Finished Goods) : 제조업에서 완성된 상태로 판매 가능한 제품
      예 : 자동차 회사의 완성차, 가구 회사의 완성된 책상
   ③ 반제품(Semi-finished Goods) : 제조과정 중 일부만 가공된 상태로, 추가 가공을 거쳐 완성되는 제품
      예 : 조립이 필요한 기계 부품, 미완성된 가전제품

④ 재공품(Work in Progress) : 현재 생산 공정 중에 있는 제품으로, 아직 완성되지 않은 상태
  예 : 제조 공정 중인 자동차, 조립 중인 전자기기
⑤ 원재료(Raw Materials) : 제품을 만들기 위해 투입되는 기본적인 재료
  예 : 자동차 제조 시 철강, 스마트폰 제조 시 반도체 칩
⑥ 저장품(Supplies) : 제품 생산이나 운영을 위해 사용하는 소모품 또는 부재료
  예 : 윤활유, 포장재, 소모성 공구

3. 재고자산의 중요성
① 기업의 매출 원가를 결정하는 핵심 요소
② 과도한 재고는 보관비용 증가 및 자금 부담 초래
③ 부족한 재고는 생산 차질 및 판매 기회 손실 발생
④ 효율적인 재고 관리가 기업 수익성에 직접적인 영향을 미침

제2절 매출원가에 반영

1. 재고자산과 매출원가

도소매하는 기업은 상품을 외부에서 매입하여 매입한 금액에 일정한 이익을 가산하여 다시 외부에 판매하는 영업활동을 통해 이익을 창출한다. 따라서 매입한 상품은 영업활동과정에서 판매되어 외부로 나간 상품은 매출원가로 처리되고, 결산일까지 판매되지 않고 남아있는 상품은 재고자산으로 처리된다.

재고자산은 영업활동과정에서 현금, 외상, 어음 또는 카드 등으로 판매되며, 외상, 어음 또는 카드 등으로 판매된 경우 그 판매대금은 일정한 기간이 지나간 후 현금으로 회수된다. 그 후 영업활동을 계속하기 위하여 다시 상품을 구입하는 절차가 반복적으로 이루어지는데, 이러한 과정을 영업순환주기라고 한다.

재고자산은 도소매업에서 주된 영업활동의 대상이 됨은 물론 상품매매를 통하여 당기순이익이 결정되기 때문에 기업에서 중요한 자산이다. 다시 말해, 도소매업의 주된 수익은 상품매출에서 발생하며, 주된 비용은 판매된 상품의 상품매출원가로 나타나므로 손익계산서의 상단에 표시된다. 즉, 매출액에서 매출원가를 차감하여 매출총손익을 계산한다.

상품매출액 − 상품매출원가 = 매출총손익

ChatGPT를 활용한 **학습** 재고자산과 매출원가의 관계

재고자산과 매출원가(Cost of Goods Sold)는 밀접한 관계가 있으며, 기업의 손익 계산에 중요한 역할을 한다.

⑴ 매출원가(COGS)

매출원가는 판매된 제품 또는 상품의 원가를 의미한다. 즉, 재고자산 중에서 실제로 판매된 부분이 매출원가로 인식되며, 다음의 공식으로 계산된다.

매출원가 = 기초재고 + 당기매입(또는 당기제조원가) − 기말재고

① 기초재고(Beginning Inventory) : 기초(기존) 보유하고 있던 재고자산
② 당기매입(또는 당기제조원가) : 새롭게 매입하거나 생산한 재고
③ 기말재고(Ending Inventory) : 결산 시점에 남아 있는 재고자산

⑵ 재고자산과 매출원가의 관계 요약

① 재고자산이 많으면 매출원가는 줄어들고, 이익이 증가할 수 있음.
② 재고자산이 적으면 매출원가는 증가하고, 이익이 감소할 수 있음.
③ 정확한 재고 평가 방법(FIFO, LIFO, 평균법 등)에 따라 매출원가가 달라질 수 있음.
④ 매출원가는 손익계산서에서 비용으로 인식되며, 매출액과 차이를 계산하여 매출총이익을 산출함.

2. 매출원가의 계산

　기초상품재고에 당기상품매입액을 가산한 금액을 판매가능금액이라 하며, 이 판매가능금액 중 기말상품재고를 차감한 금액은 상품매출원가로 손익계산서에 반영되며, 기말상품재고는 재무상태표에 재고자산으로 반영된다.

상　품

기초상품재고	1,000	**상품매출원가**	8,000 → **판매분(손익계산서 반영)**
당기상품매입액	9,000		
		기말상품재고	2,000 → **보유분(재무상태표 반영)**
판매가능금액(합계)	10,000	합　계	10,000

즉, 상품매출원가는 판매한 상품의 원가를 말하며, 다음과 같이 계산된다.

$$상품매출원가 = 기초상품재고액 + 당기상품매입액 - 기말상품재고액$$
$$당기상품매입액 = 당기상품총매입액 - 매입에누리와환출 - 매입할인$$

(1) 상품총매입액

외부로부터 구입한 상품에 대해 지급한 금액과 상품을 구입하면서 발생한 운반비용, 검사비용, 하역요금 등과 같은 부대비용을 포함한 금액을 말한다.

(2) 매입에누리

외부로부터 구입한 상품 중에서 일부분 파손이나 부패 등이 발생하였으나 상품의 반품은 할 수 없어 전체 구입한 금액에서 일정 금액을 차감한 금액을 말한다.

(3) 매입환출

외부로부터 구입한 상품 중에서 불량품, 이종품 등이 발생하여 상품을 구입한 기업에 반환하면서 발생한 금액을 말한다.

(4) 매입할인

상품을 외상으로 구입한 후 외상대금을 약속한 지급기일보다 빨리 갚는 경우, 상품의 외상대금 중 일정 비율을 할인받으면서 발생한 금액을 말한다.

상품매입과 관련하여 발생하는 '매입에누리와환출' 계정이나 '매입할인' 계정은 해당 계정을 설정하여 회계처리를 할 수 있지만, 손익계산서에 표시할 때에는 상품총매입액에서 매입에누리와환출 및 매입할인을 직접 차감한 금액, 즉 상품매입액으로 표시한다. 그리고 매입할인에 대한 회계처리는 매출할인과 마찬가지로 총액법에 따라 처리한다.

매출차감항목	매입차감항목	내 용
매출환입 매출에누리	매입환출 매입에누리	매출(매입)한 상품 중 불량 등에 대한 반품 매출(매입)한 상품 중 불량 등에 대해 대금의 일정금액 감액
매출할인	매입할인	외상거래 후 회수(지급) 기일보다 빨리 회수(지급)하는 경우 일정비율을 할인해 주는 금액

Chat GPT를 활용한 학습

(1) 상품총매입액
① 기업이 일정 기간 동안 상품을 구입한 전체 금액을 말한다.
② 외상 또는 현금으로 매입한 금액의 총합이다.
③ 세금은 포함하지 않고 순수한 상품 가격 기준이다.

(2) 매입에누리
① 상품을 구입할 때 거래 조건에 따라 미리 정해진 할인을 말한다.
② 상품의 원래 가격에서 차감되는 금액이다.

(3) 매입환출
① 구입한 상품 중 불량품이나 주문 오류 등으로 반품한 금액이다.
② 상품이 실제로 다시 공급자에게 돌아가는 경우

(4) 매입할인
① 외상 매입 대금을 기한 내에 조기 지급함으로써 받는 할인이다.
② 이는 금융적 할인 개념에 가깝다.
☞ 매입에누리, 매입환출, 매입할인이 많아질수록 순매입액이 줄어들고, 결과적으로 매출원가도 낮아진다.

3. 재고자산(상품계정)의 회계처리

상품의 입고(들어옴)와 출고(나감)에 대해 회계처리를 해야만 손익계산서의 매출원가를 계산할 수 있다. 상품에 대한 회계처리는 몇 개의 계정과목을 사용하느냐에 따라 2분법, 3분법, 5분법 등으로 구분된다.

3분법은 재고자산과 관련하여 상품, 매입, 매출 등 3가지 계정과목을 이용하여 회계처리하는 것으로 이론 중심 학습에서는 주로 사용한다. 따라서 3분법을 사용하여 회계처리를 하면 결산정리분개(수정분개) 후 '매입' 계정의 잔액이 매출원가가 된다.

반면, 실무중심 학습, 특히 전산회계 2급 시험에서는 2분법을 사용하는데, 구매(입고) 시점에 '상품'으로, 판매(출고) 시점에 '상품매출'로 회계처리하는 것이다. 따라서 기말 결산시점에 시산표상 상품의 장부 잔액과 실지재고조사한 상품의 실제 재고(창고) 금액을 조사하여 그 차액을 매출원가로 회계처리한다.

	실지재고조사법				계속기록법(실무 시험)			
구매시	차) 매입	×××	대) 현금	×××	차) 상품	×××	대) 현금	×××
판매시	차) 현금	×××	대) 매출	×××	차) 현금	×××	대) 상품매출	×××
결산시	차) 매입 상품(기말)	××× ×××	대) 상품(기초) 매입	××× ×××	차) 상품매출원가 ×××		대) 상품	×××

> ≫ **상품계정의 분할**
>
> | 2분법 | 매입, 매출〈KcLep 프로그램에서는 상품과 상품매출로 나누고 있다〉 |
> |---|---|
> | 3분법 | (이월)상품, 매입, 매출 |
> | 5분법 | (이월)상품, 매입, 매출, 매입에누리와환출, 매출에누리와환입 |
> | 7분법 | (이월)상품, 매입, 매출, 매입에누리, 매입환출, 매출에누리, 매출환입 |
> | 9분법 | 7분법, 매입할인, 매출할인 |

제3절 취득원가

1. 의의

재고자산(상품)의 취득원가는 외부로부터 구입하는 상품매입금액에 구입과 관련되어 발생한 부대비용을 포함한다. 여기서 구입과 관련된 부대비용은 구입과정에서 직접 발생한 비용을 말하며, 정상적으로 발생하는 모든 원가를 의미한다. 따라서 취득원가는 상품매입금액에 매입운임, 하역요금 및 보험료 등 취득과정에서 정상적으로 발생한 부대비용을 가산한 금액이다. 반면, 상품매입과 관련된 반품, 에누리, 할인은 상품매입금액에서 차감한다.

재고자산(상품)의 취득원가는 매출총이익(또는 총손실)을 결정하기 위하여 매출원가와 기말재고자산으로 배분된다. 한편, 재고자산(상품)의 취득원가를 매출원가와 기말재고에 배분하기 위해서 기업에서는 보조장부인 상품재고장을 사용한다.

상품재고장은 상품의 재고관리를 위하여 상품의 입고(들어옴)와 출고(나감)를 계속해서 기록하는 보조원장으로서 상품의 종류별로 작성된다. 즉, 상품재고장을 통해 기초상품재고액과 당기상품매입금액은 물론 당기에 판매된 상품원가와 기말상품재고액을 알 수 있으므로 이를 통해 상품매출원가를 산정할 수 있다.

Chat GPT를 활용한 학습

1. 재고자산의 취득원가
재고자산을 획득하고 현재 상태와 장소에 이르게까지 발생한 모든 지출의 총합을 의미한다.

2. 취득원가에 포함되는 항목

항 목	설 명
구 매 가 격	상품 또는 원재료의 순수 가격(매입에누리, 환출, 할인 차감)
운 반 비	운송료, 택배비 등
하 역 비	짐을 싣고 내리는 데 드는 비용
보 험 료	운송 중 발생할 수 있는 손해를 대비한 보험
세 금 및 관 세	수입 관세, 통관비용 등
취 급 수 수 료	중개수수료 등
기 타 부 대 비 용	상품 검수, 포장 준비 비용 등

3. 취득원가에서 제외되는 항목

항 목	이 유
판 매 관 련 비 용	광고비, 판매수수료 등은 판매비로 처리
보 관 비	도착 이후 창고 보관료는 판매비로 처리
이 자 비 용	외상구매 시 발생한 금융비용은 별도 인식 필요
낭 비 또 는 손 실	비정상적 낭비는 비용 처리

2. 재고자산 평가

상품매매를 주된 영업활동으로 하는 기업에서 상품의 구매와 판매는 회계기간에 반복적으로 발생한다. 따라서 기말이나 특정 시점에서 현재 판매되지 않고 창고에 남아있는 재고를 어떻게 파악하느냐에 따라 매출총이익은 차이가 발생한다.

기말(결산시점)에 재고자산의 평가는 당기판매가능금액을 매출원가와 기말재고로 배분하는 과정으로, 당기의 정확한 손익계산에 중대한 영향을 미칠 뿐 아니라 당기의 기말재고상품은 차기의 매출원가와 매출총이익에도 영향을 주기 때문에 중요한 것이다. 다시 말해, 결산시점에 상품의 기말재고를 어떻게 평가하느냐에 따라 매출총이익은 달라진다.

즉, 기말상품 재고를 과소하게 평가하면 상대적으로 매출원가가 과대하게 평가되어 비밀적립금(이익 과소계상)이 발생하고, 반대로 기말상품 재고를 과대하게 평가하면 매출원가가 과소하게 평가되어 자본잠식(이익 과대계상)이 이루어진다.

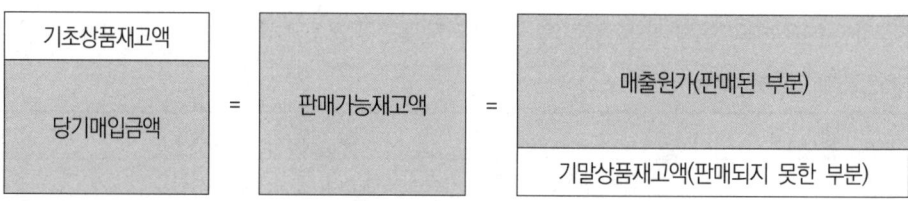

기말상품재고는 수량과 단가로 결정되므로 먼저 재고로 남아있는 상품의 종류 및 규격별로 수량을 파악하고, 각각의 구입 단가를 적용하여 재고자산의 금액을 결정할 수 있다.

(1) 수량결정방법

① 계속기록법

계속기록법은 장부기록법이라고도 하는데, 상품의 구입과 판매가 발생할 때마다 계속해서 상품의 구입과 판매 내용을 기록하여 장부상에 남아있는 수량을 기말재고수량으로 결정하는 방법이다. 이 방법의 장점은 어느 시점에서나 상품의 재고금액이나 매출원가를 파악할 수 있지만, 구입과 판매 거래가 빈번한 경우 업무가 번거롭다는 단점이 있다. 또한, 계속기록법으로 상품의 구입과 판매를 기록하게 되면, 장부의 재고수량과 실재 재고수량이 일치하지 않는 경우가 발생할 수 있다. 따라서 정기적으로 창고에 있는 실재 재고수량을 파악하여 장부의 재고수량보다 부족한 경우에는 '재고자산감모손실'로 처리해야 한다.

기말재고수량 = 기초재고수량 + 당기매입수량 - 당기판매수량

② 실지재고조사법

실지재고조사법은 실사법이라고도 하는데, 회계기간에 판매되는 수량을 일일이 기록하지 않고, 기말에 창고를 실제로 조사하여 남아있는 기말재고수량을 결정하는 방법이다. 이 방법에 따르면 창고를 실사 과정에 포함되지 않은 재고자산은 모두 판매된 것으로 가정하므로 '재고자산감모손실'을 정확히 파악할 수 없다는 단점이 있다.

기초재고수량 + 당기매입수량 - 기말재고수량 = 당기판매수량

③ 계속기록법과 실지재고조사법의 회계처리

계속기록법에서는 상품을 매입할 때 '상품'계정 차변에 기록하고, 상품을 판매할 때 '상품
매출' 계정 대변에 기록하여 매출을 인식함과 동시에 '상품'계정 대변에 기록하여 매출원가
도 인식하므로 기말수정분개가 필요 없다. 그러나 실지재고조사법에서는 상품을 매입할 때
'매입'계정 차변에 기록하고, 상품을 판매할 때 '매출'계정 대변에 기록하는 회계처리만 할
뿐 매출원가를 인식하지 않으므로 매출원가를 인식하기 위해서는 기말수정분개가 필요하다.

일반적으로 실무에서는 계속기록법과 실지재고조사법을 병행하여 회계처리를 하는데, 그
이유는 계속기록법에 따라 기록된 장부상 재고자산의 수량과 정기적으로 실사한 재고자산
의 수량을 비교하여 재고자산의 도난 여부와 감모손실도 파악할 수 있기 때문이다.

(2) 단가결정방법

재고자산의 단가는 재고자산별로 각각 매입한 취득원가를 기준으로 결정하는 것이 원칙이다.
그러나 같은 종류의 재고자산이라 하더라도 화폐가치의 변동, 구매조건의 변화 등으로 인해
구입 시점마다 구매단가가 다르므로 어느 단가를 적용하여 기말재고상품과 매출원가를 결정
할 것인가 하는 문제가 발생한다. 일반적으로 인정된 회계원칙에서는 실물 흐름과는 관계없이
원가흐름에 대해 가정을 하여 기말재고상품과 매출원가를 결정하도록 규정하고 있다.

일반적으로 인정되고 있는 원가흐름에 대한 가정은 개별법, 선입선출법, 후입선출법, 평균법
그리고 특수한 원가흐름을 가정한 매출가격환원법(소매재고법), 매출총이익률법이 있다. 이러
한 원가흐름에 대한 가정은 재고자산의 기록방법인 실지재고조사법과 계속기록법의 조합을
이루어 기말재고상품과 매출원가 결정에 영향을 준다.

① 개별법

개별법은 상품을 구매할 때마다 가격표를 붙여 취득원가를 알 수 있도록 함으로써 판매된
상품(매출원가)과 기말에 판매되지 않고 남아있는 상품(기말재고자산)을 결정하는 방법이
다. 개별법은 개별성이 강하고 비교적 고가이며 또한 가격에 현저한 차이가 있는 귀금속제
품, 선박, 비행기 등과 같은 상품에 적합한 방법이다. 개별법의 경우에는 계속기록법이나
실지재고조사법의 사용 여부와 관계없이 실물흐름을 기준으로 하므로 기말재고상품과 매
출원가는 항상 같다.

이 방법은 원가흐름과 실제물량흐름이 일치하며 수익 · 비용의 대응이 정확하게 손익에 반
영된다는 장점이 있지만, 거래가 빈번하고 상품의 종류가 많은 경우 실무적으로 번거롭고
경영자가 의도적으로 이익을 조작할 수 있는 단점이 있다.

② 선입선출법

선입선출법은 실제 물량 흐름과는 관계없이 먼저 구매한 상품이 먼저 판매된다는 가정 하에 단가를 결정하는 방법으로 가장 최근에 구매한 상품이 기말재고를 구성하고 가장 오래된 상품의 취득원가가 매출원가에 배분된다. 선입선출법은 식료품이나 의류와 같이 장기간 보관할 경우 부패나 품질 저하가 예상되는 상품에 적합한 방법이다. 선입선출법의 경우에는 계속기록법을 적용하든 또는 실지재고조사법을 적용하든 가장 최근에 매입한 상품이 기말재고로 남아있으므로 기말재고상품과 매출원가는 같은 결과를 가져온다.

이 방법은 실제 물량 흐름과 일치하며, 기말재고상품은 시가나 혹은 현행원가에 근접하여 계상되는 장점이 있지만, 수익·비용의 대응이 적절하게 이루어지지 않고 가격이 상승하는 인플레이션 기간에 있어서 이익이 과대하게 계상된다는 단점이 있다.

③ 후입선출법

후입선출법은 실제 물량 흐름과는 관계없이 가장 최근에 구매한 상품이 먼저 판매된다는 가정 하에 단가를 결정하는 방법이다. 후입선출법은 석탄이나 건축자재 등이 야적(野積)되어 있는 경우처럼 최근에 채집된 부분이 먼저 판매 혹은 사용될 가능성이 큰 경우에 적용할 수 있는 방법이다. 후입선출법의 경우에는 계속기록법이나 실지재고조사법의 사용 여부에 따라 매출원가와 기말재고가 달라지는데, 이는 계속기록법에서는 판매 시점 현재 보유하고 있는 재고상품 중에서 매출원가를 결정하는 반면, 실지재고조사법에서는 기말 현재 시점의 판매가능상품 중에서 매출원가 및 기말재고상품의 원가를 결정하기 때문이다.

이 방법은 수익·비용의 대응이 적절하게 이루어진다는 점과 인플레이션 기간에 있어서 절세효과를 기대할 수 있다는 장점이 있지만, 순이익을 과소계상하거나 기말재고는 낮게 계상된다는 단점이 있다.

④ 평균법

평균법은 일정 기간에 구입한 모든 상품의 취득원가를 평균하여 계산한 원가를 이용하여 매출원가와 기말재고상품을 결정하는 방법이다. 이 방법은 석유, 화학물질, 곡물 등과 같이 물리적인 특성상 분리하기가 불가능한 상품에 적합한 방법이다.

평균법은 재고자산 기록방법에 따라 매출원가 및 기말재고상품이 달라지는데, 계속기록법을 적용하는 경우에는 이동평균법이라고 하고, 실지재고조사법을 적용하는 경우에는 총평균법이라고 한다.

㉠ 이동평균법

이동평균법은 상품을 구매할 때마다 수량 및 금액을 직전의 잔고수량 및 잔액금액에 가산하여 새로이 가중평균단가를 구하고, 이 단가를 판매단가로 적용하는 방법으로 계속

기록법에서만 사용할 수 있다. 이 방법은 매출원가를 신속하게 파악할 수 있으나 구매할 때마다 새로운 평균단가를 산출해야 하는 번거로움이 있다.

ⓒ 총평균법

총평균법은 일정 기간의 총매입원가를 총매입수량으로 나누어 평균단가를 결정하는 방법으로 실지재고조사법에만 사용할 수 있다. 이 방법은 기말에 가서야 평균단가를 알 수 있으므로 기중에는 상품의 출고 시점마다 출고단가를 기록할 수 없다. 총평균법은 비교적 적용하기 쉽고 재고자산의 평가에 있어서 임의적인 이익조작이 쉽지 않으므로 실무에서 많이 사용된다.

⑤ 단가결정방법에 따른 이익

상품의 가격이 상승할 때 각 방법에 따른 매출원가와 기말재고상품을 비교하면, 매출원가는 **'후입선출법＞총평균법＞이동평균법＞선입선출법'**의 순서로 나타나고, 기말재고상품과 매출총이익은 **'선입선출법＞이동평균법＞총평균법＞후입선출법'**의 순서로 나타난다. 즉, 재고자산과 이익은 비례적으로 변동한다.

즉, 상품의 입고와 출고를 할 때 원가흐름을 어떻게 가정하는가에 따라 매출원가와 기말재고상품이 달라지며, 결과적으로 이익에 미치는 영향이 달라진다. 따라서 기업의 회계담당자는 기업의 실정에 적합한 방법을 채택해야 하며, 채택된 방법은 정당한 사유가 없는 한 계속 적용해야 한다.

선입선출법	① 먼저 구매한 상품이 먼저 판매된 것으로 가정하는 방법
	② 기말재고자산 : 가장 최근에 구매된 가격으로 재무상태표에 표시
	③ 매출원가 : 과거에 구매된 가격으로 손익계산서에 반영됨
평 균 법	① 기초재고자산과 당기 매입한 재고자산이 구별 없이 평균적으로 판매된 것으로 가정하는 방법
	② 실사법에 따른 총평균법과 계속기록법에 따른 이동평균법이 있음
	③ 기말재고자산과 매출원가 : 평균 가격으로 재무상태표와 손익계산서에 반영됨
후입선출법	① 가장 최근에 구매한 상품이 먼저 판매된 것으로 가정하는 방법
	② 기말재고자산 : 과거에 구매된 가격으로 재무상태표에 표시
	③ 매출원가 : 현행가치에 가까운 가격으로 손익계산서에 반영됨

ChatGPT를 활용한 학습

재고자산의 평가는 수량과 단가를 곱하여 결정되며, 이를 위해서는 각각의 요소를 어떻게 결정하는지가 중요하다.

(1) 재고자산의 수량 결정 방법

　재고자산의 수량을 결정하는 방법은 다음 두 가지로 나뉜다.

　① 실지재고조사법

　　-실제로 존재하는 재고를 직접 조사하여 수량을 파악하는 방법이다.

　　-주기적으로 또는 회계기간 말에 실사(실제 조사)를 통해 확인한다.

　② 계속기록법

　　-회계장부나 전산 시스템을 통해 입출고를 기록하여 수량을 파악하는 방법이다.

　　-재고수불부(입고, 출고, 잔량 등의 기록)를 지속적으로 기록하고 관리한다.

(2) 재고자산의 단가 결정 방법(원가 흐름 가정)

　재고자산의 단가는 어떤 방식으로 원가가 흐른다고 가정하느냐에 따라 달라지는데, 대표적인 방법은 다음과 같다.

　① 개별법

　　-개별로 식별 가능한 자산의 실제 취득가액을 기준으로 평가

　　-고가품, 구분이 명확한 상품 등에 사용

　② 선입선출법(FIFO : First-In, First-Out)

　　-먼저 매입된 재고부터 먼저 판매된 것으로 가정

　　-남아 있는 재고는 최근에 매입한 단가로 계산

　③ 후입선출법(LIFO : Last-In, First-Out)(일부 국가에서는 사용 불가)

　　-마지막에 매입된 재고부터 먼저 판매된 것으로 가정

　　-남아 있는 재고는 오래된 단가로 계산

　④ 평균법

　　-재고의 단가를 평균으로 계산

　　-이동평균법(입출고 시마다 평균 단가 재계산)

　　-총평균법(회계기간 전체의 평균 단가로 계산)

제4절 감모손실과 평가손실

1. 재고자산감모손실

재고자산감모손실이란 상품을 구매하여 보유하는 과정에서 발생하는 분실·파손·도난·마모·오류 등으로 인하여 결산시점에 상품재고장에 기록된 장부상 재고수량보다 실재 재고수량이 부족한 경우에 발생하는 손실을 말한다.

> 재고자산감모손실 = (장부 재고수량 – 실재 재고수량) × 단위당 원가

재고자산의 수량이 부족한 경우, 그것이 원가성 있는 경우(정상적인 영업활동과정에서 발생하는 수량 부족 부분)에는 이를 '매출원가'로 처리하고, 원가성 없는 경우(비정상적으로 발생하는 수량 부족 부분)에는 '영업외비용'으로 처리한다. 영업외비용으로 계상되는 비정상적인 수량 부족 부분에 대하여 손익계산서에 '재고자산감모손실'이라는 계정과목을 사용하여 공시하도록 규정하고 있다.

차) 재고자산감모손실 　　×××　　대) 재고자산(상　품) 　　×××
　　매 출 원 가

2. 재고자산평가손실

재고자산평가손실이란 재고자산(상품)의 품질저하, 진부화, 손상 등 여러 가지 원인으로 재고자산(상품)의 시장가격이 취득원가보다 하락한 경우에 발생하는 손실을 말한다. 이러한 손실을 인식하기 위해 결산시점에 시가와 취득원가를 비교하여 낮은 금액으로 평가하는데, 이를 저가법이라고 한다. 여기서 시가는 대체원가를 말하며, 같은 자산을 시장에서 다시 구매할 때 지급해야 할 원가를 의미한다. 일반적으로 재고자산에서 시가는 순실현가능가액을 적용하도록 하고 있으며, 이때 순실현가능가액은 추정판매가격에서 판매할 때까지 정상적으로 발생하는 추정비용을 차감한 금액이다.

> 재고자산평가손실 = (단위당 원가 – 단위당 시가) × 실재 재고수량

재고자산을 저가법으로 평가할 때 종목별 평가를 원칙으로 조별평가는 인정하나, 총계기준 평가

는 인정하지 않는다. 재고자산을 저가법으로 평가하는 경우 평가손실이 발생하면 재고자산의 차감계정인 '재고자산평가충당금' 계정으로 표시하고 매출원가에 가산하며, 시가는 매 회계기간 말에 새롭게 추정한다.

차) 매출원가 ××× 대) 재고자산평가충당금 ×××

그리고 저가법의 적용에 따라 평가손실을 초래했던 상황이 해소되어 새로운 시가가 장부금액보다 상승한 경우에는 최초 장부금액을 초과하지 아니하는 범위 내에서 평가손실을 환입하여 매출원가에서 차감한다.

차) 재고자산평가충당금 ××× 대) 매출원가 ×××

chatGPT를 활용한 학습

(1) 재고자산감모손실
  ① 개념
     재고자산이 도난, 분실, 파손, 부패 등의 이유로 실제 수량이 줄어든 경우 발생하는 손실이다. 가령, 장부상 재고는 100개인데, 실제 조사해보니 90개뿐인 경우 10개의 감모손실이 발생한다.
  ② 회계처리
     감모가 정상적인 경우와 비정상적인 경우로 구분한다.
     정상감모(예 : 유통 중 자연손실) ➡ 원가에 포함
     비정상감모(예 : 도난, 관리 부주의) ➡ 당기 비용으로 인식
     ➡ 일반적으로 "재고자산감모손실"이라는 판매비와관리비 계정 사용(잘못 설명)
     차) 재고자산감모손실 1,000 대) 재고자산 1,000
(2) 재고자산평가손실
  ① 개념
     재고자산의 순실현가능가치(NRV)가 장부가액(취득원가)보다 하락했을 때 발생하는 손실이다.
     순실현가능가치(NRV) = 예상판매가 – 추가비용
     즉, 시가가 원가보다 낮아졌을 때, 재고자산을 낮은 가치로 평가해야 한다.
  ② 회계처리
     장부가액이 순실현가능가치보다 높을 경우 그 차액만큼 평가손실을 인식한다.
     손익계산서의 기타비용 또는 판매비와관리비 중 "재고자산평가손실"로 처리(잘못 설명)
     차) 재고자산평가손실 1,000 대) 재고자산평가충당금 1,000
     이 경우 발생하는 재고자산평가충당금은 재고자산 차감계정(Contra Account)으로 처리

보충 재고자산감모손실과 재고자산평가손실에 대한 회계처리가 일반기업회계기준에서 규정한 것과는 다르게 설명하고 있다. 이와 같은 질문을 최근 버전으로 다시 해보아도 재고자산감모손실과 재고자산평가손실을 기타비용으로 회계처리하도록 설명하고 있다.

1. 상품 구입 거래

2월 1일 ㈜상우로부터 다음과 같이 상품을 구입하다.

품목	수량(개)	단가(원)	금액(원)	결제
문구세트	500	75,000	37,500,000	약속어음 발행

2월 2일 현정상사로부터 1월 28일에 구입하기로 한 계약한 상품 10,000,000원이 도착하여 계약금을 제외한 나머지 대금은 약속어음을 발행하여 지급하다.

2월 3일 수민상사로부터 상품 8,400,000원을 인도받고, 당좌수표 발행하여 지급하다.

2월 4일 ㈜인천으로부터 상품 300세트(1세트 당 @55,000원)를 구입하고, 거래대금은 외상으로 매입하다.

2월 5일 송파문구로부터 상품 4,000,000원을 구입하고, 대금은 한진상사로부터 상품을 판매하면서 받은 약속어음 4,000,000원을 배서하여 주다.

2월 6일 금장상사로부터 상품 5,500,000원을 구입하면서 대금 중 50%는 현금으로 지급하고, 나머지는 30일 후 지급하기로 하다.

2. 상품 구입 관련 비용

2월 7일 한진상사로부터 상품 5,000,000원을 외상으로 구입하고, 운반비 200,000원은 현금 지급하다.

2월 8일 제일문구로부터 상품 20,000,000원을 구입하면서 대금 중 5,000,000원은 자기앞수표로 지급하고, 잔액은 1개월 후에 지급하기로 하다. 단, 인수운임 300,000원은 현금으로 지급하다.

2월 9일 신망상사로부터 상품 15,000,000원을 외상 구입하고, 상품에 대한 품질검사비용 500,000원을 당좌수표 발행하여 지급하다.

3. 상품의 반품, 에누리, 할인

2월 10일 금장상사로부터 구입한 상품 중 500,000원이 불량품이어서 반품하고, 외상대금과 상
계처리하다.

2월 11일 ㈜인천으로부터 구매한 상품(300세트) 중 일부분 품질에 하자가 있어 1세트 당 5,000
원씩 할인받고, 외상대금과 상계처리하다.

2월 12일 동신상사의 외상대금 3,000,000원을 빠르게 상환하면서 2% 할인받은 금액을 차감한
후 현금으로 지급하다.

2월 13일 신망상사의 외상대금 15,000,000원을 빠르게 상환하면서 약정에 따른 상환대금의
2%를 할인받은 후 당좌수표 발행하여 지급하다.

객관식 연습문제

01 다음 괄호 안에 들어갈 내용으로 옳은 것은?

( )은(는) 영업활동을 하면서 판매를 위하여 보유하거나 생산과정에 있는 자산 및 생산 또는 서비스 제공과정에 투입될 원재료나 소모품의 형태로 존재하는 자산이다.

① 무형자산　　　　　　　　　　② 당좌자산
③ 유형자산　　　　　　　　　　④ 재고자산

해설 기업에서 판매, 제조 등을 위해 보유하는 자산을 재고자산이라 한다.

02 재고자산으로 분류되는 것은?

① 부동산매매업자가 판매를 위해 보유한 토지
② 사무실에서 사용하는 컴퓨터
③ 단기간의 매매차익을 목적으로 취득한 유가증권
④ 공장에서 사용하는 기계장치

해설 업종에 따라 재고자산의 종류는 달라질 수 있다. 즉, 제조기업의 토지는 유형자산에 해당하지만, 부동산매매업의 토지는 재고자산이 된다.

03 일반기업회계기준에서 인정하지 않는 재고자산의 평가방법은?

① 매출총이익법　　　　　　　　② 개별법
③ 선입선출법　　　　　　　　　④ 후입선출법

해설 매출총이익법은 화재, 천재지변 등과 같이 불가피한 경우에 재고자산을 추정하기 위해 사용되는 방법이다.

04 재고자산의 수량결정방법에 해당하는 것은?

① 실지재고조사법　　　　　　　② 선입선출법
③ 후입선출법　　　　　　　　　④ 이동평균법

해설 수량결정방법은 실사법과 계속기록법이 있다.

05　기말재고금액이 비교적 시가에 가까운 최근의 원가로 평가되는 방법은?

① 개별법　　　　　　　　　　　　② 선입선출법
③ 후입선출법　　　　　　　　　　④ 평균원가법

해설　어떤 재고자산을 판매하느냐에 따라 기업의 이익을 달라지는데, 선입선출법은 먼저 입고된 재고
자산을 먼저 판매하기 때문에 기말재고는 나중에 입고된 재고자산이 남게 된다.

ChatGPT를 활용한 학습

① 개별법　　　　자산마다 실제 취득가로 평가하므로, 시가와의 관련성은 물품마다 다름
② 선입선출법　　기말재고가 최근 원가로 남게 되어 시가에 가까움〈정답〉
③ 후입선출법　　기말재고가 오래된 원가로 평가되어 시가와 차이 큼
④ 평균원가법　　평균 단가 사용 → 시가 반영도가 떨어질 수 있음

06　재고자산평가방법 중 실물흐름에 따른 기말재고자산의 단가결정방법으로서 수익과 비용의
대응이 가장 정확하게 이루어지는 방법은?

① 개별법　　　　　　　　　　　　② 선입선출법
③ 후입선출법　　　　　　　　　　④ 평균법

해설　재고자산평가방법 중 가장 정확히 수익비용의 대응이 이루어지는 것은 개별법이지만 매출원가를
계산하기 위해 큰 비용이 발생한다.

07　기말재고자산에 포함되지 않는 항목은?

① 수탁자에게 판매를 위탁하기 위하여 발송한 상품
② 도착지인도기준에 의하여 운송 중인 매입상품
③ 소비자가 구입의사를 표시하기 전에 시용판매된 제품
④ 선적지인도기준에 의하여 운송 중인 매입상품

해설　재고자산에는 미착상품, 위탁상품, 시송품, 할부상품 등이 포함된다.

ChatGPT를 활용한 학습

① 수탁자에게 판매를 위탁하기 위하여 발송한 상품 → 소유권이 위탁자(자기 회사) 에게 있음
② 도착지인도기준에 의하여 운송 중인 매입상품 → 소유권이 도착지에서 이전 → 아직 우리 회사
　소유 아님〈불포함〉
③ 소비자가 구입의사를 표시하기 전의 시용판매 제품 → 아직 판매되지 않았고, 소유권도 회사에
　있음
④ 선적지인도기준에 의하여 운송 중인 매입상품 → 선적 시점에 소유권 이전됨 → 우리 회사 자산

08 재고자산에 포함되지 않는 것은?

① 상품　　　　　　　　　　　② 제품

③ 재공품　　　　　　　　　　④ 비품

해설 기업에서 판매가 아닌 다른 목적으로 사용하는 것은 재고자산에 포함되지 않는다.

09 재고자산에 포함되는 것은 모두 몇 개인가?

• 저장품	• 비품	• 상품	• 미착품

① 1개　　　　　　　　　　　② 2개

③ 3개　　　　　　　　　　　④ 4개

해설 비품은 유형자산에 포함된다.

10 상품의 취득원가에 가산하는 항목이 아닌 것은?

① 매입운임　　　　　　　　　② 매입하역요금

③ 매입수수료　　　　　　　　④ 매입할인

해설 재고자산의 취득원가는 매입금액에 매입운임, 하역요금 및 수수료 등 취득과정에서 정상적으로 발생한 부대비용을 가산한 금액이다. 다만, 매입과 관련된 할인, 에누리 및 기타 유사한 항목은 매입원가에서 차감한다.

11 다음의 자료에 기초하여 상품의 취득원가를 계산하면 얼마인가?

• 매입상품 수량 : 120개	• 매입단가 : 3,000원	• 매입운반비 : 8,000원
• 매입수수료 : 2,000원	• 매입 후 판매 시점까지 발생한 창고보관료 : 5,000원	

① 360,000원　　　　　　　　② 368,000원

③ 370,000원　　　　　　　　④ 375,000원

해설 취득원가 = 매입금액 + 매입부대비용 = $3,000 \times 120 + 8,000 + 2,000 = 370,000$

12 상품을 구입하는 과정에서 발생한 비용으로 볼 수 없는 것은?

① 매입수수료　　　　　　　　　② 매입하역비
③ 매입관세　　　　　　　　　　④ 매입할인

> **해설** 상품의 취득원가는 매입금액에 매입부대비용을 가산하고, 매입에누리와환출, 매입할인을 차감하여 계산한다.

13 재고자산의 취득원가에 가산하는 항목은?

① 매입운임　　　　　　　　　　② 매입할인
③ 매입환출　　　　　　　　　　④ 매입에누리

> **해설** 재고자산의 취득원가는 매입금액에 매입운임 등 취득과정에서 정상적으로 발생한 부대비용을 가산한 금액이다. 나머지는 취득원가에서 차감한다.

14 다음의 거래를 회계처리를 할 때, 발생하지 않은 계정과목은 무엇인가?

> 판매용 자전거 100대를 1,000,000원에 구입하고, 대금 중 500,000은 자기앞수표로 지급하고, 잔액은 두 달 후에 지급하기로 하다.

① 당좌예금　　　　　　　　　　② 상　품
③ 외상매입금　　　　　　　　　④ 현　금

> **해설** 차) 상　　품　　　1,000,000　　대) 외상매입금　　　　500,000
> 　　　　　　　　　　　　　　　　　　　　현　　　금　　　　500,000

15 다음의 설명과 관련한 계정과목으로 옳은 것은?

> (가) 상품 구입 대금을 조기에 상환함에 따라 대금 일부를 깎는 것
> (나) 구입한 상품에 결함이 있어 상품을 반환하는 것

① (가) 매입할인　(나) 매입환출　　　② (가) 매입환출　(나) 매입할인
③ (가) 매입할인　(나) 매입에누리　　④ (가) 매입에누리 (나) 매입환출

> **해설** 재고자산의 취득원가에 감액되는 것은 매입에누리, 매입환출 및 매입할인이 있다.

16 상품에 대한 매입할인은 손익계산서에 어떻게 반영되는가?

① 매출원가에 가산한다.　　　　　② 매출원가에서 차감한다.

③ 판매비와관리비로 처리한다.　　④ 영업외비용으로 처리한다.

해설 상품총매입액에서 매입에누리, 매입환출 및 매입할인은 차감한다.

17 다음 자료에 의하여 매출원가를 계산하면 얼마인가?

> • 기초상품재고액 : 500,000원　　　• 당기상품매입액 : 600,000원
> • 기말상품재고액 : 100,000원

①　 900,000원　　　　　　　② 1,000,000원

③ 1,100,000원　　　　　　　④ 1,200,000원

해설 매출원가 = 기초상품재고액 + 당기상품매입액 – 기말상품재고액

18 다음 자료에 의하면 매출원가를 계산하면 얼마인가?

> • 총매입액 : 800,000원　　　　　• 매입에누리 : 50,000원
> • 매입운임 : 30,000원　　　　　　• 매입환출 : 30,000원
> • 기초상품 : 30,000원　　　　　　• 기말 상품 : 50,000원

① 690,000원　　　　　　　　② 730,000원

③ 800,000원　　　　　　　　④ 830,000원

해설 매출원가 = 기초재고 + 당기매입액 – 기말재고
　　　당기매입액 = 당기총매입액 + 매입운임 – 매입에누리및환출 – 매입할인

ChatGPT를 활용한 학습

> 매출원가 = (기초상품 + 당기순매입액) – 기말상품
>
> 1. 당기순매입액 계산
>   당기순매입액 = 총매입액 – 매입에누리 – 매입환출 + 매입운임
>   　　　　　　 = 800,000 – 50,000 – 30,000 + 30,000 = 750,000원
>
> 2. 매출원가 계산
>   매출원가 = (기초상품30,000 + 순매입액750,000) – 기말상품50,000 = 730,000원

19 다음 자료에서 기초상품재고액을 계산하면 얼마인가?

> ・당기매입액 : 300,000원 ・당기매출액 : 600,000원
> ・기말재고액 : 70,000원 ・매출총이익 : 250,000원

① 120,000원   ② 130,000원

③ 160,000원   ④ 180,000원

해설 매출총이익 = 매출액 – 매출원가
기초재고액 = 매출원가 – 당기매입액 + 기말재고액

20 빈칸에 들어갈 (가), (나), (다)의 금액으로 옳은 것은?

구분	20X1년	20X2년
매출액	110,000원	120,000원
기초상품재고액	12,000원	(나)
당기매입액	94,000원	(다)
기말상품재고액	15,000원	16,000원
매출총이익	(가)	20,000원

	(가)	(나)	(다)		(가)	(나)	(다)
①	91,000	14,000	110,000	②	19,000	15,000	101,000
③	91,000	15,000	101,000	④	19,000	15,000	130,000

해설 (20X1년)
기초상품재고액 12,000 + 당기매입액 94,000 = 매출원가(?) + 기말상품재고액 15,000
매출원가 : 91,000
매출액 110,000 – 매출원가 91,000 = 매출총이익(가) 19,000
(20X2년)
매출액 120,000 – 매출원가(?) = 매출총이익 20,000
매출원가 : 100,000
기초상품재고액(나) 15,000(20X0년 기말상품재고액) + 당기총매입액(다)
 = 매출원가 100,000 + 기말상품재고 16,000
당기총매입액(다) : 101,000

21 다음 자료에 의하여 매출총이익을 계산하면 얼마인가?

> • 당기매출액 : 5,000,000원　　　　• 기초상품재고액 : 700,000원
> • 당기상품매입액 : 800,000원　　　 • 기말상품재고액 : 1,000,000원
> • 매입운임 : 50,000원　　　　　　　• 이자비용 : 300,000원

① 3,850,000원　　　　　　　　② 4,150,000원
③ 4,450,000원　　　　　　　　④ 4,500,000원

> **해설** 매출총이익 계산할 때 이자비용은 고려대상이 아니다.
> 　　　매출총이익 = 매출액 - {기초재고 + (당기매입 + 매입운임) - 기말재고}

22 재고자산의 원가계산방법에 해당하지 않는 것은?

① 선입선출법　　　　　　　　② 개별법
③ 연수합계법　　　　　　　　④ 이동평균법

> **해설** 연수합계법은 감가상각방법에 해당한다.

23 재고자산의 단가를 결정하는 방법은?

① 계속기록법
② 실지재고조사법
③ 계속기록법과 실지재고조사법 동시 사용
④ 선입선출법 또는 후입선출법

> **해설** 상품재고액은 수량×단가로 계산되며, 수량의 결정은 계속기록법, 실지재고조사법 등이 있고, 단가의
> 　　　결정에는 선입선출법, 후입선출법, 이동평균법, 총평균법 등이 있다.

24 다음 자료에서 선입선출법으로 9월 말의 월말 재고액을 계산하면?

> • 9/1 월초재고액 : 10개 @1,000원　　• 9/15 매입액 : 10개 @800원
> • 9/23 매출액 : 8개 @1,500원　　　　• 9/25 매입액 : 5개 @700원

① 12,500원　　　　　　　　② 13,000원
③ 13,500원　　　　　　　　④ 15,600원

> **해설** 선입선출법은 최근에 구매한 것이 남는다. 따라서 월말 재고액 (9/1 2개×@1,000원)+(9/15 10개
> 　　　×@800원)+(9/25 5개×@700원)=13,500원

25 다음 자료에 의해 11월의 매출총이익을 계산하면 얼마인가? (단, 선입선출법으로 계산한다.)

> • 11/ 1 월초재고액 : 10개 @500원   • 11/10 매 입 액 : 10개 @600원
> • 11/25 매 출 액 : 15개 @800원

① 3,500원   ② 4,000원

③ 4,500원   ④ 5,000원

해설 매출액 : 15개×@800원 = 12,000원
매출원가 : (10개×@500원)+(5개×@600원) = 8,000원
매출총이익 : 12,000원－8,000원 = 4,000원

26 기말에 재고자산을 과대평가하였을 때 나타나는 현상으로 옳은 것은?

① 매출원가 : 과대, 당기순이익 : 과대
② 매출원가 : 과대, 당기순이익 : 과소
③ 매출원가 : 과소, 당기순이익 : 과대
④ 매출원가 : 과소, 당기순이익 : 과소

해설 기말 재고자산의 과대평가로 매출원가가 과소계상되며, 매출원가의 과소계상으로 당기순이익이
과대계상된다.

27 기말 결산 때 기말재고자산이 과대평가된 경우 재무제표에 미치는 영향이 옳은 것은?

① 매출원가의 과대계상   ② 매출총이익의 과대계상
③ 당기순이익의 과소계상   ④ 이익잉여금의 과소계상

해설 기말재고자산이 과대평가 되면 매출원가의 과소계상 → 매출총이익의 과대계상 → 당기순이익의
과대계상 → 이익잉여금의 과대계상이 된다.

28   재고자산의 원가배분방법 중 평균법에 대한 설명으로 틀린 것은?

① 이동평균법은 계속기록법에 따른 평균법을 적용한 방법이다.

② 총평균법은 실지재고조사법에 따른 평균법을 적용한 방법이다.

③ 총평균법과 비교하면 이동평균법은 현행원가의 변동을 단가에 민감하게 반영시키지 못한다.

④ 상품의 매입가격이 상승하는 경우에는 이동평균법이 총평균법보다 기말재고액을 높게 평가한다.

해설   총평균법은 결산시점에 한 번 재고자산을 계산하기 때문에 현행원가의 변동을 단가에 민감하게 반영시키지 못한다.

29   재고자산에 대한 설명 중 옳지 않은 것은?

① 재고자산의 감모손실 중 정상적으로 발생한 감모손실은 매출원가에 가산한다.

② 재고자산의 감모손실 중 비정상적으로 발생한 감모손실은 영업외비용으로 인식한다.

③ 저가법으로 평가한 재고자산의 시가가 장부금액보다 상승한 경우에는 상승분 전액을 당기수익으로 인식한다.

④ 재고자산의 시가가 장부금액 이하로 하락하여 발생한 평가손실은 재고자산의 차감계정으로 표시하고 매출원가에 가산한다.

해설   저가법으로 평가한 재고자산의 시가가 장부금액보다 상승한 경우에는 상승분은 매출원가에서 차감한다.

30   정상적인 원인으로 상품에 대한 재고감모손실이 발생했을 경우 회계처리는?

① 매출원가에 가산한다.

② 매출원가에서 차감한다.

③ 판매비와관리비로 분류한다.

④ 영업외비용으로 분류한다.

해설   재고자산의 감모손실 중 정상적으로 발생한 감모손실은 매출원가에 가산한다.

31 다음 자료를 이용하여 매출원가를 계산하면 얼마인가?

• 기초상품재고액	1,500,000원	• 매입에누리	90,000원
• 당기매입액	3,000,000원	• 기말상품재고액	2,000,000원
• 매입운임	200,000원		

① 2,560,000원　　　　　　　② 2,580,000원

③ 2,610,000원　　　　　　　④ 2,700,000원

해설 매출원가 = 기초상품 + 당기매입 + 매입운임 – 매입에누리 – 기말상품

32 상품의 장부상 재고수량은 100개지만 실지재고조사 결과 80개인 것으로 판명되었다. 개당 취득원가가 20원이고, 시가가 18원일 경우 재고자산평가손실은?

① 400원　　　　　　　② 360원

③ 200원　　　　　　　④ 160원

해설 재고자산평가손실 = (개당 취득원가 – 개당 시가) × 실사법 재고수량

33 상품 A의 장부상 재고수량은 200개지만 실지재고조사를 실시한 결과, 180개인 것으로 판명되었다. 개당 원가 200원이고 시가가 180원일 경우 재고자산감모손실은?

① 4,000원　　　　　　　② 3,600원

③ 2,000원　　　　　　　④ 1,600원

해설 재고자산감모손실 = (장부상 재고수량 – 실사법 재고수량) × 개당 취득원가

09 유형자산

제1절 의의와 종류

1. 의의

유형자산이란 재화의 판매와 생산, 용역의 제공 등과 같은 기업의 주된 영업활동을 하는 과정에서 사용할 목적으로 보유한 물리적 형태가 있는 자산으로서 장기간에 걸쳐 계속 사용할 것이 예상되는 자산을 말한다.

유형자산은 판매나 자금을 조달할 목적으로 보유한 것이 아니라, 장기간에 걸쳐 정상적인 영업활동과정에서 사용할 목적으로 보유함으로써 미래의 경제적 효익이 기대되는 실물자산을 의미한다. 다시 말해, 유형자산은 ① 물리적 실체를 가지고 있고, ② 정상적인 영업활동에 사용할 목적으로 소유하는 자산이며, ③ 장기성 자산(1년 이상)으로 감가상각(토지, 건설중인자산 등은 예외)을 해야 하는 자산을 의미한다.

유형자산과 관련된 회계처리는 네 가지로 나누어진다.
⑴ 취득원가의 결정
⑵ 취득 후 사용과정에서 발생한 지출의 처리
⑶ 감가상각에 의한 가치감소분 계산
⑷ 처분에 따른 손익

2. 종류

(1) 토지

영업활동과정에서 사용하기 위해 취득한 점포, 공장, 창고, 건물 등의 부수토지, 임야 및 잡종지 등을 말하며, 토지는 다른 유형자산과는 달리 사용 또는 시간의 경과로 가치의 감소가 발생하지 않기 때문에 감가상각을 하지 않는다.

(2) 건물

건축물, 구조물, 냉난방, 전기, 통신 및 기타의 건물부속설비 등을 포함한다.

(3) 기계장치

동력을 이용해서 재료를 물리적으로 가공하기 위한 공작장치 · 작업기계 · 운송설비(콘베어, 호이스트, 기중기 등)와 기타의 부속설비 등을 포함한다.

(4) 차량운반구

육상 운송에 사용되는 자동차, 오토바이 등을 포함한다.

(5) 비품

내용연수가 1년 이상이면서 그 금액이 일정 금액 이상인 책상, 의자, 장식장, 가전제품, 컴퓨터 등과 같이 고정해 영업활동에 사용하는 물품을 포함한다.

(6) 구축물

토지에 부착하여 설치되는 건물 이외의 구조물, 토목설비 또는 공작물, 즉 교량, 궤도, 갱도, 담장, 굴뚝, 수조탱크, 저수조, 상하수도설비, 정원 설비 및 기타의 토목설비 또는 공작물 등을 포함한다.

(7) 건설중인자산

아직 완성되지 않은 유형자산의 건설과 제작을 위해 투입된 재료비, 노무비 및 경비(건설을 위하여 지출한 도급금액 등 포함)의 합계를 말하며, 유형자산을 취득하기 위하여 지출한 계약금, 중도금 및 건설자금이자도 포함한다.

Chat GPT를 활용한 학습

유형자산의 취득은 기업이 장기간 사용하기 위한 물리적 자산(토지, 건물, 기계, 차량 등)을 획득하는 행위를 의미한다. 이 과정은 단순한 구매를 넘어서 회계적으로 자산으로 인식하고, 그 취득원가를 정확히 측정하며, 감가상각의 기초를 마련하는 중요한 절차이다.

⑴ 유형자산의 의의

기업이 영업활동에 장기간 사용하기 위해 보유하는 물리적 실체를 가진 자산으로 토지, 건물, 기계장치, 차량운반구, 비품 등이 포함된다.

⑵ 유형자산의 특징

① 장기적 사용 목적(보통 1년 이상)

② 판매목적이 아님

③ 현금 창출을 위한 사용(직접 또는 간접)

⑶ 유형자산의 취득방법

취득방법	설 명
현 금 구 입	자산을 현금 또는 계좌이체로 직접 구매
외 상 구 입	외상 또는 할부 형태로 자산을 구매(미지급금 발생)
기 타 자 산 과 교 환	유형자산 또는 재고자산 등과 교환 취득
자 체 제 작	건설 또는 제작을 통해 자산을 직접 확보
정 부 보 조	무상 또는 보조금에 의한 취득
기 부 수 취	외부로부터 무상 수령

⑷ 취득원가의 구성요소

유형자산은 다음 항목을 모두 포함하여 취득원가로 인식한다. 단, 할인, 리베이트, 매입할인 등은 원가에서 차감한다.

① 구매가격

② 부대비용(취득에 직접 관련된 모든 비용) : 운송비, 설치비, 시험가동비, 취득세 및 등록세, 중개 수수료, 법률 자문료 등

③ 해체 및 복구 의무 관련 비용(현재가치로 반영)

⑸ 유형자산 인식 시점

유형자산은 다음 두 조건을 모두 충족할 때 자산으로 인식한다.

① 경제적 효익이 미래에 기업에 유입될 가능성이 높음

② 취득원가를 신뢰성 있게 측정할 수 있음

⑹ 유형자산 취득 이후 절차

① 감가상각 시작 : 내용연수 및 잔존가치를 기준으로 정기적 비용 인식

② 고정자산대장에 등록

③ 자산 손상 및 폐기시 별도 회계처리

제2절 취득원가

1. 외부로부터 취득

유형자산을 취득하는 방법 중에서 가장 일반적인 형태는 외부로부터 유상으로 구입하는 것이다. 따라서 외부에서 구입하는 경우 취득원가의 결정은 자산의 **매입금액**에 본래의 기능을 발휘할 때까지 발생한 모든 부대비용을 가산한 금액으로 한다.

자산의 매입금액은 송장가격에서 매입에누리와환출, 매입할인을 차감한 금액이며, 부대비용은 취득한 유형자산을 본래 목적에 맞게 사용 가능한 상태에 이르게 하는 데까지 관련하여 직접 발생한 원가, 즉 매입수수료, 운송비, 하역비, 설치비, 시험 운전비, 취득세 및 각종 수수료, 토지에 대한 정지비용, 취득과정에 발생한 제세공과금 등이 포함된다.

한편, 두 종류 이상의 유형자산을 단일가격으로 한꺼번에 구입하는 때도 있는데, 이를 **일괄 구입**이라고 한다. 예를 들어, 건물과 그 건물이 위치한 토지를 함께 구입하거나 공장과 공장 안에 있는 기계장치를 함께 구입하는 경우를 말한다. 다만, 일괄 구입을 하게 되면 두 개의 분리된 자산 계정으로 회계처리를 해야 하는데, 이때 각각 자산의 취득원가를 정확히 구별하기가 어렵다. 따라서 일괄 구입의 경우 각 자산의 취득원가는 상대적 시장가치(또는 공정가치)에 의하여 개별자산으로 적절히 나눈다. 만약, 시장가치를 알 수 없는 경우에는 감정가액, 매매사례가액 및 과세표준 등을 이용하여 적절히 나누어 회계처리를 해야 한다.

2. 교환에 의한 취득

교환으로 취득한 유형자산은 교환으로 제공한 자산의 적정한 금액으로서 취득원가를 산정하는데, 동종자산의 교환과 이종자산의 교환으로 구분하여 회계처리한다.

(1) 동종자산의 교환

건물과 건물, 토지와 토지, 기계장치와 기계장치 등과 같이 동일한 종류의 자산을 교환하여 취득하는 경우에는 제공한 자산의 장부금액을 기준으로 취득원가를 산정한다. 따라서 동종자산의 교환에서는 유형자산처분손익이 발생하지 않는다.

(2) 이종자산의 교환

건물과 토지, 토지와 기계장치, 차량운반구와 비품 등과 같이 서로 다른 종류의 자산과 교환하여 취득하는 경우에는 제공한 자산의 공정가치를 기준으로 취득원가를 산정한다. 다만, 제공한 자산의 공정가치를 모르고, 받은 자산의 공정가치를 알 수 있는 경우에는 받은 자산의 공정가치를 기준으로 취득원가를 산정한다. 따라서 이종자산의 교환에서는 유형자산처분손익이 발생한다.

한편, 건물과 건물을 교환하면서 다른 자산, 가령 현금, 기계장치 등과 같은 자산을 함께 교환하는 경우는 이종자산의 교환으로 보고 취득원가를 산정한다.

ChatGPT를 활용한 학습

유형자산을 교환하여 취득하는 경우, 단순한 현금 구매와는 달리 회계적으로 더 복잡한 판단이 필요하다. 일반기업회계기준(K-GAAP)과 한국채택국제회계기준(K-IFRS) 모두에서 유형자산의 공정가치에 근거하여 취득원가를 결정한다. 다시 말해, 유형자산을 교환 취득한 경우, 교환에 제공한 자산 또는 취득한 자산의 공정가치 중 더 신뢰성 있게 측정 가능한 금액을 기준으로 취득원가로 측정한다.

(1) 회계처리기준

구 분	내 용
공정가치 측정 가능	제공한 자산의 공정가치 또는 취득한 자산의 공정가치를 신뢰성 있게 측정 가능할 경우, 해당 금액을 기준으로 취득원가를 결정함
공정가치 측정 불가능	신뢰성 있게 공정가치를 측정할 수 없다면, 제공한 자산의 장부금액을 기준으로 취득원가를 결정함
유사 자산 간 교환	실질적인 상업적 실질이 없다면 장부금액 기준으로 평가(공정가치 미사용)

(2) 실질적인 상업적 실질

공정가치를 적용하기 위해서는 다음 중 하나 이상에 해당하여 거래가 상업적 실질을 가져야 한다.
① 미래 현금흐름의 시기, 금액, 위험 등이 바뀌는 경우
② 교환 이전과 이후의 자산이 서로 다른 용도 또는 다른 특성을 가진 경우
③ 교환으로 인해 기업의 재무적 성과가 달라질 가능성이 큰 경우

3. 자가제작(건설)에 의한 취득

자가제작(건설)을 위한 투입된 재료비, 노무비 및 경비(건설을 위하여 지출한 도급금액 등 포함)를 합산한 금액으로 취득원가를 산정한다. 그리고 자가제작(건설)을 위해 필요한 자금을 차입한 경우, 차입함에 따라 발생한 이자비용도 취득원가에 포함한다.

유형자산을 자가제작(자체건설)하는 경우, 그 취득원가는 자산을 사용 가능한 상태로 만들기 위해 직접 투입된 모든 원가를 포함하여 측정한다. 이는 외부에서 구매한 경우와 동일한 방식으로 자산을 인식하되, 내부에서 발생한 원가를 기준으로 한다는 점이 특징이다.

(1) 자가제작 유형자산의 정의

기업이 직접 인력, 자재, 장비 등을 동원해 유형자산을 제작하는 것으로 가령, 자체 건설한 건물, 스스로 조립한 기계, 직접 설치한 공장설비 등을 들 수 있다.

(2) 자가제작 유형자산의 취득원가 구성요소

항 목	설 명
직 접 재 료 비	건축, 제작에 사용된 원자재, 부재료 등
직 접 노 무 비	자산 제작에 직접 투입된 직원의 인건비
제 조 간 접 비	간접노무비, 감가상각비, 공장 간접비 등 배부된 간접비
설계 및 개발비용	외주 설계비, 엔지니어링 비용 등
운송 및 설치비용	자산 위치에 배치하고 사용 가능하게 하기 위한 비용
차 입 원 가	특정 자산 건설에 관련된 자금 조달 시 발생한 이자(일정 요건 충족 시)
해체 및 복구 의무	향후 자산 철거 및 복구에 소요될 법적 의무의 현재가치

주) 일반관리비, 판매비, 비효율로 인한 낭비, 초기 손실 등은 취득원가에 포함하지 않는다.

(3) 차입원가(이자비용) 자본화 조건

다음의 세 가지 조건을 모두 충족할 경우에만 해당 이자를 취득원가에 자본화(포함)할 수 있다.
① 자산이 적격자산(일정 기간 동안 건설되는 자산)일 것
② 자산의 건설이 진행 중일 것
③ 실제 이자가 발생하고 있을 것

4. 기타 방법에 따른 취득

(1) 현물출자에 의한 취득

유형자산을 취득하면서 그 대가로 주식을 추가로 발행하여 준 경우는 발행한 주식의 공정가치를 기준으로 취득원가를 산정한다. 다만, 주식의 공정가치를 모를 때에는 취득하는 유형자산의 공정가치를 기준으로 취득원가를 산정한다. 다시 말해, 현물출자에 의한 취득한 유형자산은 이종자산을 교환하여 취득하는 경우와 같은 방식으로 취득원가를 산정하여 회계처리한다.

(2) 무상(증여)에 의한 취득

유형자산을 취득하면서 대가를 지급하지 않고 무상으로 받으면, 무상으로 받은 유형자산의 공정가치를 기준으로 취득원가를 산정한다. 이때 발생한 금액은 영업외수익인 '자산수증이익' 계정으로 회계처리한다.

제3절 유형자산 취득 후 지출

유형자산은 장기간에 걸쳐 영업활동으로 사용하기 위해 보유하는 자산이다. 따라서 유형자산을 장기간 사용하게 되면 수선유지, 확장, 증설 및 내용연수 연장 등을 위해 각종 비용이 발생하게 되는데, 이러한 지출은 자본적지출과 수익적지출로 구분하여 회계처리한다.

1. 자본적지출

유형자산과 관련된 지출이 최근에 평가된 성능을 초과하여 미래 경제적 효익을 증가시키는 경우에는 해당 유형자산으로 처리한 후 감가상각을 통해 비용으로 처리하는 것이다. 즉, 자본적지출에 해당하는 지출은 새로운 생산 공정의 채택, 생산능력 증대, 내용연수 연장, 상당한 원가절감 및 품질 향상을 가져오는 지출 등을 들 수 있으며, 이런 경우에는 다음과 같이 회계처리한다.

차) 해당 유형자산   ×××   대) 현 금   ×××

2. 수익적지출

유형자산과 관련된 지출이 미래 경제적 효익을 증가시키지 않고 현재 상태를 유지하기 위한 경우는 지출한 시기에 즉시 비용으로 처리한다. 즉, 수익적지출은 처음에 예상되었던 성능을 회복하거나 유지를 위한 지출 가령, 파손 유리의 교체, 도색 등과 같은 수선활동을 하는 과정에서 일정 금액 이하의 소액지출이 발생하며, 이런 경우에는 다음과 같이 회계처리한다.

차) 수 선 비   ×××   대) 현 금   ×××

 **를 활용한 학습** 자본적지출과 수익적지출의 비교

구 분	자본적지출	수익적지출
목적	가치 증가, 수명 연장	현상 유지
효과	장기적	단기적
회계처리	자산으로 인식	비용으로 처리
예시	증축, 개조, 성능 향상	페인트칠, 소모부품 교체

제4절 감가상각

1. 의의

유형자산은 시간의 경과, 사용에 따른 마모, 환경의 변화 등 여러 가지 원인에 의하여 가치가 점점 감소하게 되어 일정 기간이 지나면 기업에 경제적 효익을 제공하지 못하게 된다. 따라서 기업은 수익창출에 기여하는 동안 수익비용대응의 원칙에 따라 가치가 감소한 부분을 비용으로 인식하는 동시에 해당 유형자산의 취득원가를 감소시켜야 하는데, 이러한 절차를 감가상각이라 한다.

즉, 감가상각이란 취득원가에서 잔존가치를 차감한 감가상각 대상 금액을 내용연수에 걸쳐 체계적이고 합리적인 방법으로 배분하여 비용으로 처리하는 과정을 말한다. 다만, 토지와 건설중인자산은 가치가 감소하지 않거나 사용하지 않은 유형자산에 해당하므로 감가상각을 하지 않는다.

감가상각은 유형자산의 취득원가를 내용연수 동안에 합리적이고 체계적으로 배분하여 당기의 비용으로 인식하는 것이다. 이처럼 감가상각을 원가의 배분하는 과정으로 보는 근거는 유형자산이 시간이 경과에 따라 자산가치 변화를 객관적으로 측정하기 어렵고, 역사적 원가주의에 의한 인식과 수익비용대응의 원칙을 적용하기 위한 것이다.

Chat GPT를 활용한 학습

(1) 감가상각(Depreciation)

감가상각은 시간이 지남에 따라 유형자산의 가치가 감소하는 것을 회계적으로 인식하는 절차이다. 즉, 자산의 취득원가를 내용연수에 걸쳐 비용으로 배분하는 과정이다.

(2) 감가상각의 목적

① 유형자산이 사용됨에 따라 가치가 감소하는 것을 회계에 반영

② 자산 사용으로 인한 비용을 각 회계기간에 적절히 배분

③ 수익과 비용을 정확하게 대응시키기 위함

④ 과대이익 방지 및 실질적 자산가치 표시

(3) 감가상각 대상 자산

건물, 기계장치, 차량, 비품 등과 같이 내용연수가 있고, 시간 또는 사용에 따라 가치가 감소하는 자산

(4) 감가상각 제외 자산

토지(사용해도 가치 감소하지 않음), 건설중인자산(영업활동에 사용하기 전) 등

(5) 감가상각 계산 요소

구 분	설명
취 득 원 가	자산을 구매·설치·가동하기까지 발생한 모든 비용
잔 존 가 치	자산의 사용이 끝난 후 회수 가능한 가치(매각가 등)
내 용 연 수	자산을 사용할 수 있는 예상 기간
감 가 상 각 대 상 액	취득원가 – 잔존가치

(6) 감가상각 방법(일반기업회계기준 기준)

① 정액법(Straight - line method) : 매년 같은 금액을 감가상각

② 정률법(Declining - balance method) : 잔존 장부금액에 일정률을 곱해 감가상각하며, 초기에 감가상각금액이 큼

③ 생산량비례법(Units - of - production method) : 자산의 사용량 또는 생산량에 따라 감가상각

(7) 감가상각의 회계처리

취득원가 10,000,000원, 잔존가치 1,000,000원, 내용연수 5년, 정액법

연간 감가상각비 = (10,000,000 - 1,000,000)÷5 = 1,800,000원

차) 감가상각비   1,800,000   대) 감가상각누계액   1,800,000

□ 감가상각비 → 손익계산서의 비용

□ 감가상각누계액 → 자산의 마이너스 계정(차감)

2. 감가상각비의 계산요소

(1) 취득원가

취득원가는 해당 자산의 매입금액, 제작금액에 취득하여 사용 가능한 상태까지 소요된 모든 부대비용 및 보유 중 발생한 자본적지출을 합산한 금액을 말한다. 그리고 **상각기준액**이란 유형자산의 취득원가에서 잔존가치를 차감한 금액을 말하는 것으로, 유형자산의 사용기간 동안 감가상각을 통해 비용으로 처리될 금액을 의미한다.

(2) 내용연수

내용연수란 유형자산이 수익획득과정에 정상적으로 사용될 것을 기대하는 기간으로써, 감가상각을 실시하는 기간을 말한다. 내용연수를 추정할 때는 유형자산의 용역잠재력이 감소하는 물리적 요인과 경제적 요인을 종합적으로 고려해야 한다.

(3) 잔존가치

잔존가치는 유형자산의 내용연수(사용기간)가 모두 지나 폐기하거나 처분할 때 받을 것으로 추정되는 금액에서 처분비용을 차감한 금액이다.

3. 감가상각비의 계산방법

(1) 정액법

정액법은 자산의 내용연수에 걸쳐 취득원가에서 잔존가치를 차감한 상각기준액을 매년 **일정한 금액으로** 상각하는 방법으로서 이를 **균등액상각법** 또는 **직선법**이라고도 한다. 즉, 정액법에 따른 감가상각비는 취득원가에서 잔존가치를 차감한 금액을 내용연수로 나누어 계산한다. 정액법은 계산방법이 간단하고 이해하기 쉽다는 장점이 있으며, 유형자산의 가치가 사용 정도와 관계없이 시간 경과에 따라 일정하게 감소하는 건물, 구축물 등과 같은 유형자산에 적용하기 좋은 방법이다. 그러나 감가상각비가 매년 일정하게 발생한다는 가정은 유형자산의 속성으로 보아 타당하지 못하다는 단점이 있다.

(2) 정률법

정률법은 유형자산의 장부금액에 대해 **일정한 상각률**을 적용하여 감가상각비를 계산하는 방법이다. 따라서 정률법에 따른 감가상각비는 취득원가에서 상각시점까지의 감가상각누계액을 차감한 금액에 상각률(정률)을 곱하여 계산한다.

정률법은 매년 감가상각비로 계상한 금액을 누적하여 당기 감가상각비를 계산해야 하므로 계산방법이 복잡하지만, 정액법보다 상대적으로 유형자산의 가치평가를 적절하게 평가한다고 볼 수 있다. 한편, 정률법에서 상각률은 잔존가치를 고려하여 계산한 것이므로 해당 기간의 감가상각비를 계산할 때에는 잔존가치는 고려되지 않는다.

정액법	- 균등상각법 : 감가는 시간의 경과에 따라 균등하게 발생한다. - 감가상각비 $= \dfrac{(\text{취득원가} - \text{잔존가치})}{\text{내용년수}}$
정률법	- 체감상각법 : 초기에 많은 감가상각비를 계상, 기간이 지남에 따라 감가상각비는 점차 감소 - 감가상각비 $=$ 미상각잔액(장부금액) $\times$ 상각률(정률) 　 미상각잔액(장부금액) $=$ 취득원가 $-$ 감가상각누계액

3. 감가상각비의 회계처리

감가상각비를 해당 유형자산 계정에서 직접 차감하지 않고 '감가상각누계액' 계정을 설정하여 대변에 해당 금액을 기록한다. 그리고 감가상각누계액은 해당 유형자산 계정에 대한 차감형식으로 표시함으로써 장부금액과 취득원가를 알 수 있다. 즉, 감가상각누계액은 부채계정과 자본계정이 아니라, 자산계정에 대해 차감(또는 평가)하는 계정이다.

회계처리는 다음과 같으며, 감가상각비는 손익계산서의 판매비와관리비로 처리한다.

차) 감가상각비　　　　　　　　×××　　대) 감가상각누계액　　　　　×××
　　(판매비와관리비)　　　　　　　　　　　　(자산의 차감 계정)

4. 재무상태표 표시

차변에 기록되는 유형자산의 금액은 취득원가라고 하며, 대변에 기록된 감가상각누계액을 차변으로 옮기면서 부호가 음(-)으로 바뀌고 해당 유형자산의 취득원가에서 차감하는 형식으로 보고된다. 즉, 취득원가에서 감가상각누계액을 차감한 금액을 장부금액이라고 한다. 예시에서는 보는 바와 같이, 기계장치의 취득원가는 1,000,000원이고, 300,000원은 재무상태표 작성일 현재까지 누적된 감가상각누계액(가치감소분)을 의미한다. 그리고 700,000원은 기계장치의 장부금액을 의미한다.

예시) 재무상태표에 표시되는 유형자산

재무상태표

:		
기계장치	1,000,000	
감가상각누계액	(300,000)	700,000
:		

예시 1 다음의 자료를 이용하여 필요한 회계처리를 하시오.

> 취득일자 : 20X1년 1월 1일
> 취득원가 1,000,000원   내용연수   5년
> 잔존가치   100,000원   상각률   40%

① 정액법으로 감가상각하는 경우 20X1년 12월 31일 회계처리

  차) 감가상각비   180,000   대) 감가상각누계액   180,000

  계산근거) 20X1년 감가상각비 = (1,000,000원 - 100,000원) ÷ 5년 = 180,000원
  매년 같은 금액으로 감가상각을 하므로 회계처리는 같다.

② 정률법으로 감가상각하는 경우 20X2년 12월 31일 회계처리

  차) 감가상각비   240,000   대) 감가상각누계액   240,000

  계산근거) 20X1년 감가상각비 = 1,000,000원 × 40% = 400,000원
  20X2년 감가상각비 = (1,000,000원 - 400,000원) × 40% = 240,000원

  * 전년도까지 감가상각한 누계금액을 취득원가에서 차감한 금액에 상각률을 곱하여 감가상각
    을 하므로 매년 금액은 달라진다.

제5절 유형자산의 처분

유형자산의 내용연수를 지났거나 그 이전이라도 새로운 자산으로 대체할 필요가 있다고 판단될 때 보유하고 있는 유형자산을 처분하거나 폐기할 수도 있으며, 화재·홍수 등과 같은 자연재해에 의하여 비자발적으로 처분하거나 폐기할 수도 있다. 어떠한 형태의 처분·폐기이든지 간에 처분· 폐기 시점까지 감가상각비를 계산해야 하며, 처분·폐기되는 자산과 관련된 감가상각누계액은 장부에서 소멸(상계)시켜야 한다.

유형자산이 처분될 경우 해당 자산의 장부금액(= 취득원가 – 감가상각누계액)과 처분가액(처분과 관련된 수수료 등을 차감한 금액) 간에 차이가 발생할 때, 그 차액은 '**유형자산처분이익**' 또는 '**유형자산처분손실**' 계정으로 처리하여 영업외손익으로 보고한다.

차)	감가상각누계액[1]	×××	대)	해당 유형자산[1]	×××
	현금(미수금)[2]	×××		유형자산처분이익[3]	×××

주1) 장부에 기록된 해당 유형자산의 취득원가와 감가상각누계액을 상계
주2) 처분·폐기하면서 상대방으로부터 받을 현금(미수금)을 기록
주3) 처분가액과 장부금액의 차이(대차차액)는 유형자산처분이익(손실)으로 처리한다. 만약, 차액이 차변에 기록되면 유형자산처분손실, 차액이 대변에 기록되면 유형자산처분이익이 된다.

예제 2 다음의 자료를 이용하여 회계처리를 하시오.

기계장치 취득원가	1,000,000원
처분시점까지 감가상각누계액	300,000원
잔존가치	100,000원
처분액(현금)	800,000원

차)	감가상각누계액	300,000	대)	기계장치	1,000,000
	현 금	800,000		유형자산처분이익	100,000

제6절 실습예제

1. 취득 거래

3월 2일 한국개발㈜로부터 건물 70,000,000원을 취득한 후, 건물에 대한 등기 비용 1,500,000 원을 포함하여 전액 당좌수표 발행하여 지급하다.

3월 4일 한국개발㈜로부터 영업점포를 신축하기 위해 토지를 20,000,000원에 구입하고, 대금 중 5,000,000원은 보통예금계좌에서 이체하고, 잔액은 2개월 후에 지급하기로 하다. 한편, 토지에 대한 취득세 등 1,000,000원을 현금으로 지급하다.

3월 6일 한진상사로부터 업무용 책상과 의자 800,000원을 구입하면서 당좌수표 발행하여 지급 하다. 다만, 책상과 의자의 운반비 30,000원은 한진상사가 현금으로 지급하다.

3월 8일 태극설비로부터 판매매장의 진열대 5,000,000원을 외상으로 구입하다. 단, 운반비 200,000원은 현금으로 지급하다.

3월 19일 한진상사로부터 업무용 컴퓨터 3,000,000원과 업무용 프린터 1,000,000원을 구입하 면서 약속어음을 발행하여 지급하다.

3월 31일 보배중고차로부터 상품운송용 화물차량 6,000,000원을 외상으로 구입하고, 취득세 등 650,000원을 현금으로 지급하다.

2. 보유 중 거래

4월 1일 업무용 차량에 대한 보험료 1,200,000원을 보통예금계좌에서 이체하다(단, 보험기간은 4월 1일부터 차기 3월 31일까지이며, 보험기간에 대해서는 반드시 '적요 등록'할 것). 단, 보험료는 비용으로 회계처리한다.

4월 4일 태극설비로부터 건물 출입문을 자동화 시설로 교체하고, 설치비용 6,000,000원은 2개 월 후 지급하기로 하다(자본적지출로 회계처리).

4월 5일 업무용 건물에 대한 재산세 330,000원을 현금으로 납부하다.

4월 6일 업무용 차량에 대한 주유비용 120,000원을 국민카드로 결제하다.

4월 9일 업무용 컴퓨터에 대한 수리하고, 수리비 50,000원을 현금으로 지급하다(수익적지출로 회계처리).

4월 11일 업무용 건물 유리창이 파손되어 유리를 교체하고, 교체비용 130,000원을 현금 지급하다.

4월 13일 판매매장의 진열대를 확장공사를 하면서 공사비 3,000,000원이 발생하여 태극설비에 당좌수표 발행하여 지급하다(자본적지출로 회계처리).

3. 처분 거래

4월 15일 사용하고 있던 업무용 화물차(취득원가 15,000,000원, 처분 시점까지 감가상각누계액
12,300,000원)를 보배중고차에 3,000,000원 처분하고 대금은 월말에 받기로 하다.

4월 16일 상품배송 화물차(취득원가 15,000,000원, 폐차시점까지 감가상각누계액 14,800,000
원)를 폐차하고, 폐차에 대한 고철대금 800,000원을 현금으로 받다.

4월 17일 영업팀에서 사용하던 컴퓨터를 한진상사에 200,000원 매각하고 대금은 현금으로 받다.

계정과목	취득원가	처분시점까지 감가상각누계액
비품(컴퓨터)	2,000,000원	1,500,000원

4월 19일 업무용 건물을 한국개발㈜에 다음과 같이 매각하고, 대금은 한국개발㈜ 발행 약속어음
으로 받다.

계정과목	취득원가	처분시점까지 감가상각누계액	처분금액
건 물	20,000,000원	13,500,000원	15,000,000원

객관식 연습문제

01 **유형자산에 대한 설명으로 옳지 않은 것은?**

① 판매를 목적으로 하는 자산

② 1년을 초과하여 사용할 것이 예상되는 자산

③ 물리적 형체가 있는 자산

④ 재화의 생산을 목적으로 보유하는 자산

해설 판매를 목적으로 하는 자산은 재고자산을 의미한다.

02 **유형자산의 정의에 대한 설명으로 옳지 않은 것은?**

① 투자목적으로 소유하는 것

② 내구적인 사용이 가능할 것

③ 미래 경제적 효익이 기대될 것

④ 물리적 실체가 있을 것

해설 투자목적으로 소유하는 자산은 투자자산을 의미한다.

03 **유형자산의 특징에 대한 설명으로 옳지 않은 것은?**

① 물리적 형체가 있는 자산

② 모든 유형자산은 감가상각의 대상이 됨

③ 1년을 초과하여 사용할 것이 예상되는 자산

④ 재화의 생산, 용역의 제공, 타인에 대한 임대 또는 자체적으로 사용할 목적으로 보유

해설 감가상각하지 않는 자산으로 토지, 건설중인자산 등과 같이 자산가치가 감소하지 않거나 현재 사용하지 않는 유형자산이 해당한다.

04 유형자산에 대한 설명으로 옳은 것은?

① 토지, 건물, 차량운반구, 구축물 등은 유형자산에 속한다.

② 유형자산은 판매 목적으로 구매한 자산이다.

③ 1년 이상 장기에 걸쳐 사용되는 자산으로 물리적인 형태가 없는 자산이다.

④ 유형자산을 취득할 때 소요된 취득부대비용은 당기의 비용으로 처리한다.

해설 자산을 취득할 때 소요된 취득부대비용은 당기의 취득원가에 포함하여야 한다. 그리고 물리적인 형태가 없는 자산은 무형자산이다.

05 유형자산에 포함되지 않는 것은?

① 구축물   ② 영업권

③ 차량운반구   ④ 건설중인자산

해설 영업권은 무형자산이다.

06 다음 항목 중 건물계정 차변에 기재될 수 있는 것으로 나열한 것은?

(가) 건물 취득 후 자본적지출	(나) 건물 취득 시 취득세 지급
(다) 건물 취득 후 화재보험료 지급	(라) 건물 취득 후 재산세 지급

① (가), (나)   ② (가), (라)

③ (나), (다)   ④ (다), (라)

해설 취득 후 발생한 비용은 당기비용으로 처리하지만, 자산가치 향상, 내용연수 증가, 생산능력 향상 등과 같은 자본적지출은 취득원가에 가산한다.

07 각종 세금을 낼 때 사용되는 계정과목으로 옳지 않은 것은?

① 토지 취득 시 납부한 취득세 : 토지 계정

② 보유 차량에 대한 자동차세 : 세금과공과 계정

③ 종업원 급여 지급 시 원천징수한 소득세 : 예수금 계정

④ 소유 건물에 대한 재산세 : 건물 계정

해설 취득 후 발생한 비용은 당기비용으로 처리한다.

08 다음 거래에 대해 회계처리하는 경우, 차변에 비용이 발생하는 경우가 아닌 것은?

> ㄱ. 특허권 2,000,000원을 취득하고, 등록비용 100,000원과 함께 현금 지급하다.
> ㄴ. 급여일에 직원 급여 1,000,000원을 지급하지 못하다.
> ㄷ. 영업사원의 결혼축하금 100,000원을 현금 지급하다.
> ㄹ. 상품운반용 차량을 구입하면서 취득세 100,000원을 현금 납부하다.

① ㄱ, ㄴ   ② ㄱ, ㄷ
③ ㄴ, ㄹ   ④ ㄱ, ㄹ

해설

ㄱ. 차)	특 허 권	2,100,000	대)	현 금	2,100,000
ㄴ. 차)	급 여	1,000,000	대)	현 금	1,000,000
ㄷ. 차)	복리후생비	100,000	대)	현 금	2,100,000
ㄹ. 차)	차량운반구	100,000	대)	현 금	100,000

09 다음의 거래에서 발생하지 않은 계정과목은 무엇인가?

> 영업활동에 사용할 건물을 신축할 목적으로 토지 1,000㎡를 300,000,000원에 취득하면서 대금 중 100,000,000원은 자기앞수표로 지급하고, 잔액은 한 달 후에 지급하기로 하다.

① 미수금   ② 토지
③ 미지급금   ④ 현금

해설

차) 토 지	300,000,000	대) 현 금	100,000,000
		미지급금	200,000,000

10 기계장치를 수리하고 수리비 5,000,000원을 자기앞수표로 지급하다. 이 중 4,000,000원은 자본적지출이고, 나머지는 수익적지출일 때 옳은 분개는?

① 차) 기계장치 1,000,000 대) 당좌예금 5,000,000
　　 수 선 비 4,000,000
② 차) 기계장치 4,000,000 대) 당좌예금 5,000,000
　　 수 선 비 1,000,000
③ 차) 기계장치 1,000,000 대) 현 금 5,000,000
　　 수 선 비 4,000,000
④ 차) 기계장치 4,000,000 대) 현 금 5,000,000
　　 수 선 비 1,000,000

해설 자기앞수표는 현금으로 처리하고, 자본적지출에 해당하는 금액은 해당 자산에 가산한다.

11 자본적지출 1,500,000원을 수익적지출로 회계처리로 잘못한 경우, 이로 인해 발생하는 영향은 무엇인가?

① 자산은 증가하고 비용은 감소하게 된다.

② 자산은 감소하고 이익도 감소하게 된다.

③ 자산은 감소하고 이익은 증가하게 된다.

④ 자산은 변화가 없으나 비용은 증가하게 된다.

해설 자산으로 처리해야 하는 것으로 비용으로 계상하였으므로, 자산과 이익은 모두 감소한다.

12 유형자산의 취득원가 결정에 관한 설명으로 옳지 않은 것은?

① 토지를 취득하는 시점에 납부한 토지 관련 취득세는 토지의 취득원가이다.

② 기계장치를 취득할 때 발생한 설치비는 기계장치의 취득원가이다.

③ 3대 기계를 일괄 구입할 때 각 기계의 취득원가는 각 기계의 공정가치를 기준으로 안분 계산한다.

④ 무상으로 증여받은 비품은 취득원가를 계상하지 않는다.

해설 자산을 무상으로 취득해도 공정가치로 회계처리를 해야 한다.

13 자본적지출로 회계처리를 해야 할 것은?

① 유형자산의 내용연수를 연장하는 지출

② 유형자산의 원상을 회복시키는 지출

③ 유형자산의 능률을 유지하기 위한 지출

④ 지출의 효과가 일시적인 지출

해설 내용연수 연장, 자산가치 증가, 생산능력 향상 등과 같은 지출은 자본적지출로 처리해야 한다.

14 수익적지출을 자본적지출로 처리하였을 때의 영향으로 옳지 않은 것은?

① 자산의 과대계상   ② 당기순이익의 과대계상

③ 비용의 과소계상   ④ 자본의 과소계상

해설 수익적지출을 자본적지출로 처리하게 되면 자산이 과대계상되고 비용이 과소계상되므로 순이익의 과대계상 및 자본의 과대계상을 가져온다.

15 유형자산을 보유하는 기간에 발생한 지출 중 회계처리의 성격이 다른 하나는?

① 오래된 건물의 도색작업

② 계단식 3층 건물의 에스컬레이터 설치

③ 3년 동안 사용한 트럭의 배터리 교체

④ 건물 내부의 조명기구 교환

해설 유형자산의 원상을 회복시키는 지출은 수익적지출로 처리해야 한다.

16 감가상각하지 않는 자산은?

① 토지　　　　　　　　　　② 비품

③ 영업용 건물　　　　　　　④ 영업용 차량

해설 비상각자산에는 토지, 건설중인자산, 운휴 중인 자산 등이 있다.

17 유형자산의 내용연수 동안 매기 같은 금액으로 감가상각비를 인식하는 방법에 해당하는 것은?

① 생산량비례법　　　　　　② 정률법

③ 정액법　　　　　　　　　④ 이중체감잔액법

해설 같은 금액을 상각하는 것은 정액법, 같은 상각률로 상각하는 것은 정률법이다.

18 유형자산에 대해 감가상각을 하는 목적은 무엇인가?

① 유형자산의 정확한 가치평가를 목적으로

② 사용 가능한 연수를 매년 확인하기 위해서

③ 현재 판매할 경우 예상되는 현금흐름을 측정할 목적으로

④ 자산의 취득원가를 체계적인 방법으로 기간 배분하기 위해서

해설 감가상각은 취득원가를 내용연수 동안 합리적으로 배분하는 것이다.

19 20X1년 7월 1일 차량운반구 5,000,000원을 구입하고, 취득세 500,000원과 함께 현금 지급하다. 20X1년 12월 31일 결산시점 정액법에 따라 감가상각을 하면 감가상각비는 얼마인가? (단, 내용연수 5년, 잔존가치 0원, 결산 연 1회)

① 400,000원 　　　　　　　　　② 450,000원
③ 500,000원 　　　　　　　　　④ 550,000원

해설 감가상각비는 월할 상각을 원칙으로 하고 있으므로 다음과 같이 계산할 수 있다.
$(5,000,000+500,000) \div 5 \times 6/12 = 550,000원$

20 다음 자료에 의하여 결산일에 계상하여야 할 감가상각비는 얼마인가?

• 기계장치 구입액 : 30,000,000원	• 전기 감가상각누계액 : 3,000,000원
• 내용연수 : 5년(잔존가치는 없음)	• 감가상각방법 : 정액법

① 3,000,000원 　　　　　　　　② 5,000,000원
③ 5,400,000원 　　　　　　　　④ 6,000,000원

해설 감가상각비 = 30,000,000원 ÷ 5년 = 6,000,000원

21 20X1년 1월 1일 건물을 다음과 같이 취득하였을 경우, 20X3년 12월 31일 계상할 감가상각비와 감가상각누계액은 각각 얼마인가?

• 건물취득원가 : 50,000,000원
• 감가상각방법은 정액법, 내용연수는 20년, 잔존가치는 0원

　감가상각비　　　　감가상각누계액
① 2,500,000원　　　　5,000,000원
② 2,500,000원　　　　7,500,000원
③ 5,000,000원　　　15,000,000원
④ 7,500,000원　　　22,500,000원

해설 20X1년 감가상각비 : 50,000,000/20 = 2,500,000원
20X2년 감가상각비 : 50,000,000/20 = 2,500,000원
20X3년 감가상각비 : 50,000,000/20 = 2,500,000원
20X3년 감가상각누계액 : 2,500,000 + 2,500,000 + 2,500,000 = 7,500,000원

22 다음은 유형자산의 감가상각방법을 나타낸다. A와 B에 해당하는 것은?

- 정액법 = (취득원가 − A) ÷ 내용연수   정률법 = (취득원가 − B) × 감가상각률

	A	B
①	잔존가치	감가상각누계액
②	잔존가치	내용연수
③	감가상각누계액	잔존가치
④	내용연수	잔존가치

해설 정액법 = (취득원가 − 잔존가치) ÷ 내용연수
정률법 = (취득원가 − 감가상각누계액) × 감가상각률

23 주어진 자료에서 20X1.12.31에 계상할 감가상각비를 정액법으로 계산하면?

1) 20X1년 1월 1일 차량운반구 취득
- 내용연수 : 10년
- 잔존가치 : 0원
- 취득원가 : 5,000,000원
- 취득세 : 200,000원
- 자동차 보험료 : 300,000원
2) 20X1년 6월 30일 차량운반구 자동차세 지급 : 300,000원

① 500,000원   ② 520,000원
③ 550,000원   ④ 580,000원

해설 자동차세는 세금과공과로 처리한다.

24 유형자산에 대한 차감적 평가계정의 계정과목으로 옳은 것은?

① 인출금   ② 대손충당금
③ 감가상각누계액   ④ 단기매매증권평가손실

해설 유형자산은 취득원가와 감가상각누계액을 표시하여 정보를 제공한다.

25 감가상각누계액 200,000원인 비품을 120,000원에 처분하였는데 유형자산처분이익이 10,000원이라면 비품의 취득원가는 얼마인가?

① 300,000원   ② 310,000원
③ 320,000원   ④ 330,000원

해설 유형자산처분이익 = 처분가액 - (취득원가 - 감가상각누계액)
10,000원 = 120,000원 - (취득원가 - 200,000원)

Chat GPT를 활용한 학습

유형자산처분이익 = 처분금액 - (취득원가 - 감가상각누계액)

따라서 10,000 = 120,000 - (취득원가 - 200,000)
10,000 = 120,000 - 취득원가 + 200,000
10,000 = 320,000 - 취득원가
취득원가 = 320,000 - 10,000 = 310,000
비품의 취득원가는 310,000원이다.

26 20X1년 1월 1일 구입한 차량을 20X3년 1월 1일에 5,000,000원에 처분한 경우 유형자산처분손익은 얼마인가? (단, 상각방법은 정액법이다)

| • 취득원가 : 10,000,000원 | • 내용연수 : 5년 | • 잔존가치 : 1,000,000원 |

① 유형자산처분이익   1,000,000원   ② 유형자산처분손실   1,000,000원
③ 유형자산처분이익   1,400,000원   ④ 유형자산처분손실   1,400,000원

해설 20X1년 감가상각비(10,000,000원 - 1,000,000원)÷5년 = 1,800,000원
20X2년 감가상각비(10,000,000원 - 1,000,000원)÷5년 = 1,800,000원
20X3년 1월 1일 장부금액 6,400,000원(= 10,000,000원 - 3,600,000원)

Chat GPT를 활용한 학습

감가상각비 = (10,000,000 - 1,000,000)÷5 = 1,800,000원 / 연

2년치 감가상각누계액 = 1,800,000 × 2 = 3,600,000원
장부가액 = 취득원가 - 감가상각누계액 = 10,000,000 - 3,600,000 = 6,400,000원
처분손익 = 처분금액 - 장부가액 = 5,000,000 - 6,400,000 = - 1,400,000원

27 재무상태표에 대한 설명으로 옳지 않은 것은?

			재무상태표	(단위 : 원)
건　　물	300,000			
감가상각누계액	(50,000)	250,000		

① 감가상각누계액은 50,000원이다.

② 건물은 300,000원에 취득되었다.

③ 건물의 장부금액은 250,000원이다.

④ 지금까지 인식된 감가상각비의 합계액은 250,000원이다.

해설 재무상태표에 표시된 감가상각누계액은 작성 시점까지의 합계액을 의미한다.

28 ㈜제주는 사옥을 신축하기 위하여 ㈜부산으로부터 건물과 토지를 함께 400,000,000원에 매입하였다. 토지와 건물의 장부금액은 각각 200,000,000원이다. ㈜제주는 매입 즉시 6,550,000원을 들여 건물을 철거하고 사옥신축공사를 시작하였다. 건물철거과정에서 나온 골조는 1,000,000원에 매각하였다. 토지의 취득원가는 얼마인가?

① 200,000,000원　　　　　　　　　② 400,000,000원

③ 405,550,000원　　　　　　　　　④ 406,550,000원

해설 자산의 취득원가는 부대비용을 합산한 금액에서 취득과정에서 발생한 수익을 차감한 것이다.

ChatGPT를 활용한 학습

이 문제는 토지와 건물을 함께 매입하고 기존 건물을 철거하는 경우에, 철거비용과 매각수입을 어떻게 처리하여 토지의 취득원가를 계산하는가를 묻는 문제이다. 따라서 기존 건물을 철거하고 토지 위에 새로운 건물을 신축할 경우에는 철거비용은 토지의 취득원가에 포함하며, 철거 과정에서 회수한 금액(매각대금)은 토지 취득원가에서 차감한다.

　　토지 취득원가＝토지배분금액＋철거비용－철거물매각수입

　　　　　　　　＝200,000,000＋6,550,000－1,000,000＝205,550,000원

　　최종 정답：토지의 취득원가＝205,550,000원

보충 잘못된 해석을 하고 있다. 이런 것은 초기 챗GPT에서도 동일하게 나타났다.

You

㈜제주는 사옥을 신축하기 위하여 ㈜부산으로부터 건물과 토지를 함께 400,000,000원에 매입하였다. 토지와 건물의 장부금액은 각각 200,000,000원이다. ㈜제주는 매입 즉시 6,550,000원을 들여 건물을 철거하고 사옥신축공사를 시작하였다. 건물철거과정에서 나온 골조는 1,000,000원에 매각하였다. 토지의 취득원가는 얼마인가?

ChatGPT

토지의 취득원가를 계산하기 위해서는 토지와 건물의 취득가격을 분리해야 합니다. 문제에서 건물과 토지를 함께 400,000,000원에 매입하였으며, 장부금액이 각각 200,000,000원이라고 주어졌습니다.

건물을 철거하고 사옥 신축공사를 시작하기 위해 6,550,000원을 사용했으며, 건물철거 과정에서 나온 골조를 1,000,000원에 매각하였습니다.

따라서 토지의 취득원가는 다음과 같이 계산할 수 있습니다:

취득가격 - 건물철거 비용 + 건물철거 과정에서 나온 골조 판매액 = 토지의 취득원가

$$200,000,000원 - 6,550,000원 + 1,000,000원 = 194,450,000원$$

따라서, 토지의 취득원가는 **194,450,000원**입니다.

Chapter

10 부채와 자본

제1절 부 채

1. 부채의 개념

부채는 과거의 거래 또는 사건의 결과로 미래에 타인에게 자산을 이전하거나 용역을 제공해야 할 경제적 의무 또는 희생을 의미한다. 여기서 의무는 특정 방법으로 실행하거나 수행할 책무 또는 책임을 의미한다. 이러한 의무는 계약이나 관계 법령에 따라 법적으로 강제력이 있는 의무와 상관습, 관행 및 거래상대방과 원활한 거래 관계를 유지하기 위하여 발생하는 의무가 있다.

일반적으로 기업이 현재의 의무를 이행하기 위해서는 일반적으로 미래 경제적 효익의 희생을 수반하게 된다. 현재의 의무는 주로 현금 또는 자산의 이전, 용역의 제공, 다른 의무로의 대체 또는 자본으로의 전환 등과 같은 방법으로 이행된다. 다시 말해, 기업이 거래처로부터 재고자산(상품)을 외상으로 구입한 경우에 미래에 현금 또는 어음 등을 제공하여 의무를 해결해야 한다.

ChatGPT를 활용한 학습

부채(負債, Liabilities)란 기업이 현재 가지고 있는 의무로서, 과거의 거래나 사건의 결과로 발생하며, 미래에 자산의 이전이나 서비스의 제공 등의 형태로 경제적 효익이 유출될 것으로 예상되는 항목을 말한다. 간단히 말하면, 기업이 갚아야 할 돈이나 의무이다.

1. 부채의 기본 개념 정리
   ① 과거의 사건에서 발생,
   ② 현재 시점의 의무,
   ③ 미래에 자산이나 서비스로 갚아야 함,
   ④ 타인자본으로 분류되며, 기업의 재무상태표에 기재됨

2. 부채의 종류
   부채는 크게 유동부채와 비유동부채로 나눌 수 있다.

2. 부채의 종류

부채는 재무상태표 작성일 기준으로 상환 기간이 1년 이내인 부채를 **유동부채**로, 상환 기간이 1년 이상인 부채를 **비유동부채**로 분류한다.

3. 유동부채

유동부채는 상환 기간이 재무상태표 작성일로부터 **1년 이내**에 도래하는 부채를 의미한다. 유동부채는 단기간 이내에 지급이 이루어져야 하는 부채이기 때문에 유동성 측면에서 중요한 항목이다. 다시 말해, 유동부채는 기업의 유동성 평가와 지급능력의 평가에 핵심적인 항목이다.

구 분	성 격
매입채무	주된 영업활동(도소매기업 : 상품의 구입)과 관련된 채무 –외상매입금 : 신용으로 약속한 채무 –지급어음 : 어음을 발행하여 발생한 채무
미지급금	주된 영업활동 이외의 거래(상품 이외의 구입)에서 발생한 채무
선수금	일반적인 상거래에서 먼저 받은 금액(수취한 계약금)
단기차입금	금전 대차거래에서의 채무(빌린 자금)
예수금	일시적으로 보유하다가 일정기간 경과 후 지급해야 하는 채무
가수금	현금을 수취하거나 예금에 입금되었으나 계정과목이 확정되지 않았을 때 처리하는 임시계정으로 반드시 그 원인을 파악하여 대체하여야 함
유동성장기부채	비유동부채 중 기간이 흘러 결산일 기준으로 1년 이내에 상환기일이 도래하여 유동부채로 재분류 된 것

(1) 외상매입금

외상거래란 재고자산(상품)을 구입하면서 일정기간이 지난 후 대금을 지급해야 하는 거래를 말하며, 이런 경우 거래처에 대한 채무가 발생한다. 여기서 발생한 채무는 '**외상매입금**' 계정으로 대변에 기록한다. 이 경우 외상거래의 기록을 외상매입금으로만 처리할 경우 거래처별로 상환해야 할 채무를 파악할 수 없다. 따라서 거래처별로 채무를 관리하기 위하여 외상매입금의 보조장부인 매입처원장을 사용하는데, 거래처별 보조원장을 작성하는 목적은 거래처에 대한 채무를 제때에 그리고 정확하게 지급하기 위함이다. 한편, 매입채무는 거래당사자와 사전 협의한 매입금액에 의해 측정하여 기록된다. 그러나 매입금액은 여러 가지 요소에 의해 수정될 수 있는데, 이러한 요소에는 매입에누리와환출, 매입할인 등이 있다.

① 매입에누리와환출

구입한 상품에 하자가 발생하면 반품하거나 에누리한다. 그러나 외상으로 구할 때는 '**외상매입금**' 계정을 차변에, '**매입에누리와환출**' 계정을 대변에 기록한다. 재무제표를 작성하는 경우 손익계산서상 매입액은 총매입액에서 매입에누리와환출을 차감하여 보고한다. 다만, 전산회계2급에서는 매입에누리와환출계정을 별도로 사용하지 않고 상품계정을 직접 차감하는 방식으로 회계처리한다.

② 매입할인

상품을 외상으로 구입한다는 것은 신용을 전제로 특정 기간 경과 후 대금을 지급한다는 의미를 지니지만, 외상대금을 빠른 시일에 결제(지급)하는 경우에 할인 혜택을 받을 수 있다. **매입할인**이란 외상대금을 지급기일보다 빨리 지급함으로써 약정된 매입금액의 일정비율을 할인받는 것을 말한다. 이러한 매입할인은 상품(매입)에 대한 차감항목으로 회계처리한다.

(2) 지급어음

어음을 발행할 때 재고자산(상품)과 관련된 거래에서 발행했는지는 회계처리를 하면서 중요하다. 다시 말해, 상품의 거래과정에서 매매대금의 결제수단으로 어음이 발행하여 제공하였다면 어음발행인은 '**지급어음**'(환어음은 제외)으로 회계처리한다. 다만, 재고자산(상품) 이외의 거래에서 대금의 결제수단으로 어음이 발행되었다면 '미지급금' 또는 '단기차입금'으로 회계처리한다.

(3) 금융어음

자금을 융통할 목적으로 발행하는 어음을 금융어음(융통어음 또는 공(空)어음)이라고 한다. 금융어음의 채무는 '**차입금**'계정의 대변에 기재한다. 또한, 토지, 건물 등의 자산취득에 따른 어음상 채무가 발생할 수 있는데, 이 경우에 어음상 채무는 '미지급금'계정의 대변에 기재한다. 이처럼, 어음상 채무라 할지라도 재고자산(상품) 거래과정에서 발생한 어음상 채무만을 지급어음이라는 계정과목으로 회계처리한다.

(4) 미지급금

기업의 주된 활동 이외의 거래에서 발생하는 채무는 '**미지급금**'계정에 기록한다. 즉, 미지급금은 비품, 건물, 토지 등을 외상 또는 어음 발행으로 취득하였을 때 사용되는 계정과목이다.

(5) 단기차입금

차용증서를 제공하고 자금을 빌릴 때는 **'차입금'** 계정에 기록한다. 차입금은 상환 기간에 따라 1년 이내면 단기차입금으로, 1년 이상이면 장기차입금으로 구분한다. 그리고 차입금에서 발생하는 이자는 '이자비용' 계정을 사용하여 영업외비용으로 처리한다.

(6) 선수금

재고자산의 판매를 목적으로 상품·제품·반제품 등의 인도가 이루어지기 전에 계약을 확실하게 하려고 전체 결제대금의 일부를 받았을 때 '선수금' 계정으로 기록한다. 한편, 기업이 상품권을 발행하고 상대방으로부터 현금 등을 받았을 때도 '선수금'을 사용하여 회계처리한다.

(7) 가수금

가수금은 현금 또는 예금이 기업으로 들어왔으나 거래내용이 불분명하거나 처리해야 할 계정과목이 확정되지 않았을 때 임시로 설정하는 부채이다. 그러나 신뢰성이라는 질적특성을 달성하기 위해서 재무상태표에 표시하는 것을 금지하도록 규정하고 있으므로 결산시점에 적절한 계정과목과 금액으로 대체시켜야 한다. 만약 결산시점까지 원인이 밝혀지지 않을 때는 잡이익으로 처리한다.

(8) 예수금

종업원의 급여를 지급하는 과정에서 차감하여 임시로 보관하고 있는 국민연금, 건강보험, 실업급여, 노동조합비 및 소득세 등을 예수금으로 처리한다. 예수금 계정이 선수금 계정과 다른 점은 선수금은 주로 일반적인 상거래와 관련된 것임에 반하여 예수금은 비용을 지급하는 과정에서 원천징수할 때 나타난다는 것이다.

예제 1 다음의 거래에 대하여 회계처리를 하시오.

① ㈜경인으로부터 상품 50,000원을 구입하면서 20,000원은 약속어음을 발행하고, 나머지는 외상으로 구입하다.

차) 상 품	50,000	대) 외상매입금	30,000
		지급어음	20,000

② ㈜경인의 외상대금 30,000원을 현금으로 지급하였으며, ㈜경인에게 발행한 약속어음 20,000원도 만기가 되어 당좌예금계좌에서 이체하여 지급하다.

차)	외상매입금	30,000	대)	현 금	30,000
	지급어음	20,000		당좌예금	20,000

③ 기계장치 100,000원을 구입하고 대금 중 70,000원은 현금으로 지급하고, 잔액은 다음 달에 지급하기로 하다.

차)	기계장치	100,000	대)	현 금	70,000
				미지급금	30,000

④ ㈜경인에 상품 100,000원을 판매하기로 계약하고, 계약금 20,000원을 현금으로 받다.

차)	현 금	20,000	대)	선 수 금	20,000

⑤ ㈜경인에 상품 100,000원을 판매하고, 계약금을 차감한 나머지 금액을 보통예금계좌로 받다.

차)	보통예금	80,000	대)	상품매출	100,000
	선 수 금	20,000			

⑥ 영업부 직원의 급여 100,000원을 지급하면서 종업원 부담분 건강보험료, 국민연금, 실업급여 및 소득세 등 10,000원을 차감하고, 나머지 금액을 현금으로 지급하다.

차)	급 여	100,000	대)	예 수 금	10,000
				현 금	90,000

⑦ 거래은행으로부터 영업활동에 필요한 자금 1,000,000원을 현금으로 차입하다. 단, 차입금은 6개월 후 상환하기로 하였으며, 이자는 연 6%로 상환시점에 지급하기로 하다.

차)	현 금	1,000,000	대)	단기차입금	1,000,000

⑧ 출장 중인 영업사원으로부터 300,000원 당좌예입 되었으나 그 내용이 불명확하다.

차)	당좌예금	300,000	대)	가 수 금	300,000

⑨ 영업사원이 송금한 300,000원은 매출처의 외상대금을 회수한 것으로 판명되었다.

차)	가 수 금	300,000	대)	외상매출금	300,000

⑩ 3년 전 차입한 300,000원이 기간이 지나 만기가 1년 이내로 도래하다.

차)	장기차입금	300,000	대)	유동성장기부채	300,000

⑪ 급여를 지급하면서 원천징수한 소득세 등 10,000원을 현금으로 납부하다.

차)	예 수 금	10,000	대)	현 금	10,000

4. 비유동부채

비유동부채는 재무상태표 작성일로부터 **1년 이후**에 상환기일이 도래하는 부채를 말한다. 비유동부채는 장기에 걸쳐 상환할 수 있다는 점에서 기업의 자금운영에 있어 안정적이라고 할 수 있지만, 한편으로는 유동부채에 비해 높은 자본비용으로 조달해야 하는 위험도 있다. 따라서 비유동부채를 효과적으로 관리하여 상환능력을 유지하고 재무적인 안정성을 유지해야 한다.

구 분	성 격
사채	장기간에 걸쳐 거액의 자금을 조달하기 위해 원금과 이자 등을 기록한 증서를 발행한 채무
장기차입금	차입금의 상환기일이 결산일로부터 1년 이후에 도래하는 채무
장기성매입채무	1년 이후에 지급기일이 도래하는 외상매입금과 지급어음
충당부채	지출의 시기 및 금액이 불확실한 추정부채 – 퇴직급여충당부채, 판매보증충당부채 등

(1) 사채

1년 이상의 장기 투자를 위한 자금을 조달하기 위해 만기가 1년 이상인 채권을 발행하는데, 상법에 따르면 사채(채권)는 이사회의 결의로 발행할 수 있다. 대부분 사채는 사채권면에 표시된 액면금액으로 발행하지만, 액면이자율이 투자자가 예상하는 기대수익률(유효이자율)보다 낮으면 사채에 투자하지 않을 것이다. 따라서 사채의 발행금액은 액면이자율(＝표시이자율, 명목이자율)과 시장이자율(＝유효이자율, 실질이자율)의 관계로 결정된다. 다시 말해, 사채의 발행금액은 사채의 미래현금흐름을 발행 시점에 사채가 시장에서 부담하는 이자율, 즉 시장이자율로 할인한 현재가치가 된다. 여기서 시장이자율은 사채발행금액과 사채의 미래현금흐름의 현재가치를 일치시켜 주는 이자율로 유효이자율이라고도 한다.

유효이자율은 투자자로서는 사채에 투자함으로써 얻으려고 하는 기대수익률을 의미하며, 발행자로서는 사채발행자가 부담하게 되는 실질이자율이다. 이처럼 사채는 액면이자율과 시장이자율의 관계에 따라 발행금액이 달라진다. 그리고 사채발행과정에서 발생한 사채할인발행차금 및 사채할증발행차금은 사채발행 시점부터 최종 상환 시점까지 유효이자율법을 적용하여 상각 또는 환입 하고, 동 상각액 또는 환입액은 사채이자(이자비용)에 가감한다.

구 분	이자율의 관계	액면금액과 발행금액의 관계
액면발행	액면이자율 = 시장이자율	액면금액 = 발행금액
할인발행	액면이자율 < 시장이자율	액면금액 > 발행금액
할증발행	액면이자율 > 시장이자율	액면금액 < 발행금액

(2) 충당부채

충당부채는 과거 사건이나 거래의 결과 때문에 현재 시점에 발생한 의무이다. 충당부채는 지출의 시기 또는 금액이 불확실하지만, 그 의무를 이행하기 위하여 자원이 유출될 가능성이 매우 크고, 또한 해당 금액을 신뢰성 있게 추정할 수 있는 의무를 말한다.

① 퇴직급여충당부채

퇴직급여충당부채란 1년 이상 근무하고 있는 모든 종업원이 퇴직할 경우를 가정하여 퇴직금을 예상한 후 매 결산시점에 설정하는 준비액을 말한다. 즉, 퇴직급여충당부채는 기말 현재 모든 임직원이 일시에 퇴직할 경우를 가정하여 지급해야 할 퇴직금에 상당하는 금액을 비유동부채로 인식해야 한다.

종업원에게 지급하는 총급여액은 평상시 지급하는 급여액에 퇴직 시점에 지급하는 퇴직금에 해당하는 금액을 합산한 금액이다. 이처럼 종업원이 실제로는 결산시점에 퇴직하지 않았음에도 불구하고 퇴직급여충당부채를 인식하는 것은 수익비용대응의 원칙에 부합하기 위한 것이다. 따라서 퇴직급여충당부채는 기말 현재 모든 임직원이 일시에 퇴직한다고 가정할 경우 지급해야 할 퇴직금(추계액)을 계상하며, 결산시점의 합계잔액시산표상 퇴직급여충당부채 잔액을 상계한 금액만큼 차변에 퇴직급여를 인식하는 동시에 퇴직급여충당부채를 대변에 인식한다. 그리고 임직원이 퇴직하여 퇴직금을 현금으로 지급할 때에는 퇴직급여를 인식하지 않고, 먼저 퇴직급여충당부채를 감소시킨다.

현재 퇴직급여의 안정적 지급을 위해 법령에 따라 내부 적립하는 퇴직급여충당부채는 세법상 손금으로 인정하지 않고, 외부에 적립하는 확정기여형 퇴직연금과 확정급여형 퇴직연금(퇴직연금운용자산)만을 세법상 손금으로 인정하고 있다.

충당금 전입 때	차) 퇴직급여	×××	대) 퇴직급여충당부채	×××
퇴직금 지급 때	차) 퇴직급여충당부채	×××	대) 현 금	×××

확정기여형 납부	차) 퇴직급여 ××× 대) 현 금 ×××
퇴직금 지급	회계처리 없음
확정급여형 납부	차) 퇴직연금운용자산 ××× 대) 현 금 ×××
퇴직금 지급	차) 퇴직급여 ××× 대) 퇴직연금운용자산 ×××

② 판매보증충당부채

판매보증충당부채란 제품을 판매한 후 일정 기간 무상으로 품질보증을 해주는 것과 관련하여 발생한 사후관리비용을 대비하여 설정한 부채를 의미한다. 이러한 판매보증충당부채를 설정하는 것은 퇴직급여충당부채를 인식하는 것과 마찬가지로 수익비용대응의 원칙에 부합하기 위한 것이다.

판매보증충당금 설정	차) 판매보증비 ××× 대) 판매보증충당부채 ×××
무상판매보증 실시	차) 판매보증충당부채 ××× 대) 현 금 ×××

예제 2 거래에 대하여 회계처리를 하시오.

① 장기자금을 조달하기 위해 사채 10,000,000원을 액면금액으로 발행하고 전액 당좌예금계좌에 예입하다.

차) 당좌예금 10,000,000 대) 사 채 10,000,000

② 거래은행으로부터 5년 만기 후 상환조건으로 현금 5,000,000원을 차입하다.

차) 현 금 5,000,000 대) 장기차입금 5,000,000

③ 사채 1권당 9,000원(1권당 액면금액 10,000원)씩 5,000권 발행하고, 발행대금은 전액 보통예금계좌에 예입하다.

차) 보통예금 45,000,000 대) 사 채 50,000,000
사채할인발행차금 5,000,000

④ 직원 홍길동의 퇴직함에 따라 퇴직금 6,000,000원을 현금으로 지급하다. 단, 퇴직급여충당부채 잔액은 5,000,000원이라고 가정한다.

차) 퇴직급여 1,000,000 대) 현 금 6,000,000
퇴직급여충당부채 5,000,000

1. 자본의 의의

자본은 기업의 자산 중 소유자에게 귀속되는 몫으로 재무구조에서 중요한 요소이다. 즉, 소유주지분인 자본은 기업의 자산에서 채권자지분인 부채를 차감한 후에 남은 잔여지분으로 기업의 순자산(=자산－부채)을 의미한다. 이러한 자본은 법률적 관점과 경제적 관점으로 구분할 수 있다.

법률적 관점에서는 채권자 보호를 위하여 기업이 보유해야 할 최소한의 법정자본과 이를 초과하는 부분인 잉여금으로 분류된다. 한편, 경제적 관점에서는 주주가 낸 납입자본과 영업활동으로 창출된 이익 중 배당 등을 제외한 사내에 유보된 이익잉여금으로 분류된다.

2. 자본의 분류

법인기업의 경우 자본을 자본금, 자본잉여금, 자본조정, 기타포괄손익누계액 및 이익잉여금으로 구분하여 재무상태표에 표시하여야 한다. 그러나 전산회계 2급은 개인기업을 대상으로 출제하고 있으므로 '자본금' 계정 하나로만 재무상태표에 표시한다. 한편, 개인기업의 경우 소유주가 기업의 자산을 개인적인 용도로 소비하는 때도 있는데, 이를 '인출금' 계정으로 회계처리한다. 인출금은 결산시점에 자본금 계정으로 대체하는 임시계정이다.

예제 3 다음의 거래에 대하여 개인기업을 가정하여 회계처리를 하시오.

① 소유주가 현금 5,000,000원을 출자하여 사업을 시작하다.

차) 현   금   5,000,000   대) 자 본 금   5,000,000

② 기업주가 개인적 용도로 현금 200,000원을 사용하다.

차) 인 출 금   200,000   대) 현   금   200,000

③ 영업활동의 결과, 당기순이익 500,000원이 발생하다.

차) 집합손익   500,000   대) 자 본 금   500,000

④ 인출금 200,000원에 대한 결산수정분개를 하다.

차) 자 본 금   200,000   대) 인 출 금   200,000

만약, ②에 대해 회계처리하면서 '인출금' 계정을 사용하지 않고, '자본금' 계정으로 직접 처리하였다면 ④와 같은 결산수정분개를 하지 않는다.

3. 법인기업의 자본

(1) 자본금

자본금은 주주의 납입자본 중에서 상법의 규정에 따라 정관에 확정된 금액이다. 따라서 법정자본이라고 불리는 자본금은 대부분 기업이 주식회사의 형태를 취하고 있으므로 발행주식의 액면총액(＝1주당 액면금액×발행주식총수)이 된다.

(2) 자본잉여금

자본잉여금이란 주식발행에 의한 주식대금의 납부(증자), 감자 및 기타 자본과 관련된 거래에서 발생하는 잉여금을 말한다. 자본잉여금은 손익거래로 인해 발생한 것이 아니므로 주주에게 배당 가능한 이익이 아니며, 자본전입이나 누적된 이월결손금을 보전하기 위해서만 사용할 수 있다.

① 주식발행초과금

주식발행초과금이란 새로운 주식을 발행할 때 발행금액(주식발행비용을 차감한 후) 중 액면금액을 초과하는 금액을 말하며, 액면금액을 초과하여 발행하는 것은 영업실적이 좋거나 장래성이 있거나 기술력이 탁월한 경우에 가능하다.

② 감자차익

감자란 기업에서 발행한 주식을 소각하여 자본금을 감소시키는 것을 말한다. 기업에서 감자하는 이유는 사업 규모를 축소하거나 누적된 이월결손금을 보전하기 위해서이다. 일반적으로 감자를 하는 방법은 기업이 발행한 주식을 유상으로 매입하여 소각하는 유상감자와 주주에게 아무런 대가를 지급하지 않고 자본금을 감소시키는 무상감자가 있다. 감자차익은 자본금을 감소시킬 때에 발생하는데, 유상감자일 때 자본의 감소액이 주주에게 반환되는 금액을 초과하는 것을 말하며, 무상감자일 때 자본의 감소액이 결손에 충당시킨 금액을 초과하는 것을 말한다.

(3) 자본조정

자본금 및 잉여금으로 구분되지 않는 항목으로 자본총계에 가감하는 형식으로 기재된다. 여기에는 주식할인발행차금, 자기주식, 감자차손, 자기주식처분손실 등이 포함된다.

(4) 기타포괄손익누계액

현재 시점에는 당기순이익에 포함되지 않지만, 앞으로 최종 거래가 확정되면 손익에 영향을 항목을 말한다. 여기에는 매도가능증권평가손익, 해외사업환산손익, 현금흐름위험회피파생상품평가손익 등이 포함된다.

(5) 이익잉여금

이익잉여금이란 기업의 영업활동·재무활동·투자활동을 통해 이익창출 활동의 결과로 획득된 이익 중에서 기업 외부로 유출되거나 납입자본에 대체되지 않고 사내에 유보된 금액을 말한다.

① 이익준비금

이익준비금이란 상법의 규정에 따라 결산시점마다 금전에 의한 이익배당액의 10% 이상의 금액을 자본금의 50%까지 강제적으로 적립해야 하는 법정적립금이다. 이익준비금을 적립하는 목적은 자본의 충실을 기하기 위함과 고율의 배당으로 인하여 재무구조가 취약하게 되는 경우를 방지하기 위해서이다. 이러한 이익준비금은 결손보전과 자본전입 목적 이외에는 사용할 수 없다.

② 기타법정적립금

상법 이외의 법령에 따라 기업이 강제적으로 적립해야 하는 적립금은 조세특례제한법에 따른 기업합리화적립금 등이 있다. 이러한 기타법정적립금도 결손보전과 자본전입 목적 이외에는 사용할 수 없다.

③ 임의적립금

임의적립금은 법정적립금과는 달리 기업이 임의로 특정 목적을 위하여 설정하는 적립금을 말한다. 이러한 임의적립금은 특정 목적을 위하여 정관의 규정 또는 주주총회의 결의에 따라 적립하게 된다. 임의적립금은 설정 목적에 따라 적극적 적립금(사업확장적립금, 감채적립금 등)과 소극적 적립금(배당평균적립금 등)으로 나누어진다.

④ 미처분이익잉여금

재무상태표상 이익잉여금은 이익잉여금을 처분하기 전 금액을 표시해야 한다. 즉, 재무상태표상 미처분이익잉여금은 나중에 설명하는 이익잉여금처분계산서상의 임의적립금이입액과 이익잉여금처분액이 반영된 차기이월이익잉여금이 아니라 이들이 반영되지 않은 미처분이익잉여금이 계상된다. 왜냐하면, 재무상태표의 작성 시점은 결산일이지만 이익잉여금처분계산서는 결산 후 일정기간이 지난 후 주주총회에서 확정되기 때문이다.

제3절 실습예제

1. 외상매입금 거래

5월 1일 현정상사의 외상매입금 500,000원을 보통예금계좌에서 이체하고, 이체 관련 수수료 2,000원도 보통예금계좌에서 차감되다.

5월 2일 여수상사의 외상매입금 1,000,000원을 전액 당좌수표를 발행하여 지급하다.

2. 지급어음 거래

5월 3일 동신상사로부터 상품 900,000원을 구입하면서 전액 약속어음을 발행하여 지급하다.

5월 4일 현정상사로부터 상품을 구입하면서 발행해 준 약속어음 1,500,000원이 만기가 도래하여 보통예금계좌에서 이체하다.

5월 5일 ㈜상우로부터 상품 1,200,000원을 구입하면서 대금은 상품을 판매하면서 받은 금장상사의 약속어음 1,200,000원을 배서하여 지급하다.

3. 미지급금 거래

5월 11일 매출거래처에 선물하기 위해서 목우촌갈비 5세트(1세트 당 150,000원)를 구입하면서 국민카드로 결제하다.

5월 12일 보배중고차로부터 업무용 중고승용차 3,000,000원을 구입하면서 대금은 3개월 후 지급하기로 하다.

5월 13일 태극설비로부터 매장에서 사용할 에어컨 1,500,000원을 설치하면서 대금은 약속어음을 발행하여 지급하다.

4. 단기차입금 거래

5월 16일 사업자금으로 사용하기 위해 신망상사로부터 현금 20,000,000원을 차입하고 6개월 후 상환하기로 하다. 단, 이자 500,000원은 만기시점에 지급한다.

5월 17일 국민은행으로부터 12,000,000원을 4개월 후 상환하기로 하고, 선이자 300,000원을 차감한 후 잔액을 보통예금계좌로 이체 받다(단, 선이자는 전액 비용 처리한다).

5월 18일 국민은행의 단기차입금 1,000,000원이 만기 도래하여 그에 대한 이자 80,000원을 포함하여 전액 보통예금계좌에서 이체하여 상환하다.

5월 19일 신망상사의 단기차입금 5,000,000원과 상환 시점까지 이자 275,000원을 모두 당좌수표 발행하여 상환하다.

5. 선수금 거래

5월 20일 수민상사에게 상품 25,000,000원(500개, @50,000원)을 판매하기로 계약하면서 판매대금 중 10%를 당좌예금계좌로 받다.

5월 21일 금장상사에게 상품 3,000,000원을 판매하기로 계약하면서 계약금으로 300,000원을 현금으로 받다.

5월 22일 수민상사에게 상품 15,000,000원을 판매하면서 계약금 1,500,000원을 제외한 잔액을 수민상사가 발행한 당좌수표로 받다.

6. 예수금 거래

5월 23일 직원 4월분 급여 2,800,000원을 지급하면서 소득세 등 120,000원을 원천징수하고 보통예금계좌에서 이체하다.

5월 27일 종업원 급여 지급 시 공제한 소득세 등 120,000원을 관할 세무서에 현금으로 납부하다.

7. 장기차입금 거래

5월 28일 사업 확장을 위하여 국민은행으로부터 50,000,000원을 차입하여 보통예금계좌에 예입하다(단, 5년 후 상환하기로 하고, 이자(연 이자율 6%)는 상환할 때에 지급하기로 하다.).

5월 29일 ㈜인천으로부터 5,000,000원을 2년 후 상환하기로 하고 당좌예금계좌로 받다.

8. 자본 거래

5월 30일 대표자가 현금 10,000,000원을 사업 확장을 위해 추가로 출자하다.

5월 31일 대표자가 개인적으로 사용할 목적으로 현금 500,000원을 갖고 가다.

객관식 연습문제

01 부채 계정으로만 제시된 것은?

① 선급금, 선수금
② 미지급금, 미수금
③ 선급금, 미수금
④ 선수금, 미지급금

해설 선급금과 미수금은 당좌자산에 해당한다.

02 '매입처에서 상품을 500,000원에 매입하고, 대금은 한 달 후에 지급하기로 하였다.'라는 거래를 분개할 때 대변에 기재할 계정과목으로 옳은 것은?

① 당좌예금
② 받을어음
③ 외상매출금
④ 외상매입금

해설 재고자산(상품)을 신용으로 구입한 경우에는 외상매입금 또는 지급어음으로 회계처리한다.

03 다음에서 ㈎, ㈏에 해당하는 계정과목은?

㈎ 사무실에서 사용할 컴퓨터 구입에 따른 외상대금은?
㈏ 컴퓨터 판매회사의 판매용 컴퓨터 구입에 따른 외상대금은?

	㈎	㈏		㈎	㈏
①	외상매입금	미지급금	②	미지급금	외상매입금
③	미지급금	미수금	④	외상매출금	외상매입금

해설 재고자산 이외의 외상대금은 미지급금으로, 재고자산의 외상대금은 외상매입금으로 처리한다.

04 다음의 항목 중 재무상태표에 매입채무로 표시될 금액은?

• 외상매입금 2,000원	• 지급어음　6,000원
• 외상매출금 1,000원	• 받을어음　2,000원

① 5,000원   ② 6,000원

③ 7,000원   ④ 8,000원

해설 매입채무는 외상매입금과 지급어음의 합계이다.

05 다음 중 외상매입금 계정이 차변에 기재되는 거래는?

(가) 상품을 외상으로 매입했을 때	(나) 외상매입한 상품을 반품했을 때
(다) 외상매입대금을 현금으로 지급했을 때	(라) 외상매입금을 에누리 받았을 때

① (가), (나)   ② (나), (다)

③ (나), (다), (라)   ④ (라)

해설 상품을 외상매입한 후 반품하거나 에누리를 받으면 외상매입금을 차감한다.

06 다음의 거래 중 지급어음계정의 대변에 기재되는 거래는?

① 상품을 구입하고 약속어음을 발행하여 지급하였다.

② 현금을 빌려주고 차용증서를 받다.

③ 거래처에 상품을 매출하고 매출처에서 발행한 약속어음으로 받다.

④ 약속어음이 만기가 되어 당점 당좌예금에 입금되었다.

해설 재고자산을 구입하고 어음을 발행한 경우에 지급어음으로 회계처리한다.

07 다음의 거래 중 지급어음계정의 차변에 기재되는 거래는?

① 상품 1,000,000원을 매입하고 약속어음을 발행하여 지급하다.

② 상품 3,000,000원을 매입하고 소지하고 있던 약속어음을 배서양도하다.

③ 외상매입금 5,000,000원을 약속어음을 발행하여 지급하다.

④ 당점 발행의 약속어음 6,000,000원이 만기가 되어 현금으로 지급하다.

해설 약속어음이 만기 되어 현금으로 지급하면 감소한다.

246

08　가수금으로 회계처리를 한 100,000원 중 80,000원은 상품 주문에 대한 계약금으로 판명된 경우 회계처리로 옳은 것은?

① 차) 가수금 80,000　　　　　　　대) 선수금 80,000

② 차) 가수금 80,000　　　　　　　대) 미수금 80,000

③ 차) 선수금 80,000　　　　　　　대) 가수금 80,000

④ 차) 미수금 80,000　　　　　　　대) 가수금 80,000

해설 가수금은 원인이 밝혀졌을 때 해당 계정으로 대체한다.

09　다음 자료에서 유동부채 금액은?

- 단기차입금 : 5,000,000원
- 미지급비용 : 500,000원
- 외상매입금 : 1,000,000원
- 예　수　금 : 2,000,000원

① 8,500,000원　　　　　　　　② 6,000,000원

③ 6,500,000원　　　　　　　　④ 8,000,000원

해설 유동부채는 1년 이내 상환해야 할 부채이다.

10　다음 (개)와 (나)의 계정과목으로 올바른 것은?

(개) 기업이 종업원의 소득세, 건강보험료를 일시적으로 보관하는 경우
(나) 현금은 입금되었으나 계정과목이 확정되지 않은 경우

① (개) 선수금　　(나) 가수금　　　② (개) 예수금　　(나) 선수금

③ (개) 예수금　　(나) 가수금　　　④ (개) 선수금　　(나) 예수금

해설 원천징수를 한 경우에는 예수금으로, 원인이 명확하지 않으면 가수금으로 회계처리한다.

11　거래처로부터 상품의 주문을 받고, 계약금을 받으면 대변에 기재할 계정과목은?

① 가수금　　　　　　　　　② 미수금

③ 예수금　　　　　　　　　④ 선수금

해설 계약금을 받으면 선수금으로, 계약금을 지급한 경우 선급금으로 회계처리한다.

12 선수금 계정에서 10월 2일 거래의 설명으로 올바른 것은?

선 수 금						
10/5 매 출	20,000	10/2 현 금	20,000

① 상품 주문받고 계약금을 받다.

② 상품 주문하고 계약금을 지급하다.

③ 상품 판매하고 계약금을 차감하다.

④ 상품 구매하고 계약금을 차감하다.

해설 계약금을 받으면 선수금으로 회계처리한다.

13 재무상태표에 표시될 수 없는 계정과목은?

① 예수금   ② 가수금

③ 선수금   ④ 미수금

해설 가수금은 일시적으로 처리하는 임시계정이다.

14 유동부채에 해당하지 않는 것은?

① 미지급비용   ② 단기차입금

③ 외상매입금   ④ 퇴직급여충당부채

해설 퇴직급여충당부채는 1년 이상 근무한 임직원을 위해 준비한 것이기 때문에 비유동부채로 분류한다.

15 비유동부채로 분류되는 계정과목으로 짝지어진 것은?

① 사채, 단기차입금   ② 사채, 장기차입금

③ 장기차입금, 외상매입금   ④ 지급어음, 미지급금

해설 외상매입금, 지급어음, 미지급금, 단기차입금은 유동부채로 분류한다.

16 다음 자료에서 비유동부채 금액은?

> • 외상매입금 : 6,000,000원　　　　　• 미지급비용 : 1,000,000원
> • 장기차입금 : 2,000,000원　　　　　• 퇴직급여충당부채 : 5,000,000원

① 5,000,000원　　　　　　　　② 7,000,000원
③ 8,000,000원　　　　　　　　④ 11,000,000원

해설 장기차입금과 퇴직급여충당부채는 비유동부채에 해당한다.

17 다음 (　) 안에 들어갈 내용으로 옳은 것은?

> (　　)은(는) 순자산으로서 기업 실체의 자산에 대한 소유주의 잔여청구권이다.

① 자산　　　　　　　　　　② 부채
③ 자본　　　　　　　　　　④ 당기순이익

해설 자본은 기업 실체의 자산총액에서 부채총액을 차감한 잔여금액 또는 순자산으로서 기업 실체의 자산에 대한 소유주의 잔여청구권이다.

18 개인기업의 자본금 계정에서 처리되는 항목이 아닌 것은?

① 원시출자액　　　　　　　　② 인출액
③ 당기순손익　　　　　　　　④ 이익잉여금

해설 이익잉여금은 법인기업이 표시하는 항목이다.

19 개인기업을 하는 사업주가 관할 세무서에 본인 소유 주택에 대한 재산세 100,000원을 현금으로 냈을 때 차변 계정으로 가장 올바른 것은?

① 인출금　　　　　　　　　② 소득세예수금
③ 세금과공과　　　　　　　　④ 잡비

해설 사업과 무관하게 사업주의 재산세를 낸 경우, 사업주가 찾아간 것으로 회계처리한다.

20 인출금 계정이 나타나는 거래가 아닌 것은?

① 개인의 소득세 납부 ② 개인의 주택 재산세 납부
③ 개인의 자녀 학원비 ④ 업무용 자동차의 보험료 납부

해설 업무와 관련된 보험료 납부는 판매비와 관리비로 회계처리한다.

21 다음 거래의 차변 계정과목으로 바르게 짝지어진 것은?

(가) 업무용 화물차에 대한 자동차세 지급
(나) 기업주 개인의 생명보험료 지급

① (가) 자동차세, (나) 보험료
② (가) 세금과공과, (나) 보험료
③ (가) 세금과공과, (나) 인출금
④ (가) 차량유지비, (나) 보험료

해설 업무용으로 발생한 비용은 손익계산서에 포함되나 개인적으로 사용하는 경우에는 재무상태표에서 포함된다.

22 개인기업의 기말결산시점에 인출금을 정리하는 경우 대체되는 계정은?

① 자본금계정 ② 외상매입금계정
③ 당좌예금계정 ④ 미수금계정

해설 개인기업의 경우 자본금 계정으로만 처리한다.

23 인출금계정 차변에 기입하는 거래는?

① 점주 개인 소득세 지급
② 점주의 추가출자
③ 회사건물 재산세 지급
④ 손익계정에서 당기순이익 계상

해설 개인적으로 사용하는 경우에는 인출금으로 처리한 후 기말결산시점에 자본금으로 대체한다.

250

24 **자본에 대한 설명으로 옳은 것은?**

① 자산과 같은 의미이다.

② 현금을 의미한다.

③ 기업의 총재산을 의미한다.

④ 자산에서 부채를 차감한 금액을 의미한다.

해설 자본은 자산에서 부채를 차감하여 계산하는 잔여지분이다.

Chapter
11 수익과 비용

제1절 수 익

1. 수익의 의의

수익은 일상적인 경영활동에서 발생하는 경제적 효익의 총유입, 즉 경영활동을 통해 자산의 증가 또는 부채의 감소로 나타난다. 한편, 기업의 주된 수익인 매출은 거래처와 소비자에게 재화와 용역을 제공하고 대가로 받은 순자산의 증가로 나타난다.

ChatGPT를 활용한 학습

수익(Revenue)이란 기업이 상품을 판매하거나 서비스 제공 등의 본업을 통해 얻는 경제적 효익의 증가를 의미한다. 이러한 수익은 자산의 증가 또는 부채의 감소 형태로 나타나며, 기업의 자본(이익)을 증가시키는 역할을 한다. 즉, 기업이 영업활동 등을 통해 벌어들인 돈이 수익이라고 보면 된다.

⑴ 수익의 핵심 요건
　　① 실제로 거래가 발생해야 함(예 : 상품 판매, 서비스 제공 등)
　　② 기업의 자산이 증가하거나 부채가 줄어들어야 함
　　③ 신뢰성 있는 금액 측정이 가능해야 함

⑵ 수익의 종류
　　회계에서 수익은 발생한 원천(어디서 벌었는가)에 따라 다양한 형태로 나뉘지만 일반적으로는 아래와 같이 분류한다.
　　① 영업수익(Operating Revenue) : 기업의 주된 영업활동에서 발생한 수익
　　② 영업외수익(Non - operating Revenue) : 기업의 본업 외의 활동에서 발생한 수익
　　③ 기타수익(Other Revenue) : 일시적이고 비정기적으로 발생하는 수익(회계상 "기타수익" 항목으로 표시되는 경우도 있음)

2. 수익의 인식

수익은 여러 가지 거래를 통해 나타나게 되므로 모든 경우에 같게 적용할 수 있는 하나의 원칙은 있을 수 없다. 따라서 회계에서는 수익이 실현되었다고 인정되는 몇 가지 원칙을 정해 놓고 그에 따라 수익을 인식·측정하고 있다.

수익인식의 원칙에 따르면 수익은 실현되었을 때 인식하게 되어 있다. 따라서 수익을 결정하기 위해서는 수익이 언제 실현된 것으로 보느냐 하는 문제가 결정적으로 중요하다고 볼 수 있다. 일반적으로 수익은 수익의 획득과정이 실질적으로 완료되고, 교환거래가 나타났을 때 인식되는데 이것을 수익인식의 원칙이라고 한다.

(1) 재화의 판매로 인한 수익의 인식

재화의 소유에 따른 위험과 효익이 대부분 구매자에게 이전되고, 판매자는 판매한 재화에 대하여 통상적으로 행사하는 정도의 관리나 효과적인 통제를 할 수 없는 경우에 수익을 신뢰성 있게 측정할 수 있으며, 경제적 효익의 유입 가능성이 매우 크고 거래와 관련하여 발생하였거나 발생할 거래원가와 관련 비용을 신뢰성 있게 측정할 수 있을 때 인식한다. 즉, 재화의 판매로 인한 수익은 구매자에게 재화를 인도한 시점에서 인식한다.

(2) 용역의 제공으로 인한 수익의 인식

경제적 효익의 유입 가능성이 매우 크며, 총수입금액, 진행률 그리고 이미 발생한 원가와 거래를 완료하기 위해 추가로 발생할 원가를 신뢰성 있게 측정할 수 있을 때 진행기준에 따라 인식한다. 즉, 용역의 제공으로 인한 수익은 진행기준에 의해 인식하며, 진행률을 산정할 수 없을 때는 인도한 시점에서 인식한다.

(3) 자산을 타인에게 사용하게 함으로써 발생하는 이자, 배당금, 로열티 등에 대한 수익의 인식

수익금액을 신뢰성 있게 측정할 수 있으며, 경제적 효익의 유입 가능성이 매우 클 때 인식한다. 즉, 이자와 배당금은 금액이 확정되거나 기간이 지나간 시점에서 인식한다.

3. 수익의 분류

(1) 매출액

매출액은 영업수익으로서 기업의 주된 영업활동에서 발생하는 수익을 의미한다. 기업의 영업활동은 업종에 따라 차이가 있는데, 도소매업은 상품의 판매, 제조업은 제품의 판매, 서비스업은 용역의 제공 등이 주된 영업활동에 해당한다. 그리고 손익계산서에 표시되는 매출액은 총매출액에서 매출환입, 매출에누리 및 매출할인을 차감한 금액으로 표시한다.

(2) 영업외수익

영업외수익은 기업의 주된 영업활동이 아닌 활동으로부터 발생한 수익으로서 중단사업손익에 해당하지 않는 것을 의미한다. 영업외수익에는 이자수익, 임대료, 배당금수익, 단기투자자산평가이익, 단기투자자산처분이익, 외화환산이익, 외환차익, 유형자산처분이익, 잡이익, 보험차익, 자산수증이익 및 채무면제이익 등이 있다.

제2절 비 용

1. 비용의 의의

비용은 수익을 얻기 위하여 지출하거나 소비한 재화나 용역을 의미하며, 경제적 효익의 유출로 나타난다. 따라서 비용은 경영활동을 통해 자산의 감소 또는 부채의 증가, 즉 순자산의 감소로 나타난다. 한편, 기업의 경영성과를 보여주는 당기순이익은 수익과 비용을 대응시켜 측정하며, 수익이 비용보다 크면 이익이 발생한다.

ⓒhatGPT를 활용한 학습

비용(Expenses)은 기업이 수익을 창출하기 위해 소비한 자원을 말한다. 즉, 수익을 얻기 위해 자산이 감소하거나 부채가 증가하여 기업의 자본이 줄어드는 것을 말한다. 간단히 말해, 돈을 벌기 위해 쓴 돈, 자원의 소비를 의미한다.

(1) 비용의 특징
　① 수익과 직접 또는 간접적으로 연결되어 있음
　② 자산의 감소나 부채의 증가로 나타남

③ 정기적으로 발생하며 기업의 이익을 줄임

(2) 비용의 종류

비용은 발생 원인과 성격에 따라 여러 가지로 분류할 수 있으나 일반적으로는 다음과 같이 구분된다.

① 영업비용(Operating Expenses) : 기업의 본업을 수행하면서 드는 비용

② 영업외비용(Non - operating Expenses) : 기업의 본업 외 활동에서 발생한 비용

③ 기타비용(Other Expenses) : 비정기적이거나 일시적인 성격의 비용

2. 비용의 인식

비용은 자산의 감소 또는 부채의 증가를 가져오는데, 미래 경제적 효익이 감소하고 이를 측정할 수 있는 시점에 인식한다. 이러한 비용은 수익을 얻기 위하여 발생한 비용으로 인식하는데, 이를 수익비용대응의 원칙이라고 한다.

수익비용대응의 원칙에 따라 먼저 수익이 인식되고, 이와 관련하여 비용을 인식해야 한다. 예를 들면 수익인 매출액과 비용인 매출원가와 같이 서로 인과관계가 있는 것은 직접 대응시켜야 한다. 물론, 급여, 광고선전비, 기업업무추진비 등과 같이 인과관계가 명확히 대응시킬 수 없을 때는 간접 대응시켜 비용을 인식한다.

Chat GPT를 활용한 학습

(1) 비용(Expenses)의 인식 기준

인식 조건	설 명
수익과 직접 관련	수익과 직접적으로 관련된 경우 수익과 같은 회계기간에 인식(→ 수익·비용 대응의 원칙)
기 간 적 배 분	수익과 직접 연결되지 않지만 해당 기간에 발생한 경우, 해당 회계기간에 비용으로 인식
자산의 가치 감소	자산의 장부금액이 회수불가능하거나 가치가 감소한 경우(예 : 감가상각, 대손상각)
부 채 증 가	미래 의무가 발생하여 경제적 자원이 유출될 가능성이 있는 경우(예 : 충당부채)

(2) 비용 인식의 주요 방법

① 수익·비용 대응의 원칙 : 같은 기간에 발생한 수익과 관련된 비용을 같은 회계기간에 인식

예 : 제품을 판매하고 원가를 동시에 비용 처리

② 기간비용 인식 : 수익과 직접 대응되지 않지만 해당 기간에 속하는 비용은 그 기간에 인식

예 : 급여, 임대료, 감가상각비, 보험료 등

③ 손실의 즉시 인식 : 자산의 손상, 재고의 폐기, 소송 패소 등으로 발생한 비정상적 손실은 발생 즉시 비용으로 인식

3. 비용의 분류

(1) 매출원가

매출원가는 상품·제품 등의 매출액에 대응되는 원가로서 판매된 상품, 제품 등에 대한 매입원가 또는 제조원가를 의미한다.

도소매업의 경우에 상품매출원가는 기초상품재고액과 당기상품매입액을 가산한 후 기말상품재고액을 차감하여 계산하고, 제조업의 경우에 제품매출원가는 기초제품재고액과 당기제품제조원가를 가산한 후 기말제품재고액을 차감하여 계산한다.

(2) 판매비와관리비

판매비와관리비는 제품·상품·용역 등의 판매활동과 기업의 관리활동에서 발생하는 비용으로서 매출원가에 속하지 아니하는 모든 영업비용을 의미한다.
판매비와관리비에는 급여, 복리후생비, 통신비, 여비교통비, 광고선전비, 소모품비, 기업업무추진비, 세금과공과, 임차료, 수선비, 보험료, 운반비, 대손상각비, 감가상각비 등이 있다.

(3) 영업외비용

영업외비용은 기업의 주된 영업활동이 아닌 활동으로부터 발생한 비용으로서 중단사업손익에 해당하지 않는 것을 의미한다.
영업외비용에는 이자비용, 단기투자자산평가손실, 단기투자자산처분손실, 기부금, 외환차손, 유형자산처분손실, 재해손실, 잡손실 등이 있다.

(4) 소득세(법인세) 등

소득세(법인세) 등은 개인사업자(법인기업)의 소득이 발생하였을 때 국가와 지방자치단체에 내야 할 조세를 의미한다.

제3절 실습예제

1. 상품매출 거래

6월 1일 금장상사에게 상품 35,000,000원을 판매하면서 대금 중 5,000,000원은 자기앞수표로 받고 나머지는 외상으로 하다.

6월 2일 동신상사에게 상품 13,500,000원을 판매하면서 대금 중 3,500,000원은 약속어음으로 받고 잔액은 외상으로 하다. 또한, 당점 부담 운반비 150,000원은 쾌속 운송에 현금으로 지급하다.

6월 3일 판매 계약한 수민상사에게 상품 5,000,000원을 인도하면서 계약금 500,000원을 차감한 대금 중 1,000,000원은 현금으로 받고 잔액은 외상으로 하다.

6월 4일 동신상사에게 상품 13,000,000원을 판매하면서 대금 중 5,000,000원은 동신상사의 외상매입금과 상계하고 나머지 대금은 동사가 발행한 약속어음을 받다.

6월 5일 ㈜상우에 다음과 같이 상품을 판매하다.

품 목	수량(개)	단가(원)	금액(원)	결제방법
문구세트 A	70	90,000	6,300,000	현금 1,300,000원 어음 15,000,000원
문구세트 B	100	100,000	10,000,000	
계			16,300,000	

6월 6일 금장상사에게 상품 3,000,000원을 판매하면서 미리 받은 계약금 300,000원을 제외한 나머지 대금은 동사가 발행한 약속어음으로 받다.

2. 급여 거래

7월 1일 직원 나성실씨의 급여 3,500,000원 중에서 소득세 등 160,000원과 종업원 부담분 건강보험료 230,000원을 차감한 3,110,000원을 보통예금계좌에서 이체하다.

7월 2일 일용근로자 7명에 대한 인건비 1,100,000원에 대해 원천징수하지 않고 현금 지급하다.

3. 복리후생비 거래

7월 3일 직원들에게 사기 고취를 위해 홈마트(신규거래처코드 5123로 등록)에서 선물세트 1,500,000원을 구입하면서 국민카드로 결제하다.

7월 5일 한우촌식당에서 직원과의 회식을 하고, 식사대금 330,000원은 월말에 지급하기로 하다.

7월 6일 직원 신태양씨의 결혼축의금 500,000원을 현금으로 지급하고, 증빙으로 청첩장을 첨부하다.

4. 여비교통비 거래

7월 15일 직원 B씨에게 시내 출장 택시비 12,000원을 현금 지급하다.

7월 16일 직원 A씨는 출장비로 받은 500,000원에 대해 다음과 같이 증빙을 회계부서에 제출하고, 잔액은 현금으로 정산하다.

> • 왕복항공료 : 240,000원   • 택시요금 : 50,000원   • 숙박비 : 200,000원

5. 기업업무추진비 거래

7월 17일 거래처 직원과 식사하면서 식대 180,000원을 국민카드로 결제하다.

7월 18일 거래처에 선물하기 위해 홍삼 세트 200,000원을 홈마트에서 구입하고 국민카드로 결제하다.

6. 통신비 거래

7월 19일 6월분 인터넷사용요금 55,000원을 현금으로 납부하다.

7월 20일 6월분 전화요금 77,000원을 보통예금계좌에서 이체 납부되다.

7월 21일 거래처에 상품정보 책자를 발송하면서 우편요금 27,000원을 현금으로 납부하다.

7. 수도광열비 거래

7월 22일 6월분 전기요금 165,000원을 보통예금계좌에서 이체하여 납부하다.

7월 23일 6월분 수도요금 82,000원과 6월분 도시가스요금 192,000원을 보통예금계좌에서 이체하여 납부하다.

8. 세금과공과 거래

7월 24일 상품운반용 트럭에 대한 자동차세 480,000원과 업무용 승용차에 대한 자동차세 330,000원을 보통예금계좌에서 이체하여 납부하다.

7월 25일 상품 보관 창고에 대한 재산세 250,000원을 보통예금계좌에서 이체 납부하다.

9. 임차료 거래

7월 26일 한국개발㈜로부터 판매매장을 임차(매월 1,500,000원씩 내기로 계약함) 하였으며, 7 월분 임차료 1,500,000원을 당좌수표 발행하여 지급하다.

10. 보험료 거래

7월 27일 업무용 승용차에 대한 보험에 가입하고, 보험료 720,000원(1년분)을 국민카드로 결제 하다(단, 보험기간은 8월 1일부터 차기 7월 31일까지이다).

7월 28일 판매매장에 대한 화재보험 가입하고, 보험료 360,000원(1년분)을 국민카드로 결제하 다(단, 보험기간은 8월 1일부터 차기 7월 31일까지이다).

11. 차량유지비 거래

8월 1일 업무용 승용차에 대해 주유비용 100,000원을 국민카드로 결제하다.

8월 2일 업무용 승용차의 엔진오일을 교환하고 보배자동차에 현금 80,000원을 지급하다.

8월 3일 업무용 승용차의 통행요금 23,000원이 보통예금계좌에서 자동 이체되다.

12. 운반비 거래

8월 4일 현정상사에게 상품 9,500,000원을 외상으로 판매하고, 상품 운반비용 250,000원은 현 금으로 지급하다.

8월 5일 금장상사로부터 상품 7,000,000원을 외상으로 구입하고, 상품 운반비용 150,000원을 현금으로 지급하다.

13. 소모품비 거래

8월 6일 한일상사(신규거래처코드 5127로 등록하며, 사업자등록번호는 120-83-25458임)로부터 업무용으로 사용하기 위해 복사용지 780,000원을 외상 구입하고, 비용으로 회계처리하다.

8월 7일 ㈜인천으로부터 판매하는 상품을 포장하는데 필요한 종이 920,000원을 현금 구입하면서 비용으로 회계처리하다.

14. 광고선전비 거래

8월 8일 판매매장을 홍보하기 위해 지역신문에 광고를 게재한 후 330,000원을 현금 지급하다.

8월 9일 판매매장에 근무할 신입사원 모집 광고를 지역신문에 게재하고 250,000원을 현금 지급하다.

15. 이자수익 거래

8월 10일 금장상사에 대여한 단기대여금 5,000,000원이 만기도래하여 원금과 이자 250,000원을 포함하여 전부 보통예금계좌로 받다.

8월 11일 현정상사에 2년 후 회수예정으로 10,000,000원을 대여하고 선이자 600,000원을 공제한 잔액을 보통예금계좌에서 이체하다(단, 선이자는 수익으로 처리하다).

16. 임대료 거래

9월 1일 판매매장 일부를 한진상사에 임대하면서 1년분 임대료 2,400,000원을 보통예금계좌로 받다(단, 임대 기간은 9월 1일부터 8월 31일까지이며, 수익으로 회계처리하다).

17. 이자비용 거래

9월 2일 국민은행의 장기차입금에 대해 발생한 이자 770,000원을 보통예금계좌에서 이체 지급하다.

9월 3일 신망상사로부터 5,000,000원을 단기차입하면서 6개월분 선이자 180,000원을 차감하고 보통예금계좌로 이체 받다. 단, 선이자는 비용으로 처리한다.

18. 기부금 거래

9월 5일 폭우로 인해 수재의연금으로 현금 3,000,000원을 한국방송공사에 맡기다.

9월 6일 불우이웃돕기를 위해 창고에 보관 중인 상품(원가 900,000원, 공정가치 1,500,000원)을 인천시청에 맡기다.

객관식 연습문제

01 다음 ( ) 안에 차례로 들어갈 내용으로 옳은 것은?

수익이란 기업 실체의 경영활동과 관련된 재화를 판매하거나 용역을 제공함에 따라 발생하는 자산의
( ) 또는 부채의 ( )이다.

① 유입, 증가   ② 유출, 감소

③ 유출, 증가   ④ 유입, 감소

해설 수익은 자산의 유입 또는 부채의 감소를 발생시킨다.

02 다음 ( ) 안에 차례로 들어갈 내용으로 옳은 것은?

비용이란 기업 실체의 경영활동과 관련된 재화를 판매하거나 용역을 제공함에 따라 발생하는 자산의
( ) 또는 부채의 ( )이다.

① 유입, 자산   ② 유출, 부채

③ 유출, 자산   ④ 유입, 부채

해설 비용은 자산의 유출이나 사용 또는 부채의 증가를 발생시킨다.

03 비용에 관한 설명으로 옳은 것을 모두 선택하면?

㈎ 자본 감소의 원인이 된다.
㈏ 기업이 경영활동으로 지출하는 경제적 가치
㈐ 기업이 일정시점에 소유하고 있는 재화나 권리
㈑ 재화나 용역을 고객에게 제공하고 그 대가로 얻는 금액

① ㈎, ㈏   ② ㈎, ㈑

③ ㈏, ㈐   ④ ㈐, ㈑

해설 비용이란 기업이 일정 기간 경영 활동을 통하여 지출하는 경제적 가치총액이며, 자본 감소의 원
인이 된다.

03 손익계산서에 포함되는 항목이 아닌 것은?

① 매출액   ② 영업외비용
③ 판매관리비   ④ 자본금

해설 자본금은 재무상태표에 포함한다.

05 손익계산서에 표시되는 구분이 다른 것은?

① 기부금   ② 이자비용
③ 재해손실   ④ 대손충당금환입

해설 대손충당금환입은 판매비와 관리비를 차감하는 항목이다.

06 다음 자료에 의하여 당기순이익을 계산하면 얼마인가?

- 매출총이익 : 300,000원   • 대손상각비 : 50,000원
- 기부금 : 70,000원   • 이자수익 : 30,000원

① 120,000원   ② 150,000원
③ 210,000원   ④ 260,000원

해설 매출총이익 – 판매비와관리비 + 영업외수익 – 영업외비용 = 당기순이익

07 손익계산서에서 이익을 구분하여 표시하는 경우 두 번째로 표시되는 이익은?

① 매출총이익
② 당기순이익
③ 영업이익
④ 법인세비용차감전순이익

해설 손익계산서는 매출총이익 – 영업이익 – 법인세비용차감전순이익 – 당기순이익 순서로 표시된다.

08 다음 (   ) 안에 들어갈 손익계산서 구성항목은?

> (   )는(은) 제품, 상품, 용역 등의 판매활동과 기업의 관리활동에서 발생하는 비용으로서 매출원가에 속하지 아니하는 모든 영업비용을 포함한다.

① 매출액   ② 영업외비용
③ 판매비와관리비   ④ 영업외수익

해설 판매활동과 기업의 관리활동에서 발생하는 비용은 판매비와관리비라고 말한다.

09 다음 설명에 해당하는 계정과목으로 바르게 짝지어진 것은?

> 기업의 영업활동 중 상품의 판매에 드는 비용과 판매 관리와 일반 사무를 하는데 발생하는 비용이다.

① 급여, 이자비용   ② 기부금, 통신비
③ 임대료, 광고선전비   ④ 기업업무추진비, 감가상각비

해설 이자비용, 기부금은 영업외비용에 포함되며, 임대료는 영업외수익에 포함된다.

10 판매비와 관리비에 속하지 않는 계정과목은?

① 임차료   ② 복리후생비
③ 수선비   ④ 이자비용

해설 금융비용은 영업외비용에 해당한다.

11 다음 중 판매비와 관리비에 해당하는 계정은 모두 몇 개인가?

> ⓐ 선급비용   ⓑ 미지급비용   ⓒ 개발비   ⓓ 기부금
> ⓔ 이자비용   ⓕ 기업업무추진비   ⓖ 보험료   ⓗ 세금과공과

① 3개   ② 4개
③ 5개   ④ 6개

해설 재무상태표에 표시되는 항목은 선급비용, 개발비, 미지급비용이다.

ChatGPT를 활용한 학습

항목	설명	판매비와관리비 여부
ⓐ 선급비용	미래의 비용을 미리 지급한 것 (자산)	✗ (자산 계정)
ⓑ 미지급비용	이미 발생했으나 아직 지급하지 않은 비용 (부채)	✗ (부채 계정, 실제 비용 계정 아님)
ⓒ 개발비	연구개발 관련 자산화된 비용	✗ (무형자산 또는 비용처리 여부에 따라 다름)
ⓓ 기부금	사회 기여 목적의 지출	☑ 보통 판매비와관리비로 처리함
ⓔ 이자비용	차입금에 대한 이자	✗ (영업외비용)
ⓕ 접대비	거래처 등 외부 접대 목적 비용	☑ 판매비와관리비에 해당
ⓖ 보험료	기업이 가입한 각종 보험료	☑ 관리비에 포함
ⓗ 세금과공과	재산세, 등록세 등 일반세금	☑ 관리비에 포함됨 (법인세는 제외)

보충 계정과목에 대해 정확히 분류하지 못하는 것을 알 수 있다.

---

12 계정과목 중 영업이익에 영향을 주는 항목은?

① 유형자산처분이익   ② 외환차익

③ 매출할인   ④ 기부금

해설 매출할인은 매출총이익에 영향을 주는 항목이므로 영업이익에 영향을 주는 것이고, 다른 항목은 영업외손익 항목이다.

---

13 복리후생비로 처리할 수 없는 것은?

① 직원 경조사비 지급   ② 직원 자녀 학자금 지급

③ 거래처 식사대 지급   ④ 직원 작업복 지급

해설 거래처와 식사를 한 후 지급하는 금액은 기업업무추진비이다.

---

14 제과점의 5월 중 자료이다. 영업이익을 계산한 금액으로 옳은 것은?

• 빵 판매 대금 : 500,000원	• 케익 판매 대금 : 300,000원
• 빵/케익 구입 대금 : 250,000원	• 종업원 급여 : 100,000원
• 은행 차입금의 이자 : 10,000원	• 매장 임차료 : 20,000원

① 120,000원   ② 420,000원

③ 430,000원   ④ 450,000원

해설 은행 차입금의 이자는 영업외비용이다.

15 **영업외수익에 해당하지 않는 것은?**

① 기부금   ② 이자수익

③ 배당금수익   ④ 임대료

해설 기부금은 영업외비용이다.

16 **영업외비용에 포함되는 계정과목으로만 짝지어진 것은?**

① 재해손실, 잡손실   ② 가지급금, 가수금

③ 대손상각비, 가수금   ④ 기업업무추진비, 잡손실

해설 영업외비용에는 이자비용, 기부금, 재해손실, 잡손실 등이 포함된다.

17 **수익에 관한 내용으로 옳지 않은 것은?**

① 경제적 효익의 유입 가능성이 매우 크고, 그 효익을 신뢰성 있게 측정할 수 있을 때 인식한다.

② 판매 대가는 공정가치로 측정하며, 매출에누리·할인·환입은 차감한다.

③ 성격과 가치가 다른 재화나 용역 간 교환의 경우 제공한 재화나 용역의 공정가치로 수익을 측정하는 것이 원칙이다.

④ 성격과 가치가 유사한 재화나 용역 간 교환의 경우 받은 재화나 용역의 공정가치로 수익을 측정하는 것이 원칙이다.

해설 동종교환은 장부금액으로 처리하여야 하므로 처분손익이 발생하지 않는다.

18 **수익의 인식 시점에 대한 설명으로 가장 옳지 않은 것은?**

① 위탁매출은 수탁자가 상품을 판매한 날

② 단기할부매출은 상품 등을 인도한 날

③ 용역매출은 진행기준에 따라

④ 상품권매출은 상품권을 고객에게 제공한 날

해설 상품권을 판매한 시점에서는 선수금인 부채 계정을 설정해야 한다.

19 위탁판매의 수익실현시기로서 일반기업회계기준에서는 어느 시점을 적용하고 있는가?

① 매출세금계산서가 도착한 날

② 수탁자로부터 송금이 도착한 날

③ 위탁자가 위탁품을 적송한 날

④ 수탁자가 위탁품을 판매한 날

해설 탁자가 소비자에게 위탁품을 판매하여야만 수익으로 인식된다.

20 수익의 실현에 대한 설명 중 옳지 않은 것은?

① 용역매출액은 진행기준에 따라 실현되는 것으로 한다.

② 상품의 매출은 판매하여 인도하는 시점에 실현되는 것으로 한다.

③ 상품할부매출로 회수 기간이 장기일 때 이자 상당액은 기간의 경과에 따라 수익으로 인식한다.

④ 위탁매출은 수탁자가 위탁품을 판매한 날에 실현되는 것으로 하며, 시용매출은 매입자에게 도착한 날에 실현되는 것으로 한다.

해설 시용매출은 매입자가 구매 의사를 표시하여야만 수익이 실현된 것으로 본다.

Chat GPT를 활용한 학습

① 옳은 설명

용역(서비스 제공)이나 공사 계약 등은 진행률 기준(진행기준)으로 수익을 인식하는 게 일반적이야.

② 옳은 설명

상품 매출은 통상적으로 상품을 인도하고 소유권이 이전된 시점에 수익으로 실현됨.

③ 옳은 설명

장기할부의 경우, 총금액에서 상품 대금과 이자를 구분해서, 이자는 기간 경과에 따라 이자수익으로 인식함(이자수익의 발생 기준에 따름).

④ 틀린 설명 → 정답!

위탁매출 : 맞음 → 수탁자가 판매한 날에 수익 인식

시용매출 : 틀림 → 고객이 상품을 받고도 구매를 확정한 날에 수익이 실현됨

즉, 도착한 날이 아니라, 고객이 매입 의사를 밝힌 날에 실현돼야 해.

21 거래처로부터 6월 10일에 상품 주문을 받았고, 동 상품을 6월 28일에 인도하였으며, 대금 중 절반은 6월 30일에 현금으로 받았고, 나머지는 7월 12일에 현금으로 수취한 경우, 이 상품의 수익인식 시점은 언제인가?

① 6월 10일   ② 6월 28일

③ 6월 30일   ④ 7월 12일

해설 상품을 인도하는 시점에 수익을 실현하는 것이 원칙이다.

22 수익의 분류 중 영업수익은 기업의 주된 영업활동으로부터 발생하는 수익을 말한다. 다음 중 영업수익에 해당하는 것은?

① 이자수익   ② 보험차익

③ 매출원가   ④ 매출액

해설 수익은 영업수익과 영업외수익으로 구분된다.

결산은 특정 회계기간 동안 경영성과와 결산일 현재의 재무상태를 파악하기 위해 계정을 마감하는 절차이다. 한편, 'KcLep프로그램'을 이용하여 결산을 할 때는 일반전표입력을 통해 작성된 합계잔액시산표를 출력·검토하여 실재 금액과 장부 금액의 차이가 있는 계정에 대해 수정분개를 한 후 대체전표로 입력하면 완료된다.

그리고 장부마감은 결산일을 기준으로 분개장, 총계정원장 등을 마감하는 절차로 재무상태표계정은 차기이월 시키고, 손익계산서계정은 집합손익계정을 통해 수익과 비용을 마감하면서 발생한 차액을 자본으로 대체하여 장부를 마감하는 것이다.

'KcLep프로그램'에서 결산은 수동결산 항목과 자동결산 항목으로 구분하여 입력해야 한다.

자동결산은 기본화면에서 [결산/재무제표]의 하위메뉴인 [결산자료입력]을 선택하여 매출원가, 대손상각비, 감가상각비, 무형자산상각 등에 대해 재고조사표를 통해 조사된 결과를 손익계산서와 비슷한 화면으로 구성된 결산정리 항목에 해당 금액을 입력하는 것이다. 즉, 각 계정에 해당하는 금액을 입력한 후, F3 전표추가를 선택하면 결산일에 대체전표를 자동으로 입력되도록 하여 결산을 완료시키는 방법이다. 이러한 자동결산은 수동결산을 종료한 후 반드시 진행되어야 한다.

한편, 수동결산은 결산정리사항에 대해 [일반전표입력]을 선택하여 결산일자로 대체전표를 직접 입력하는 것이다. 이러한 수동결산에는 자동결산에서 처리되지 않은 모든 항목 즉, 소모품비, 가지급금, 가수금, 단기매매증권평가, 외화자산과 부채의 평가, 수익과 비용의 이연 및 예상 등을 대체전표를 이용하여 수정분개를 입력하는 것이다.

ChatGPT를 활용한 학습

결산(Closing)이란 기업이 일정 회계기간(보통 1년)이 끝난 후, 재무제표를 작성하기 위해 회계 기록을 정리하고 마무리하는 절차를 말한다. 즉, 한 회계기간 동안의 수익, 비용, 자산, 부채 등의 변동을 정리해서, 재무상태표, 손익계산서 등을 작성하기 위한 준비 과정이다.

⑴ 결산의 목적
　① 기업의 경영 성과(이익/손실)를 확인하고, 재무상태(자산·부채·자본)를 명확히 하기 위함
　② 세금 신고, 투자자 보고, 의사결정 자료로 활용

⑵ 결산의 절차(일반적인 순서)

단　계	설　명
시 산 표 　 작 성	모든 계정의 잔액을 정리해서 시산표를 작성
결 산 정 리 사 항 　 반 영	감가상각비, 대손충당금, 퇴직급여충당금 등 결산 정리를 위한 분개
수 정 시 산 표 　 작 성	정리분개까지 반영한 수정 시산표 작성
재 무 제 표 　 작 성	손익계산서, 재무상태표, 현금흐름표, 자본변동표 등 작성
장부 마감(계정 마감)	수익·비용 계정을 이익잉여금 계정으로 옮겨 손익을 마감함
기 말 시 산 표 　 작 성	마감 후 남아 있는 자산, 부채, 자본 계정의 잔액만 남김

보충 마지막에는 있는 기말시산표는 이월시산표를 의미하는 것임.

⑶ 결산 시 반복적으로 처리하는 사항 예시
　① 감가상각비 계산 및 반영
　② 대손충당금 설정
　③ 미지급비용·미수수익 조정
　④ 선급비용·선수수익 조정
　⑤ 재고자산 평가 및 수량 파악

이와 같이, 결산이란 회계기간 종료 후 회계 기록을 정리하여 재무제표를 작성하는 절차이며, 자산·부채·수익·비용 등을 정확히 측정하고 마감하기 위해 반드시 필요한 과정이다.

제1절 결산절차 흐름도

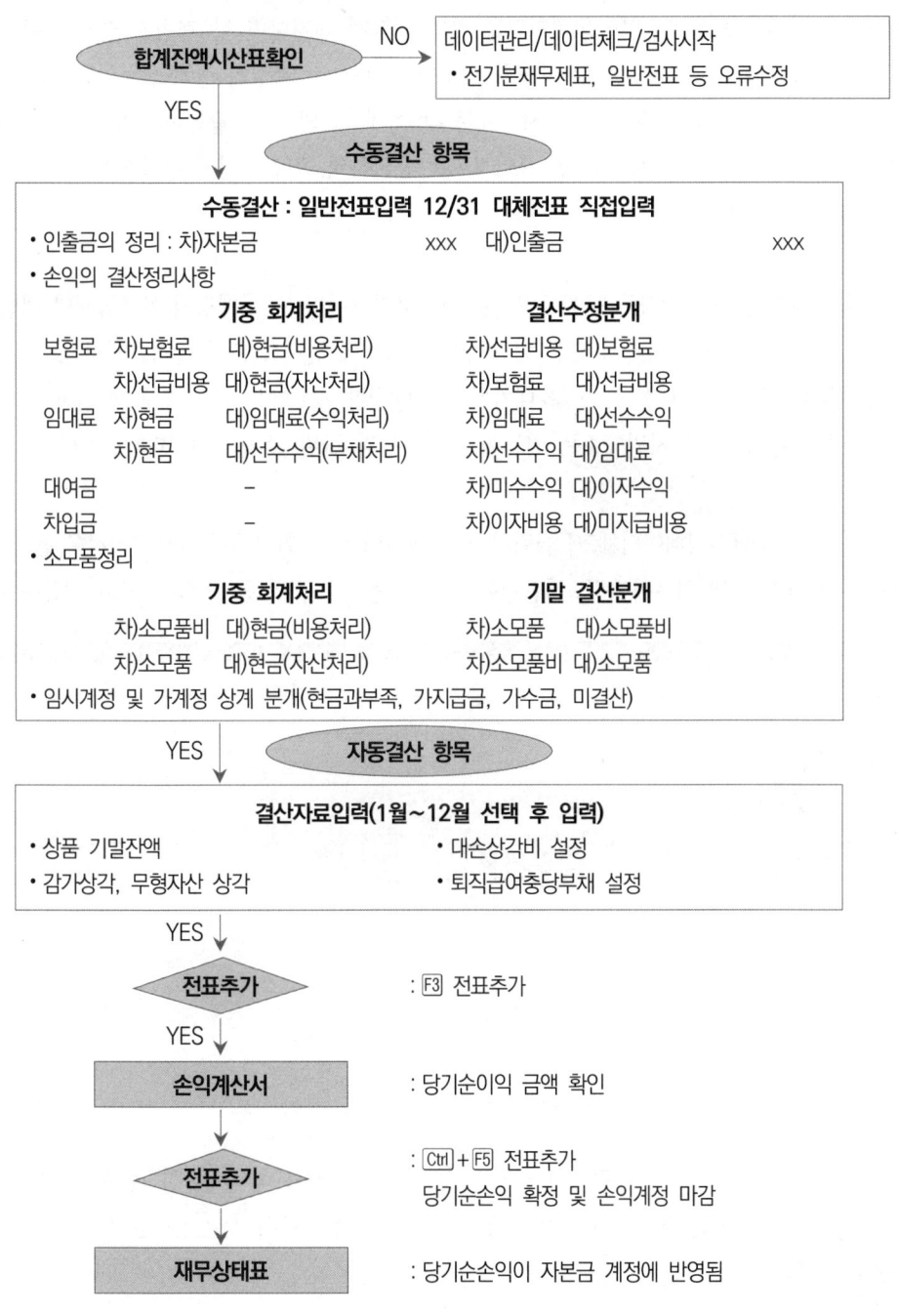

합계잔액시산표확인 → NO → 데이터관리/데이터체크/검사시작
• 전기분재무제표, 일반전표 등 오류수정

YES

수동결산 항목

수동결산 : 일반전표입력 12/31 대체전표 직접입력

• 인출금의 정리 : 차)자본금   xxx   대)인출금   xxx
• 손익의 결산정리사항

기중 회계처리	결산수정분개
보험료 차)보험료 대)현금(비용처리)	차)선급비용 대)보험료
차)선급비용 대)현금(자산처리)	차)보험료 대)선급비용
임대료 차)현금 대)임대료(수익처리)	차)임대료 대)선수수익
차)현금 대)선수수익(부채처리)	차)선수수익 대)임대료
대여금 –	차)미수수익 대)이자수익
차입금 –	차)이자비용 대)미지급비용

• 소모품정리

기중 회계처리	기말 결산분개
차)소모품비 대)현금(비용처리)	차)소모품 대)소모품비
차)소모품 대)현금(자산처리)	차)소모품비 대)소모품

• 임시계정 및 가계정 상계 분개(현금과부족, 가지급금, 가수금, 미결산)

YES   자동결산 항목

결산자료입력(1월~12월 선택 후 입력)

• 상품 기말잔액   • 대손상각비 설정
• 감가상각, 무형자산 상각   • 퇴직급여충당부채 설정

YES

전표추가   : F3 전표추가

YES

손익계산서   : 당기순이익 금액 확인

전표추가   : Ctrl + F5 전표추가
당기순손익 확정 및 손익계정 마감

재무상태표   : 당기순손익이 자본금 계정에 반영됨

제2절 합계잔액시산표

회계기간에 발생한 모든 거래를 회계처리를 하여 원장에 전기하면 각 계정의 잔액을 확인하여 재무제표를 작성할 수 있다. 다만, 재무제표를 작성하기 전에 각 계정의 잔액이 정확한지를 확인하기 위하여 시산표를 작성하게 된다. 즉, 시산표는 각 회계기간의 기업 활동을 모두 기록한 총계정원장의 계정별 잔액 또는 합계를 집계한 요약보고서를 말하며, 결산하면서 수정해야 할 정보를 보여주는 중요한 보고서이다.

복식부기의 원리에 따라 정확하게 회계처리를 하였다면 1년간 모든 계정의 차변합계와 대변합계는 당연히 일치하여야 한다. 따라서 결산 및 재무제표 확정에 앞서 반드시 합계잔액시산표(12월)의 대차차액 여부를 확인하여야 한다. 만약 대차차액을 발생한 경우에는 그 원인을 확인하여 오류를 수정해주어야 하는데, 이를 지원해주는 기능이 데이터관리 하위메뉴인 [데이터체크]이다.

[데이터관리]_하위메뉴 [데이터체크] 클릭한 후, [데이터체크] 화면에서 **F6 검사시작** 을 선택하면, 전기분재무제표, 거래처초기이월, 일반전표, 매입매출전표의 입력오류를 상세히 제공해 준다.

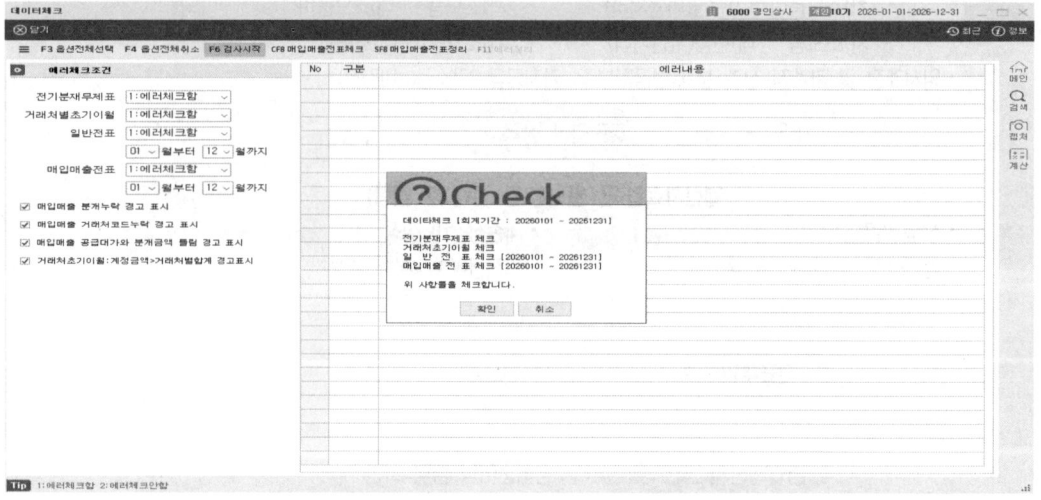

[데이터체크]를 통해 오류가 발견되지 않으면, [결산/재무제표] 하위메뉴인 [합계잔액시산표]를 선택하여 12월을 입력하면 자동으로 31일이 입력되는데 그 상태에서 [Enter↵]를 입력하면 다음과 같은 내용이 나타난다.

[경인상사의 합계잔액시산표(12월) 조회 화면]

합계잔액시산표   6000 경인상사   제10기 2026-01-01~2026-12-31

☰ F3 제목수정 F4 통합계정 F6 원장조회 F7 일마주택 F8 계정과목편집 F11 계정코드 CF9 영어계정

기간 2026 년 12 월 31 일

관리용 | 제출용 | 표준용

차 변 잔액	차 변 합계	계정과목	대 변 합계	대 변 잔액
388,024,000	606,524,300	1.유 동 자 산	218,993,300	493,000
254,274,000	469,874,300	<당 좌 자 산>	215,733,300	133,000
39,938,000	64,297,000	현 금	24,359,000	
-52,483,000	62,392,000	당 좌 예 금	114,875,000	
90,319,000	135,460,000	보 통 예 금	45,141,000	
19,700,000	19,700,000	정 기 적 금		
4,800,000	4,800,000	단 기 매 매 증 권	3,200,000	
81,900,000	92,530,000	외 상 매 출 금	10,630,000	
	395,300	대 손 충 당 금	395,300	
36,850,000	45,350,000	받 을 어 음	8,500,000	
		대 손 충 당 금	133,000	133,000
15,000,000	22,000,000	단 기 대 여 금	7,000,000	
18,000,000	18,000,000	미 수 금		
200,000	1,200,000	선 급 금	1,000,000	
	500,000	가 지 급 금	500,000	
50,000	50,000	현 금 과 부 족		
133,750,000	136,650,000	<재 고 자 산>	3,260,000	360,000
133,750,000	136,650,000	상 품	2,900,000	
		매 입 할 인	360,000	360,000
164,450,000	258,550,000	2.비 유 동 자 산	97,000,000	2,900,000
10,000,000	10,000,000	<투 자 자 산>		
10,000,000	10,000,000	장 기 대 여 금		
154,450,000	248,550,000	<유 형 자 산>	97,000,000	2,900,000
21,000,000	21,000,000	토 지		
87,500,000	107,500,000	건 물	20,000,000	
	13,500,000	감 가 상 각 누 계 액	19,000,000	5,500,000
21,650,000	51,650,000	차 량 운 반 구	30,000,000	
	27,100,000	감 가 상 각 누 계 액	21,000,000	-6,100,000
24,300,000	26,300,000	비 품	2,000,000	
	1,500,000	감 가 상 각 누 계 액	5,000,000	3,500,000
	56,920,000	3.유 동 부 채	327,218,700	270,298,700
	47,000,000	외 상 매 입 금	109,250,000	62,250,000
	1,500,000	지 급 어 음	99,500,000	88,000,000
		미 지 급 금	64,378,700	64,378,700
	120,000	예 수 금	3,010,000	2,890,000
	2,300,000	선 수 금	4,080,000	1,780,000
	6,000,000	단 기 차 입 금	57,000,000	51,000,000
		4.비 유 동 부 채	113,000,000	113,000,000
		장 기 차 입 금	113,000,000	113,000,000
	500,000	5.자 본 금	68,950,000	68,450,000
		자 본 금	68,950,000	68,950,000
	500,000	인 출 금		-500,000
		6.매 출	110,300,000	110,300,000
		상 품 매 출	110,300,000	110,300,000
20,499,700	20,499,700	7.판 매 비및일반관리비		
6,300,000	6,300,000	급 여		
1,100,000	1,100,000	잡 급		
2,330,000	2,330,000	복 리 후 생 비		
502,000	502,000	여 비 교 통 비		
1,130,000	1,130,000	기 업 업 무 추 진 비		
159,000	159,000	통 신 비		
439,000	439,000	수 도 광 열 비		
1,390,000	1,390,000	세 금 과 공 과		
1,500,000	1,500,000	임 차 료		
180,000	180,000	수 선 비		
2,280,000	2,280,000	보 험 료		
323,000	323,000	차 량 유 지 비		
400,000	400,000	운 반 비		
1,700,000	1,700,000	소 모 품 비		
52,000	52,000	수 수 료 비 용		
580,000	580,000	광 고 선 전 비		
134,700	134,700	대 손 상 각 비		
		8.영 업 외 수 익	13,390,000	13,390,000
		이 자 수 익	910,000	910,000
		임 대 료	2,400,000	2,400,000
		단기투자자산처분이익	680,000	680,000
		유 형 자 산 처 분 이 익	9,400,000	9,400,000
5,858,000	5,858,000	9.영 업 외 비 용		
1,605,000	1,605,000	이 자 비 용		
3,900,000	3,900,000	기 부 금		
38,000	38,000	매 출 채 권 처 분 손 실		
300,000	300,000	유 형 자 산 처 분 손 실		
15,000	15,000	수 수 료 비 용		
578,831,700	948,852,000	합 계	948,852,000	578,831,700

제3절 수동결산

합계잔액시산표에 표시된 각 계정과목의 장부 잔액과 실재 잔액이 같은지 여부를 확인하기 위해 재고조사표를 작성한다. 이러한 재고조사표를 통해 차이가 있는 계정과목은 실재 잔액에 맞게 수정분개를 해야 하며, 수정분개는 결산일에 대체전표를 이용하여 직접 입력하는 것을 수동결산이라 한다.

이러한 수동결산에는 손익의 이연(선급비용, 선수수익)·예상(미지급비용, 미수수익), 자산·부채의 평가(단기매매증권의 평가, 외화자산과 부채의 평가, 소모품의 평가 등), 인출금의 정리 및 임시계정(가지급금, 가수금, 현금과부족 및 미결산)의 정리 등이 포함된다.

실습예제

다음의 수동결산에 관한 내용은 12월 31일 자로 회계처리를 하시오.

1. 손익의 이연 · 예상

⑴ 당기 중 지급한 임차료 1,500,000원 중 차기 분에 해당하는 금액은 700,000원이다.

⑵ 당기 중 지급한 보험료 2,280,000원 중 차기 분에 해당하는 금액은 930,000원이다.

⑶ 당기 중 받은 이자수익 910,000원 중 차기 분에 해당하는 금액은 180,000원이다.

⑷ 당기 중 받은 임대료 2,400,000원 중에 차기 분에 해당하는 금액은 600,000원이다.

⑸ 장기대여금에 대한 기간경과 이자수익 1,500,000원을 결산일까지 계상하지 않았다.

⑹ 장기차입금에 대한 기간경과 이자비용 700,000원을 결산일까지 지급하지 않았다.

⑺ 영업부 직원에 대한 12월 급여 2,800,000원을 결산일까지 지급하지 않았다.

2. 인출금 정리

사업주가 개인적인 용도로 사용하여 '인출금' 계정으로 처리한 금액은 회수되지 않아 자본금으로 대체하다.

3. 소모품 정리

소모품에 대해 창고를 조사한 결과, 소모품은 730,000원이 남아있는 것으로 조사되다.

4. 현금과부족 정리

현금과부족 50,000원의 원인을 분석한 결과, 영업직원 여비교통비 30,000원이 빠진 것을 확인하였으나 나머지는 알 수 없었다.

5. 단기매매증권 평가

단기매매증권으로 분류된 ㈜상우의 주식은 결산일 현재 1주당 공정가치는 8,500원인 것으로 조사되다.

6. 당좌예금 조정

결산일 현재 잔액이 부족한 경우에는 동일한 금액을 단기차입금으로 대체한다.

제4절 **자동결산**

재고조사표에 통해 차이가 나는 계정과목에 대해 결산일에 대체전표를 직접 입력하는 수동결산이 종료된 후, 자동결산을 진행한다.

'KcLep프로그램'에서는 수동결산에 포함되지 않은 재고자산, 대손충당금, 퇴직급여충당부채, 감가상각, 무형자산상각 등에 대해서는 자동결산이라는 방식을 통해 수정분개를 한다. 다시 말해, 자동결산은 [일반전표입력] 메뉴에 직접 대체전표를 입력하지 않고, [결산자료입력] 메뉴에서 결산일을 입력한 후 수정분개를 해야 하는 계정과목을 찾아 금액을 입력하고 F3 전표추가를 선택하면 [일반전표입력] 메뉴의 결산일에 자동으로 수정분개인 대체전표를 입력해주는 것이다.

1. 상품매출원가의 계산

'KcLep프로그램'에서는 상품 관련 계정을 2개 계정으로 나누어 입력하는데, 상품을 매입할 때에는 '상품' 계정을, 상품을 판매할 때에는 '상품매출' 계정을 사용하고 있다. 이러한 상품계정의 분할은 기말재고수량 결정방법에 있어 실지재고조사법에 근거하여 매출원가를 계산하고 있음을 의미한다. 따라서 기말에 정확한 매출원가를 계산하기 위한 결산정리분개를 해야 하는데, 이때 상품매출원가는 합계잔액시산표(12월)의 '상품' 계정의 잔액에서 실재 기말상품재고액을 차감하여 계산되고 다음과 같이 회계처리가 된다.

결산일　　차) 상품매출원가　　　　×××　　　　대) 상　품　　　　×××

그러나 자동결산항목의 경우 기본화면에서 [결산/재무제표]의 하위메뉴인 [결산자료입력]을 선택하여 기말상품재고액을 입력하고 F3 전표추가 버튼을 선택하면 자동으로 회계처리를 수행해준다.

다만, 자동결산 항목을 입력할 때마다 [F3 전표추가] 버튼을 선택하는 것이 아니라 자동결산 항목을 모두 입력한 후, 마지막으로 [F3 전표추가] 선택하여 일괄적으로 대체전표를 추가해야 한다.

2. 대손충당금의 설정

수취채권의 잔액에 대손설정비율을 곱하여 계산된 금액에서 각 계정에 있는 대손충당금 잔액을 차감하여 산출된 금액을 입력하면 다음과 같이 회계처리가 된다.

결산일　　차) 대손상각비　　　　　×××　　　　　대) 대손충당금　　　　　×××

만약, 수취채권의 잔액에 대손설정비율을 곱하여 계산된 금액에서 각 계정에 있는 대손충당금 잔액을 차감하여 산출된 금액이 △인 경우에는 다음과 같이 회계처리가 된다.

결산일　　차) 대손충당금　　　　　×××　　　　　대) 대손충당금환입　　　　×××

3. 감가상각비의 설정

유형자산에 대해 일정한 방법(가령, 정액법, 정률법 등)으로 계산된 금액을 각 계정(감가상각누계액)에 입력하면 다음과 같이 회계처리가 된다. 이러한 방법을 간접법이라고 하며, 이러한 과정을 통해 각 유형자산의 장부금액을 알 수 있다.

결산일　　차) 감가상각비　　　　　×××　　　　　대) 감가상각누계액　　　　×××

4. 퇴직급여충당부채의 설정

모든 임직원이 퇴직할 때 필요한 퇴직급여추계액에서 합계잔액시산표상 표시되는 퇴직급여충당부채 잔액을 차감하여 산출된 금액을 입력하면 다음과 같이 회계처리가 된다.

결산일　　차) 퇴직급여　　　　　×××　　　　　대) 퇴직급여충당부채　　　×××

276

실습예제

다음의 자동결산에 관한 내용은 12월 31일 자로 회계처리를 하시오.

1. 결산일 현재 창고를 조사하였더니 기말상품재고액은 65,000,000원으로 확인되다.
2. 대손충당금은 기말매출채권(외상매출금, 받을어음) 잔액에 대해서만 1%를 설정하되, 보충법에 따른다.
3. 유형자산에 대한 당기 인식해야 할 감가상각비 내용은 다음과 같다.

계정과목	당기 감가상각비
건 물	1,500,000원
차량운반구	2,500,000원
비 품	500,000원

4. 영업부 직원이 퇴직할 때 지급해야 할 퇴직급여추계액은 4,700,000원이다.

실습예제 [해설 및 입력 방법]('적요' 등록은 생략함)

1. 기본화면에서 [결산/재무제표]의 하위메뉴인 [결산자료입력]을 클릭한다.
2. 결산자료입력 화면에 기간을 '1'월부터 '12'월까지 입력한다. 단, 회계기간이 다를 경우에는 그것에 맞춰 입력한다. 가령, 학교법인이면 '3'월부터 '2'월까지 입력한다.
3. 다음과 같이 나타난 [매출원가 및 경비선택] 화면에서 확인(Enter)을 선택한다. 만약, 제조업이면 제품매출원가를 '여'로 변경해야 선택한 후 확인(Enter)을 선택해야 제조원가명세서를 작성할 수 있다.

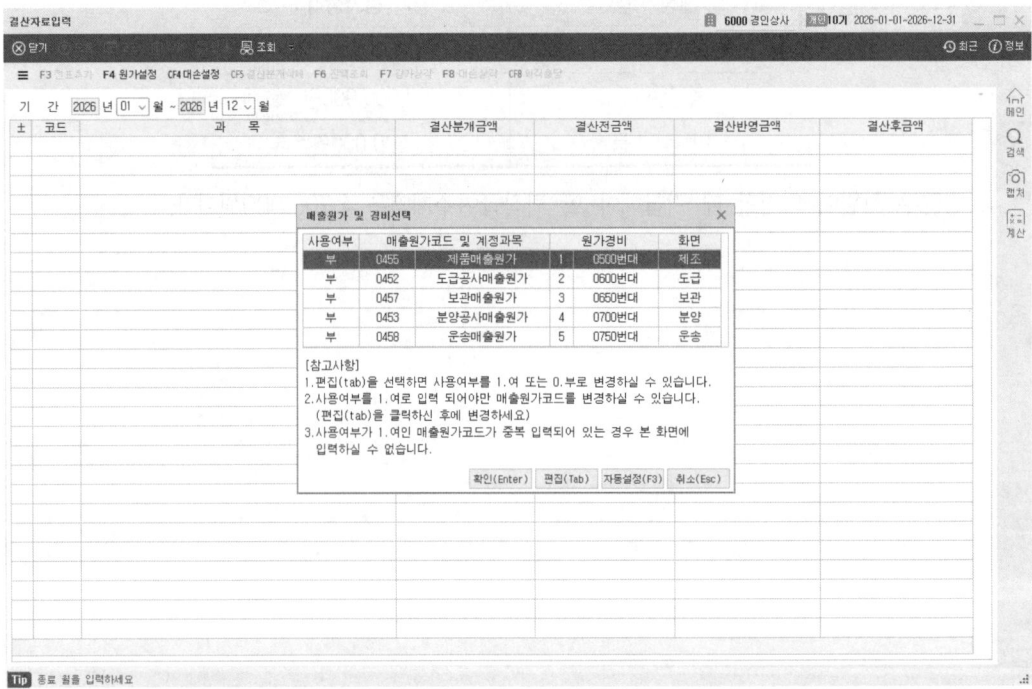

4. 자동결산항목을 입력할 수 있는 화면이 다음과 같이 나타난다.

결산자료입력   6000 경인상사   개의10기 2026-01-01~2026-12-31   _ □ ×

⊗닫기 ⑦도움 ⊞코드 ⊡삭제 ⊜인쇄 ⊠조회 ▾   ⊙최근 ⑦정보

☰   F3 전표추가   F4 원가설정   CF4 매출설정   CF5 결산분개삭제   F6 잔액조회   F7 감가상각   F8 대손상각   CF8 퇴직충당

기 간 2026 년 01 ∨ 월 ~ 2026 년 12 ∨ 월

±	코드	과 목	결산분개금액	결산전금액	결산반영금액	결산후금액
		1. 매출액		110,300,000		110,300,000
	0401	상품매출		110,300,000		110,300,000
		2. 매출원가		133,390,000		133,390,000
	0451	상품매출원가				133,390,000
	0146	① 기초 상품 재고액		4,500,000		4,500,000
	0146	② 당기 상품 매입액		130,150,000		130,150,000
	0148	④ 매 입 할 인		360,000		360,000
	0146	⑧ 타계정으로 대체액		900,000		900,000
	0146	⑩ 기말 상품 재고액				
		3. 매출총이익		-23,090,000		-23,090,000
		4. 판매비와 일반관리비		20,969,700		20,969,700
		1). 급여 외		10,200,000		10,200,000
	0801	급여		9,100,000		9,100,000
	0805	잡급		1,100,000		1,100,000
	0806	2). 퇴직급여(전입액)				
	0850	3). 퇴직연금충당금전입액				
	0818	4). 감가상각비				
	0202	건물				
	0208	차량운반구				
	0212	비품				
	0835	5). 대손상각		134,700		134,700
	0108	외상매출금				
	0110	받을어음				
		7). 기타비용		10,635,000		10,635,000
	0811	복리후생비		2,330,000		2,330,000
	0812	여비교통비		532,000		532,000
	0813	기업업무추진비		1,130,000		1,130,000
	0814	통신비		159,000		159,000
	0815	수도광열비		439,000		439,000
	0817	세금과공과		1,390,000		1,390,000
	0819	임차료		800,000		800,000
	0820	수선비		180,000		180,000
	0821	보험료		1,350,000		1,350,000
	0822	차량유지비		323,000		323,000
	0824	운반비		400,000		400,000
	0830	소모품비		970,000		970,000
	0831	수수료비용		52,000		52,000
	0833	광고선전비		580,000		580,000
		5. 영업이익		-44,059,700		-44,059,700
		6. 영업외 수익		14,410,000		14,410,000
		1). 이자수익		2,230,000		2,230,000
	0901	이자수익		2,230,000		2,230,000
+	0924	2). 준비금 환입				
		3). 기타영업외수익		12,180,000		12,180,000
	0904	임대료		1,800,000		1,800,000
	0905	단기투자자산평가이익		300,000		300,000
	0906	단기투자자산처분이익		680,000		680,000
	0914	유형자산처분이익		9,400,000		9,400,000
		7. 영업외 비용		6,578,000		6,578,000
		1). 이자비용		2,305,000		2,305,000
	0951	이자비용		2,305,000		2,305,000
	0954	2). 기타의대손상각				
	0114	단기대여금				
	0116	미수수익				
	0120	미수금				
	0131	선급금				
+	0972	3). 준비금 전입				
+	0977	4). 조특법상 특별상각				
		5). 기타영업외비용		4,273,000		4,273,000
	0953	기부금		3,900,000		3,900,000
	0956	매출채권처분손실		38,000		38,000
	0970	유형자산처분손실		300,000		300,000
	0980	잡손실		20,000		20,000
	0984	수수료비용		15,000		15,000
		8. 소득세차감전이익		-36,227,700		-36,227,700
	0999	9. 소득세등				
	0999	2). 추가계상액				
		10. 당기순이익		-36,227,700		-36,227,700

매출액: [110,300,000] 당기순이익: [-36,227,700] 소득평률: -32.84%

5. [실습예제]에서 주어진 자동결산항목을 해당 계정과목에 숫자만 입력한다.

(1) 기말상품재고액 입력

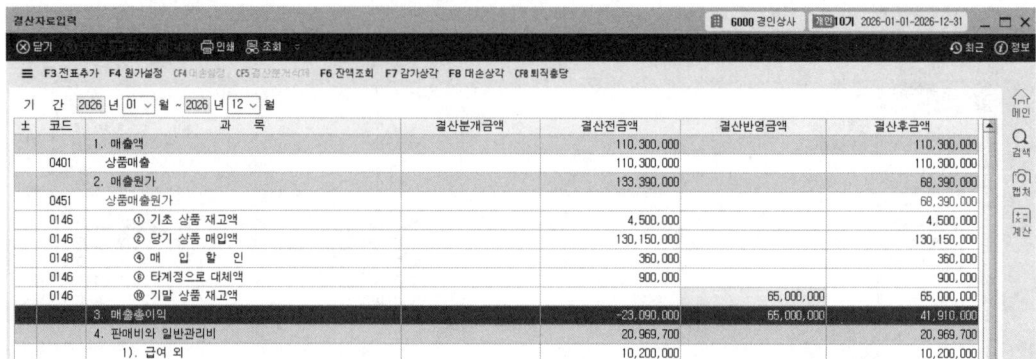

(2) 대손충당금 입력

① [결산자료입력] 메뉴의 상단의 **F8 대손상각** 을 선택하면 다음과 같은 화면이 나타난다.

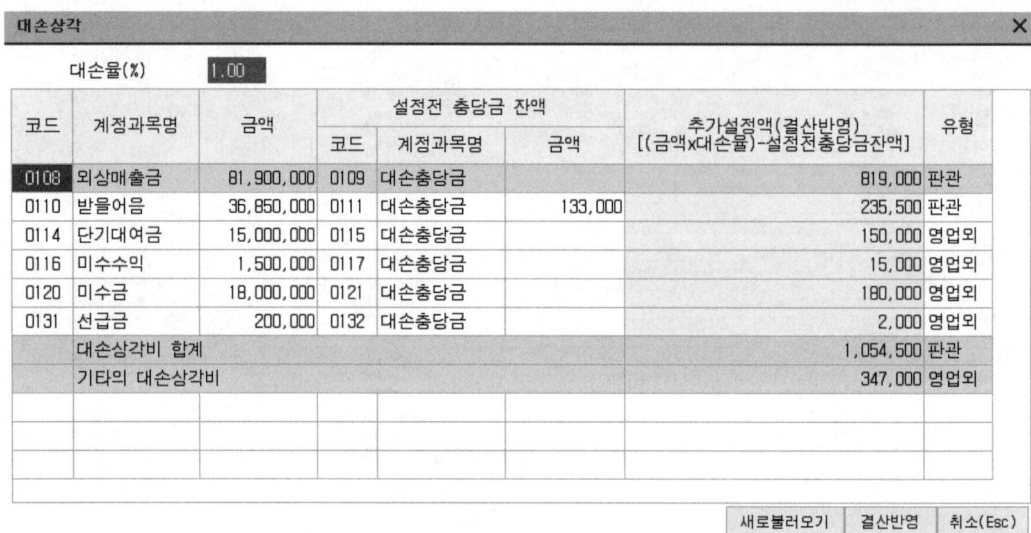

② 요구사항에서는 기말매출채권 잔액에 대해서만 1% 설정할 것을 요구하였으므로 기타의 채권에 대한 추가설정액을 다음과 같이 '0'의 금액으로 수정한다.

대손상각 ✕

대손율(%) 1.00

| 코드 | 계정과목명 | 금액 | 설정전 충당금 잔액 | | | 추가설정액(결산반영)
[(금액x대손율)-설정전충당금잔액] | 유형 |
			코드	계정과목명	금액		
0108	외상매출금	81,900,000	0109	대손충당금		819,000	판관
0110	받을어음	36,850,000	0111	대손충당금	133,000	235,500	판관
0114	단기대여금	15,000,000	0115	대손충당금			영업외
0116	미수수익	1,500,000	0117	대손충당금			영업외
0120	미수금	18,000,000	0121	대손충당금			영업외
0131	선급금	200,000	0132	대손충당금			영업외
	대손상각비 합계					1,054,500	판관

새로불러오기 결산반영 취소(Esc)

③ 화면에 나타난 [대손상각] 하단의 결산반영 을 선택하면 [결산자료입력] 메뉴의 4. 판매비와 일반관리비 5). 대손상각의 [결산반영금액] 란에 외상매출금은 819,000원으로, 받을어음은 235,500원으로 자동 반영된 것을 확인할 수 있다.

0212		비품				
0835		5). 대손상각		134,700	1,054,500	1,189,200
0108		외상매출금			819,000	819,000
0110		받을어음			235,500	235,500
		7). 기타비용		10,635,000		10,635,000

(3) 감가상각비 입력

[결산자료입력] 메뉴의 4. 판매비와 일반관리비 4). 감가상각비의 결산반영금액란에 건물 1,500,000원, 차량운반구 2,500,000원, 비품 500,000원을 입력한다.

0818		4). 감가상각비			4,500,000	4,500,000
0202		건물			1,500,000	1,500,000
0208		차량운반구			2,500,000	2,500,000
0212		비품			500,000	500,000
0835		5). 대손상각		134,700	1,054,500	1,189,200

(4) 퇴직급여충당부채 입력

[결산자료입력] 메뉴의 4. 판매비와 일반관리비 2). 퇴직급여(전입액)의 결산반영금액란에 4,700,000원을 입력한다.

		4. 판매비와 일반관리비		20,969,700	10,254,500	31,224,200
		1). 급여 외		10,200,000		10,200,000
0801		급여		9,100,000		9,100,000
0805		잡급		1,100,000		1,100,000
0806		2). 퇴직급여(전입액)			4,700,000	4,700,000

6. [실습예제]에서 주어진 자동결산항목을 모두 입력한 결과는 다음과 같다.

결산자료입력		6000 경인상사 [개인]10기 2026-01-01-2026-12-31

☒닫기 ⑦도움 🖵코드 🗑삭제 🖶인쇄 ⚖조회 ▾   ⊙최근 ①정보

☰ F3 전표추가 F4 원가설정 CF4 마음삭제 CF5 결산분개삭제 F6 잔액조회 F7 감가상각 F8 대손상각 CF8 퇴직충당

기 간 2026 년 01 ∨ 월 ~ 2026 년 12 ∨ 월

±	코드	과 목	결산분개금액	결산전금액	결산반영금액	결산후금액
		1. 매출액		110,300,000		110,300,000
	0401	상품매출		110,300,000		110,300,000
		2. 매출원가		133,390,000		68,390,000
	0451	상품매출원가				68,390,000
	0146	① 기초 상품 재고액		4,500,000		4,500,000
	0146	② 당기 상품 매입액		130,150,000		130,150,000
	0148	④ 매 입 할 인		360,000		360,000
	0146	⑥ 타계정으로 대체액		900,000		900,000
	0146	⑩ 기말 상품 재고액			65,000,000	65,000,000
		3. 매출총이익		-23,090,000	65,000,000	41,910,000
		4. 판매비와 일반관리비		20,969,700	10,254,500	31,224,200
		1). 급여 외		10,200,000		10,200,000
	0801	급여		9,100,000		9,100,000
	0805	잡급		1,100,000		1,100,000
	0806	2). 퇴직급여(전입액)			4,700,000	4,700,000
	0850	3). 퇴직연금충당금전입액				
	0818	4). 감가상각비			4,500,000	4,500,000
	0202	건물			1,500,000	1,500,000
	0208	차량운반구			2,500,000	2,500,000
	0212	비품			500,000	500,000
	0835	5). 대손상각		134,700	1,054,500	1,189,200
	0108	외상매출금			819,000	819,000
	0110	받을어음			235,500	235,500
		7). 기타비용		10,635,000		10,635,000
	0811	복리후생비		2,330,000		2,330,000
	0812	여비교통비		532,000		532,000
	0813	기업업무추진비		1,130,000		1,130,000
	0814	통신비		159,000		159,000
	0815	수도광열비		439,000		439,000
	0817	세금과공과		1,390,000		1,390,000
	0819	임차료		800,000		800,000
	0820	수선비		180,000		180,000
	0821	보험료		1,350,000		1,350,000
	0822	차량유지비		323,000		323,000
	0824	운반비		400,000		400,000
	0830	소모품비		970,000		970,000
	0831	수수료비용		52,000		52,000
	0833	광고선전비		580,000		580,000
		5. 영업이익		-44,059,700	54,745,500	10,685,800
		6. 영업외 수익		14,410,000		14,410,000
		1). 이자수익		2,230,000		2,230,000
	0901	이자수익		2,230,000		2,230,000
	0924	2). 준비금 환입				
		3). 기타영업외수익		12,180,000		12,180,000
	0904	임대료		1,800,000		1,800,000
	0905	단기투자자산평가이익		300,000		300,000
	0906	단기투자자산처분이익		680,000		680,000
	0914	유형자산처분이익		9,400,000		9,400,000
		7. 영업외 비용		6,578,000		6,578,000
		1). 이자비용		2,305,000		2,305,000
	0951	이자비용		2,305,000		2,305,000
	0954	2). 기타의대손상각				
	0114	단기대여금				
	0116	미수수익				
	0120	미수금				
	0131	선급금				
	0972	3). 준비금 전입				
	0977	4). 조특법상 특별상각				
		5). 기타영업외비용		4,273,000		4,273,000
	0953	기부금		3,900,000		3,900,000
	0956	매출채권처분손실		38,000		38,000
	0970	유형자산처분손실		300,000		300,000
	0980	잡손실		20,000		20,000
	0984	수수료비용		15,000		15,000
		8. 소득세차감전이익		-36,227,700	54,745,500	18,517,800
	0999	9. 소득세등				
	0999	2). 추가계상액				
		10. 당기순이익		-36,227,700	54,745,500	18,517,800

매출액 : [110,300,000] 당기순이익 : [18,517,800] 소득평률 : 16.79%

7. 자동결산항목에 대한 전표 추가

자동결산항목을 모두 입력한 후, [결산자료입력] 메뉴의 상단 **F3** 전표추가를 선택하면 다음과 같은 화면이 나타난다. 여기서 예(Y) 를 선택하면, 다음과 같이 [일반전표입력] 메뉴의 12월 31일자 '결산대체전표'로 회계처리를 자동으로 한다.

결산분개를 일반전표에 추가하시겠습니까?

예(Y)   아니오(N)

	일	번호	구분	계 정 과 목	거 래 처	적 요	차 변	대 변
	31	00011	차변	0107 단기매매증권	01103 (주)상우	6 결산시점 공정가치 평가	300,000	
	31	00011	대변	0905 단기투자자산평가이익	(주)상우	1 공정가치 변동분 반영		300,000
	31	00012	차변	0102 당좌예금	(주)상우	8 결산시점 잔액조정	52,483,000	
	31	00012	대변	0260 단기차입금	98000 국민은행	8 당좌차월에서 대체액		52,483,000
	31	00013	결차	0451 상품매출원가		1 상품매출원가 대체	68,390,000	
	31	00013	결대	0146 상품		2 상품 매입 부대비용		68,390,000
	31	00014	결차	0806 퇴직급여		1 퇴직충당금 당기전입액	4,700,000	
	31	00014	결대	0295 퇴직급여충당부채		7 퇴직급여충당부채당기설		4,700,000
	31	00015	결차	0818 감가상각비			4,500,000	
	31	00015	결대	0203 감가상각누계액				1,500,000
	31	00015	결대	0209 감가상각누계액				2,500,000
	31	00015	결대	0213 감가상각누계액				500,000
	31	00016	결차	0835 대손상각비			1,054,500	
	31	00016	결대	0109 대손충당금				819,000
	31	00016	결대	0111 대손충당금				235,500
				합 계			140,117,500	140,117,500

≫ 자동 결산대체분개의 일괄삭제 및 재결산

(1) 자동 결산대체분개의 일괄삭제

재결산의 필요할 때 결산대체분개를 모두 삭제하고자 할 때가 있다. 이 경우에는 결산 월의 해당 [일반전표입력] 메뉴에서 Shift + F5 를 누르면 [일괄삭제]의 보조화면이 나타난다. 여기서 확인(Tab) 을 클릭한다.

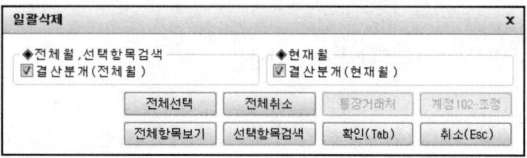

(2) 자동 결산대체분개 삭제는 F3 을 선택한다.

(3) 자동 결산대체분개 삭제 후 재결산으로 인한 결산자료입력

재결산으로 인한 결산자료를 재입력할 때 이전과 같은 결산 월이 선택되면, 전에 입력한 데이터를 불러올 것인지 아닌지를 묻는 메시지가 나타난다. 이 경우에 전에 작업한 내용을 무시하고자 하면 [아니오(N)]를 선택한다.

제5절 재무제표의 확정

기업은 특정 회계연도가 종료하면 재무제표를 작성하여 이해관계자들이 의사결정에 활용할 수 있도록 공시해야 한다. 한편, 도소매업을 하는 개인기업의 경우에 있어서 재무제표는 경영성과를 보여주는 손익계산서와 결산일 현재의 재무상태를 파악할 수 있는 재무상태표로 구성되어 있으며, 이러한 재무제표는 미래에 대한 의사결정을 함에 있어서 매우 중요하기 때문에 정확하게 작성하여 이해관계자에게 공시하는 것은 필수적인 경영활동이다.

ChatGPT를 활용한 학습

재무제표의 확정(確定)은 기업이 회계기간이 끝난 후 작성한 재무제표를 최종적으로 확정하여 외부에 공시하거나 보고할 준비가 완료된 상태를 의미한다. 즉, 재무제표가 임의로 수정되거나 변경되지 않고 최종적인 회계 정보로서 확정되었다는 뜻이다.

1. 재무제표 확정의 의미

    회계처리 및 조정이 모두 완료되어 내부 승인 절차를 거친 후, 외부 공시나 보고(예 : 감사보고서 제출, 사업보고서 공시 등)에 사용할 수 있는 최종본이라는 의미이다.

2. 재무제표 확정까지의 절차

    (1) 기말 결산 마감
        ① 수익과 비용의 인식 마감
        ② 감가상각, 충당금 설정 등 회계조정 사항 반영
        ③ 장부의 마감(closing entries)
    (2) 시산표 작성
        - 수정 후 시산표(Adjusted Trial Balance)로 모든 계정과목 정리
    (3) 재무제표 초안 작성
        - 손익계산서, 재무상태표, 현금흐름표, 자본변동표 등 작성
    (4) 내부 검토 및 승인
        ① 재무팀, 경영진, 감사위원회 등에서 검토
        ② 외부감사 대상 기업이라면 외부감사인의 감사를 거침
    (5) 재무제표 확정
        - 이사회 또는 주주총회에서 재무제표 승인한 후 법정 제출 기한에 맞춰 공시 또는 보고

3. 관련 법규 및 기준

    ① 한국채택국제회계기준(K - IFRS)이나 일반기업회계기준(K - GAAP)에 따라 작성
    ② 상장기업의 경우 외부감사에 관한 법률과 자본시장법에 따라 재무제표 확정 및 공시 의무 발생

일반적으로 재무제표에는 재무상태표, 손익계산서, 자본변동표, 현금흐름표 및 주석으로 구성되어 있지만, 전산회계 2급 범위에서는 재무상태표와 손익계산서만을 작성하게 되어 있다.

'KcLep프로그램'에서 재무제표의 확정할 때 유의해야 할 점은 작성순서이다. 다시 말해, 'KcLep프로그램'을 이용하는 경우 손익계산서에서 당기순손익을 확정하고, 이 금액이 재무상태표의 자본금 계정에 반영하도록 해야 한다.

1. 손익계산서의 당기손익 확정

당기순손익을 확정하기 위하여 [결산/재무제표] 하위메뉴인 [손익계산서]를 선택한 후, 결산일이 포함된 12월을 선택하면 다음과 같은 화면이 나타난다.

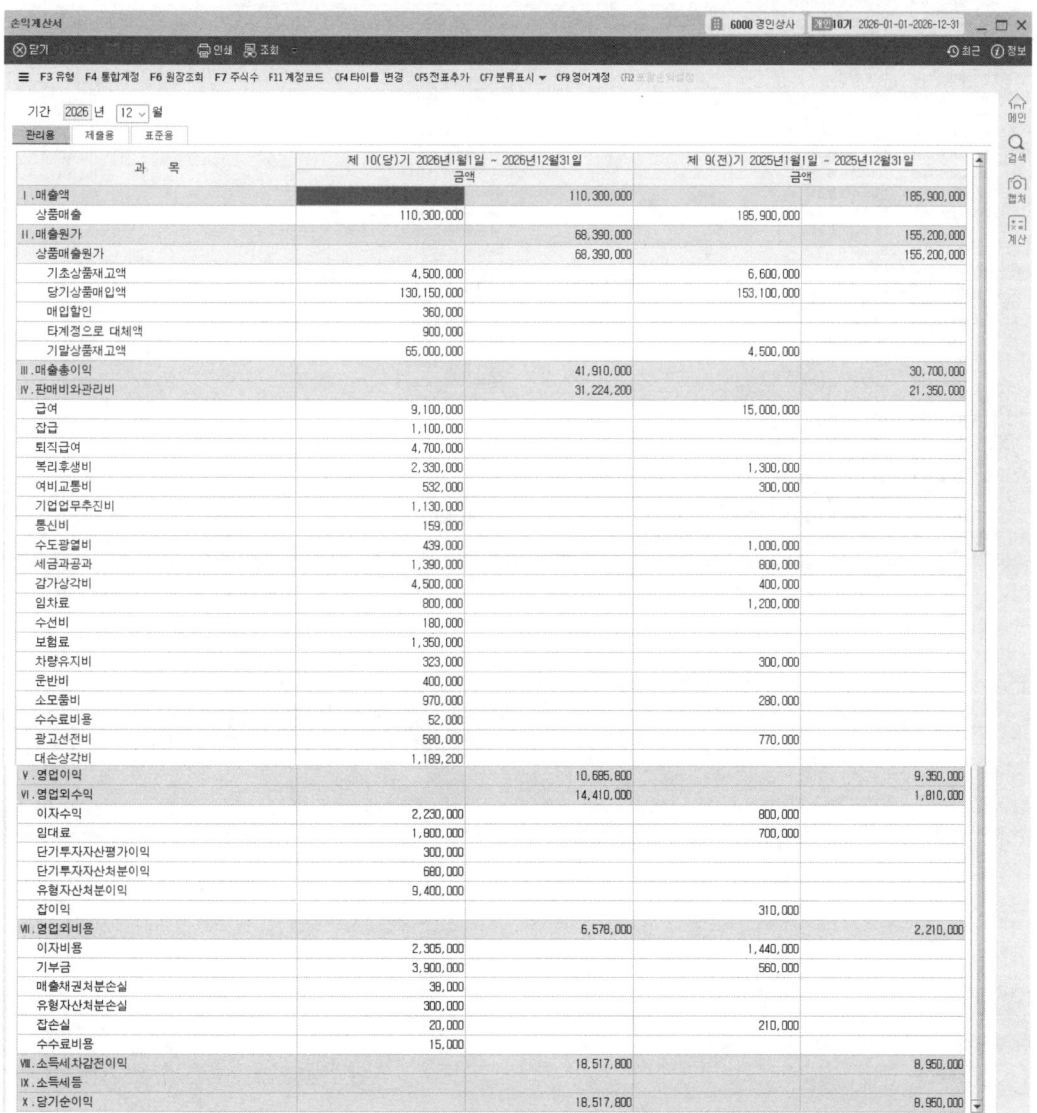

과 목	제 10(당)기 2026년1월1일 ~ 2026년12월31일		제 9(전)기 2025년1월1일 ~ 2025년12월31일	
	금액		금액	
I . 매출액		110,300,000		185,900,000
상품매출	110,300,000		185,900,000	
II . 매출원가		68,390,000		155,200,000
상품매출원가		68,390,000		155,200,000
기초상품재고액	4,500,000		6,600,000	
당기상품매입액	130,150,000		153,100,000	
매입할인	360,000			
타계정으로 대체액	900,000			
기말상품재고액	65,000,000		4,500,000	
III . 매출총이익		41,910,000		30,700,000
IV . 판매비와관리비		31,224,200		21,350,000
급여	9,100,000		15,000,000	
잡급	1,100,000			
퇴직급여	4,700,000			
복리후생비	2,330,000		1,300,000	
여비교통비	532,000		300,000	
기업업무추진비	1,130,000			
통신비	159,000			
수도광열비	439,000		1,000,000	
세금과공과	1,390,000		800,000	
감가상각비	4,500,000		400,000	
임차료	800,000		1,200,000	
수선비	180,000			
보험료	1,350,000			
차량유지비	323,000		300,000	
운반비	400,000			
소모품비	970,000		280,000	
수수료비용	52,000			
광고선전비	580,000		770,000	
대손상각비	1,189,200			
V . 영업이익		10,685,800		9,350,000
VI . 영업외수익		14,410,000		1,810,000
이자수익	2,230,000		800,000	
임대료	1,800,000		700,000	
단기투자자산평가이익	300,000			
단기투자자산처분이익	680,000			
유형자산처분이익	9,400,000			
잡이익			310,000	
VII . 영업외비용		6,578,000		2,210,000
이자비용	2,305,000		1,440,000	
기부금	3,900,000		560,000	
매출채권처분손실	38,000			
유형자산처분손실	300,000			
잡손실	20,000		210,000	
수수료비용	15,000			
VIII . 소득세차감전이익		18,517,800		8,950,000
IX . 소득세등				
X . 당기순이익		18,517,800		8,950,000

화면 상단에 있는  를 선택하면, 수익과 비용 항목을 '손익계정에 대체'하여 계산된 손익을 자본금으로 대체하는 [일반전표입력]에 대체전표를 자동으로 생성해준다. 그 결과는 다음과 같은 화면으로 구성한다.

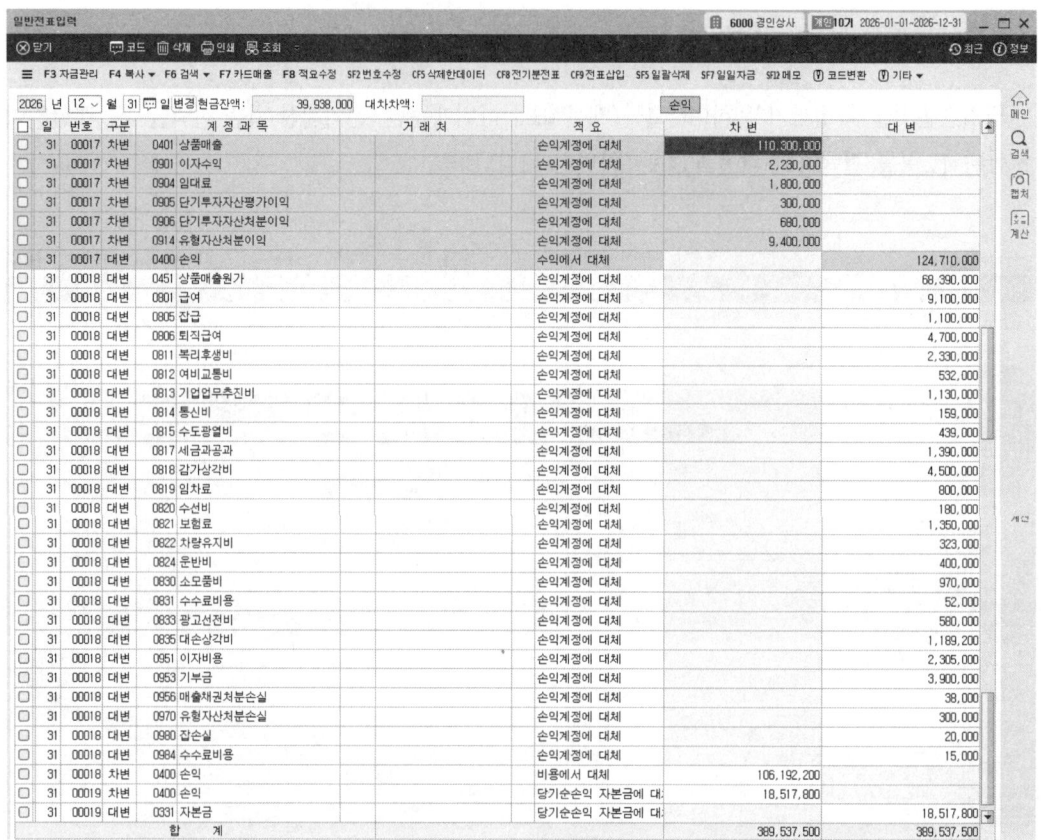

2. 재무상태표 확정

손익계산서의 손익을 자본금으로 대체하는 절차를 실시한 다음에 [결산/재무제표] 하위메뉴인 [재무상태표]를 선택한 후, 결산일이 포함된 12월을 선택하면 다음과 같은 화면이 나타난다. 여기서 손익계산서의 당기순손익이 자본금에 자동으로 반영된 금액을 확인할 수 있다.

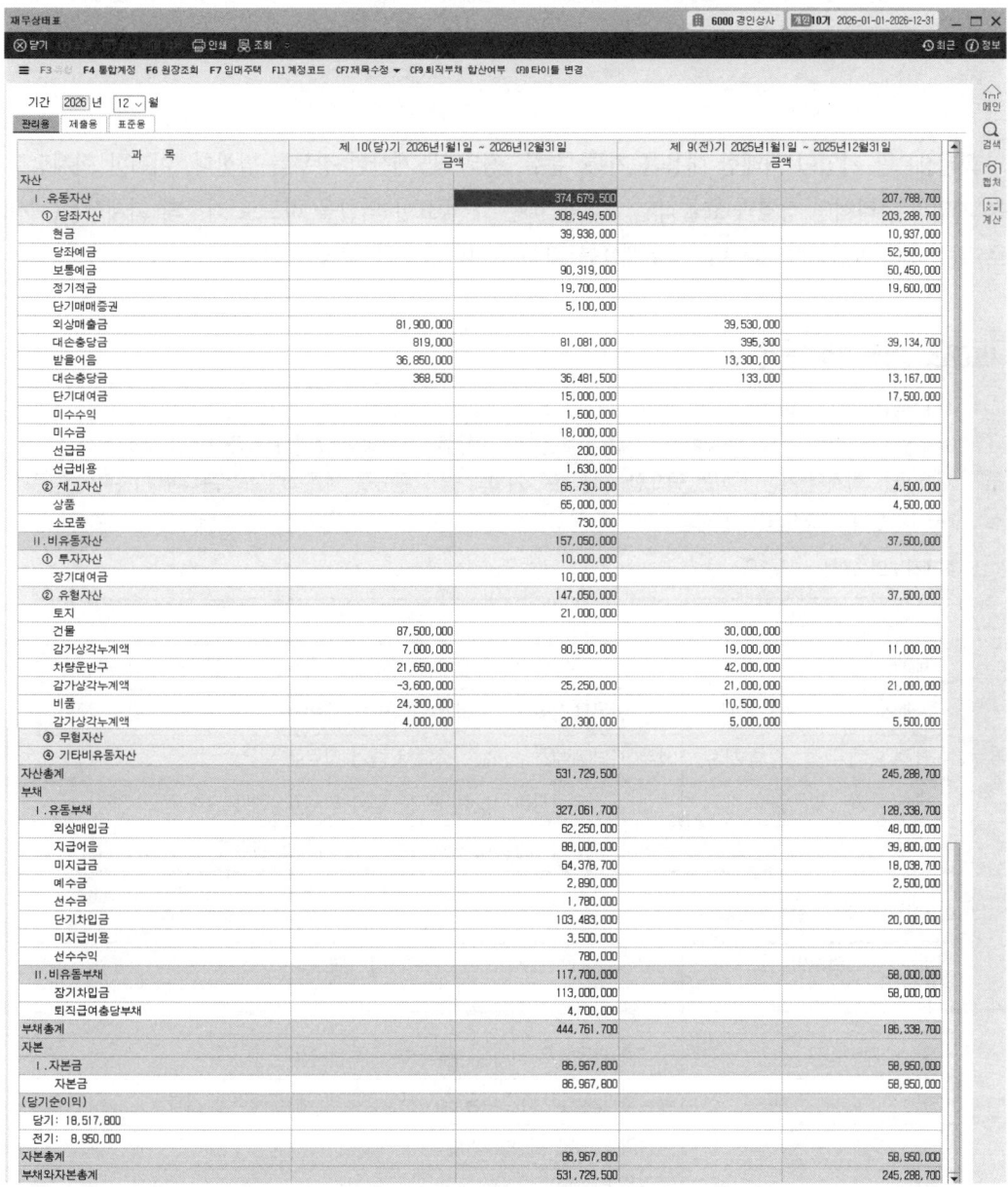

과 목	제 10(당)기 2026년1월1일 ~ 2026년12월31일		제 9(전)기 2025년1월1일 ~ 2025년12월31일	
		금액		금액
자산				
Ⅰ. 유동자산		374,679,500		207,788,700
① 당좌자산		308,949,500		203,288,700
현금		39,938,000		10,937,000
당좌예금				52,500,000
보통예금		90,319,000		50,450,000
정기적금		19,700,000		19,600,000
단기매매증권		5,100,000		
외상매출금	81,900,000		39,530,000	
대손충당금	819,000	81,081,000	395,300	39,134,700
받을어음	36,850,000		13,300,000	
대손충당금	368,500	36,481,500	133,000	13,167,000
단기대여금		15,000,000		17,500,000
미수수익		1,500,000		
미수금		18,000,000		
선급금		200,000		
선급비용		1,630,000		
② 재고자산		65,730,000		4,500,000
상품		65,000,000		4,500,000
소모품		730,000		
Ⅱ. 비유동자산		157,050,000		37,500,000
① 투자자산		10,000,000		
장기대여금		10,000,000		
② 유형자산		147,050,000		37,500,000
토지		21,000,000		
건물	87,500,000		30,000,000	
감가상각누계액	7,000,000	80,500,000	19,000,000	11,000,000
차량운반구	21,650,000		42,000,000	
감가상각누계액	-3,600,000	25,250,000	21,000,000	21,000,000
비품	24,300,000		10,500,000	
감가상각누계액	4,000,000	20,300,000	5,000,000	5,500,000
③ 무형자산				
④ 기타비유동자산				
자산총계		531,729,500		245,288,700
부채				
Ⅰ. 유동부채		327,061,700		128,338,700
외상매입금		62,250,000		48,000,000
지급어음		88,000,000		39,800,000
미지급금		64,378,700		18,038,700
예수금		2,890,000		2,500,000
선수금		1,780,000		
단기차입금		103,483,000		20,000,000
미지급비용		3,500,000		
선수수익		780,000		
Ⅱ. 비유동부채		117,700,000		58,000,000
장기차입금		113,000,000		58,000,000
퇴직급여충당부채		4,700,000		
부채총계		444,761,700		186,338,700
자본				
Ⅰ. 자본금		86,967,800		58,950,000
자본금		86,967,800		58,950,000
(당기순이익)				
당기: 18,517,800				
전기: 8,950,000				
자본총계		86,967,800		58,950,000
부채와자본총계		531,729,500		245,288,700

☞ 기말자본금(86,967,800원) = 기초자본금(58,950,000원) + 당기 추가 출자(10,000,000원)
　　　　　　　　　　 − 인출금(500,000원) + 당기순이익(18,517,800원)

13 장부조회

회계장부란 기업이 거래한 내용을 기록, 분류, 정리 및 계산한 장부를 말한다. 이러한 회계장부는 기업의 합리적인 경영과 효율적인 기록을 하는 데 중요한 역할을 하므로 각각의 회계장부는 서로 밀접하게 관련되어 있으며, 재무제표를 작성하는데 중요한 역할을 한다.

ChatGPT를 활용한 학습

(1) 회계장부(Accounting Books)의 의의

회계장부는 기업의 모든 회계거래와 재무정보를 기록·분류·요약하여 보관하는 공식적인 문서 또는 기록 체계이다. 회계의 기본이 되는 중요한 수단으로, 기업의 경제 활동을 체계적이고 일관되게 기록하여 재무 제표 작성의 기초자료가 된다.

(2) 회계장부의 목적

목 적	설 명
재 무 정 보 제 공	재무제표 작성을 위한 기초자료 제공(재무상태표, 손익계산서 등)
거래의 정확한 기록과 관리	기업 활동을 날짜별·계정별로 정확히 기록하여 회계정보의 신뢰성 확보
법 적 · 세 무 적 증 빙 자 료	세무신고, 세무조사, 소송 등에서 증거 자료로 활용
내 부 통 제 및 경 영 관 리	예산관리, 자산관리, 비용통제 등 경영 의사결정에 필요한 정보 제공
외 부 이 해 관 계 자 보 고	투자자, 채권자, 세무서, 금융기관 등에 기업의 재무 건전성 설명 가능

(3) 회계장부의 주요 종류

장부명	설 명
분 개 장	거래를 일자별로 처음 기록하는 장부(일기장 역할)
총 계 정 원 장	각 계정과목별로 거래를 분류하여 기록한 장부
보 조 원 장	매출채권, 매입채무, 비품 등 개별 항목의 세부 내역을 기록
현 금 출 납 장	현금의 입금과 출금을 기록
시 산 표	장부의 대차평형을 점검하기 위한 합계표
결 산 보 고 서	회계기간 종료 시 재무제표를 작성하기 위한 장부 집계 결과

(4) 회계장부의 법적 중요성(대한민국 기준)
  ① 상법 및 세법상 의무 : 일정 규모 이상의 사업자는 회계장부 작성 및 5년 이상 보관 의무
  ② 세무조사 대비용 : 세금 추징에 대한 방어 근거로 활용됨
  ③ 감사 및 외부 보고 : 외부감사 대상 기업은 감사인의 회계장부 검토 필수

'KcLep프로그램'에서는 기업의 거래에 대해 회계처리를 입력하면 그 거래의 내용이 바로 각종 회계장부에 자동으로 반영되도록 설계되어 있다. 따라서 'KcLep프로그램'에 기업의 거래를 정확하게 회계처리하여 입력하게 되면 나머지는 자동으로 처리되어 출력할 수 있으므로 신속하게 의사결정에 이용할 수 있다.

'KcLep프로그램'의 회계장부 조직은 아래와 같다.
⑴ 거래처원장
⑵ 거래처별계정과목별원장
⑶ 계정별원장
⑷ 현금출납장
⑸ 일계표(월계표)
⑹ 분개장
⑺ 총계정원장
⑻ 합계잔액시산표
⑼ 재무상태표
⑽ 손익계산서

제1절 거래처원장

거래처원장은 계정과목별 일정기간의 거래처별 잔액이나 거래내용을 기록한 보조원장으로 기업의 거래를 입력할 때에 입력된 거래처코드에 의해 자동으로 작성된다. 'KcLep프로그램'에서의 거래처원장은 거래처별로 잔액, 내용으로 구성되어 있다.

1. 6월 말 현재 동신상사의 외상매출금 잔액은 얼마인가?

⑴ 기본화면에서 [장부관리]의 하위메뉴인 [거래처원장]을 클릭한다.

⑵ 화면 상단의 [잔액]을 선택한 후 [기간] 란에 '1월 1일'~'6월 30일'을 입력한다.

⑶ [계정과목] 란에 '108'(외상매출금)을 입력한다.

⑷ [거래처] 란에서 🔲 또는 🔲코드를 선택하여 검색란에 거래처의 앞 두 글자인 '동신'을 입력하고 Enter↵를 입력한 다음 [거래처] 란에 코드 '2110'을 입력한다.

⑸ 동신상사의 외상매출금 잔액은 11,850,000원임을 확인할 수 있다.

2. 7월 말 현재 받을어음 잔액이 가장 큰 거래처코드와 금액은?

⑴ 기본화면에서 [장부관리]의 하위메뉴인 [거래처원장]을 클릭한다.

⑵ 화면 상단의 [잔액]을 선택한 후 [기간] 란에 '1월 1일'~'7월 31일'을 입력한다.

⑶ [계정과목] 란에 '110'(받을어음)을 입력한다.

⑷ [거래처] 란에서 💬 또는 💬코드를 선택하여 '101'과 '99601'을 입력하거나 Enter↵를 계속 입력 '101'과 '99601'이 자동으로 반영된다.

⑸ 받을어음 잔액이 가장 큰 거래처코드는 '1103', 금액은 '20,500,000원'이다.

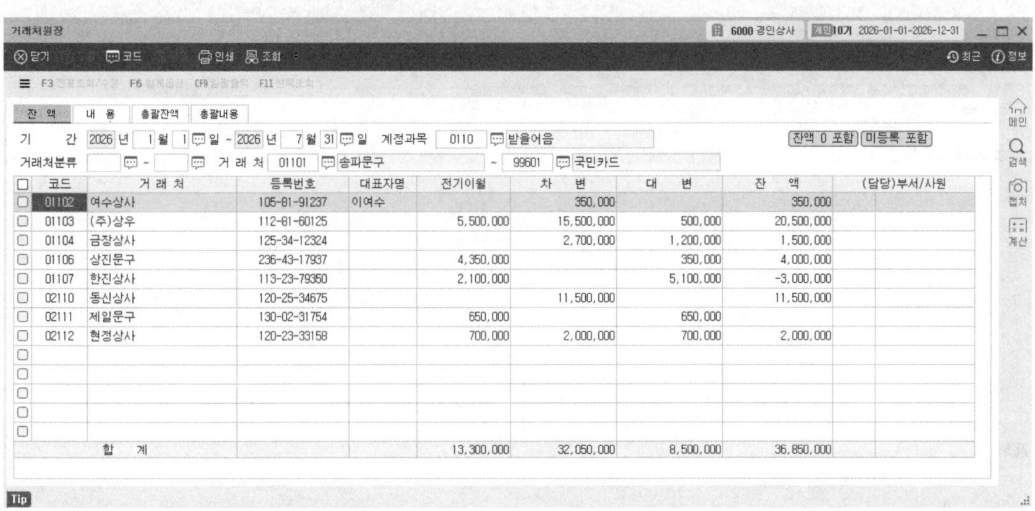

코드	거 래 처	등록번호	대표자명	전기이월	차 변	대 변	잔 액	(담당)부서/사원
01102	여수상사	105-81-91237	이여수		350,000		350,000	
01103	(주)상우	112-81-60125		5,500,000	15,500,000	500,000	20,500,000	
01104	금장상사	125-34-12324			2,700,000	1,200,000	1,500,000	
01106	상진문구	236-43-17937		4,350,000		350,000	4,000,000	
01107	한진상사	113-23-79350		2,100,000		5,100,000	-3,000,000	
02110	동신상사	120-25-34675			11,500,000		11,500,000	
02111	제일문구	130-02-31754		650,000		650,000		
02112	현정상사	120-23-33158		700,000	2,000,000	700,000	2,000,000	
합 계				13,300,000	32,050,000	8,500,000	36,850,000	

3. 5월 중 현정상사의 외상매입금 상환액은 얼마인가?

⑴ 기본화면에서 [장부관리]의 하위메뉴인 [거래처원장]을 클릭한다.

⑵ 화면 상단의 [잔액]을 선택하고, [기간] 란에 '**5월 1일**'~'**5월 31일**'까지 입력한다.

⑶ [계정과목] 란에 '**251**'(외상매입금)을 입력한다.

⑷ [거래처] 란에서 💬 또는 💬코드 를 선택하여 '현정상사' 또는 '**2112**'를 입력한다.

⑸ 외상매입금 상환 금액은 500,000원이다.

제2절 거래처별 계정과목별 원장

거래처별 계정과목별 원장은 거래처별 계정과목별 잔액이나 거래내용을 기록한 보조원장으로 거래 자료 입력할 때에 입력된 거래처코드에 의해 자동으로 작성된다. 'KcLep프로그램'에서의 거래처별 계정과목별 원장은 거래처별 계정과목별로 잔액, 잔액상세, 내용 등으로 구성되어 있다.

1. 1월 1일부터 12월 31일까지 ㈜상우와 관련하여 사용된 계정과목 수는 몇 개인가?

(1) 기본화면에서 [장부관리]의 하위메뉴인 [거래처별 계정과목별 원장]을 클릭한다.
(2) 화면 상단의 [잔액]을 선택하고, [기간] 란에서 Enter↵를 계속 선택하면 자동으로 '1월 1일'~ '12월 31일'이 반영된다.
(3) [계정과목] 란에서 Enter↵를 계속하여 누르면 자동으로 '0101(현금)'~'0999(소득세비용)'이 반영된다.
(4) [거래처] 란에서 💬 또는 💬코드를 선택하여 '㈜상우' 또는 '1103'을 입력한다.
(5) ㈜상우와 관련하여 사용된 계정과목 수는 15가지이다.

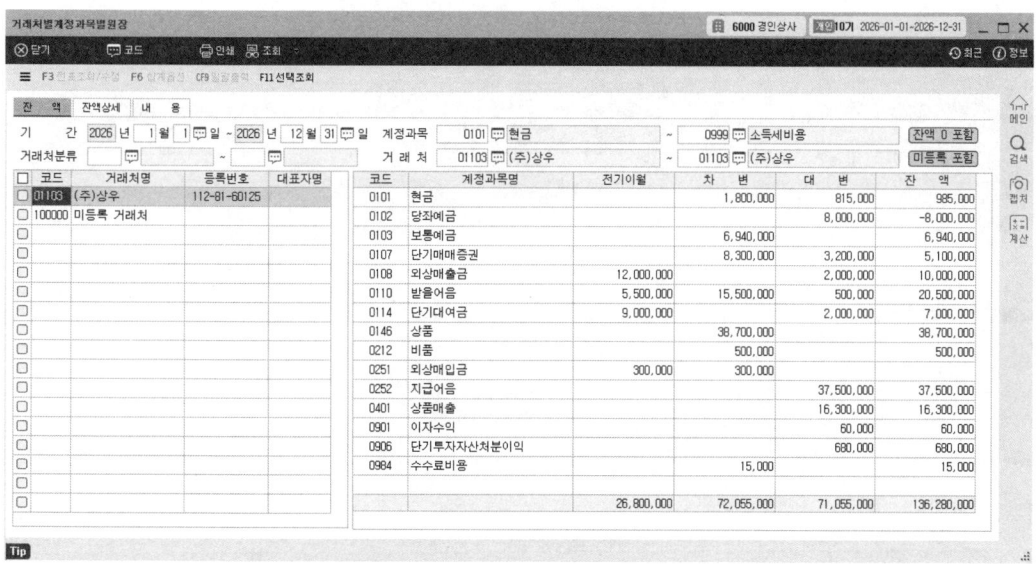

2. 1월 1일부터 12월 31일까지 현정상사와 관련하여 사용된 계정과목 중 잔액이 가장 큰 계정과목과 잔액은 얼마인가?

⑴ 기본화면에서 [장부관리]의 하위메뉴인 [거래처별 계정과목별 원장]을 클릭한다.

⑵ 화면 상단의 [잔액]을 선택하고, [기간] 란에서 Enter↵를 계속 입력하면 자동으로 '**1월 1일**' ~ '**12월 31일**'이 반영된다.

⑶ [계정과목] 란에서 Enter↵를 계속하여 누르면 자동으로 '0101(현금)' ~ '0999(소득세비용)'이 반영된다.

⑷ [거래처] 란에서 🔲 또는 🔲코드를 선택하여 '현정상사' 또는 '2112'를 입력한다.

⑸ 현정상사와 관련하여 사용된 계정과목 중 잔액이 가장 큰 계정과목은 '지급어음'이고, 잔액은 '16,700,000원'이다.

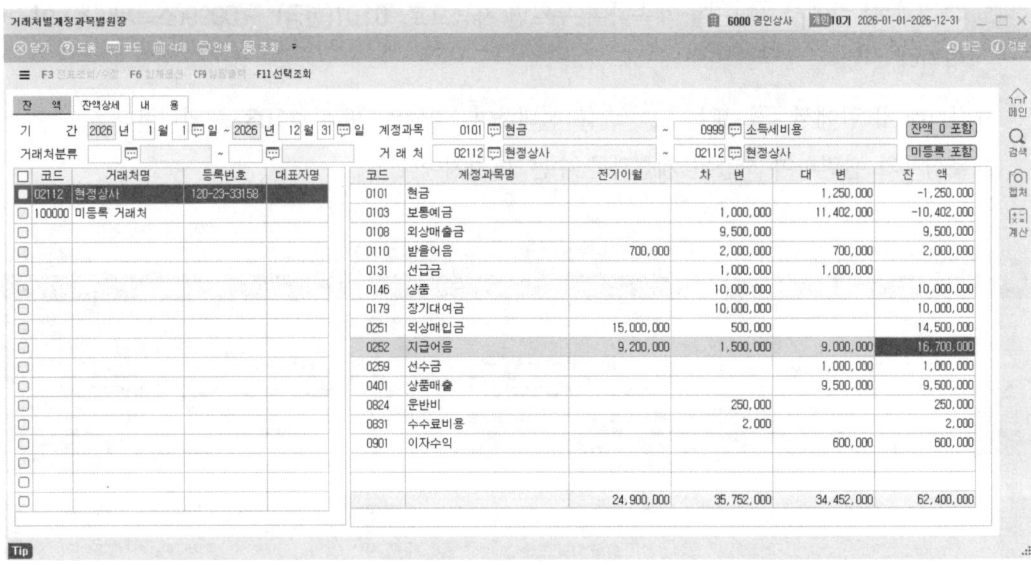

제3절 계정별원장

　계정별원장은 각 계정의 거래내용을 상세히 기록한 장부로 총계정원장의 보조장부이다. 'KcLep 프로그램'에서는 현금의 계정별원장인 현금출납장을 제외한 모든 계정과목에 대하여 계정별원장을 조회할 수 있다.

1. 6월 30일 현재 외상매출금의 잔액은 얼마인가?

⑴ 기본화면에서 [장부관리]의 하위메뉴인 [계정별원장]을 클릭한다.

⑵ 화면 상단의 [계정별]을 선택하고, [기간] 란에 '1월 1일'~'6월 30일'을 입력한다.

⑶ [계정과목] 란에 '0108 외상매출금'부터 '0108 외상매출금'까지 입력한다.

⑷ 외상매출금 잔액은 72,700,000원이다.

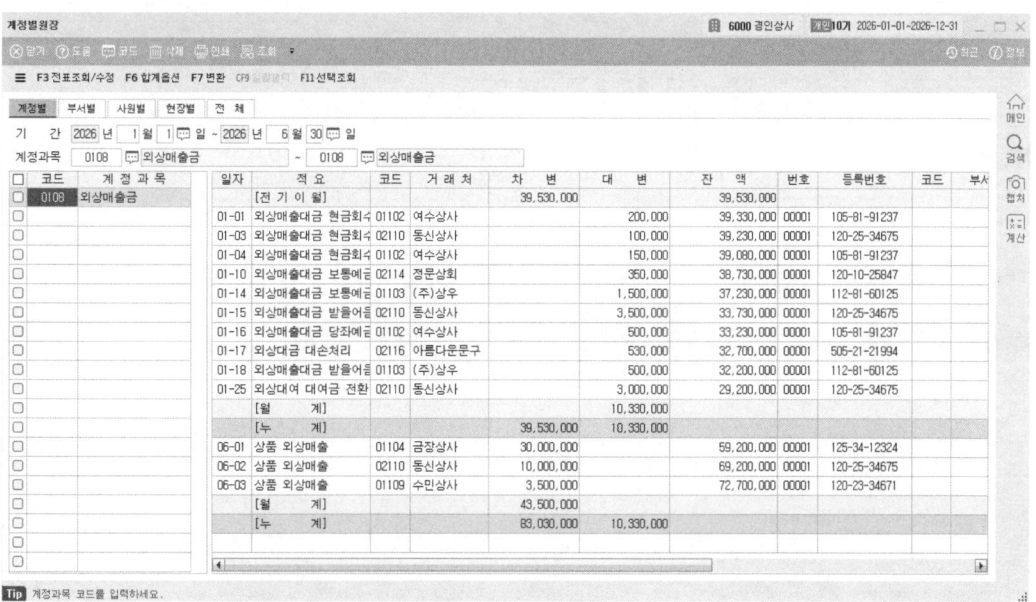

2. 8월 중 발생한 이자수익은 얼마인가?

⑴ 기본화면에서 [장부관리]의 하위메뉴인 [계정별원장]을 클릭한다.

⑵ 화면 상단의 [계정별]을 선택하고, [기간] 란에 '8월 1일'~'8월 31일'을 입력한다.

⑶ [계정과목] 란에 '0901 이자수익'부터 '0901 이자수익'까지 입력한다.

⑷ 8월 중 이자수익은 [월계] 850,000원이다.

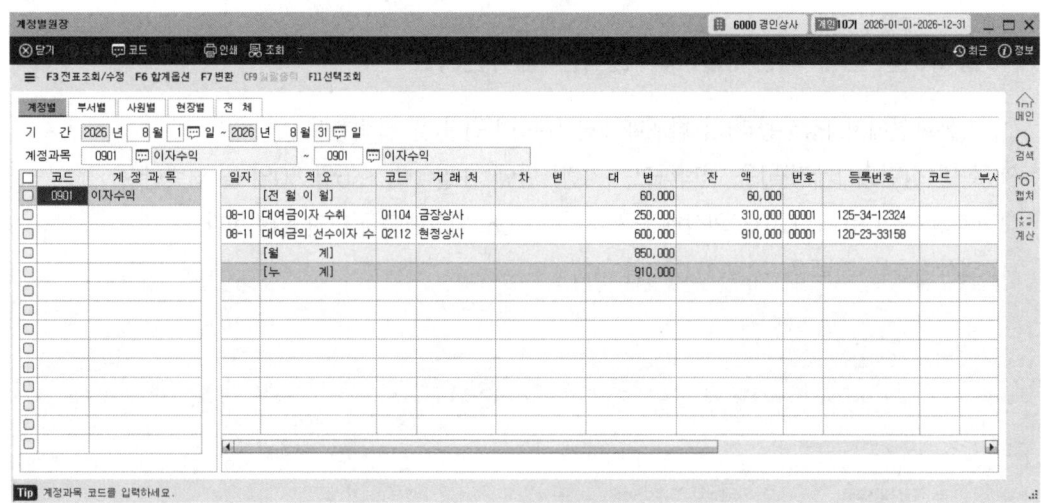

제4절 현금출납장

현금출납장은 현금의 수입과 지출의 내용을 기록한 보조장부이다. 이러한 현금출납장은 입금과 출금의 거래내용을 일자순서, 입금순서, 출금순서 대로 기록되어 조회된다.

1. 3월 1일부터 4월 30일까지 현금지급액은 얼마인가?

⑴ 기본화면에서 [장부관리]의 하위메뉴인 [현금출납장]을 클릭한다.

⑵ 화면 상단의 [전체]를 선택하고, [기간] 란에 '3월 1일'~'4월 30일'을 입력한다.

⑶ 3월 1일부터 4월 30일까지 현금지급액은 2,360,000원(= 1,850,000원+510,000원)이다.

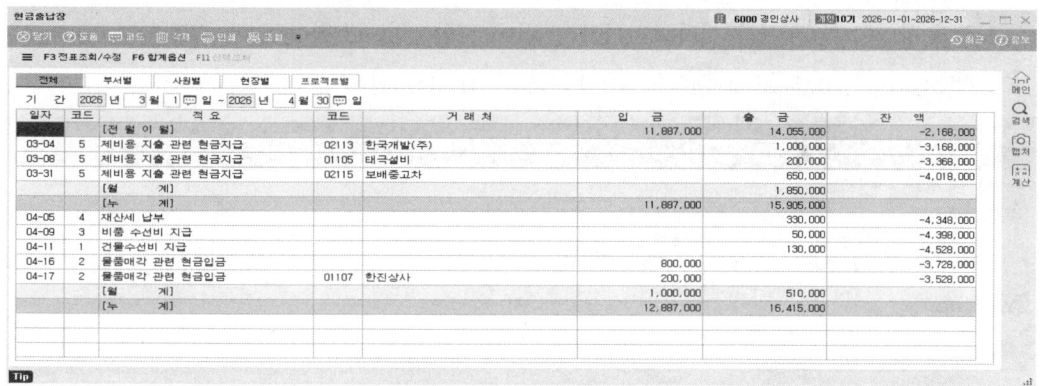

2. 6월 중 현금유입액은 얼마인가?

⑴ 기본화면에서 [장부관리]의 하위메뉴인 [현금출납장]을 클릭한다.

⑵ 화면 상단의 [전체]를 선택하고, [기간] 란에 '6월 1일'~'6월 30일'을 입력한다.

⑶ 6월 중 현금유입액은 [월계] 7,300,000원이다.

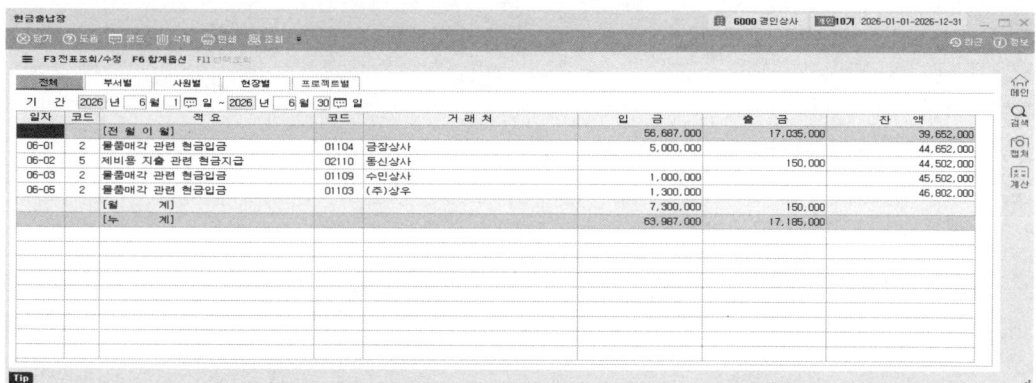

제5절 일계표와 월계표

일계표란 매일 발생한 거래를 분개하여 계정과목별로 집계한 표를 말한다. 그리고 월계표란 일계표를 월 단위로 집계한 표를 말한다. 일계표와 월계표에서 [현금] 란은 계정과목의 상대계정이 현금계정인 경우이다. 따라서 [현금] 란의 차변은 출금을 의미하며, 대변은 입금을 의미한다. 그리고 [대체] 란은 계정과목의 상대계정이 현금 이외의 계정인 경우를 의미한다.

1. 7월 1일부터 7월 15일까지 지출된 판매관리비는 얼마인가?

⑴ 기본화면에서 [장부관리]의 하위메뉴인 [일계표(월계표)]를 클릭한다.

⑵ 화면 상단의 [일계표]를 선택하고, [기간] 란에 '7월 1일'～'7월 15일'을 입력한다.

⑶ 판매관리비는 6,942,000원(=5,330,000원+1,612,000원)이다.

차 변			계정과목	대 변		
계	대체	현금		현금	대체	계
			1.유 동 자 산	300,000	3,110,000	3,410,000
			<당 좌 자 산>	300,000	3,110,000	3,410,000
			보 통 예 금		3,110,000	3,110,000
			외 상 매 출 금	300,000		300,000
1,300,000	800,000	500,000	2.비 유 동 자 산			
1,300,000	800,000	500,000	<유 형 자 산>			
1,300,000	800,000	500,000	비 품			
			3.유 동 부 채		3,020,000	3,020,000
			미 지 급 금		2,630,000	2,630,000
			예 수 금		390,000	390,000
6,942,000	5,330,000	1,612,000	4.판 매 비및일반관리비			
3,500,000	3,500,000		급 여			
1,100,000		1,100,000	잡 급			
2,330,000	1,830,000	500,000	복 리 후 생 비			
12,000		12,000	여 비 교 통 비			
8,242,000	6,130,000	2,112,000	금일소계	300,000	6,130,000	6,430,000
44,990,000		44,990,000	금일잔고/전일잔고	46,802,000		46,802,000
53,232,000	6,130,000	47,102,000	합계	47,102,000	6,130,000	53,232,000

2. 6월 중 대체 거래금액은 얼마인가?

⑴ 기본화면에서 [장부관리]의 하위메뉴인 [일계표(월계표)]를 클릭한다.

⑵ 화면 상단의 [월계표]를 선택하고, [기간] 란에 '6월'~'6월'을 입력한다.

⑶ 대체 거래금액은 78,500,000원이다.

차 변			계정과목	대 변		
계	대체	현금		현금	대체	계
72,700,000	72,700,000		1.유 동 자 산			
72,700,000	72,700,000		<당 좌 자 산>			
43,500,000	43,500,000		외 상 매 출 금			
29,200,000	29,200,000		받 을 어 음			
5,800,000	5,800,000		2.유 동 부 채			
5,000,000	5,000,000		외 상 매 입 금			
800,000	800,000		선 수 금			
			3.매 출	7,300,000	78,500,000	85,800,000
			상 품 매 출	7,300,000	78,500,000	85,800,000
150,000		150,000	4.판 매 비및일반관리비			
150,000		150,000	운 반 비			
78,650,000	78,500,000	150,000	금월소계	7,300,000	78,500,000	85,800,000
46,802,000		46,802,000	금월잔고/전월잔고	39,652,000		39,652,000
125,452,000	78,500,000	46,952,000	합계	46,952,000	78,500,000	125,452,000

조회기간 2026 년 06 월 ~ 2026 년 06 월

3. 1월 중 현금으로 지급한 외상매입금은 얼마인가?

⑴ 기본화면에서 [장부관리]의 하위메뉴인 [일계표(월계표)]를 클릭한다.

⑵ 화면 상단의 [월계표]를 선택하고, [기간] 란에 '1월'~'1월'을 입력한다.

⑶ 현금으로 지급한 외상매입금은 300,000원이다. 다시 말해, 현금으로 지급하였다는 것은 외상
매입금이 감소한 것이므로 차변 금액 중 현금 지급한 것만 의미한다.

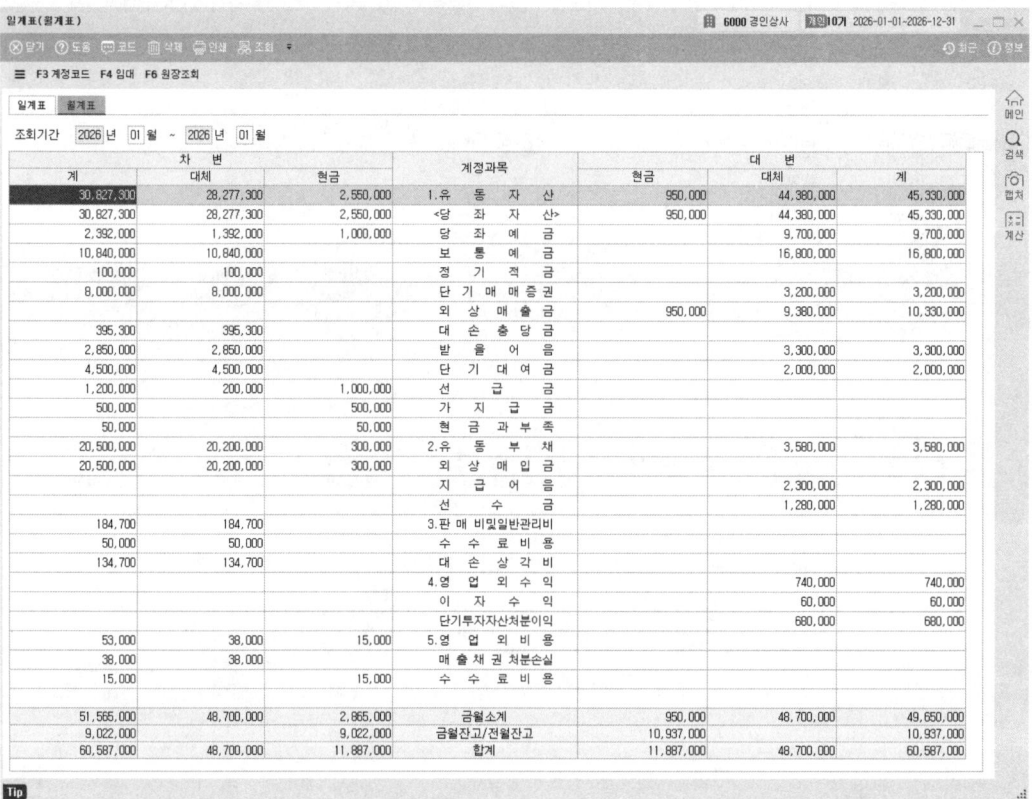

제6절 분개장

분개장은 거래를 발생한 순서대로 기록한 장부이다. 이러한 분개장의 내용은 총계정원장으로 전기하여 관리한다. 따라서 여러 장부 중 분개장과 총계정원장을 주요장부라고 한다. 그러나 실무에서 분개장은 전표로 대체하여 사용하고 있기 때문에 거의 사용되지 않는다.

1. 4월 15일 차량운반구의 처분은 어느 거래처와 이루어졌으며, 회수되지 못한 금액은 얼마인가?

⑴ 기본화면에서 [장부관리]의 하위메뉴인 [분개장]을 클릭한다.

⑵ [기간] 란에 4월 15일부터 4월 15일까지 입력한다.

⑶ [구분] 란에서 [1.전체]를 선택하고, [유형] 란에서 [1.전체]를 선택한다.

⑷ [부서] 란과 [사원] 란에서는 Enter↵를 계속 선택하면 다음과 같은 화면이 나타난다.

⑸ 4월 15일 차량운반구 처분 거래처는 '보배자동차'이며, 회수되지 못한 금액은 3,000,000원이다.

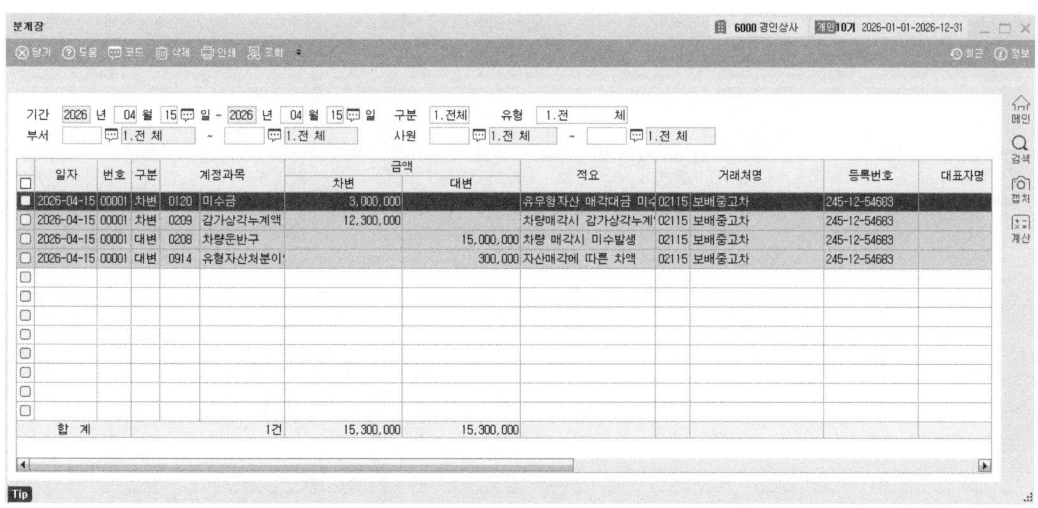

2. 7월 3일 미지급금계정의 차변에 대체될 계정과목과 금액은 얼마인가?

⑴ 기본화면에서 [장부관리]의 하위메뉴인 [분개장]을 클릭한다.

⑵ [기간] 란에 7월 3일부터 7월 3일까지 입력한다.

⑶ [구분] 란에서 [4.대체]를 선택하고, [유형] 란에서 [1.전체]를 선택한다.

⑷ [부서] 란과 [사원] 란에서는 Enter↵를 계속 입력하면 다음과 같은 화면이 나타난다.

⑸ 7월 3일 자 미지급금 차변에 대체될 계정과목은 복리후생비(811)이며, 금액은 1,500,000원이다.

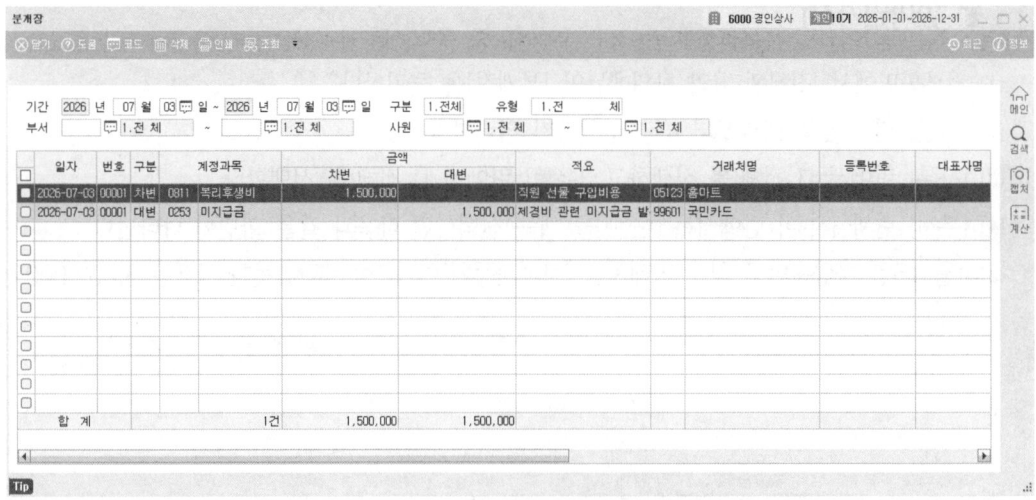

제7절 총계정원장

총계정원장은 거래를 계정과목별로 작성되는 주요장부이다. 이러한 총계정원장은 모든 계정과목의 차변과 대변의 합계 및 잔액 현황을 집계하여 보여준다. 'KcLep프로그램'은 총계정원장에서 월별, 일별로 나누어 조회할 수 있다.

1. 상반기(1월~6월) 중 보통예금의 잔액이 전월 대비 가장 많이 증가한 달은 몇 월이며, 그 증가한 금액은 얼마인가?

⑴ 기본화면에서 [장부관리]의 하위메뉴인 [총계정원장]을 클릭한다.

⑵ 화면 상단의 [월별]을 선택하고, [기간] 란에 1월 1일부터 6월 30일까지 입력한다.

⑶ [계정과목] 란에 '103 보통예금'부터 '103 보통예금'까지 입력한다.

⑷ 보통예금 잔액이 전월 대비 가장 많이 증가한 달은 5월이며, 금액은 61,700,000원이다.

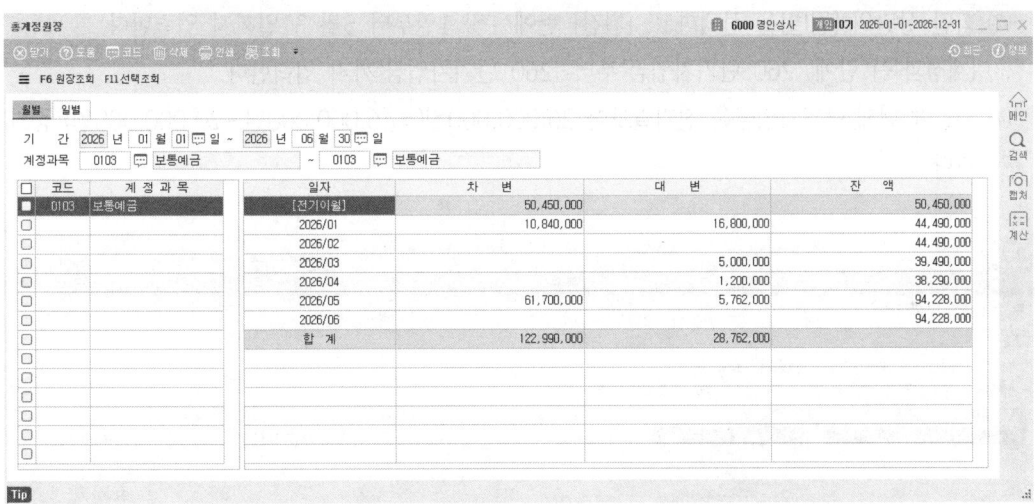

2. 상반기(1월~6월) 중 지급어음 발행액이 가장 많은 달과 금액은?

⑴ 기본화면에서 [장부관리]의 하위메뉴인 [총계정원장]을 클릭한다.

⑵ 화면 상단의 [월별]을 선택하고, [기간] 란에 1월 1일부터 6월 30일까지 입력한다.

⑶ [계정과목] 란에 '252 지급어음'부터 '252 지급어음'까지 입력한다.

⑷ 지급어음 발행액이 가장 많은 달은 2월이며, 금액은 46,500,000원이다.

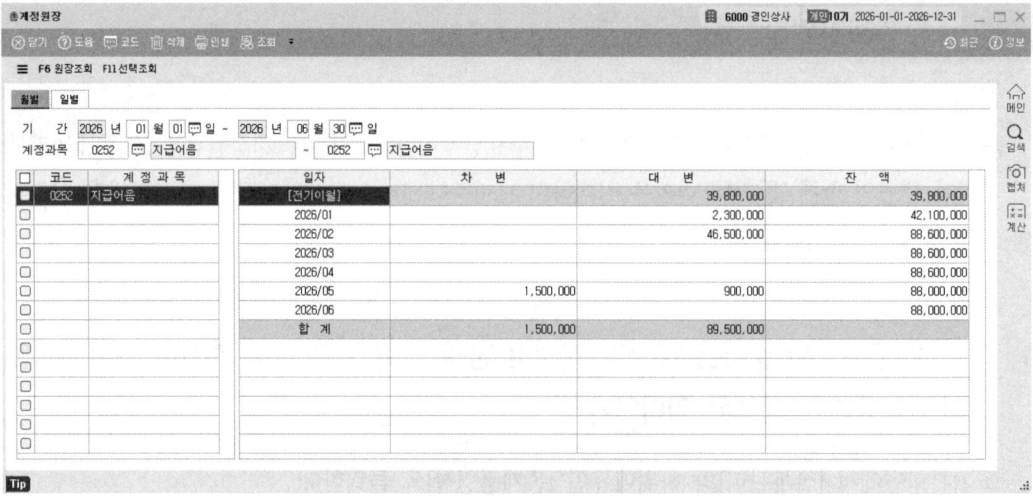

3. 5월 말 현재 단기차입금은 전기말과 비교하여 증감된 금액은 얼마인가?

⑴ 기본화면에서 [장부관리]의 하위메뉴인 [총계정원장]을 클릭한다.

⑵ 화면 상단의 [월별]을 선택하고, [기간] 란에 1월 1일부터 5월 31일까지 입력한다.

⑶ [계정과목] 란에 '260 단기차입금'부터 '260 단기차입금'까지 입력한다.

⑷ 5월 말 현재 단기차입금은 전기말보다 26,000,000원(= 46,000,000원 - 20,000,000원) 증가하다.

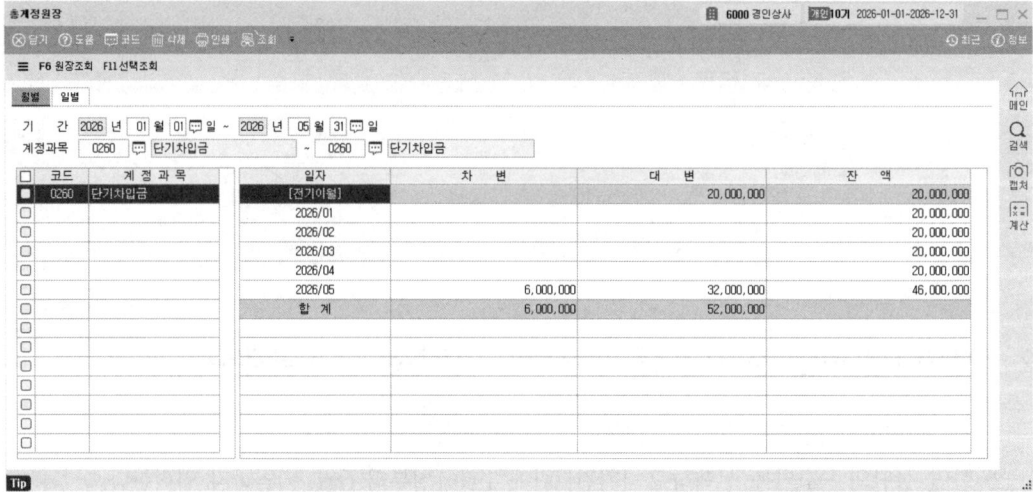

제8절 합계잔액시산표

합계잔액시산표를 이용하여 특정 회계기간에 발생한 거래에 대한 회계처리를 차변과 대변의 금액에 차이 없이 정확히 되었는지를 확인할 수 있다. 그러므로 기업은 결산 전이나 결산 후에 합계잔액시산표를 작성하여 회계처리의 오류가 발생여부를 확인해야 한다. 'KcLep프로그램'에서 합계잔액시산표는 관리용과 제출용으로 구성되어 있다.

합계잔액시산표의 [합계] 란에는 합계시산표를 나타내는 것으로 총계정원장에서 차변과 대변의 합계를 집계한 것이며, 합계잔액시산표의 [잔액] 란에는 잔액시산표를 나타내는 것으로 총계정원장에서 차변과 대변의 잔액을 집계한 것이다.

합계잔액시산표의 [잔액] 란에는 '자산과 비용' 계정은 차변에 표시되고, '부채, 자본 및 수익' 계정은 대변에 표시된다.

《잔액시산표》

차 변	대 변
자 산	부 채
	자 본
비 용	수 익

1. 6월 말 받을어음 장부금액은 얼마인가?

⑴ 기본화면에서 [결산/재무제표]의 하위메뉴인 [합계잔액시산표]를 클릭한다.

⑵ 화면 상단의 [기간] 란에 '6월'을 입력하고, [관리용]을 선택한다.

⑶ 6월 말 받을어음 장부금액은 36,717,000원(= 36,850,000원 - 133,000원)이다.

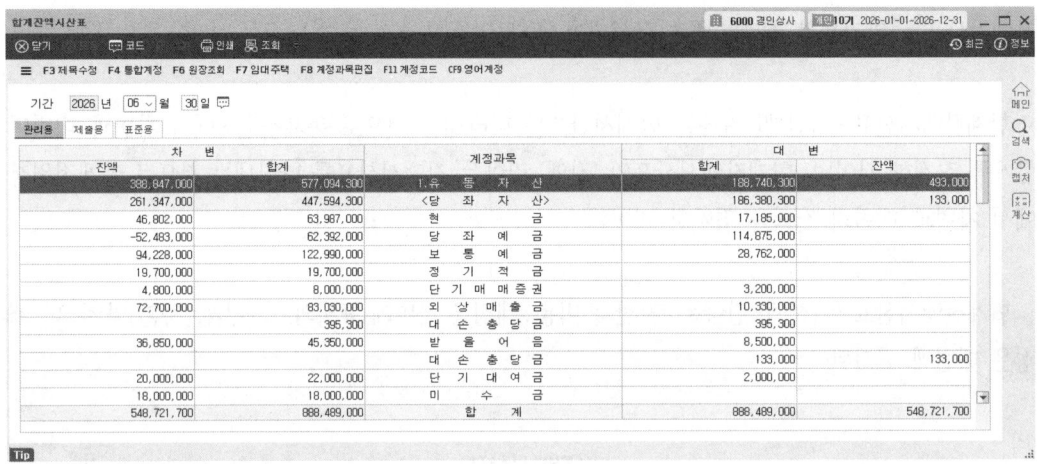

2. 7월 말 현금및현금성자산 잔액은 얼마인가?

⑴ 기본화면에서 [결산/재무제표]의 하위메뉴인 [합계잔액시산표]를 클릭한다.

⑵ 화면 상단의 [기간] 란에 '7월'을 입력하고, [제출용]을 선택한다.

⑶ 7월 말 현금및현금성자산 잔액은 80,477,000원이다.

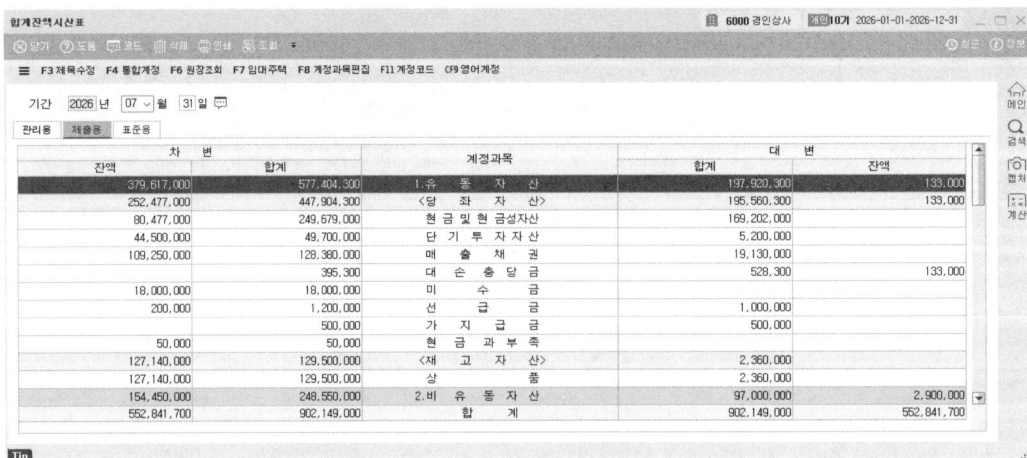

3. 3월 말 유형자산의 장부금액은 얼마인가?

(1) 기본화면에서 [결산/재무제표]의 하위메뉴인 [합계잔액시산표]를 클릭한다.

(2) 화면 상단의 [기간] 란에 '3월'을 입력하고, [표준용]을 선택한다.

(3) 3월 말 유형자산의 장부금액은 147,050,000원이다.

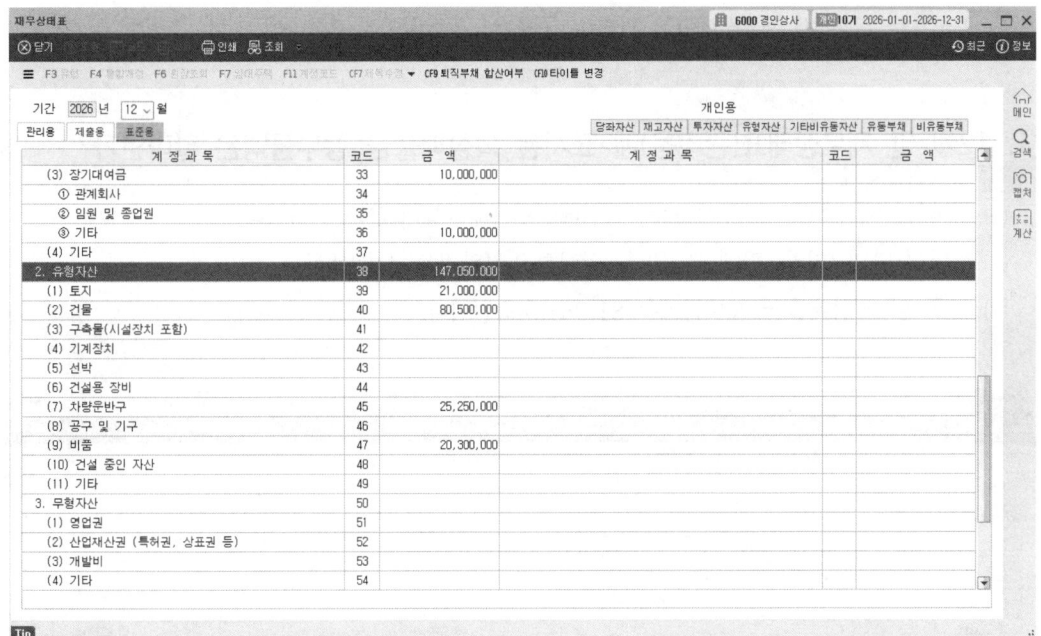

제9절 | 재무상태표

　재무상태표는 결산일(또는 특정일) 현재 기업의 재무상태를 나타내는 보고서이다. 이러한 재무상 태표는 자산 계정, 부채 계정 그리고 자본 계정으로 구분하여 표시된다.

　'KcLep프로그램'에서 재무상태표는 관리용, 제출용, 표준용으로 구분하여 조회·출력할 수 있다.

1. 12월 말 재무상태표(관리용)에 표시된 외상매출금 장부금액은 얼마인가?

　(1) 기본화면에서 [결산/재무제표]의 하위메뉴인 [재무상태표]를 클릭한다.
　(2) 화면 상단의 [기간] 란에 '12월'을 입력하고, [관리용]을 선택한다.
　(3) 12월 말 외상매출금 장부금액은 81,081,000원이다.

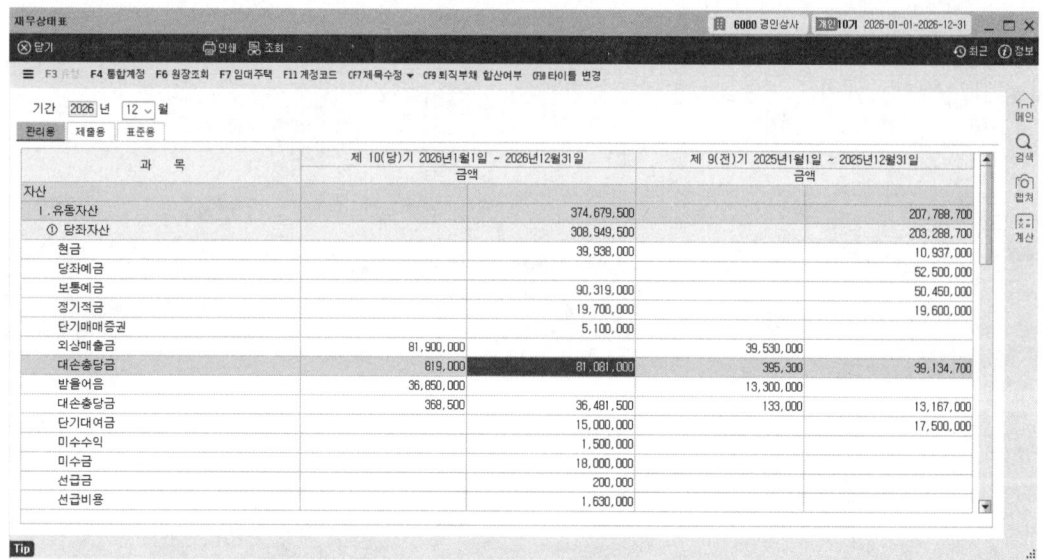

2. 12월 말 재무상태표(제출용)에 표시된 현금및현금성자산 금액은 얼마인가?

　(1) 기본화면에서 [결산/재무제표]의 하위메뉴인 [재무상태표]를 클릭한다.
　(2) 화면 상단의 [기간] 란에 '12월'을 입력하고, [제출용]을 선택한다.
　(3) 12월 말 현금및현금성자산 금액은 130,257,000원이다.

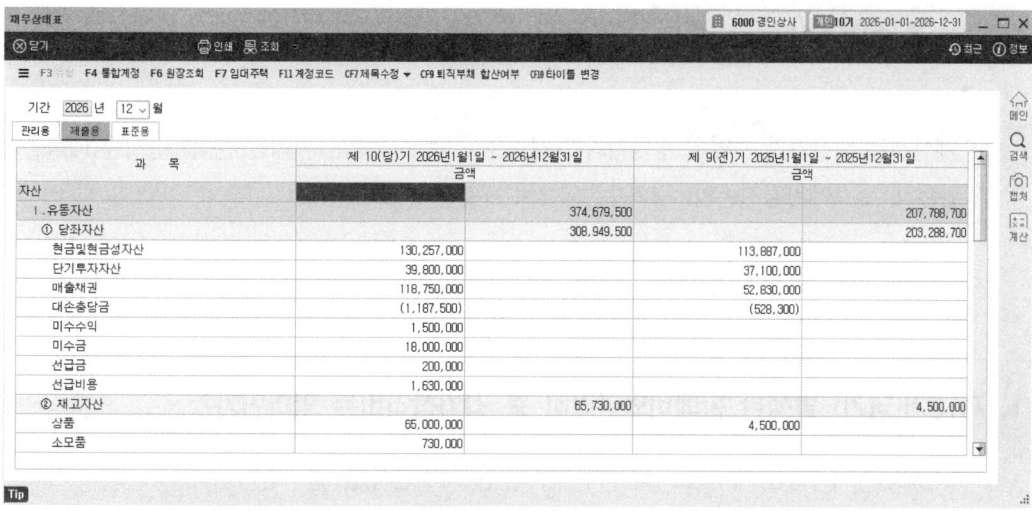

3. 제10기의 자산총액은 제9기의 자산총액에 비교하여 얼마나 증감하였는가?

⑴ 기본화면에서 [결산/재무제표]의 하위메뉴인 [재무상태표]를 클릭한다.

⑵ 화면 상단의 [기간] 란에 '12월'을 입력하고, [제출용]을 선택한다.

⑶ 제10기의 자산총액(531,729,500원)은 제9기의 자산총액(245,288,700원)보다 286,440,800원이 증가하다.

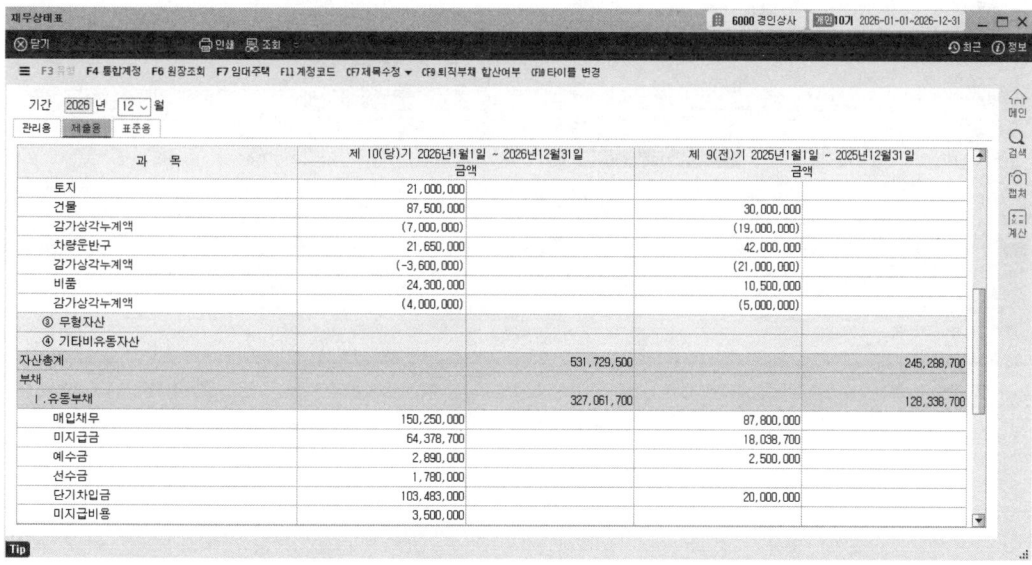

제10절 손익계산서

손익계산서는 일정기간 기업의 경영성과를 보여주는 보고서이다. 이러한 손익계산서는 매출총손익, 영업손익, 소득세차감전손익, 당기순손익으로 구분하여 표시한다.

'KcLep프로그램'에서 손익계산서는 관리용, 제출용, 표준용으로 구분하여 조회·출력할 수 있다.

1. 제10기(당기) 발생한 판매비와관리비 중 감가상각비는 얼마인가?

⑴ 기본화면에서 [결산/재무제표]의 하위메뉴인 [손익계산서]를 클릭한다.

⑵ 화면 상단의 [기간] 란에 '12월'을 입력하고, [관리용]을 선택한다.

⑶ 제10기 감가상각비는 4,500,000원이다.

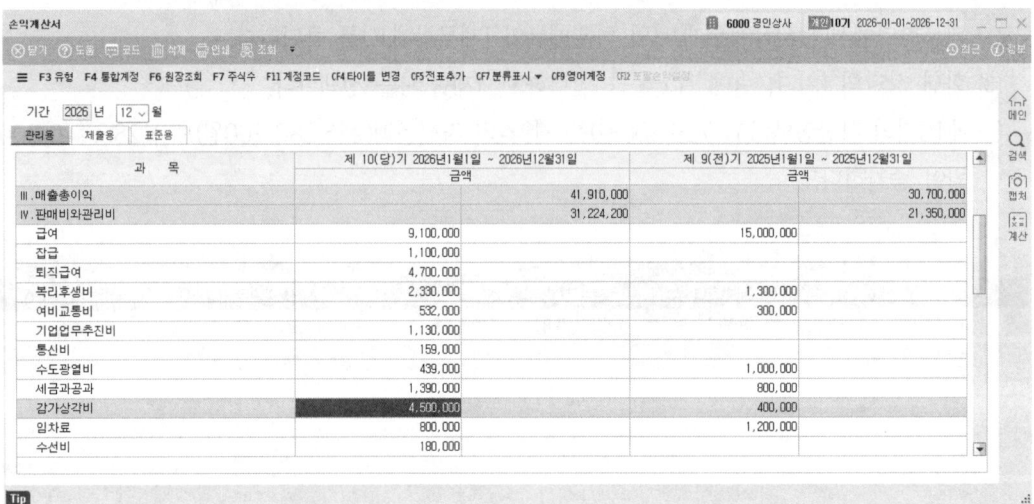

2. 제10기(당기) 영업손익과 당기순손익은 각각 얼마인가?

⑴ 기본화면에서 [결산/재무제표]의 하위메뉴인 [손익계산서]를 클릭한다.

⑵ 화면 상단의 [기간] 란에 '12월'을 입력하고, [제출용]을 선택한다.

⑶ 제10기 영업이익은 10,685,800원이며, 당기순이익은 18,517,800원이다.

제11절 장부조회 방법

⑴ 특정 기간(몇 월~몇 월) 계정과목이 가장 크거나 작은 달은?
　　⇒ 총계정원장 조회

⑵ 판매비와 관리비의 지출액이 가장 큰 달은?
　　⇒ 월계표를 월별로 각각 조회한 후 가장 큰 달을 확인

⑶ 특정 월의 특정 계정의 현금지출액은?
　　⇒ 월계표에서 확인

⑷ 특정일 현재의 잔액은?
　　⇒ 계정별원장을 조회

⑸ 특정일 현재의 통합 계정(현금및현금성자산, 매출채권, 매입채무)잔액은?
　　⇒ 합계잔액시산표(제출용) 확인

⑹ 특정 계정과목별 거래처 수 또는 잔액은?
　　⇒ 거래처원장(잔액)조회

⑺ 특정일의 현금 유·출입 및 잔액(시재 금액)은?
　　⇒ 현금출납장

⑻ 특정 월의 자산, 부채 등이 전기말 대비 얼마나 증감했는지?
　　⇒ 특정 월의 합계잔액시산표 자산, 부채 잔액에서 전기분재무제표를 통해 확인된 자산, 부채를 차감하여 계산

⑼ 매출채권의 장부금액은?
　　⇒ 합계잔액시산표(제출용) 확인하여 매출채권에서 대손충당금을 차감하여 계산

⑽ 유형자산의 장부금액은?
　　⇒ 합계잔액시산표(제출용) 확인하여 유형자산에서 감가상각누계액을 차감하여 계산

제1절 데이터백업

'KcLep프로그램'은 데이터 구성이 파일구조로 만들어져 있다. 따라서 입력한 데이터를 안전하게 보관하고자 할 때는 기본화면에서 [**데이터관리**]의 하위메뉴인 [**데이터백업**]을 선택하면 다음과 같은 화면이 나타난다.

여기에서 왼쪽과 오른쪽의 백업할 파일을 표시하고, 상단의 **F7 데이터백업** 을 선택하여 진행하면 된다. 다만, 'KcLep프로그램'에서는 백업 기능에 제한(서버를 사용하지 않기 때문에)을 두고 있으므로 실제로 진행되지 않는다.

제2절 회사코드변환

회사코드변환은 어떤 회사가 보관 중인 모든 데이터를 새로운 회사코드로 변환하고자 할 때 사용하는 메뉴이다.

기본화면에서 [데이터관리]의 하위메뉴인 [회사코드변환]을 클릭하면, 다음과 같은 보조화면이 나타난다.

Source서버는 현재 입력을 하는 '6000 경인상사'이고, Target서버의 [회사코드] 란에 변환하고자 하는 코드 번호를 입력한 후 상단의 F6 변환실행 을 선택하면, 다음과 같은 보조화면이 나타난다(여기에서는 1234로 가정한다).

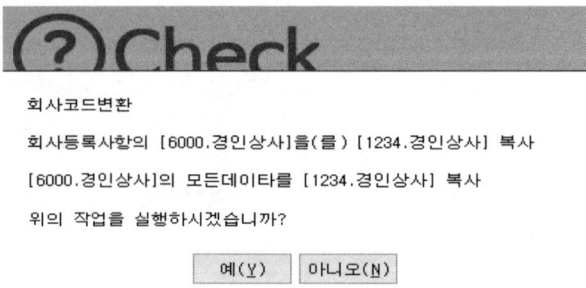

예(Y) 를 선택하면 [1234.경인상사]가 새로이 생성된다.

제3절 회사기수변환

회사코드변환은 회계 기수가 잘못 입력된 상태에서 작업을 행한 경우, 해당 기수로 바로잡기 위한 메뉴이다.

기본화면에서 [데이터관리]의 하위메뉴인 [회계기수변환]을 클릭하면, 다음과 같은 보조화면이 나타난다.

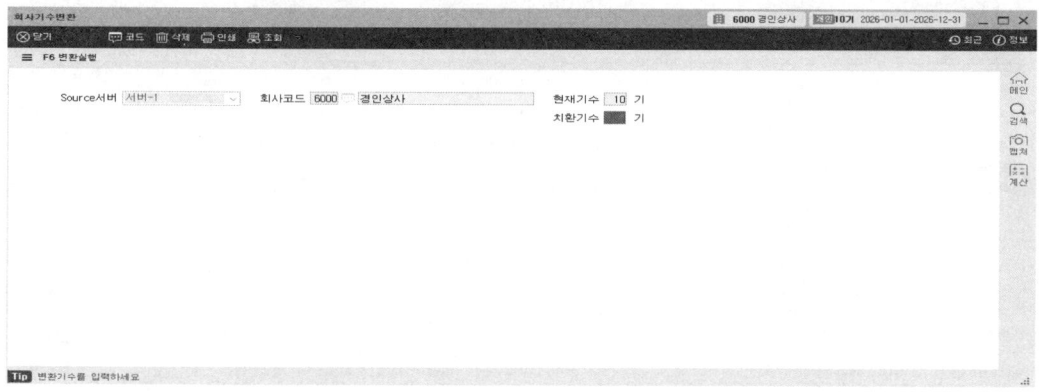

Source서버의 회사 기수를 변환하고자 하는 경우 치환 기수 란에 기수를 입력한다. 그다음에 상단의 F6 변환실행 을 선택하면, 다음과 같은 보조화면이 나타난다(여기에서는 15기로 가정하고 입력한다).

? Check

회사기수변환

[6000.경인상사] [10]기의 모든데이타를 [15]기로 복사

위의 작업을 실행하시겠습니까?

예(Y)   아니오(N)

예(Y) 를 선택하면 실무형 버전은 기존 데이터가 삭제되고 복구될 수 없으므로 주의를 해야한다.

제4절 | 기타코드변환

기타코드변환은 [계정코드변환]과 [거래처코드변환]으로 구성되어 있다. 계정과목변환은 전표를 입력할 때 사용된 임의의 특정 계정과목을 다른 계정과목으로 일괄 치환하고자 할 때 사용하는 메뉴이며, 거래처코드변환은 전표를 입력할 때 입력한 거래처코드를 필요 때문에 변환하고자 하는 경우 사용하는 메뉴이다.

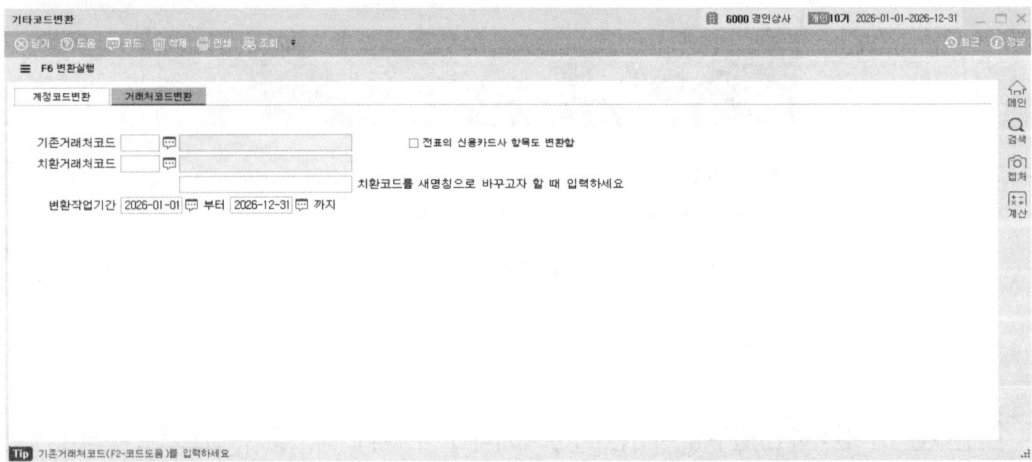

데이터체크는 합계잔액시산표상 차변과 대변의 합이 일치하지 않는 경우 불일치 원인을 찾고자
할 때 사용하는 메뉴이다.

기본화면에서 [**데이터관리**]의 하위메뉴인 [**데이터체크**]를 클릭한다.

상단의 **F6 검사시작** 을 선택하면, 다음과 같은 보조화면이 나타난다.

데이타체크 [회계기간 : 20260101 ~ 20261231]

전기분재무제표 체크
거래처초기이월 체크
일 반 전 표 체크 [20260101 ~ 20261231]
매입매출 전 표 체크 [20260101 ~ 20261231]

위 사항들을 체크합니다.

확인 을 선택하면 전기분재무제표, 거래처별초기이월, 일반전표, 매입매출전표의 오류 내용
을 검색해준다. 만약, 검색된 오류 내용이 있는 경우 이를 수정해야 한다. 수정 후 **F6 검사시작** 을
다시 한 번 선택하여 오류를 재확인한다.

제6절 데이터 저장 및 압축

데이터 저장 및 압축 메뉴는 수험생의 학습을 지원하기 위해 만들어진 것으로 과제물 제출, 모의고사 등을 실시한 후 입력된 데이터를 저장하고 제출하는 데 유용한 수단으로 사용될 수 있는 기능이다.

기본화면에서 [데이터관리]의 하위메뉴인 [데이터저장 및 압축]을 클릭한다.

저장파일명을 입력한다(여기에서는 'BTS'를 입력하기로 한다). 저장 위치를 선택하기 위해 [폴더열기]를 선택하는 경우 내장 하드는 물론 외장 하드(USB 등)에도 저장파일명인 '경인상사'가 알집형태로 저장된다.

[저장] 단축키를 선택하면 자동으로 내컴퓨터/C드라이브/KcLepDB 폴더에 'BTS'가 알집형태로 저장된 것을 확인할 수 있다.

USB 드라이브 (F :)>KcLepDB/BTS의 압축 폴더를 풀면, 코드 번호 [6000 경인상사]의 데이터가 저장되어 있음을 확인할 수 있다.

압축을 푼 코드 번호 [6000]을 내컴퓨터/C드라이브/KcLepDB/KcLep 폴더 안에 [붙여넣기]를 실행한다.

[회사등록] 메뉴를 선택하고 상단의 [F4] 회사코드재생성]을 누르면 '회사코드를 재생성하시겠습니까?'라는 메시지 창이 뜨고, 이때 [예]를 선택하면 데이터저장 및 압축메뉴를 사용하기 직전까지의 데이터를 확인할 수 있다.

제1절 기초정보관리

[1] 경천상사는 주방용품을 도소매하는 개인기업이며, 당기 회계연도는 제13기(2026년 1월 1일 ~2026년 12월 31일)이다. 경천상사의 사업자등록번호를 이용하여 회사코드 [1111]로 회사 등록을 하시오.

사업자등록증
(일반과세자)
등록번호 : 113 - 05 - 94018

① 상　　　　　　호 : 경천상사

② 대　　　표　　　자 : 장사천

③ 개 업 연 월 일 : 2014년 1월 10일

④ 주 민 등 록 번 호 : 생략

⑤ 사 업 장 주 소 지 : 서울 구로구 가마산로 134(구로동)

⑥ 자 택 주 소 지 : 서울시 송파구 동남로 111(가락동)

⑦ 사 업 의 종 류 : | 업 태 | 도소매 | 종 목 | 주방용품 |

⑧ 교 부 사 유 : 신규

⑨ 주 류 판 매 신 고 번 호 :

2014년 1월 15일
구로세무서장

---

[2] 경천상사의 거래처는 다음과 같다. 거래처등록 화면에 입력하시오(단, 모든 거래처의 유형은 동시를 선택한다).

거래처 코드	상호명	사업자등록번호	거래처 코드	상호명	사업자등록번호
101	마 포 갈 비	210-50-62632	113	춘천중고상사	117-01-85186
102	동 해 카 센 타	105-03-43135	114	진 성 상 사	120-23-33158
103	제 주 상 회	105-81-91237	115	주 일 상 사	104-25-41233
104	㈜ 강 진 문 구	112-81-60125	116	하 루 상 사	502-02-52110
105	동 일 상 사	125-81-12328	117	제 일 컴 퓨 터	534-31-24585
106	선 아 상 사	220-21-14516	118	원 마 트	332-15-54620
107	문 경 완 구	236-43-17937	119	해 남 상 사	117-42-70158
108	진 아 상 사	120-23-34671	120	대 현 자 동 차	605-10-25862
109	양 산 기 업	120-25-34675	121	태 극 빌 딩	124-25-32102
110	동 신 상 사	741-21-54825	122	수 애 상 사	123-12-12345
111	㈜ 강 북	130-02-31754	123	예 스 기 업	120-16-90961
112	지 나 상 사	203-23-30209	124	주 영 상 사	620-09-72072
98000	국 민 은 행	321-35-048793			
98001	동양신용금고	049-01-151311			
99600	현대카드(매출)	가맹점번호(11111111)			
99601	현대카드(매입)	4567-8963-1235-4425(사업용)			

[3] 경천상사의 전기(제12기) 재무상태표를 해당 메뉴에 입력하시오.

재무상태표

경천상사		제12기 2025년 12월 31일 현재		(단위 : 원)
현 금		25,000,000	외 상 매 입 금	15,500,000
당 좌 예 금		18,700,000	지 급 어 음	15,000,000
보 통 예 금		5,000,000	미 지 급 금	25,000,000
외 상 매 출 금	12,500,000		선 수 금	7,000,000
대 손 충 당 금	(125,000)	12,375,000	자 본 금	43,115,000
받 을 어 음	6,100,000		(당기순이익 : 20,685,000)	
대 손 충 당 금	(60,000)	5,940,000		
단 기 대 여 금		2,500,000		
미 수 금		2,000,000		
상 품		9,000,000		
차 량 운 반 구	21,900,000			
감 가 상 각 누 계 액	(4,400,000)	17,600,000		
비 품	10,000,000			
감 가 상 각 누 계 액	(2,500,000)	7,500,000		
자 산 총 계		105,615,000	부채와 자본총계	105,615,000

[4] 경천상사의 거래처별초기이월 내용이다. 해당 메뉴에 입력하시오.

계정과목	거래처별				금 액
외상매출금	제	주	상	회	3,590,000
	진	아	상	사	2,000,000
	㈜ 강	진	문	구	6,310,000
	동	일	상	사	600,000
받을어음	제	주	상	회	1,000,000
	지	나	상	사	1,500,000
	동	일	상	사	2,000,000
	문	경	완	구	500,000
	주	영	상	사	1,100,000
외상매입금	문	경	완	구	4,880,000
	진	아	상	사	6,020,000
	양	산	기	업	4,600,000
지급어음	선	아	상	사	3,500,000
	주	일	상	사	11,500,000

제2절 일반전표 입력

　다음 자료는 2026년 1월 1일부터 2026년 12월 31일까지 발생한 경천상사의 거래이다. 각 거래에 대한 회계처리를 회계프로그램에 입력하시오.

[1월 거래]

1월 11일　협회의 일반회비 50,000원을 현금으로 납부하다.

1월 16일　영업부 사원의 식대 24,000원을 현금으로 지급하다.

1월 18일　춘천상사에서 구매한 승합차의 할부 미지급금 700,000원을 현금으로 납부하다.

1월 20일　진아상사의 외상 판매대금 1,000,000원이 당사 보통예금 계좌로 입금되었다.

1월 22일　대현자동차에서 업무용 차량 1대를 13,000,000원에 외상으로 구입하다.

1월 24일　양산기업에서 상품 7,000,000원을 매입하면서 대금 중 1,500,000원은 현금 지급하고 잔액은 약속어음을 발행하여 지급하다.

1월 25일　임직원에게 제공할 선물세트 500,000원을 원마트에서 외상으로 구매하다.

1월 31일　통신판매로 인한 택배비 5,000원을 현금으로 지급하다.

[2월 거래]

2월 5일　동일상사에 상품 1,800,000원을 판매하면서 대금 중 500,000원은 외상으로 하고, 잔액은 현금으로 받다.

2월 10일　진아상사의 외상매입금 2,000,000원 중 1,000,000원은 보통예금에서 지급하고, 잔액은 약속어음을 발행하여 지급하다.

2월 12일　업무용 화물차의 오디오설비를 설치하기 위해 동해카센타에 의뢰하고, 설치비 300,000원을 현금으로 지급하다(수익적지출로 처리할 것).

2월 15일　진아상사로부터 외상 매입한 상품 중 불량품이 있어 20,000원에 해당하는 상품을 반환하고 외상매입금을 상계 처리하다.

2월 18일　제주상회에 상품을 판매하면서 받은 약속어음 1,000,000원을 은행에서 할인하면서 할인료 150,000원을 차감한 잔액이 당사 보통예금계좌로 입금되다(매각거래로 처리할 것).

2월 20일　사무실용 책상 1,000,000원을 진성상사에서 구입하고 대금 중 400,000원은 보통예금에서 계좌 이체하여 지급하고 잔액은 외상으로 하다.

2월 22일　문경완구의 외상매입금 3,000,000원을 약속어음을 발행하여 지급하다.

2월 25일   영업사원의 2월분 급여 3,000,000원 중 건강보험료 120,000원을 제외한 잔액을 보통예금계좌에서 이체하여 지급하다.

[3월 거래]

3월 5일   2월분 사무실 사용분 전기료 120,000원을 현금 납부하다.

3월 10일   2월분 건강보험료 240,000원을 전액 현금 납부하다. 2월분 급여를 지급하면서 직원 부담분 120,000원을 원천징수하였으며, 회사 부담분은 120,000원이다.

3월 12일   동양신용금고에서 현금 4,500,000원을 10개월 후 상환하기로 하고 차입하다.

3월 13일   국민은행의 보통예금계좌에 결산이자 78,000원이 입금되다.

3월 17일   업무용 통화요금 2월분 50,000원을 현금으로 납부하다.

3월 19일   수애상사로부터 상품 3,000,000원을 매입하면서 대금 중 2,000,000원은 당좌수표를 발행하여 지급하고 나머지는 외상으로 하다.

3월 20일   ㈜강북에 상품 8,000,000원을 판매하면서 대금은 전액 자기앞수표로 받다.

3월 24일   제일컴퓨터로부터 업무용 컴퓨터 1대를 1,200,000원에 구입하면서 대금 중 800,000원은 현금으로 지급하고 잔액은 외상으로 하다.

[4월 거래]

4월 5일   ㈜강진문구의 외상매출금 6,000,000원을 ㈜강진문구가 발행한 약속어음으로 받다.

4월 10일   국민은행에서 4,500,000원을 2년 후 상환하기로 약정하고 보통예금계좌로 입금 받다.

4월 14일   예스기업으로부터 상품 5,000,000원을 외상으로 매입하고, 당점 부담의 운반비 32,000원은 현금으로 지급하다.

4월 17일   선아상사에게 발행하였던 약속어음 3,000,000원이 만기가 되어 당사 거래은행의 당좌예금 계좌에서 결제되었음이 확인되다.

4월 18일   소비자인 심지애에게 상품 1,000,000원을 현금으로 판매하다.

4월 20일   판매거래처 직원의 모친 조의금 200,000원을 현금으로 전달하다. 단, 증빙으로 조의 문자를 첨부하다.

4월 22일   신입사원 채용을 위하여 생활정보지(경인일보)에 채용공고를 게재하고 대금 100,000원은 현금으로 지급하다.

4월 26일   점포 임차료 400,000원을 현금으로 지급하다.

[5월 거래]

5월 2일   동일상사의 외상매출대금 1,600,000원을 동점발행 당좌수표로 받다.

5월 4일   보유 중인 상품 300,000원(원가)을 직원들의 복리 증진을 위해 무상으로 제공하다.

5월 10일 국민은행의 단기차입금 1,500,000원과 이에 대한 이자 60,000원을 상환하기 위해 보통예금계좌에서 인출하다.

5월 15일 폭우로 피해를 본 수재민을 돕기 위해 1,000,000원을 현금으로 지역 신문사에 맡기다.

5월 20일 대리점모집을 위한 광고용품을 제작하면서 제작비용 300,000원을 현금으로 지급하다.

5월 22일 해남상사로부터 A상품(1,000개 @10,600원)을 매입하면서 대금 중 2,000,000원은 현금으로 지급하고 나머지는 외상으로 하다.

5월 26일 제일컴퓨터에서 업무용 컴퓨터 2,300,000원을 구입하면서 대금 중 1,200,000원은 보통예금계좌에서 이체하여 지급하고 잔액은 외상으로 하다.

5월 31일 진성상사에게 상품 8,000,000원을 판매하기로 계약하고, 계약금 2,300,000원을 현금으로 받다.

[6월 거래]

6월 4일   국민은행의 보통예금계좌로 이자 23,000원이 입금되었음을 확인하다.

6월 9일   지나상사로부터 상품판매대금으로 받은 약속어음 1,500,000원이 만기가 되어 추심의뢰한 결과, 당좌예금계좌로 입금되다.

6월 15일 진성상사에 상품 8,000,000원을 인도하고 계약금을 제외한 잔액은 외상으로 하다 (계약금 2,300,000원은 이미 받았다).

6월 22일 국민은행으로부터 차입한 장기차입금의 이자 300,000원을 보통예금계좌에서 이체하여 지급하다.

6월 24일 영업부 직원이 매출처 직원과 함께 식사를 하고 현대카드로 180,000원을 결제하고 신용카드전표를 받아 회계부서에 제출하다.

6월 26일 진아상사의 외상매입금 3,000,000원을 갚기 위하여 당사가 상품판매대금으로 받아 보유하고 있던 동일상사 발행의 약속어음 2,000,000원을 배서양도하고, 잔액은 약속어음을 발행하여 지급하다.

6월 27일 주일상사에게 상품 12,000,000원을 판매하고 대금 중 5,000,000원은 자기앞수표로 받고 나머지는 외상으로 하다.

6월 30일 직원들에게 지급할 한우선물세트를 원마트에서 구입하고 대금 1,000,000원은 현금으로 지급하다.

[7월 거래]

7월 2일   상품 홍보관을 운영하기 위해 건물주인 태극빌딩과 상가 건물에 대한 임대차 계약
         (2년간 임차)을 하고, 보증금 5,000,000원과 7월분 임차료 300,000원을 전액 현금
         으로 지급하다.

7월 7일   동신상사에게 상품 10,000,000원을 판매하면서 대금 중 8,000,000원은 보통예금
         으로 받고, 잔액은 외상으로 하다.

7월 11일   문경완구로부터 사무실에서 사용하는 물품 250,000원을 현금으로 구입하다(전액
         비용처리 할 것).

7월 15일   동일상사에게 상품 2,000,000원을 판매하기로 계약하고 계약금으로 판매금액의
         10%를 현금으로 받다.

7월 18일   수애상사로부터 상품 3,000,000원을 구매하기로 하고 계약금 300,000원을 당좌수
         표를 발행하여 지급하다.

7월 22일   영업팀에서 사용하던 차량운반구를 3,000,000원에 매각하고 대금은 현금으로 받다.

계정과목	취득금액	처분시점까지 감가상각누계액
차량운반구	5,000,000원	2,000,000원

7월 25일   주일상사에게 상품 12,000,000원을 판매하면서 대금 중 5,000,000원은 자기앞수
         표로 받고 나머지는 외상으로 하다.

7월 28일   남부지방에 판로를 개척하기 위하여 1주일간 영업사원을 출장을 명령하면서 현금
         500,000원을 지급하고 세부내용은 출장에서 돌아온 후 정산하기로 하다.

[8월 거래]

8월 1일   수애상사에게 판매하기로 계약하였던 상품 3,000,000원을 인도하고, 계약금 300,000
         원을 제외한 나머지 금액은 외상으로 하다.

8월 4일   ㈜강진문구의 외상매출금 1,800,000원이 빠르게 회수되어 2% 할인된 금액을 당좌
         예금계좌로 받다.

8월 10일   마포갈비에서 임직원 회식을 하고 식사대금 200,000원은 월말에 지급하기로 하다.

8월 12일   자동차세 300,000원을 현금으로 납부하다.

8월 14일   하루상사로부터 업무용 책상(내용연수 5년)을 1,600,000원에 구입하고, 대금은 월
         말에 지급하기로 하다.

8월 21일   동신상사로부터 상품 3,000,000원을 구입하기로 하고, 상품대금의 10%를 계약금
         으로 당좌예금계좌에서 거래처 동신상사 계좌로 이체하다.

8월 24일   제일컴퓨터에서 업무용 컴퓨터 1,200,000원을 구입하면서 대금 중 200,000원은 현금으로 지급하고, 잔액은 2개월 후에 지급하기로 하다.

8월 27일   대현자동차로부터 업무용 승용차 1대(20,000,000원)를 구입하고, 18,000,000원은 현대카드에서 6개월 무이자할부로 하고, 2,000,000원은 현금으로 지급하다. 그리고 차량구매에 따른 취득세 1,100,000원을 현금으로 지급하다.

[9월 거래]

9월 2일   문경완구에서 상품 500,000원을 매입하고 대금은 소유하고 있던 제주상회 발행의 약속어음을 배서양도하다.

9월 8일   주일상사의 외상매출금 7,000,000원 중 3,000,000원은 주일상사가 발행한 당좌수표로 받고, 나머지는 보통예금계좌로 받다.

9월 10일   해남상사에게 다음과 같이 상품을 판매하다.

품목	수량(개)	단가(원)	금액(원)	결재
상품 갑	100	1,500	150,000	현금 100,000원 외상 140,000원
상품 을	10	9,000	90,000	
계			240,000	

9월 12일   현금출납장 잔액보다 실재 현금 잔액이 50,000원 부족하다.

9월 16일   진아상사에게 상품 1,200,000원을 판매하면서 대금 중 1,000,000원은 진아상사의 외상매입금과 상계하고 나머지는 외상으로 하다.

9월 22일   7월 28일 업무 출장한 사원의 출장여비로 계산하여 지급하였던 500,000원에 대해 교통비 175,000, 숙박비 150,000, 기타 경비 240,000으로 정산하고, 출장비 초과분은 현금으로 지급하다.

9월 26일   동일상사에게 10개월 후 회수하기로 약정(이자율은 연 6%, 이자는 만기시점에 받기로 함)하고 현금 2,000,000원을 빌려주다.

9월 30일   주영상사로부터 받은 약속어음 1,000,000원이 만기가 되어 당좌예금계좌에 입금되다.

[10월 거래]

10월 11일   동신상사로부터 8월 21일 구입 계약한 상품 3,000,000원을 인수하고, 계약금을 차감한 잔액은 2개월 후에 지급하기로 하다. 단, 인수운임 20,000원은 현금으로 지급하다.

10월 16일 주일상사에게 상품 5,000,000원을 판매하면서 대금 중 3,000,000원은 동점발행 약속어음으로 받고, 잔액은 1개월 후에 받기로 하다.

10월 18일 제주상회의 외상매출금 중 600,000원과 ㈜강진문구의 외상매출금 중 500,000원을 회수하여 보통예금계좌에 입금하다.

10월 20일 매출거래처 직원과 식사를 하고, 식대 80,000원을 현대카드로 결제하다.

10월 22일 주일상사에게 상품을 판매하고 수취한 받을어음 3,000,000원을 은행에서 할인하고 할인료 250,000원을 차감한 잔액이 당좌예금계좌에 입금되다. 단, 어음의 할인은 매각거래로 가정한다.

10월 24일 지나상사에게 상품 16,000,000원에 판매하기로 계약하고, 계약대금의 40%를 당좌예금계좌로 받다.

10월 25일 상품배송용 화물차에 대한 자동차종합보험을 마포화재에 가입하면서 1년분 보험료 1,200,000원을 현금으로 지급하다(단, 보험료의 지급에 대해서는 자산으로 처리할 것).

10월 31일 사업 확장을 위해 동양신용금고로부터 3년 후 상환하기로 약속하고 4,000,000원을 차입하여 보통예금계좌로 이체 받다(이자지급일 : 매년 12월 31일, 이자율 : 연 6%).

제3절 오류 수정

　　다음 자료는 1월 1일부터 12월 31일까지의 일반전표에 입력된 거래내용 중 다음과 같은 오류가 발견되다. 입력된 내용을 확인하여 정정하시오.

1월 25일　　원마트에서 외상으로 구입한 선물세트 500,000원은 임직원용이 아니라 판매거래처에 제공할 목적으로 구매한 것이다.

2월 22일　　문경완구의 외상매입금 3,000,000원에 대해 약속어음을 발행하여 지급한 것이 아니라 선아상사로부터 수취한 받을어음을 배서양도한 것이다.

3월 5일　　현금으로 낸 전기료 120,000원 중에는 사무실 전화요금 40,000원이 포함되어 있다.

3월 19일　　수애상사로부터 상품 3,000,000원을 매입하고 대금 중 2,000,000원은 당좌수표를 발행하여 지급한 것으로 회계처리를 한 거래는 실제로는 당사발행 약속어음으로 지급한 거래이다.

4월 26일　　점포 임차료 400,000원을 현금으로 지급된 것이 아니라 보통예금계좌에서 이체하여 지급한 것이다.

7월 22일　　차량운반구의 매각대금은 3,000,000원이 아니라 2,500,000원이다.

8월 12일　　세금과공과로 처리한 300,000원은 자동차를 구입하면서 지급한 취득세이다.

10월 18일　　외상매출금 중 500,000원 회수한 것은 ㈜강진문구가 아니라 동일상사의 외상매출금을 회수한 것이다.

제4절 결산자료입력

다음의 결산정리사항을 회계처리를 하여 해당 메뉴에 입력하시오.

[1] 합계잔액시산표상 현금과부족 50,000원의 원인을 확인한 결과, 영업부 출장사원의 여비교통비 30,000원이 빠졌으나 나머지 잔액은 그 원인을 알 수 없다.

[2] 단기대여금에 대한 당기 귀속분 이자는 82,000원이지만, 지급 시기가 도래하지 않아 결산일 현재 미수상태이다.

[3] 단기차입금에 대한 미지급이자 120,000원을 계상하다.

[4] 결산일 현재 12월 임차료 미지급액 200,000원이 계상되지 않다.

[5] 소모품 미사용액은 80,000원이다(살 때 전액 비용으로 처리함).

[6] 자동차보험료 당기에 해당하는 금액은 300,000원이다(10월 25일 보험료 1,200,000원을 내면서 전액 자산으로 처리함).

[7] 결산시점에 외상매출금과 받을어음의 잔액에 대해 1%의 대손을 설정하다.

[8] 차량운반구의 감가상각비 600,000원과 비품의 감가상각비 500,000원을 장부에 계상하다.

[9] 결산시점에 창고에서 재고자산을 실사한 기말상품재고액은 5,700,000원이다.

제5절 장부조회

다음과 물음에 대해 장부를 조회하여 답하시오.

⑴ 상반기(1월~6월)에 상품매출액이 가장 많은 달은 몇 월인가?

⑵ 4월 말 현재 제주상회의 외상매출금 잔액은 얼마인가?

⑶ 6월 30일 현재 받을어음 잔액은 얼마인가?

⑷ 1월~9월까지 현금으로 지급된 판매비와관리비는 얼마인가?

⑸ 10월 말 현재 외상매출금 잔액이 가장 많은 거래처코드와 금액은?

⑹ 9월 말 현재 현금및현금성자산 금액은 얼마인가?

⑺ 2/4분기(4월~6월) 중 현금지출이 가장 많았던 월은 몇 월이며, 그 금액은?

⑻ 2/4분기(4월~6월) 중 발생한 상품 매입금액은 얼마인가?

⑼ 6월 30일 현재 보통예금의 잔액은 얼마인가?

⑽ 9월 30일 현재 비유동자산인 유형자산의 장부가액은 얼마인가?

⑾ 3월 중 판매비 지출액이 가장 큰 계정과목과 금액은 얼마인가?

⑿ 7월 말 현재 유동부채의 총액은 얼마인가?

⒀ 2월에 지출한 직원급여액은 얼마인가?

⒁ 9월 말 현재 외상매입금 잔액이 가장 많은 거래처코드와 금액은?

⒂ 3/4분기(7월~9월)의 현금으로 지출한 판매비와 관리비는?

⒃ 6월 중 현금지출액은 얼마인가?

⒄ 당기 중 당사가 8월 말까지 약속어음을 발행한 금액은 얼마인가?

⒅ 6월 30일 현재 유동부채는 전기말 대비 얼마나 증가하였는가?

⒆ 9월 말 현재 매출채권의 장부금액은 얼마인가?

⒇ 3월 17일 현재 현금 잔액은 얼마인가?

종합연습문제 해설

1. 일반전표 입력

[1월 거래]

1월 11일	차)	세금과공과	50,000	대)	현 금	50,000
1월 16일	차)	복리후생비	24,000	대)	현 금	24,000
1월 18일	차)	미지급금 (춘천상사)	700,000	대)	현 금	700,000
1월 20일	차)	보통예금	1,000,000	대)	외상매출금 (진아상사)	1,000,000
1월 22일	차)	차량운반구	13,000,000	대)	미지급금 (대현자동차)	13,000,000
1월 24일	차)	상 품	7,000,000	대)	현 금 지급어음 (양산기업)	1,500,000 5,500,000
1월 25일	차)	복리후생비	500,000	대)	미지급금 (원마트)	500,000
1월 31일	차)	운 반 비	5,000	대)	현 금	5,000

[2월 거래]

2월 5일	차)	현 금 외상매출금 (동일상사)	1,300,000 500,000	대)	상품매출	1,800,000

2월 10일	차)	외상매입금	2,000,000	대)	보통예금	1,000,000
		(진아상사)			지급어음	1,000,000
					(진아상사)	
2월 12일	차)	차량유지비	300,000	대)	현　금	300,000
2월 15일	차)	외상매입금	20,000	대)	매입환출(147)	20,000
		(진아상사)			또는 상품	
2월 18일	차)	보통예금	850,000	대)	받을어음	1,000,000
		매출채권처분손실	150,000		(제주상회)	
2월 20일	차)	비　품	1,000,000	대)	보통예금	400,000
					미지급금	600,000
					(진성상사)	
2월 22일	차)	외상매입금	3,000,000	대)	지급어음	3,000,000
		(문경완구)			(문경완구)	
2월 25일	차)	급　여	3,000,000	대)	보통예금	2,880,000
					예 수 금	120,000

[3월 거래]

3월 5일	차)	수도광열비	120,000	대)	현　금	120,000
3월 10일	차)	예 수 금	120,000	대)	현　금	240,000
		복리후생비	120,000			
3월 12일	차)	현　금	4,500,000	대)	단기차입금	4,500,000
					(동양신용금고)	
3월 13일	차)	보통예금	78,000	대)	이자수익	78,000
3월 17일	차)	통 신 비	50,000	대)	현　금	50,000

3월 19일	차) 상 품	3,000,000	대) 당좌예금	2,000,000
			외상매입금	1,000,000
			(수애상사)	
3월 20일	차) 현 금	8,000,000	대) 상품매출	8,000,000
3월 24일	차) 비 품	1,200,000	대) 현 금	800,000
			미지급금	400,000
			(제일컴퓨터)	

[4월 거래]

4월 5일	차) 받을어음	6,000,000	대) 외상매출금	6,000,000
	(㈜강진문구)		(㈜강진문구)	
4월 10일	차) 보통예금	4,500,000	대) 장기차입금	4,500,000
			(국민은행)	
4월 14일	차) 상 품	5,032,000	대) 외상매입금	5,000,000
			(예스기업)	
			현 금	32,000
4월 17일	차) 지급어음	3,000,000	대) 당좌예금	3,000,000
	(선아상사)			
4월 18일	차) 현 금	1,000,000	대) 상품매출	1,000,000
4월 20일	차) 기업업무추진비	200,000	대) 현 금	200,000
4월 22일	차) 광고선전비	100,000	대) 현 금	100,000
4월 26일	차) 임 차 료(판)	400,000	대) 현 금	400,000

[5월 거래]

5월 2일	차) 현 금	1,600,000	대) 외상매출금 (동일상사)	1,600,000

5월 4일	차) 복리후생비	300,000	대) 상 품 (적요 8. 타계정 대체 선택)	300,000

5월 10일	차) 이자비용 단기차입금 (국민은행)	60,000 1,500,000	대) 보통예금	1,560,000

5월 15일	차) 기 부 금	1,000,000	대) 현 금	1,000,000
5월 20일	차) 광고선전비	300,000	대) 현 금	300,000
5월 22일	차) 상 품	10,600,000	대) 외상매입금 (해남상사) 현 금	8,600,000 2,000,000

5월 26일	차) 비 품	2,300,000	대) 보통예금 미지급금 (제일컴퓨터)	1,200,000 1,100,000

5월 31일	차) 현 금	2,300,000	대) 선 수 금 (진성상사)	2,300,000

[6월 거래]

6월 4일	차) 보통예금	23,000	대) 이자수익	23,000
6월 9일	차) 당좌예금	1,500,000	대) 받을어음 (지나상사)	1,500,000
6월 15일	차) 선 수 금 (진성상사) 외상매출금 (진성상사)	2,300,000 5,700,000	대) 상품매출	8,000,000

6월 22일	차)	이자비용	300,000	대)	보통예금	300,000
6월 24일	차)	기업업무추진비	180,000	대)	미지급금 (현대카드)	180,000
6월 26일	차)	외상매입금 (진아완구)	3,000,000	대)	받을어음 (동일상사) 지급어음 (진아완구)	2,000,000 1,000,000
6월 27일	차)	현 금 외상매출금 (주일상사)	5,000,000 7,000,000	대)	상품매출	12,000,000
6월 30일	차)	복리후생비	1,000,000	대)	현 금	1,000,000

[7월 거래]

7월 2일	차)	임차보증금 (태극빌딩) 임 차 료(판)	5,000,000 300,000	대)	현 금	5,300,000
7월 7일	차)	보통예금 외상매출금 (동신상사)	8,000,000 2,000,000	대)	상품매출	10,000,000
7월 11일	차)	소모품비	250,000	대)	현 금	250,000
7월 15일	차)	현 금	200,000	대)	선 수 금 (동일상사)	200,000
7월 18일	차)	선 급 금 (수애상사)	300,000	대)	당좌예금	300,000
7월 22일	차)	감가상각누계액 현 금	2,000,000 3,000,000	대)	차량운반구	5,000,000

7월 25일	차)	현 금	5,000,000	대)	상품매출	12,000,000
		외상매출금	7,000,000			
		(주일상사)				

| 7월 28일 | 차) | 가지급금 | 500,000 | 대) | 현 금 | 500,000 |

[8월 거래]

8월 1일	차)	선 수 금	300,000	대)	상품매출	3,000,000
		(수애상사)				
		외상매출금	2,700,000			
		(수애상사)				

| 8월 4일 | 차) | 매출할인(403) | 36,000 | 대) | 외상매출금 | 1,800,000 |
| | | 당좌예금 | 1,764,000 | | (㈜강진문구) | |

| 8월 10일 | 차) | 복리후생비 | 200,000 | 대) | 미지급금 | 200,000 |
| | | | | | (마포갈비) | |

| 8월 12일 | 차) | 세금과공과 | 300,000 | 대) | 현 금 | 300,000 |

| 8월 14일 | 차) | 비 품 | 1,600,000 | 대) | 미지급금 | 1,600,000 |
| | | | | | (하루상사) | |

| 8월 21일 | 차) | 선 급 금 | 300,000 | 대) | 당좌예금 | 300,000 |
| | | (동신상사) | | | | |

8월 24일	차)	비 품	1,200,000	대)	현 금	200,000
					미지급금	1,000,000
					(제일컴퓨터)	

8월 27일	차)	차량운반구	21,100,000	대)	현 금	3,100,000
					미지급금	18,000,000
					(현대카드)	

[9월 거래]

9월 2일	차) 상 품	500,000	대) 받을어음 (제주상회)	500,000
9월 8일	차) 현 금 보통예금	3,000,000 4,000,000	대) 외상매출금 (주일상사)	7,000,000
9월 10일	차) 현 금 외상매출금 (해남상사)	100,000 140,000	대) 상품매출	240,000
9월 12일	차) 현금과부족	50,000	대) 현 금	50,000
9월 10일	차) 외상매입금 (진아상사) 외상매출금 (진아상사)	1,000,000 200,000	대) 상품매출	1,200,000
9월 22일	차) 여비교통비	565,000	대) 가지급금 현 금	500,000 65,000
9월 26일	차) 단기대여금 (동일상사)	2,000,000	대) 현 금	2,000,000
9월 30일	차) 당좌예금	1,000,000	대) 받을어음 (주영상사)	1,000,000

[10월 거래]

10월 11일	차) 상 품	3,020,000	대) 선급금 (동신상사) 외상매입금 (동신상사) 현 금	300,000 2,700,000 20,000

10월 16일	차)	외상매출금 (주일상사)	2,000,000	대)	상품매출	5,000,000
		받을 어음 (주일상사)	3,000,000			
10월 18일	차)	보통예금	1,100,000	대)	외상매출금 (제주상회)	600,000
					외상매출금 (㈜강진문구)	500,000
10월 20일	차)	기업업무추진비	80,000	대)	미지급금 (현대카드)	80,000
10월 22일	차)	당좌예금 매출채권처분손실	2,750,000 250,000	대)	받을어음 (주일상사)	3,000,000
10월 24일	차)	당좌예금	6,400,000	대)	선 수 금 (지나상사)	6,400,000
10월 25일	차)	선급비용	1,200,000	대)	현 금	1,200,000
10월 31일	차)	보통예금	4,000,000	대)	장기차입금 (동양신용금고)	4,000,000

2. 오류

1월 25일	차)	복리후생비	500,000	대)	미지급금 (원마트)	500,000
수정 후	차)	기업업무추진비	500,000	대)	미지급금 (원마트)	500,000
2월 22일	차)	외상매입금 (문경완구)	3,000,000	대)	지급어음 (문경완구)	3,000,000
수정 후	차)	외상매입금 (문경완구)	3,000,000	대)	지급어음 (선아상사)	3,000,000

3월 5일	차) 수도광열비	120,000	대) 현 금	120,000
수정 후	차) 수도광열비	80,000	대) 현 금	120,000
	통신비	40,000		

3월 19일	차) 상 품	3,000,000	대) 당좌예금	2,000,000
			외상매입금	1,000,000
			(수애상사)	
수정 후	차) 상 품	3,000,000	대) 지급어음	2,000,000
			외상매입금	1,000,000
			(수애상사)	

4월 26일	차) 임 차 료(판)	400,000	대) 현 금	400,000
수정 후	차) 임 차 료(판)	400,000	대) 보통예금	400,000

7월 22일	차) 감가상각누계액(차)	2,000,000	대) 차량운반구	5,000,000
	현 금	3,000,000		
수정 후	차) 감가상각누계액(차)	2,000,000	대) 차량운반구	5,000,000
	현 금	2,500,000		
	유형자산처분손실	500,000		

8월 12일	차) 세금과공과	300,000	대) 현 금	300,000
수정 후	차) 차량운반구	300,000	대) 현 금	300,000

10월 18일	차) 보통예금	1,100,000	대) 외상매출금	600,000
			(제주상회)	
			외상매출금	500,000
			(㈜강진문구)	
수정 후	차) 보통예금	1,100,000	대) 외상매출금	600,000
			(제주상회)	
			외상매출금	500,000
			(동일상사)	

3. 결산정리사항

[수동결산 항목과 자동결산 항목의 구분]
수동결산항목 : [1], [2], [3], [4], [5], [6]
자동결산항목 : [7], [8], [9]

(1) 수동결산 항목을 일반전표 12월 31일 입력

[1]	차)	여비교통비	30,000	대)	현금과부족	50,000
		잡 손 실	20,000			
[2]	차)	미수수익	82,000	대)	이자수익	82,000
[3]	차)	이자비용	120,000	대)	미지급비용	120,000
[4]	차)	임 차 료	200,000	대)	미지급비용	200,000
[5]	차)	소 모 품	80,000	대)	소모품비	80,000
[6]	차)	보 험 료	300,000	대)	선급비용	300,000

(2) 자동결산 항목을 결산자료입력(1월~12월)

[7] 결산자료 입력 메뉴 상단의 [F8 대손상각]을 선택하고 다음과 같이 대손율 1%를 2%로 수정하고 외상매출금과 받을어음을 제외한 기타의 채권에 대해서는 추가설정액을 지운 다음 결산반영을 선택한다.

[8] 결산자료 입력 메뉴의 4. 판매비와 일반관리비 4). 감가상각비의 결산 반영금액란에 차량운반구는 600,000원을, 비품은 500,000원을 입력한다.

[9] 결산자료 입력 메뉴의 2. 매출원가의 ⑩ 기말상품재고액의 결산 반영금액란에 5,700,000원을 입력한다.

자동결산항목인 [7], [8], [9]의 자료를 모두 입력한 후 메뉴 상단의 [F3전표추가] 클릭하고 [예]
를 선택한다.

결산분개를 일반전표에 추가하시겠습니까?

예(<u>Y</u>)   아니오(<u>N</u>)

4. 재무제표 확정

손익계산서(12월)를 선택하고 메뉴 상단의 [Ctrl]+[F5] 전표추가] 선택한 후, 마지막으로 재무상태
표(12월)를 확인한다. 단, 자격증 시험에서는 재무제표의 확정절차를 생략해도 무방하다.

5. 제 장부 조회

⑴ 총계정원장 1월 1일~6월 30일 조회 : 6월, 20,000,000원

⑵ 거래처원장(잔액) 1월 1일~4월 30일 조회 : 3,590,000원

⑶ 계정별원장 1월 1일~6월 30일 조회 : 4,600,000원

⑷ 월계표 1월~9월 조회 : 2,734,000원

⑸ 거래처원장(잔액) 1월 1일~10월 31일 조회 : 주일상사(115) / 9,000,000원

⑹ 합계잔액시산표 9월(제출용) 조회 : 74,238,000원

⑺ 현금출납장 4월, 5월, 6월 각각 조회 비교 : 5월 3,300,000원

　　4월 현금지출액 : 182,000 / 5월 현금지출액 : 3,300,000 / 6월 현금지출액 : 1,000,000

⑻ 총계정원장 4월 1일~6월 30일 상품 조회 : 34,632,000원

⑼ 계정별원장(잔액) 6월 30일~6월 30일 조회 : 3,710,000원

⑽ 재무상태표 9월(관리용) 조회 : 63,700,000원

⑾ 월계표(3월) 조회 : 복리후생비 / 120,000원

⑿ 재무상태표 7월(관리용) 조회 : 93,860,000원

⒀ 월계표(2월) 조회 : 3,000,000원

⒁ 거래처원장(잔액) 1월 1일~9월 30일 조회 : 해남상사(119) / 8,600,000원

⒂ 월계표 7월~9월 조회 : 615,000원

⒃ 현금출납장 6월 1일~6월 30일 조회 : 1,000,000원

⑰ 계정별원장(잔액) 1월 1일~8월 31일 조회 : 21,500,000원

⑱ 전기말 대비 유동부채 증가액 : 31,160,000원

  * 재무상태표 6월 선택 당기(93,660,000원) - 전기(62,500,000원)

⑲ 재무상태표 9월(제출용) 조회 : 21,515,000원(21,700,000원 - 185,000원)

⑳ 현금출납장 3월 17일~3월 17일 조회 : 27,511,000원

제3장 객관식 연습문제 답안

문제번호	1	2	3	4	5	6	7	8	9	10
정답	①	③	①	④	②	④	③	③	①	④
문제번호	11	12	13	14	15	16	17	18	19	20
정답	②	②	①	②	①	③	②	②	①	②
문제번호	21	22								
정답	①	④								

제4장 객관식 연습문제 답안

문제번호	1	2	3	4	5	6	7	8	9	10
정답	④	②	②	①	①	③	②	②	①	①
문제번호	11	12	13	14	15	16	17	18	19	20
정답	④	③	④	①	③	②	④	③	②	②
문제번호	21	22	23	24	25	26	27	28	29	30
정답	③	③	④	③	②	④	④	②	①	②
문제번호	31	32	33	34	35					
정답	①	①	③	②	②					

제7장 실습예제 답안

⊗닫기　🖵코드 🗑삭제 🖨인쇄 🔍조회 ┋　🕘최근 ⓘ정보

☰ F3 자금관리　F4 복사 ▾ F6 검색 ▾ F7 카드매출　F8 적요수정　SF2 번호수정　CF5 삭제한데이터　CF8 전기분전표　CF9 전표삽입　SF5 일괄삭제　SF7 일일자금　9/12 메모　ⓣ 코드변환　ⓣ 기타 ▾

2026 년 01 ▾ 월 🗓 일 변경 현금잔액: 9,022,000 대차차액:

□	일	번호	구분	계정과목	거래처	적요	차변	대변
□	1	00001	입금	0108 외상매출금	01102 여수상사	1 외상매출대금 현금회수	(현금)	200,000
□	2	00001	출금	0251 외상매입금	01103 (주)상우	1 외상매입금 현금지급	300,000	(현금)
□	3	00001	입금	0108 외상매출금	02110 동신상사	1 외상매출대금 현금회수	(현금)	100,000
□	4	00001	입금	0108 외상매출금	01102 여수상사	1 외상매출대금 현금회수	(현금)	150,000
□	6	00001	출금	0141 현금과부족		1 현금출납장과의 차액 발	50,000	(현금)
□	7	00001	출금	0102 당좌예금	98000 국민은행	1 당좌예금 현금입금	1,000,000	(현금)
□	8	00001	차변	0102 당좌예금	01109 수민상사	1 당좌예입	280,000	
□	8	00001	대변	0259 선수금	01109 수민상사	5 매출 관련 선수금 수취		280,000
□	9	00001	차변	0131 선급금	01106 상진문구	1 상품대금 수표선지급	200,000	
□	9	00001	대변	0102 당좌예금	01106 상진문구	6 당좌수표 발행지급		200,000
□	10	00001	차변	0103 보통예금	02114 정문상회	1 외상물품대금 예금입금	350,000	
□	10	00001	대변	0108 외상매출금	02114 정문상회	4 외상매출대금 보통예금		350,000
□	11	00001	차변	0103 보통예금	02112 현정상사	9 매출 관련 계약금 수취	1,000,000	
□	11	00001	대변	0259 선수금	02112 현정상사	5 매출 관련 선수금 수취		1,000,000
□	12	00001	차변	0251 외상매입금	01107 한진상사	9 외상대 예금이체 지급	16,700,000	
□	12	00001	대변	0103 보통예금	01107 한진상사	4 외상매입대금 예금결제		16,700,000
□	13	00001	차변	0106 정기적금	98000 국민은행	1 정기적금 입금	100,000	
□	13	00001	대변	0103 보통예금	98000 국민은행	10 정기적금 예금 이체		100,000
□	14	00001	차변	0101 현금	01103 (주)상우	2 물품매각 관련 현금입금	500,000	
□	14	00001	차변	0103 보통예금	01103 (주)상우	1 외상물품대금 예금입금	1,000,000	
□	14	00001	대변	0108 외상매출금	01103 (주)상우	4 외상매출대금 보통예금		1,500,000
□	15	00001	대변	0108 외상매출금	02110 동신상사	5 외상매출대금 받을어음		3,500,000
□	16	00001	차변	0110 받을어음	01102 여수상사	3 외상대금 어음회수	350,000	
□	16	00001	차변	0102 당좌예금	01102 여수상사	3 외상대금 당좌입금	150,000	
□	16	00001	대변	0108 외상매출금	01102 여수상사	8 외상매출대금 당좌예금		500,000
□	17	00001	차변	0109 대손충당금	02116 아름다운문구	3 외상매출금 대손상계	395,300	
□	17	00001	차변	0835 대손상각비	02116 아름다운문구	1 외상매출금의 대손	134,700	
□	17	00001	대변	0108 외상매출금	02116 아름다운문구	9 외상대금 대손처리		530,000
□	18	00001	차변	0110 받을어음	01103 (주)상우	3 외상매출금 어음회수	500,000	
□	18	00001	대변	0108 외상매출금	01103 (주)상우	5 외상매출대금 받을어음		500,000
□	19	00001	차변	0102 당좌예금	01106 상진문구	3 외상대금 당좌입금	350,000	
□	19	00001	대변	0110 받을어음	01106 상진문구	6 받을어음 당좌추심		350,000
□	20	00001	차변	0103 보통예금	01107 한진상사	3 어음할인 예금입금	1,050,000	
□	20	00001	차변	0831 수수료비용	98000 국민은행	9 은행수수료 지급	50,000	
□	20	00001	대변	0110 받을어음	01107 한진상사	9 받을어음 보통예금 입금		1,100,000
□	21	00001	차변	0251 외상매입금	02110 동신상사	10 외상대금 어음배서 지	500,000	
□	21	00001	대변	0110 받을어음	01103 (주)상우	4 외상매입금 배서양도결제		500,000
□	22	00001	차변	0251 외상매입금	01107 한진상사	2 외상매입금 지급어음 발	3,000,000	
□	22	00001	대변	0252 지급어음	01107 한진상사	3 외상매입금반제 어음발행		2,300,000
□	22	00001	대변	0110 받을어음	02112 현정상사	4 외상매입금 배서양도결제		700,000
□	23	00001	차변	0102 당좌예금	98000 국민은행	1 당좌예입	612,000	
□	23	00001	차변	0956 매출채권처분손실	98000 국민은행	38 받을어음 매각거래조건의	38,000	
□	23	00001	대변	0110 받을어음	02111 제일문구	5 어음할인액		650,000
□	24	00001	차변	0114 단기대여금	01104 금장상사	3 단기대여 발생	1,500,000	
□	24	00001	대변	0102 당좌예금	01104 금장상사	5 당좌수표 발행지급		1,500,000
□	25	00001	차변	0114 단기대여금	02110 동신상사	3 단기대여 발생	3,000,000	
□	25	00001	대변	0108 외상매출금	02110 동신상사	10 외상대여 대여금 전환 '		3,000,000
□	26	00001	차변	0103 보통예금	01103 (주)상우	11 대여금 회수	2,060,000	
□	26	00001	대변	0114 단기대여금	01103 (주)상우	2 단기대여금 보통예금 회		2,000,000
□	26	00001	대변	0901 이자수익	01103 (주)상우	7 대여금이자 수취		60,000
□	27	00001	출금	0134 가지급금	직원A	7 출장 관련 가지급금 지급	500,000	(현금)
□	28	00001	출금	0131 선급금	02112 현정상사	1 상품대금 선지급	1,000,000	(현금)
□	29	00001	차변	0107 단기매매증권	01103 (주)상우	1 주식매입	8,000,000	
□	29	00001	차변	0984 수수료비용	01103 (주)상우	1 유가증권 취득수수료	15,000	
□	29	00001	대변	0102 당좌예금	01103 (주)상우	6 당좌수표 발행지급		8,000,000
□	29	00001	대변	0101 현금	01103 (주)상우	5 제비용 지출 관련 현금지		15,000
□	31	00001	차변	0103 보통예금	01103 (주)상우	12 자산처분 대금	3,880,000	
□	31	00001	대변	0107 단기매매증권	01103 (주)상우	5 단기매매증권 매도		3,200,000
□	31	00001	대변	0906 단기투자자산처분이익	01103 (주)상우	1 주식처분이익		680,000
□								
				합　계			52,515,000	52,515,000

실습예제   [해설 및 입력 방법]('적요' 등록은 생략함)

1월 1일   차) 현   금   200,000   대) 외상매출금   200,000
입력순서 : 2(입금) – 외상매출금(거래처 : 여수상사) – 200,000 입력

1월 2일   차) 외상매입금   300,000   대) 현   금   300,000
입력순서 : 1(출금) – 외상매입금(거래처 : ㈜상우) – 300,000 입력

1월 3일   차) 현   금   100,000   대) 외상매출금   100,000
입력순서 : 2(입금) – 외상매출금(거래처 : 동신상사) – 200,000 입력

1월 4일   차) 현   금   150,000   대) 외상매출금   150,000
입력순서 : 2(입금) – 외상매출금(거래처 : 여수상사) – 200,000 입력

1월 5일   차) 현   금   200,000   대) 현   금   200,000
⇒ 차변과 대변 모두 현금계정이므로 현금의 변동이 없다. 따라서 별도로 회계처리(일반전표입력)를 하지 않는다.

1월 6일   차) 현금과부족   50,000   대) 현   금   50,000
입력순서 : 1(출금) – 현금과부족 – 50,000 입력

1월 7일   차) 당좌예금   1,000,000   대) 현   금   1,000,000
입력순서 : 1(출금) – 당좌예금 – 1,000,000 입력〈당좌차월한도액에 대한 회계처리는 없음〉

1월 8일   차) 당좌예금   280,000   대) 선 수 금   280,000
입력순서 : 3(차변) – 당좌예금 – 280,000 입력 – 4(대변) – 선수금(거래처 : 수민상사) – 280,000 입력

1월 9일   차) 선 급 금   200,000   대) 당좌예금   200,000
입력순서 : 3(차변) – 선급금(거래처 : 상진문구) – 200,000 입력 – 4(대변) – 당좌예금 – 200,000 입력〈당좌수표의 발행은 당좌예금 계정으로 처리한다.〉

1월 10일   차) 보통예금   350,000   대) 외상매출금   350,000
입력순서 : 〈거래처별계정과목별원장 조회(1월1일 – 1월10일 외상매출금과 정문상회를 입력하면 350,000원 잔액 표시 확인〉 3(차변) – 당좌예금 – 350,000 입력 – 4(대변) – 외상매출금(거래처 : 정문상회) – 350,000 입력

1월 11일   차) 보통예금   1,000,000   대) 선 수 금   1,000,000
입력순서 : 3(차변) – 보통예금 – 1,000,000 입력 – 4(대변) – 선수금(거래처 : 현정상사) – 1,000,000 입력

1월 12일   차) 외상매입금   16,700,000   대) 보통예금   16,700,000
입력순서 : 〈거래처별계정과목별원장 조회(1월1일 – 1월12일 외상매입금과 한진상사를 입력하면 16,700,000 잔액 확인〉 3(차변) – 외상매입금(거래처 : 한진상사) – 16,700,000 입력 – 4(대변) – 보통예금 – 16,700,000 입력

| 1월 13일 | 차) | 정기적금 | 100,000 | 대) | 보통예금 | 100,000 |

입력순서 : 3(차변) – 정기적금(거래처 : 국민은행) – 100,000 입력 – 4(대변) – 보통예금 – 100,000 입력

| 1월 14일 | 차) | 보통예금 | 1,000,000 | 대) | 외상매출금 | 1,500,000 |
| | | 현   금 | 500,000 | | | |

입력순서 : 3(차변) – 보통예금 – 1,000,000 입력 – 3(차변) – 현금 – 500,000 입력 – 4(대변) – 외상매출금(거래처 : ㈜상우) – 1,500,000 입력

| 1월 15일 | 차) | 받을어음 | 2,000,000 | 대) | 외상매출금 | 3,500,000 |
| | | 보통예금 | 1,500,000 | | | |

입력순서 : 3(차변) – 받을어음(거래처 : 현정상사) – 2,000,000 입력 – 3(차변) – 보통예금 – 1,500,000 입력 – 4(대변) – 외상매출금(거래처 : 동신상사) – 3,500,000 입력

| 1월 16일 | 차) | 받을어음 | 350,000 | 대) | 외상매출금 | 500,000 |
| | | 당좌예금 | 150,000 | | | |

입력순서 : 3(차변) – 받을어음(거래처 : 여수상사) – 350,000 입력 – 3(차변) – 당좌예금 – 150,000 입력 – 4(대변) – 외상매출금(거래처 : 여수상사) – 500,000 입력

| 1월 17일 | 차) | 대손충당금(109) | 395,300 | 대) | 외상매출금 | 530,000 |
| | | 대손상각비(835) | 134,700 | | | |

입력순서 : 〈계정별원장 조회(1월1일 – 1월17일 대손충당금을 입력하면 800,000 잔액 확인〉 3(차변) – 대손충당금(외상매출금 차감계정) – 395,300 입력 – 3(차변) – 대손상각비 – 134,700 입력 – 4(대변) – 외상매출금(거래처 : 아름다운문구) – 530,000 입력

| 1월 18일 | 차) | 받을어음 | 500,000 | 대) | 외상매출금 | 500,000 |

입력순서 : 3(차변) – 받을어음(거래처 : ㈜상우) – 500,000 입력 – 4(대변) – 외상매출금(거래처 : ㈜상우) – 500,000 입력

| 1월 19일 | 차) | 당좌예금 | 350,000 | 대) | 받을어음 | 350,000 |

입력순서 : 3(차변) – 당좌예금 – 350,000 입력 – 4(대변) – 받을어음(거래처 : 상진문구) – 350,000 입력

| 1월 20일 | 차) | 보통예금 | 1,050,000 | 대) | 받을어음 | 1,100,000 |
| | | 수수료비용(판) | 50,000 | | | |

입력순서 : 3(차변) – 보통예금 – 1,050,000 입력 – 3(차변) – 수수료비용(800번대) – 50,000 입력 – 4(대변) – 받을어음(거래처 : 한진상사) – 1,100,000 입력

| 1월 21일 | 차) | 외상매입금 | 500,000 | 대) | 받을어음 | 500,000 |

입력순서 : 3(차변) – 외상매입금(거래처 : 동신상사) – 500,000 입력 – 4(대변) – 받을어음(거래처 : ㈜상우) – 500,000 입력

1월 21일   차)   외상매입금   3,000,000   대)   받을어음   700,000
                                                지급어음   2,300,000

입력순서 : 3(차변) – 외상매입금(거래처 : 한진상사) – 3,000,000 입력 – 4(대변) – 받을어음
(거래처 : 현정상사) – 700,000 입력 – 4(대변) – 지급어음(거래처 : 한진상사) – 2,300,000 입력

1월 23일   차)   당좌예금   612,000   대)   받을어음   650,000
                매출채권처분손실   38,000

입력순서 : 3(차변) – 당좌예금 – 612,000 입력 – 3(차변) – 매출채권처분손실(거래처 : 국민은행) – 38,000 입력 – 4(대변)
– 받을어음(거래처 : 제일문구) – 650,000 입력

1월 24일   차)   단기대여금   1,500,000   대)   당좌예금   1,500,000

입력순서 : 3(차변) – 단기대여금(거래처 : 금장상사) – 1,500,000 입력 – 4(대변) – 당좌예금 – 1,500,000 입력

1월 25일   차)   단기대여금   3,000,000   대)   외상매출금   3,000,000

입력순서 : 3(차변) – 단기대여금(거래처 : 동신상사) – 3,000,000   입력 – 4(대변) – 외상매출금(거래처 : 동신상사) –
3,000,000 입력

1월 26일   차)   보통예금   2,060,000   대)   단기대여금   2,000,000
                                                이자수익   60,000

입력순서 : 3(차변) – 보통예금 – 2,060,000 입력 – 4(대변) – 단기대여금(거래처 : ㈜상우) – 2,000,000 입력 – 4(대변) –
이자수익 – 60,000 입력

1월 27일   차)   가지급금   500,000   대)   현   금   500,000

입력순서 : 1(출금) – 가지급금 – 500,000 입력

1월 28일   차)   선 급 금   1,000,000   대)   현   금   1,000,000

입력순서 : 1(출금) – 선급금(거래처 : 현정상사) – 1,000,000 입력

1월 29일   차)   단기매매증권   8,000,000   대)   당좌예금   8,000,000
                수수료비용   15,000   현   금   15,000

입력순서 : 3(차변) – 단기매매증권 – 8,000,000 입력 – 3(차변) – 수수료비용(영업외비용 900번대) – 15,000 입력 – 4(대
변) – 당좌예금 – 8,000,000 입력 – 4(대변) – 현금 – 15,000 입력

1월 31일   차)   보통예금   3,880,000   대)   단기매매증권   3,200,000
                                                단기투자자산처분이익   680,000

입력순서 : 3(차변) – 보통예금 – 3,880,000 입력 – 4(대변) – 단기매매증권 – 3,200,000 입력 – 4(대변) – 단기투자자산처
분이익 – 680,000 입력

⇒ **처분할 때 발생한 수수료는 별도로 회계처리를 하지 않고, 처분손익에 반영한다는 점을 주의해야 한다.** 그리고 단기투자
   자산처분이익에 단기매매증권처분이익은 포함되기 때문에 별도 계정을 설정하지 않고 회계처리를 하지만 그 금액이
   중요할 때는 별도로 설정하여 관리할 수도 있다.

제7장 객관식 연습문제 답안

문제번호	1	2	3	4	5	6	7	8	9	10
정답	③	①	①	③	③	①	①	④	②	③
문제번호	11	12	13	14	15	16	17	18	19	20
정답	①	④	③	②	②	④	④	②	③	①

제8장 실습예제 답안

일반전표입력　　　　　　　　　　　　🏛 6000 경안상사　제10기 2026-01-01-2026-12-31 _ □ ×

≡ F3 자금관리 F4 복사 ▾ F6 검색 ▾ F7 카드매출 F8 적요수정 SF2 번호수정 CF5 삭제한데이터 CF8 전기분전표 CF9 전표삽입 SF5 일괄삭제 SF7 일일자금 SF12 메모 Ⓣ 코드변환 Ⓥ 기타 ▾

2026 년 02 ▾ 월　　일변경 현금잔액: -2,168,000　대차차액:

일	번호	구분	계정과목	거래처	적요	차변	대변
1	00001	차변	0146 상품	01103 (주)상우	5 상품 어음발행 매입	37,500,000	
1	00001	대변	0252 지급어음	01103 (주)상우	4 재고자산 매입시 어음발		37,500,000
2	00001	차변	0146 상품	02112 현정상사	5 상품 어음발행 매입	10,000,000	
2	00001	대변	0131 선급금	02112 현정상사	4 선급금 상품대체		1,000,000
2	00001	대변	0252 지급어음	02112 현정상사	4 재고자산 매입시 어음발		9,000,000
3	00001	차변	0146 상품	01109 수민상사	10 상품 매입	8,400,000	
3	00001	대변	0102 당좌예금	01109 수민상사	6 당좌수표 발행지급		8,400,000
4	00001	차변	0146 상품	01108 (주)인천	1 상품 외상매입	16,500,000	
4	00001	대변	0251 외상매입금	01108 (주)인천	4 상품 외상매입		16,500,000
5	00001	차변	0146 상품	01101 송파문구	10 상품 매입	4,000,000	
5	00001	대변	0110 받을어음	01107 한진상사	10 상품매입 배서양도결제		4,000,000
6	00001	차변	0146 상품	01104 금장상사	1 상품 외상매입	5,500,000	
6	00001	대변	0101 현금	01104 금장상사	6 물품매입 관련 현금지급		2,750,000
6	00001	대변	0251 외상매입금	01104 금장상사	4 상품 외상매입		2,750,000
7	00001	차변	0146 상품	01107 한진상사	1 상품 외상매입	5,200,000	
7	00001	대변	0251 외상매입금	01107 한진상사	4 상품 외상매입		5,000,000
7	00001	대변	0101 현금	01107 한진상사	5 제비용 지출 관련 현금지		200,000
8	00001	차변	0146 상품	02111 제일문구	1 상품 외상매입	20,300,000	
8	00001	대변	0101 현금	02111 제일문구	6 물품매입 관련 현금지급		5,300,000
8	00001	대변	0251 외상매입금	02111 제일문구	4 상품 외상매입		15,000,000
9	00001	차변	0146 상품	02118 신망상사	1 상품 외상매입	15,500,000	
9	00001	대변	0251 외상매입금	02118 신망상사	4 상품 외상매입		15,000,000
9	00001	대변	0102 당좌예금	02118 신망상사	6 당좌수표 발행지급		500,000
10	00001	차변	0251 외상매입금	01104 금장상사	4 상품 외상매입	500,000	
10	00001	대변	0146 상품	01104 금장상사	3 상품 매입환출 및 에누리		500,000
11	00001	차변	0251 외상매입금	01108 (주)인천	4 상품 외상매입	1,500,000	
11	00001	대변	0146 상품	01108 (주)인천	3 상품 매입환출 및 에누리		1,500,000
12	00001	차변	0251 외상매입금	02110 동신상사	4 상품 외상매입	3,000,000	
12	00001	대변	0101 현금	02110 동신상사	8 외상대금 현금지급		2,940,000
12	00001	대변	0148 매입할인	02110 동신상사	1 매입 할인시 외상대금 상		60,000
13	00001	차변	0251 외상매입금	02118 신망상사	4 상품 외상매입	15,000,000	
13	00001	대변	0148 매입할인	02118 신망상사	1 매입 할인시 외상대금 상		300,000
13	00001	대변	0102 당좌예금	02118 신망상사	6 당좌수표 발행지급		14,700,000
		합 계				142,900,000	142,900,000

실습예제 [해설 및 입력 방법]('적요' 등록은 생략함)

2월 1일　차)　상　　품　　37,500,000　　대)　지급어음　　37,500,000
입력순서 : 3(차변) – 상품 – 37,500,000 입력 – 4(대변) – 지급어음(거래처 : ㈜상우) – 37,500,000 입력

2월 2일　차)　상　　품　　10,000,000　　대)　지급어음　　9,000,000
　　　　　　　　　　　　　　　　　　　　　　　　선 급 금　　1,000,000

입력순서 : 3(차변) – 상품 – 10,000,000 입력 – 4(대변) – 지급어음(거래처 : 현정상사) – 9,000,000 입력 – 4(대변) – 선급
금(거래처 : 현정상사) – 1,000,000 입력

2월 3일　차)　상　　품　　8,400,000　　대)　당좌예금　　8,400,000
입력순서 : 3(차변) – 상품 – 8,400,000 입력 – 4(대변) – 당좌예금 – 8,400,000 입력

2월 4일　차)　상　　품　　16,500,000　　대)　외상매입금　　16,500,000
입력순서 : 3(차변) – 상품 – 16,500,000 입력 – 4(대변) – 외상매입금(거래처 : ㈜인천) – 16,500,000 입력

2월 5일　차)　상　　품　　4,000,000　　대)　받을어음　　4,000,000
입력순서 : 3(차변) – 상품 – 4,000,000 입력 – 4(대변) – 받을어음(거래처 : 한진상사) – 4,000,000 입력

2월 6일　차)　상　　품　　5,500,000　　대)　현　　　금　　2,750,000
　　　　　　　　　　　　　　　　　　　　　　　　외상매입금　　2,750,000

입력순서 : 3(차변) – 상품 – 5,000,000 입력 – 4(대변) – 현금 – 2,750,000 입력 – 4(대변) – 외상매입금(거래처 : 금장상
사) – 2,750,000 입력

2월 7일　차)　상　　품　　5,200,000　　대)　현　　　금　　200,000
　　　　　　　　　　　　　　　　　　　　　　　　외상매입금　　5,000,000

입력순서 : 3(차변) – 상품 – 5,200,000 입력 – 4(대변) – 현금 – 200,000 입력 – 4(대변) – 외상매입금(거래처 : 한진상사)
– 5,000,000 입력

2월 8일　차)　상　　품　　20,300,000　　대)　현　　　금　　5,300,000
　　　　　　　　　　　　　　　　　　　　　　　　외상매입금　　15,000,000

입력순서 : 3(차변) – 상품 – 20,30,000 입력 – 4(대변) – 현금 – 5,300,000 입력 – 4(대변) – 외상매입금(거래처 : 제일문
구) – 15,000,000 입력

2월 9일　차)　상　　품　　15,500,000　　대)　당 좌 예금　　500,000
　　　　　　　　　　　　　　　　　　　　　　　　외상매입금　　15,000,000

입력순서 : 3(차변) – 상품 – 15,500,000 입력 – 4(대변) – 당좌예금 – 500,000 입력 – 4(대변) – 외상매입금(거래처 : 신망
상사) – 15,000,000 입력

2월 10일   차) 외상매입금   500,000   대) 상   품   500,000

입력순서 : 3(차변) – 외상매입금(거래처 : 금장상사) – 500,000 입력 – 4(대변) – 상품 – 500,000 입력

2월 11일   차) 외상매입금   150,000   대) 상   품   150,000

입력순서 : 3(차변) – 외상매입금(거래처 : ㈜인천) – 150,000 입력 – 4(대변) – 상품 – 150,000 입력

2월 12일   차) 외상매입금   3,000,000   대) 매입할인   60,000
                                                  현   금   2,940,000

입력순서 : 3(차변) – 외상매입금(거래처 : 동신상사) – 3,000,000 입력 – 4(대변) – 매입할인 – 60,000 입력 – 4(대변) – 현
금 – 2,940,000 입력

2월 13일   차) 외상매입금   15,000,000   대) 매입할인   300,000
                                                  당좌예금   14,700,000

입력순서 : 3(차변) – 외상매입금(거래처 : 신망상사) – 15,000,000 입력 – 4(대변) – 매입할인 – 300,000 입력 – 4(대변) –
당좌예금 – 14,700,000 입력

제8장 객관식 연습문제 답안

문제번호	1	2	3	4	5	6	7	8	9	10
정답	④	①	①	①	②	①	②	④	③	④
문제번호	11	12	13	14	15	16	17	18	19	20
정답	③	④	①	①	①	②	②	②	①	②
문제번호	21	22	23	24	25	26	27	28	29	30
정답	③	③	④	③	②	③	②	③	③	①
문제번호	31	32	33							
정답	③	④	①							

제9장 실습예제 답안

일반전표입력

6000 경인상사 10기 2026-01-01-2026-12-31

⊗닫기 ⑦도움 🖵코드 🗑삭제 🖨인쇄 🔍조회 ▼

☰ F3 자금관리 F4 복사 ▼ F6 검색 ▼ F7 카드매출 F8 적요수정 SF2번호수정 CF5 삭제한데이터 CF8전기분전표 CF9전표삽입 SF5일괄삭제 SF7일일자금 SF12메모 Ⓣ 코드변환 Ⓣ 기타 ▼

2026 년 03 ∨ 월 🖵일 변경 현금잔액: -4,018,000 대차차액:

	일	번호	구분	계 정 과 목	거 래 처	적 요	차 변	대 변
☐	2	00001	차변	0202 건물	02113 한국개발(주)	7 건물 취득	71,500,000	
☐	2	00001	대변	0102 당좌예금	02113 한국개발(주)	6 당좌수표 발행지급		71,500,000
☐	4	00001	차변	0201 토지	02113 한국개발(주)	2 토지 취득시 미지급발생	21,000,000	
☐	4	00001	대변	0103 보통예금	02113 한국개발(주)	13 자산구입 대금		5,000,000
☐	4	00001	대변	0253 미지급금	02113 한국개발(주)	3 고정자산 매입시 미지급		15,000,000
☐	4	00001	대변	0101 현금	02113 한국개발(주)	5 제비용 지출 관련 현금지		1,000,000
☐	6	00001	차변	0212 비품	01107 한진상사	7 비품취득시 수표발행	800,000	
☐	6	00001	대변	0102 당좌예금	01107 한진상사	6 당좌수표 발행지급		800,000
☐	8	00001	차변	0212 비품	01105 태극설비	2 비품취득시 미지급발생	5,200,000	
☐	8	00001	대변	0253 미지급금	01105 태극설비	3 고정자산 매입시 미지급		5,000,000
☐	8	00001	대변	0101 현금	01105 태극설비	5 제비용 지출 관련 현금지		200,000
☐	19	00001	차변	0212 비품	01107 한진상사	1 비품취득시 어음발행	4,000,000	
☐	19	00001	대변	0253 미지급금	01107 한진상사	3 고정자산 매입시 미지급		4,000,000
☐	31	00001	차변	0208 차량운반구	02115 보배중고차	2 차량 구입시 미지급발생	6,650,000	
☐	31	00001	대변	0253 미지급금	02115 보배중고차	3 고정자산 매입시 미지급		6,000,000
☐	31	00001	대변	0101 현금	02115 보배중고차	5 제비용 지출 관련 현금지		650,000
				합 계			109,150,000	109,150,000

일반전표입력

6000 경인상사 10기 2026-01-01-2026-12-31

⊗닫기 ⑦도움 🖵코드 🗑삭제 🖨인쇄 🔍조회 ▼

☰ F3 자금관리 F4 복사 ▼ F6 검색 ▼ F7 카드매출 F8 적요수정 SF2번호수정 CF5 삭제한데이터 CF8전기분전표 CF9전표삽입 SF5일괄삭제 SF7일일자금 SF12메모 Ⓣ 코드변환 Ⓣ 기타 ▼

2026 년 04 ∨ 월 🖵일 변경 현금잔액: -3,528,000 대차차액:

	일	번호	구분	계 정 과 목	거 래 처	적 요	차 변	대 변
☐	1	00001	차변	0821 보험료		4월1일부터 차기 3월31일	1,200,000	
☐	1	00001	대변	0103 보통예금		4월1일부터 차기 3월31일		1,200,000
☐	4	00001	차변	0202 건물	01105 태극설비	6 자본적지출	6,000,000	
☐	4	00001	대변	0253 미지급금	01105 태극설비	3 고정자산 매입시 미지급		6,000,000
☐	5	00001	출금	0817 세금과공과		4 재산세 납부	330,000	(현금)
☐	6	00001	차변	0822 차량유지비		1 유류대 미지급	120,000	
☐	6	00001	대변	0253 미지급금	99601 국민카드	4 제경비 관련 미지급금 별		120,000
☐	9	00001	출금	0820 수선비		3 비품 수선비 지급	50,000	(현금)
☐	11	00001	출금	0820 수선비		1 건물수선비 지급	130,000	(현금)
☐	13	00001	차변	0212 비품	01105 태극설비	6 자본적지출시 비품증가	3,000,000	
☐	13	00001	대변	0102 당좌예금	01105 태극설비	6 당좌수표 발행지급		3,000,000
☐	15	00001	차변	0120 미수금	02115 보배중고차	1 유무형자산 매각대금 미	3,000,000	
☐	15	00001	차변	0209 감가상각누계액	02115 보배중고차	1 차량매각시 감가상각누계	12,300,000	
☐	15	00001	대변	0208 차량운반구	02115 보배중고차	3 차량 매각시 미수발생		15,000,000
☐	15	00001	대변	0914 유형자산처분이익	02115 보배중고차	1 자산매각에 따른 차액		300,000
☐	16	00001	차변	0101 현금		2 물품매각 관련 현금입금	800,000	
☐	16	00001	차변	0209 감가상각누계액		2 차량폐기시 감가상각누계	14,800,000	
☐	16	00001	대변	0208 차량운반구		7 차량 폐차 처리		15,000,000
☐	16	00001	대변	0914 유형자산처분이익		1 자산매각에 따른 차액		600,000
☐	17	00001	차변	0101 현금	01107 한진상사	2 물품매각 관련 현금입금	200,000	
☐	17	00001	차변	0213 감가상각누계액	01107 한진상사	1 비품매각시 충당대체	1,500,000	
☐	17	00001	차변	0970 유형자산처분손실	01107 한진상사	1 자산 매각에 따른 차액	300,000	
☐	17	00001	대변	0212 비품	01107 한진상사	8 비품매각시 현금수취		2,000,000
☐	19	00001	차변	0120 미수금	02113 한국개발(주)	1 유무형자산 매각대금 미	15,000,000	
☐	19	00001	차변	0203 감가상각누계액	02113 한국개발(주)	1 건물 매각시 감가상각누	13,500,000	
☐	19	00001	대변	0202 건물	02113 한국개발(주)	4 건물 매각시 어음수취		20,000,000
☐	19	00001	대변	0914 유형자산처분이익	02113 한국개발(주)	1 자산매각에 따른 차액		8,500,000
				합 계			72,230,000	72,230,000

실습예제 [해설 및 입력 방법]('적요' 등록은 생략함)

3월 2일   차) 건   물   71,500,000   대) 당좌예금   71,500,000
입력순서 : 3(차변) – 건물 – 71,500,000 입력 – 4(대변) – 당좌예금 – 71,500,000 입력
⇒ 이전등기 관련 비용은 부대비용에 해당하여 취득원가에 가산한다.

3월 4일   차) 토   지   21,000,000   대) 보통예금   5,000,000
                                              미지급금   15,000,000
                                              현   금   1,000,000
입력순서 : 3(차변) – 토지 – 21,000,000 입력 – 4(대변) – 보통예금 – 5,000,000 – 4(대변) – 미지급금(거래처 : 한국개발
㈜) – 15,000,000 입력 – 4(대변) – 현금 – 1,000,000 입력
⇒ 취득세 등은 부대비용에 해당하여 취득원가에 가산한다.

3월 6일   차) 비   품   800,000   대) 당좌예금   800,000
입력순서 : 3(차변) – 비품 – 800,000 입력 – 4(대변) – 당좌예금 – 800,000 입력
⇒ 한진상사가 부담한 운반비는 회계처리 대상이 아니다.

3월 8일   차) 비   품   5,200,000   대) 미지급금   5,000,000
                                              현   금   200,000
입력순서 : 3(차변) – 비품 – 5,200,000 입력 – 4(대변) – 미지급금(거래처 : 태극설비) – 5,000,000 입력 – 4(대변) – 현금
– 200,000 입력
⇒ 자사가 운반비 등을 지급한 경우에는 취득원가에 가산한다.

3월 19일   차) 비   품   4,000,000   대) 미지급금   4,000,000
입력순서 : 3(차변) – 비품 – 4,000,000 입력 – 4(대변) – 미지급금(거래처 : 한진상사) – 4,000,000 입력
⇒ 유형자산인 비품을 구입하고 약속어음을 발행하여 지급한 경우에는 비매입채무인 미지급금으로 회계처리한다.

3월 31일   차) 차량운반구   6,650,000   대) 미지급금   6,000,000
                                              현   금   650,000
입력순서 : 3(차변) – 차량운반구 – 6,650,000 입력 – 4(대변) – 미지급금(거래처 : 보배중고차) – 6,000,000 입력 – 4(대
변) – 현금 – 650,000 입력
⇒ 취득세 등은 부대비용에 해당하여 취득원가에 가산한다.

4월 1일   차) 보 험 료(판)   1,200,000   대) 보통예금   1,200,000
입력순서 : 3(차변) – 보험료 – 1,200,000 입력 – 4(대변) – 보통예금 – 1,200,000 입력
⇒ 비용은 판매비와관리비(800번대)로 회계처리를 하며, 자산으로 처리할 때에는 선급비용으로 회계처리한다. 적요 등록은
적요 번호 없이 '4월1일부터 차기 3월 31일까지'를 입력한다.

4월 4일   차)   건   물   6,000,000   대)   미지급금   6,000,000

입력순서 : 3(차변) – 건물 – 6,000,000 입력 – 4(대변) – 미지급금(거래처 : 태극설비) – 6,000,000 입력

⇒ 자본적지출은 자산의 취득원가에 가산한다.

4월 5일   차)   세금과공과   330,000   대)   현   금   330,000

입력순서 : 3(차변) – 세금과공과 – 330,000 입력 – 4(대변) – 현금 – 330,000 입력

⇒ 보유 기간에 발생한 재산세는 당기비용으로 회계처리한다.

4월 6일   차)   차량유지비   120,000   대)   미지급금   120,000

입력순서 : 3(차변) – 차량유지비 – 120,000 입력 – 4(대변) – 미지급금(거래처 : 국민카드) – 120,000 입력

⇒ 주유비용, 주차비, 통행 요금 등은 차량유지비로 회계처리한다.

4월 9일   차)   수 선 비   50,000   대)   현   금   50,000

입력순서 : 3(차변) – 수선비 – 50,000 입력 – 4(대변) – 현금 – 50,000 입력

⇒ 보유 기간에 발생한 일상적인 수리비용은 당기비용으로 회계처리한다.

4월 11일   차)   수 선 비   130,000   대)   현   금   130,000

입력순서 : 3(차변) – 수선비 – 50,000 입력 – 4(대변) – 현금 – 50,000 입력

⇒ 유리창 파손 교체는 현상유지 비용에 해당하여 당기비용으로 회계처리한다.

4월 13일   차)   비   품   3,000,000   대)   당좌예금   3,000,000

입력순서 : 3(차변) – 비품 – 3,000,000 입력 – 4(대변) – 당좌예금 – 3,000,000 입력

⇒ 내용연수 증가, 생산능력 향상, 자산가치 향상 등과 같은 자본적지출은 해당 자산의 취득원가로 회계처리한다.

4월 15일   차)   감가상각누계액   12,300,000   대)   차량운반구   15,000,000

                 미 수 금   3,000,000   유형자산처분이익   300,000

입력순서 : 3(차변) – 감가상각누계액(차량) – 12,300,000 입력 – 3(차변) – 미수금(거래처 : 보배자동차) – 3,000,000 입력 – 4(대변) – 차량운반구 – 15,000,000 입력 – 4(대변) – 유형자산처분이익 – 300,000 입력

⇒ 처분금액과 장부금액(= 취득원가 – 감가상각누계액)을 비교하여 처분손익을 계산한다.

4월 16일   차)   감가상각누계액   14,800,000   대)   차량운반구   15,000,000

                 현   금   800,000   유형자산처분이익   600,000

입력순서 : 3(차변) – 감가상각누계액(차량) – 14,800,000 입력 – 3(차변) – 현금 – 800,000 입력 – 4(대변) – 차량운반구 – 15,000,000 입력 – 4(대변) – 유형자산처분이익 – 600,000 입력

⇒ 처분금액(고철대금)과 장부금액(= 취득원가 – 감가상각누계액)을 비교하여 처분손익을 계산한다.

4월 17일　　차)　감가상각누계액　　　　1,500,000　　대)　비　품　　　　　2,000,000
　　　　　　　　　현　　금　　　　　　　200,000
　　　　　　　　　유형자산처분손실　　　 300,000

입력순서 : 3(차변) – 감가상각누계액(비품) – 1,500,000 입력 – 3(차변) – 현금 – 200,000 입력 – 3(차변) – 유형자산처분손실 – 300,000 입력 – 4(대변) – 비품 – 2,000,000 입력

⇒ 처분금액과 장부금액(= 취득원가 – 감가상각누계액)을 비교하여 처분손익을 계산한다.

4월 17일　　차)　감가상각누계액　　　 13,500,000　　대)　건　　　물　　　20,000,000
　　　　　　　　　미　수　금　　　　 15,000,000　　　　　유형자산처분이익　　8,500,000

입력순서 : 3(차변) – 감가상각누계액(건물) – 13,500,000 입력 – 3(차변) – 미수금(거래처 : 한국개발㈜) – 15,000,000 입력 – 4(대변) – 건물 – 20,000,000 입력 – 4(대변) – 유형자산처분이익 – 8,500,000 입력

⇒ 유형자산인 건물을 처분하고 약속어음을 받으면 미수금으로 회계처리한다.

제9장 객관식 연습문제 답안

문제번호	1	2	3	4	5	6	7	8	9	10
정답	①	①	②	①	②	①	④	④	①	④
문제번호	11	12	13	14	15	16	17	18	19	20
정답	②	④	①	④	①	①	③	④	④	④
문제번호	21	22	23	24	25	26	27	28		
정답	②	①	②	③	②	④	④	③		

제10장 실습예제 답안

ⓧ닫기 ⓠ도움 🖵코드 🗑삭제 🖶인쇄 🖵조회 ▾　　　　　　　　　　　　　　　　　　　　　　🕐최근 ⓘ정보

☰ F3 자금관리　F4 복사 ▾　F6 검색 ▾　F7 카드매출　F8 적요수정　SF2 번호수정　CF5 삭제한데이터　CF8 전기분전표　CF9 전표삽입　SF5 일괄삭제　SF7 일일자금　SF12 메모　Ⓣ코드변환　Ⓤ기타 ▾

2026 년 05 ∨ 월 🗓 일 변경 현금잔액: 　39,652,000　대차차액:

	일	번호	구분	계정과목	거래처	적요	차변	대변
☐	1	00001	차변	0251 외상매입금	02112 현정상사	9 외상대 예금이체 지급	500,000	
☐	1	00001	차변	0831 수수료비용	02112 현정상사	9 은행수수료 지급	2,000	
☐	1	00001	대변	0103 보통예금	02112 현정상사	4 외상매입대금 예금결제		502,000
☐	2	00001	차변	0251 외상매입금	01102 여수상사	1 외상매입금 수표발행 지	1,000,000	
☐	2	00001	대변	0102 당좌예금	01102 여수상사	6 당좌수표 발행지급		1,000,000
☐	3	00001	차변	0146 상품	02110 동신상사	5 상품을 어음발행 매입	900,000	
☐	3	00001	대변	0252 지급어음	02110 동신상사	4 재고자산 매입시 어음발		900,000
☐	4	00001	차변	0252 지급어음	02112 현정상사	2 지급어음 결제	1,500,000	
☐	4	00001	대변	0103 보통예금	02112 현정상사	14 어음만기 대금 예금 이체		1,500,000
☐	5	00001	차변	0146 상품	01103 (주)상우	10 상품 매입	1,200,000	
☐	5	00001	대변	0110 받을어음	01104 금장상사	10 상품매입 배서양도결제		1,200,000
☐	11	00001	차변	0813 기업업무추진비		1 신용카드등 사용 일반접	750,000	
☐	11	00001	대변	0253 미지급금	99601 국민카드	4 제경비 관련 미지급금 발		750,000
☐	12	00001	차변	0208 차량운반구	02115 보배중고차	2 차량 구입시 미지급발생	3,000,000	
☐	12	00001	대변	0253 미지급금	02115 보배중고차	3 고정자산 매입시 미지급		3,000,000
☐	13	00001	차변	0212 비품	01105 태극설비	1 비품취득시 어음발행	1,500,000	
☐	13	00001	대변	0253 미지급금	01105 태극설비	3 고정자산 매입시 미지급		1,500,000
☐	16	00001	입금	0260 단기차입금	02118 신망상사	2 차입금 발생시 현금수령	(현금)	20,000,000
☐	17	00001	차변	0103 보통예금	98000 국민은행	15 차입금 예금 수취	11,700,000	
☐	17	00001	차변	0951 이자비용	98000 국민은행	8 차입금에 대한 선이자 지	300,000	
☐	17	00001	대변	0260 단기차입금	98000 국민은행	4 차입금 발생시 보통예입		12,000,000
☐	18	00001	차변	0260 단기차입금	98000 국민은행	2 차입금 상환시 보통인출	1,000,000	
☐	18	00001	차변	0951 이자비용	98000 국민은행	3 차입금이자 보통인출	80,000	
☐	18	00001	대변	0103 보통예금	98000 국민은행	16 차입금 예금 이체 상환		1,080,000
☐	19	00001	차변	0260 단기차입금	02118 신망상사	1 차입금 상환시 당좌인출	5,000,000	
☐	19	00001	차변	0951 이자비용	02118 신망상사	9 차입금이자 당좌인출	275,000	
☐	19	00001	대변	0102 당좌예금	02118 신망상사	6 당좌수표 발행지급		5,275,000
☐	20	00001	차변	0102 당좌예금	01109 수민상사	1 당좌예입	2,500,000	
☐	20	00001	대변	0259 선수금	01109 수민상사	5 매출 관련 선수금 수취		2,500,000
☐	21	00001	입금	0259 선수금	01104 금장상사	2 매출 관련 선수금 현금수	(현금)	300,000
☐	22	00001	차변	0259 선수금	01109 수민상사	4 매출 관련 선수금반제	1,500,000	
☐	22	00001	차변	0101 현금	01109 수민상사	9 상품판매대금 당좌수표	13,500,000	
☐	22	00001	대변	0401 상품매출	01109 수민상사	3 국내 일반매출		15,000,000
☐	23	00001	차변	0801 급여		2 급여 지급	2,800,000	
☐	23	00001	대변	0254 예수금		3 당월분 갑근세등예수		120,000
☐	23	00001	대변	0103 보통예금		7 제비용 지출 관련 예금결		2,680,000
☐	27	00001	출금	0254 예수금		1 갑근세등예수금 현금납부	120,000	(현금)
☐	28	00001	차변	0103 보통예금	98000 국민은행	15 차입금 예금 수취	50,000,000	
☐	28	00001	대변	0293 장기차입금	98000 국민은행	4 장기 차입금 발생 보통예		50,000,000
☐	29	00001	차변	0102 당좌예금	01108 (주)인천	1 당좌예입	5,000,000	
☐	29	00001	대변	0293 장기차입금	01108 (주)인천	5 장기 차입금 발생 당좌여		5,000,000
☐	30	00001	입금	0331 자본금		대표자	2 자본증자시의 현금납입	(현금)	10,000,000
☐	31	00001	출금	0338 인출금		대표자	2 대표자 인출금 현금지급	500,000	(현금)
☐								
			합 계				134,927,000	134,927,000

🏠메인　🔍검색　🔳협력처　🖩계산　　　↰검색　🔳협력처　🖩계산

실습예제 [해설 및 입력 방법]('적요' 등록은 생략함)

5월 1일   차) 외상매입금   500,000   대) 보통예금   502,000
             수수료비용(판)   2,000
입력순서 : 3(차변) - 외상매입금(거래처 : 현정상사) - 500,000 입력 - 3(차변) - 수수료비용(800번대) - 2,000 입력 - 4
(대변) - 보통예금 - 502,000 입력
⇒ 수수료는 영업활동과 관련된 것이므로 판매비와관리비로 회계처리한다.

5월 2일   차) 외상매입금   1,000,000   대) 당좌예금   1,000,000
입력순서 : 3(차변) - 외상매입금(거래처 : 여수상사) - 1,000,000 입력 - 4(대변) - 당좌예금 - 1,000,000 입력

5월 3일   차) 상   품   900,000   대) 지급어음   900,000
입력순서 : 3(차변) - 상품 - 900,000 입력 - 4(대변) - 지급어음(거래처 : 동신상사) - 900,000 입력

5월 4일   차) 지급어음   1,500,000   대) 보통예금   1,500,000
입력순서 : 3(차변) - 지급어음(거래처 : 현정상사) - 1,500,000 입력 - 4(대변) - 보통예금 - 1,500,000 입력

5월 5일   차) 상   품   1,200,000   대) 받을어음   1,200,000
입력순서 : 3(차변) - 상품 - 1,200,000 입력 - 4(대변) - 받을어음(거래처 : 금장상사) - 1,200,000 입력

5월 11일   차) 기업업무추진비   750,000   대) 미지급금   750,000
입력순서 : 3(차변) - 기업업무추진비 - 750,000 입력 - 4(대변) - 미지급금(거래처 : 국민카드) - 750,000 입력

5월 12일   차) 차량운반구   3,000,000   대) 미지급금   3,000,000
입력순서 : 3(차변) - 차량운반구 - 3,000,000 입력 - 4(대변) - 미지급금(거래처 : 보배중고차) - 3,000,000 입력

5월 13일   차) 비   품   1,500,000   대) 미지급금   1,500,000
입력순서 : 3(차변) - 비품 - 1,500,000 입력 - 4(대변) - 미지급금(거래처 : 태극설비) - 1,500,000 입력

5월 16일   차) 현   금   20,000,000   대) 단기차입금   20,000,000
입력순서 : 2(입금) - 단기차입금(거래처 : 신망상사) - 20,000,000 입력

5월 17일   차) 보통예금   11,700,000   대) 단기차입금   12,000,000
             이자비용   300,000
입력순서 : 3(차변) - 보통예금 - 11,700,000 입력 - 3(차변) - 이자비용 - 300,000 입력 - 4(대변) - 단기차입금(거래처 :
국민은행) - 12,000,000 입력

5월 18일　차) 단기차입금　　　1,000,000　대) 보통예금　　　　1,080,000
　　　　　　　　이자비용　　　　80,000

입력순서 : 3(차변) – 단기차입금(거래처 : 국민은행) – 1,000,000 입력 – 3(차변) – 이자비용 – 80,000 입력 – 4(대변) – 보통예금 – 1,080,000 입력

5월 19일　차) 단기차입금　　　5,000,000　대) 당좌예금　　　　5,275,000
　　　　　　　　이자비용　　　275,000

입력순서 : 3(차변) – 단기차입금(거래처 : 신망상사) – 5,000,000 입력 – 3(차변) – 이자비용 – 275,000 입력 – 4(대변) – 당좌예금 – 5,275,000 입력

5월 20일　차) 당좌예금　　　　2,500,000　대) 선 수 금　　　　2,500,000

입력순서 : 3(차변) – 당좌예금 – 2,500,000 입력 – 4(대변) – 선수금(거래처 : 수민상사) – 2,500,000 입력

5월 21일　차) 현　　금　　　　300,000　대) 선 수 금　　　　300,000

입력순서 : 2(입금) – 선수금(거래처 : 금장상사) – 300,000 입력

5월 22일　차) 선 수 금　　　　1,500,000　대) 상품매출　　　　15,000,000
　　　　　　　　현　　금　　13,500,000

입력순서 : 3(차변) – 선수금(거래처 : 수민상사) – 1,500,000 입력 – 3(차변) – 현금 13,500,000 입력 – 4(대변) – 상품매출 – 15,000,000 입력
⇒ 타인이 발행한 당좌수표는 현금계정으로 회계처리한다.

5월 23일　차) 급　　여　　　　2,800,000　대) 보통예금　　　　2,680,000
　　　　　　　　　　　　　　　　　　　예 수 금　　　　120,000

입력순서 : 3(차변) – 급여(800번대) – 2,800,000　입력 – 4(대변) – 보통예금　2,680,000　입력 – 4(대변) – 예수금 – 120,000 입력
⇒ 원천징수를 하여 일정 기간 후 국가 등에 납부해야 하는 것이므로 예수금계정을 사용한다.

5월 27일　차) 예 수 금　　　　120,000　대) 현　　금　　　　120,000

입력순서 : 1(출금) – 예수금 – 120,000 입력

5월 29일　차) 보통예금　　　50,000,000　대) 장기차입금　　　50,000,000

입력순서 : 3(차변) – 보통예금 – 50,000,000 입력 – 4(대변) – 장기차입금(거래처 : 국민은행) – 50,000,000 입력

5월 29일　차) 당좌예금　　　　5,000,000　대) 장기차입금　　　5,000,000

입력순서 : 3(차변) – 보통예금 – 5,000,000 입력 – 4(대변) – 장기차입금(거래처 : ㈜인천) – 5,000,000 입력

5월 30일　차) 현　　금　　　10,000,000　대) 자 본 금　　　10,000,000

입력순서 : 2(입금) – 자본금 – 10,000,000 입력

5월 31일　차) 인 출 금　　　　500,000　대) 현　　금　　　　500,000

입력순서 : 1(출금) – 인출금 – 500,000 입력

제10장 객관식 연습문제 답안

문제번호	1	2	3	4	5	6	7	8	9	10
정답	④	④	②	④	③	①	④	①	①	③
문제번호	11	12	13	14	15	16	17	18	19	20
정답	④	①	②	④	②	②	③	④	①	④
문제번호	21	22	23	24						
정답	③	①	①	④						

제11장 실습예제 답안

일반전표입력   🖩 6000 경인상사   개인10기 2026-01-01~2026-12-31   _ ☐ ×

ⓧ닫기 ⑦도움 🖵코드 🗑삭제 🖨인쇄 🔍조회 ▾   ⊕최근 ⑦정보

☰ F3 자금관리   F4 복사▾   F6 검색▾   F7 카드매출   F8 적요수정   SF2 번호수정   CF5 삭제한데이터   CF8전기분전표   CF9전표삽입   SF5 일괄삭제   SF7 일일자금   SF12 메모   ⑦ 코드변환   ⑦ 기타 ▾

2026 년 06 ∨ 월 🖵 일 변경 현금잔액: 46,802,000   대차차액:

☐	일	번호	구분	계정과목	거래처	적요	차변	대변
☐	1	00001	차변	0101 현금	01104 금장상사	2 물품매각 관련 현금입금	5,000,000	
☐	1	00001	차변	0108 외상매출금	01104 금장상사	1 상품 외상매출	30,000,000	
☐	1	00001	대변	0401 상품매출	01104 금장상사	3 국내 일반매출		35,000,000
☐	2	00001	차변	0110 받을어음	02110 통신상사	1 상품매출 관련 어음수취	3,500,000	
☐	2	00001	차변	0108 외상매출금	02110 통신상사	1 상품 외상매출	10,000,000	
☐	2	00001	차변	0824 운반비	02110 통신상사	4 운반비 지급	150,000	
☐	2	00001	대변	0401 상품매출	02110 통신상사	3 국내 일반매출		13,500,000
☐	2	00001	대변	0101 현금	02110 통신상사	5 제비용 지출 관련 현금지급		150,000
☐	3	00001	차변	0259 선수금	01109 수민상사	4 매출 관련 선수금반제	500,000	
☐	3	00001	차변	0101 현금	01109 수민상사	2 물품매각 관련 현금입금	1,000,000	
☐	3	00001	차변	0108 외상매출금	01109 수민상사	1 상품 외상매출	3,500,000	
☐	3	00001	대변	0401 상품매출	01109 수민상사	3 국내 일반매출		5,000,000
☐	4	00001	차변	0251 외상매입금	02110 통신상사	11 외상대 타계정과 상계	5,000,000	
☐	4	00001	차변	0110 받을어음	02110 통신상사	1 상품매출 관련 어음수취	8,000,000	
☐	4	00001	대변	0401 상품매출	02110 통신상사	3 국내 일반매출		13,000,000
☐	5	00001	차변	0101 현금	01103 (주)상우	2 물품매각 관련 현금입금	1,300,000	
☐	5	00001	차변	0110 받을어음	01103 (주)상우	1 상품매출 관련 어음수취	15,000,000	
☐	5	00001	대변	0401 상품매출	01103 (주)상우	3 국내 일반매출		16,300,000
☐	6	00001	차변	0259 선수금	01104 금장상사	4 매출 관련 선수금반제	300,000	
☐	6	00001	차변	0110 받을어음	01104 금장상사	1 상품매출 관련 어음수취	2,700,000	
☐	6	00001	대변	0401 상품매출	01104 금장상사	3 국내 일반매출		3,000,000
				합 계			85,950,000	85,950,000

일반전표입력   🖩 6000 경인상사   개인10기 2026-01-01~2026-12-31   _ ☐ ×

ⓧ닫기 ⑦도움 🖵코드 🗑삭제 🖨인쇄 🔍조회 ▾   ⊕최근 ⑦정보

☰ F3 자금관리   F4 복사▾   F6 검색▾   F7 카드매출   F8 적요수정   SF2 번호수정   CF5 삭제한데이터   CF8전기분전표   CF9전표삽입   SF5 일괄삭제   SF7 일일자금   SF12 메모   ⑦ 코드변환   ⑦ 기타 ▾

2026 년 07 ∨ 월 🖵 일 변경 현금잔액: 44,918,000   대차차액:

☐	일	번호	구분	계정과목	거래처	적요	차변	대변
☐	1	00001	출금	0212 비품	01103 (주)상우	1 비품취득시 현금지급	500,000	(현금)
☐	1	00002	차변	0801 급여	나성실	2 급여 지급	3,500,000	
☐	1	00002	대변	0254 예수금	나성실	3 당월분 갑근세등예수		390,000
☐	1	00002	대변	0103 보통예금	나성실	7 제비용 지출 관련 예금결		3,110,000
☐	2	00001	출금	0805 잡급	일용근로자	2 일용근로자 잡급지급	1,100,000	(현금)
☐	3	00001	차변	0811 복리후생비	05123 홈마트	3 직원 선물 구입비용	1,500,000	
☐	3	00001	대변	0253 미지급금	99601 국민카드	4 제경비 관련 미지급금 발		1,500,000
☐	4	00001	입금	0108 외상매출금	01102 여수상사	1 외상매출대금 현금회수	(현금)	300,000
☐	5	00001	차변	0212 비품	02110 통신상사	2 비품취득시 미지급발생	800,000	
☐	5	00001	대변	0253 미지급금	02110 통신상사	3 고정자산 매입시 미지급		800,000
☐	5	00001	차변	0811 복리후생비	02119 한우촌식당	2 직원회식대 지급	330,000	
☐	5	00002	대변	0253 미지급금	02119 한우촌식당	4 제경비 관련 미지급금 발		330,000
☐	6	00001	출금	0811 복리후생비	신태양	7 직원경조사비 지급	500,000	(현금)
☐	15	00001	출금	0812 여비교통비	직원B	1 시내교통비 지급	12,000	(현금)
☐	16	00001	차변	0812 여비교통비	직원A	1 출장여비 가지급정산	490,000	
☐	16	00001	차변	0101 현금	직원A	10 가지급금 정산	10,000	
☐	16	00001	대변	0134 가지급금	직원A	8 가지급금 정산		500,000
☐	17	00001	차변	0813 기업업무추진비	거래처	1 신용카드 사용 일반접	180,000	
☐	17	00001	대변	0253 미지급금	99601 국민카드	4 제경비 관련 미지급금 발		180,000
☐	18	00001	차변	0813 기업업무추진비	05123 홈마트	2 일반 국내접대비	200,000	
☐	18	00001	대변	0253 미지급금	99601 국민카드	4 제경비 관련 미지급금 발		200,000
☐	19	00001	출금	0814 통신비	인터넷	3 정보통신료 지급	55,000	(현금)
☐	20	00001	차변	0814 통신비	전화요금	2 전화요금 보통예금인출	77,000	
☐	20	00001	대변	0103 보통예금	전화요금	7 제비용 지출 관련 예금결		77,000
☐	21	00001	출금	0814 통신비	우편요금	2 우편료 지급	27,000	(현금)
☐	22	00001	차변	0815 수도광열비	전기요금	7 전기요금 보통예금인출	165,000	
☐	22	00001	대변	0103 보통예금	전기요금	7 제비용 지출 관련 예금결		165,000
☐	23	00002	차변	0815 수도광열비	수도와 가스요금	5 상하수도료 보통예금인	274,000	
☐	23	00002	대변	0103 보통예금	수도와 가스요금	7 제비용 지출 관련 예금결		274,000
☐	24	00001	차변	0817 세금과공과	자동차세	7 자동차세 보통예금 이체	810,000	
☐	24	00001	대변	0103 보통예금	자동차세	7 제비용 지출 관련 예금결		810,000
☐	25	00001	차변	0817 세금과공과	재산세	8 세금과공과 보통예금 이	250,000	
☐	25	00001	대변	0103 보통예금	재산세	7 제비용 지출 관련 예금결		250,000
☐	26	00001	차변	0819 임차료	매장임차료	5 임차료지급시 수표발행	1,500,000	
☐	26	00001	대변	0103 보통예금	매장임차료	7 제비용 지출 관련 예금결		1,500,000
☐	27	00001	차변	0821 보험료	승용차 보험료	8월1일부터 차기 7월31일	720,000	
☐	27	00001	대변	0253 미지급금	99601 국민카드	4 제경비 관련 미지급금 발		720,000
☐	28	00001	차변	0821 보험료	매장 화재보험료	8월부터 차기 7월31일가.	360,000	
☐	28	00001	대변	0253 미지급금	99601 국민카드	4 제경비 관련 미지급금 발		360,000
				합 계			13,660,000	13,660,000

실습예제 [해설 및 입력 방법]('적요' 등록은 생략함)

6월 1일　차)　외상매출금　　　30,000,000　　대)　상품매출　　　　35,000,000
　　　　　　　　　현　　금　　　　5,000,000

입력순서 : 3(차변) – 외상매출금(거래처 : 금장상사) – 30,000,000 입력 – 3(차변) – 현금 – 5,000,000 입력 – 4(대변) – 상품매출 – 35,000,000 입력

6월 2일　차)　외상매출금　　　10,000,000　　대)　상품매출　　　　13,500,000
　　　　　　　　　받을어음　　　　3,500,000　　　　　현　　금　　　　150,000
　　　　　　　　　운 반 비　　　　150,000

입력순서 : 3(차변) – 외상매출금(거래처 : 동신상사) – 10,000,000　　입력 – 3(차변) – 받을어음(거래처 : 동신상사) – 3,500,000 입력 – 3(차변) – 운반비 – 150,000 입력 – 4(대변) – 상품매출 – 13,500,000 입력 – 4(대변) – 현금 150,000 입력

6월 3일　차)　외상매출금　　　3,500,000　　대)　상품매출　　　　5,000,000
　　　　　　　　　현　　금　　　　1,000,000
　　　　　　　　　선 수 금　　　　500,000

입력순서 : 3(차변) – 외상매출금(거래처 : 수민상사) – 3,500,000　입력 – 3(차변) – 선수금(거래처 : 수민상사) – 500,000 입력 – 3(차변) – 현금 – 1,000,000 입력 – 4(대변) – 상품매출 – 5,000,000 입력

6월 4일　차)　외상매입금　　　5,000,000　　대)　상품매출　　　　13,000,000
　　　　　　　　　받을어음　　　　8,000,000

입력순서 : 3(차변) – 외상매입금(거래처 : 동신상사) – 5,000,000　　입력 – 3(차변) – 받을어음(거래처 : 동신상사) – 8,000,000 입력 – 4(대변) – 상품매출 – 13,000,000 입력

6월 5일　차)　받을어음　　　15,000,000　　대)　상품매출　　　　16,300,000
　　　　　　　　　현　　금　　　　1,300,000

입력순서 : 3(차변) – 받을어음(거래처 : ㈜상우) – 15,000,000　입력 – 3(차변) – 현금 – 1,300,000　입력 – 4(대변) – 상품매출 – 16,300,000 입력

6월 6일　차)　받을어음　　　2,700,000　　대)　상품매출　　　　3,000,000
　　　　　　　　　선 수 금　　　　300,000

입력순서 : 3(차변) – 받을어음(거래처 : 금장상사) – 2,700,000 입력 – 3(차변) – 선수금(거래처 : 금장상사) – 300,000 입력 – 4(대변) – 상품매출 – 3,000,000 입력

7월 1일   차) 급   여   3,500,000   대) 보통예금   3,110,000
                                                예 수 금   390,000

입력순서 : 3(차변) – 급여 – 3,500,000 입력 – 4(대변) – 예수금 – 390,000 입력 – 4(대변) – 보통예금 – 3,110,000 입력
⇒ 원천징수 후 일정 기간에 국가 등에 납부하는 경우에는 예수금 계정으로 처리한다.

7월 2일   차) 잡   급   1,100,000   대) 현   금   1,100,000

입력순서 : 1(출금) – 잡급 – 1,100,000 입력
⇒ 직원에게 지급하는 급여와 일용직원에게 지급하는 지급은 다른 계정으로 처리한다.

7월 3일   차) 복리후생비   1,000,000   대) 미지급금   1,000,000

입력순서 : 3(차변) – 복리후생비 – 1,000,000 입력 – 4(대변) – 미지급금(거래처 : 국민카드) – 1,000,000 입력
⇒ 직원에게 급여 이외 지급하는 것은 복리후생비 계정으로 처리한다.
⇒ 업무 관련 비용을 사업카드(국민카드)로 결제하였을 때는 미지급금으로 회계처리한다.

7월 5일   차) 복리후생비   300,000   대) 미지급금   300,000

입력순서 : 3(차변) – 복리후생비 – 300,000 입력 – 4(대변) – 미지급금(거래처 : 한우촌식당) – 300,000 입력

7월 6일   차) 복리후생비   300,000   대) 현   금   300,000

입력순서 : 1(출금) – 복리후생비 – 300,000 입력

7월 15일   차) 여비교통비   12,000   대) 현   금   12,000

입력순서 : 1(출금) – 여비교통비 – 12,000 입력

7월 16일   차) 여비교통비   490,000   대) 가지급금   500,000
                현   금   10,000

입력순서 : 3(차변) – 여비교통비 – 490,000 입력 – 3(차변) – 현금 – 10,000 입력 – 4(대변) – 가지급금 – 500,000 입력
⇒ 가지급금에 대한 증빙이 제출되면 해당 항목으로 대체해야 하며, 출장 관련하여 발생한 항공료, 택시요금, 숙박비
   등은 여비교통비로 회계처리한다.

7월 17일   차) 기업업무추진비   80,000   대) 미지급금   80,000

입력순서 : 3(차변) – 기업업무추진비 – 80,000 입력 – 4(대변) – 미지급금(거래처 : 국민카드) – 80,000 입력

7월 18일   차) 기업업무추진비   200,000   대) 미지급금   200,000

입력순서 : 3(차변) – 기업업무추진비 – 200,000 입력 – 4(대변) – 미지급금(거래처 : 국민카드) – 200,000 입력

7월 19일   차) 통 신 비   50,000   대) 현   금   50,000

입력순서 : 1(출금) – 통신비 – 50,000 입력

7월 20일   차) 통 신 비   77,000   대) 보통예금   77,000

입력순서 : 3(차변) – 통신비 – 77,000 입력 – 4(대변) – 보통예금 – 77,000 입력

7월 21일　차)　통 신 비　　　27,000　대)　현　금　　　27,000
입력순서 : 1(출금) – 통신비 – 27,000 입력

7월 22일　차)　수도광열비　　　165,000　대)　보통예금　　　165,000
입력순서 : 3(차변) – 수도광열비 – 165,000 입력 – 4(대변) – 보통예금 – 165,000 입력

7월 23일　차)　수도광열비　　　150,000　대)　현　금　　　150,000
입력순서 : 1(출금) – 수도광열비 – 150,000 입력
⇒ 기업에서 사용하는 전기요금, 수도요금, 가스요금 등은 모두 수도광열비로 회계처리한다.

7월 24일　차)　세금과공과　　　310,000　대)　현　금　　　310,000
입력순서 : 1(출금) – 세금과공과 – 310,000 입력
⇒ 기업에서 부담하는 재산세, 자동차세, 면허세 등은 모두 세금과공과로 회계처리한다.

7월 25일　차)　세금과공과　　　250,000　대)　보통예금　　　250,000
입력순서 : 3(차변) – 세금과공과 – 250,000 입력 – 4(대변) – 보통예금 – 250,000 입력

7월 26일　차)　임 차 료　　　1,500,000　대)　당좌예금　　　1,500,000
입력순서 : 3(차변) – 임차료 – 1,500,000 입력 – 4(대변) – 당좌예금 – 1,500,000 입력

7월 27일　차)　보 험 료　　　720,000　대)　현　금　　　720,000
입력순서 : 1(출금) – 보험료 – 720,000 입력
⇒ 보험기간(8월 1일부터 7월 31일까지)을 적요로 등록하면, 결산과정에서 쉽게 계산할 수 있다.

7월 28일　차)　보 험 료　　　360,000　대)　현　금　　　360,000
입력순서 : 1(출금) – 보험료 – 360,000 입력
⇒ 보험기간(8월 1일부터 7월 31일까지)을 등록

8월 1일　차)　차량유지비　　　100,000　대)　미지급금　　　100,000
입력순서 : 3(차변) – 차량유지비 – 100,000 입력 – 4(대변) – 미지급금(거래처 : 국민카드) – 100,000 입력
⇒ 차량 관련 비용, 가령 주유비, 엔진오일 교체, 통행료 등은 모두 차량유지비로 회계처리한다.

8월 2일　차)　차량유지비　　　80,000　대)　현　금　　　80,000
입력순서 : 1(출금) – 차량유지비 – 80,000 입력

8월 3일　차)　차량유지비　　　23,000　대)　보통예금　　　23,000
입력순서 : 3(차변) – 차량유지비 – 23,000 입력 – 4(대변) – 보통예금 – 23,000 입력

8월 4일	차)	외상매출금	2,500,000	대)	상품매출	2,500,000
		운 반 비	50,000		현 금	50,000

입력순서 : 3(차변) – 외상매출금(거래처 : 현정상사) – 2,500,000 입력 – 3(차변) – 운반비 – 50,000 입력 – 4(대변) – 상품매출 – 2,500,000 입력 – 4(대변) – 현금 50,000 입력

8월 5일	차)	상 품	1,035,000	대)	외상매입금	1,000,000
					현 금	35,000

입력순서 : 3(차변) – 상품 – 1,035,000 입력 – 4(대변) – 외상매입금(거래처 : 금장상사) – 1,000,000 입력 – 4(대변) – 현금 35,000 입력
⇒ 매입할 때 발생한 운반비용은 취득원가에 가산하고, 판매할 때 발생한 운반비용은 운반비로 회계처리한다.

8월 6일	차)	소모품비	780,000	대)	미지급금	780,000

입력순서 : 3(차변) – 소모품비 – 780,000 입력 – 4(대변) – 미지급금(거래처 : 한일상사) – 780,000 입력
⇒ 거래처 신규등록 : 코드에 '+' 또는 '00000'을 입력하고 '한일상사' 입력하고 [Enter↵]를 누르면 보조화면 [거래처등록]인 나타나는데, 이때 거래처코드를 '400'으로 수정하여 등록하면 된다.

8월 7일	차)	소모품비	920,000	대)	현 금	920,000

입력순서 : 1(출금) – 소모품비 – 920,000 입력

8월 8일	차)	광고선전비	330,000	대)	현 금	330,000

입력순서 : 1(출금) – 광고선전비 – 330,000 입력

8월 9일	차)	광고선전비	250,000	대)	현 금	250,000

입력순서 : 1(출금) – 광고선전비 – 250,000 입력

8월 10일	차)	보통예금	5,250,000	대)	단기대여금	5,000,000
					이 자 수 익	250,000

입력순서 : 3(차변) – 보통예금 – 5,250,000 입력 – 4(대변) – 단기대여금(거래처 : 금장상사) – 5,000,000 입력 – 4(대변) – 이자수익 – 250,000 입력

8월 11일	차)	장기대여금	10,000,000	대)	보통예금	9,400,000
					이자수익	600,000

입력순서 : 3(차변) – 장기대여금(거래처 : 현정상사) – 10,000,000 입력 – 4(대변) – 보통예금 – 9,400,000 입력 – 4(대변) – 이자수익 – 600,000 입력
⇒ 선이자를 부채로도 인식할 수 있는데, 이 경우에 선수수익계정을 사용하여 회계처리한다.

9월 1일	차)	보통예금	2,400,000	대)	임 대 료	2,400,000

입력순서 : 3(차변) – 보통예금 – 2,400,000 입력 – 4(대변) – 임대료 – 2,400,000 입력
⇒ 임대 기간을 적요로 등록하면 향후 관리를 함에 있어 편리하다.

9월 2일　　차)　이자비용　　　　　120,000　　대)　보통예금　　　　　120,000
입력순서 : 3(차변) – 이자비용 – 120,000 입력 – 4(대변) – 보통예금 – 120,000 입력

9월 3일　　차)　보통예금　　　4,820,000　　대)　단기차입금　　　5,000,000
　　　　　　　　　이자비용　　　　 180,000
입력순서 : 3(차변) – 보통예금 – 4,820,000 입력 – 3(차변) – 이자비용 – 180,000 입력 – 4(대변) – 장기차입금(거래처 : 신망상사) – 5,000,000 입력

9월 5일　　차)　기 부 금　　　3,000,000　　대)　현　　　금　　　3,000,000
입력순서 : 1(출금) – 기부금 – 3,000,000 입력

9월 6일　　차)　기 부 금　　　　900,000　　대)　상　　　품　　　　900,000
입력순서 : 3(차변) – 기부금 – 900,000 입력 – 4(대변) – 상품**(적요 8 타계정으로 대체액 손익계산서 반영분)** – 900,000 입력

제11장 객관식 연습문제 답안

문제번호	1	2	3	4	5	6	7	8	9	10
정답	④	②	①	④	④	③	③	③	④	④
문제번호	11	12	13	14	15	16	17	18	19	20
정답	①	③	③	③	①	①	④	④	④	④
문제번호	21	22								
정답	②	④								

제12장 실습예제 **답안**

일반전표입력						6000 경인상사		계정 10기 2026-01-01~2026-12-31 _ □ X

⊗ 닫기   🖶 코드   🗑 삭제   🖨 인쇄   🔍 조회   ⟳ 최근 ⓘ 정보

≡ F3 자금관리 F4 복사 ▾ F6 검색 ▾ F7 카드매출 F8 적요수정 SF2 번호수정 CF5 삭제한데이터 CF8 전기분전표 CF9 전표삽입 SF5 일괄삭제 SF7 일일자금 SF12 메모 ⑦ 코드변환 ⑦ 기타 ▾

| 2026 년 12 ∨ 월 | 일 변경 현금잔액: | 39,938,000 | 대차차액: | |

□	일	번호	구분	계 정 과 목	거 래 처	적 요	차 변	대 변
□	31	00001	차변	0133 선급비용		4 지급임차료 선급비용 계	700,000	
□	31	00001	대변	0819 임차료		7 기간미경과분 계상		700,000
□	31	00002	차변	0133 선급비용		1 보험료 선급비용 계상	930,000	
□	31	00002	대변	0821 보험료		3 보험료의 선급비용대체		930,000
□	31	00003	차변	0901 이자수익		6 수입이자의 선수수익대체	180,000	
□	31	00003	대변	0263 선수수익		5 수입이자 선수액 계상		180,000
□	31	00004	차변	0904 임대료		6 기간미경과분 계상	600,000	
□	31	00004	대변	0263 선수수익		4 임대료 선수액 계상		600,000
□	31	00005	차변	0116 미수수익		6 대여금이자 미수계상	1,500,000	
□	31	00005	대변	0901 이자수익		5 대여금이자 미수액		1,500,000
□	31	00006	차변	0951 이자비용		2 차입금이자 미지급	700,000	
□	31	00006	대변	0262 미지급비용		8 차입금이자 미지급비용		700,000
□	31	00007	차변	0801 급여	12월분 급여	1 급여 미지급	2,800,000	
□	31	00007	대변	0262 미지급비용	12월분 급여	5 급여등 미지급비용 계상		2,800,000
□	31	00008	차변	0331 자본금		7 인출금에 따른 자본감소	500,000	
□	31	00008	대변	0338 인출금		8 인출금 잔액을 자본금과		500,000
□	31	00009	차변	0173 소모품		1 결산시점 미사용액	730,000	
□	31	00009	대변	0830 소모품비		6 소모품비의 소모품대체		730,000
□	31	00010	차변	0812 여비교통비		4 출장여비 지급	30,000	
□	31	00010	차변	0980 잡손실		1 현금과부족 원인불명	20,000	
□	31	00010	대변	0141 현금과부족		1 결산시점 정리		50,000
□	31	00011	차변	0107 단기매매증권	01103 (주)상우	6 결산시점 공정가치 평가	300,000	
□	31	00011	대변	0905 단기투자자산평가이익	(주)상우	1 공정가치 변동분 반영		300,000
□	31	00012	차변	0102 당좌예금	(주)상우	8 결산시점 잔액조정	52,483,000	
□	31	00012	대변	0260 단기차입금	98000 국민은행	8 당좌차월에서 대체액		52,483,000
			합 계				61,473,000	61,473,000

실습예제 [해설 및 입력 방법]('적요' 등록은 생략함)

1. 손익의 이연·예상

(1)   차) 선급비용   700,000   대) 임 차 료(판)   700,000
입력순서 : 3(차변) – 선급비용 – 700,000 입력 – 4(대변) – 임차료 – 700,000 입력

(2)   차) 선급비용   930,000   대) 보 험 료(판)   930,000
입력순서 : 3(차변) – 선급비용 – 930,000 입력 – 4(대변) – 임차료 – 930,000 입력

(3)   차) 이자수익   180,000   대) 선수수익   180,000
입력순서 : 3(차변) – 이자수익 – 180,000 입력 – 4(대변) – 선수수익 – 180,000 입력

(4)   차) 임 대 료   600,000   대) 선수수익   600,000
입력순서 : 3(차변) – 임대료 – 600,000 입력 – 4(대변) – 선수수익 – 600,000 입력

(5)   차) 미수수익   1,500,000   대) 이자수익   1,500,000
입력순서 : 3(차변) – 미수수익 – 1,500,000 입력 – 4(대변) – 이자수익 – 1,500,000 입력

⑹   차)   이자비용   700,000   대)   미지급비용   700,000

입력순서 : 3(차변) – 이자비용 – 700,000 입력 – 4(대변) – 미지급비용 – 700,000 입력

⑺   차)   급   여   2,800,000   대)   미지급비용   2,800,000

입력순서 : 3(차변) – 급여 – 2,800,000 입력 – 4(대변) – 미지급비용 – 2,800,000 입력

2. 인출금 정리

        차)   자 본 금   500,000   대)   인 출 금   500,000

입력순서 : 3(차변) – 자본금 – 500,000 입력 – 4(대변) – 인출금 – 500,000 입력

⇒ 인출금은 개인사업자에게 있어서 자본금을 환수한 것과 같은 결과를 가져오므로 '자본금' 계정으로 대체한다.

3. 소모품 정리

        차)   소 모 품   730,000   대)   소모품비   730,000

입력순서 : 3(차변) – 소모품 – 730,000 입력 – 4(대변) – 소모품비(판) – 730,000 입력

⇒ 합계잔액시산표에 '소모품비' 계정이 있으므로 소모품을 매입하면서 모두 비용으로 처리하였다는 것을 알 수 있다. 따라서 창고에 남아 있는 소모품은 비용으로 처리한 것 중 남아 있으므로 비용을 차감하는 회계처리를 해야 한다.

4. 현금과부족 정리

        차)   여비교통비   30,000   대)   현금과부족   50,000
                    잡 손 실   20,000

입력순서 : 3(차변) – 여비교통비(판) – 30,000 입력 – 3(차변) – 잡손실 – 20,000 입력 – 4(대변) – 현금과부족 – 50,000 입력

⇒ 합계잔액시산표에 '현금과부족' 계정은 임시계정으로 원인을 밝혀 대체 처리해야 하며, 원인이 밝혀지지 않을 때는 '잡손실' 또는 '잡이익'으로 회계처리를 해야 한다.

⇒ 주의해야 할 것은 결산시점에 장부금액과 현금시재액이 일치하지 않을 때는 '현금과부족' 계정을 사용하여 회계처리를 하지 않고, 바로 '잡손실' 또는 '잡이익'으로 회계처리한다.

5. 단기매매증권 평가

        차)   단기매매증권   300,000   대)   단기투자자산평가이익   300,000

입력순서 : 3(차변) – 단기매매증권 – 300,000 입력 – 4(대변) – 단기투자자산평가이익 – 300,000 입력

⇒ 단기매매증권은 결산시점에 공정가치로 평가하여 정보를 제공해야 한다. 따라서 공정가치와 장부금액을 비교하여 평가손익을 계상한다.

⇒ ㈜상우의 공정가치(8,500원×600주＝5,100,000)와 장부금액(8,000원×600주＝4,800,000)의 차이 300,000은 '단기투자자산평가이익'으로 회계처리한다. 만약 △인 경우에는 '단기투자자산평가손실'로 회계처리한다.

6. 당좌차월 정리

        차)   당좌예금   52,483,000   대)   단기차입금   52,483,000

입력순서 : 3(차변) – 당좌예금 – 52,483,000 입력 – 4(대변) – 단기차입금 – 52,483,000 입력

⇒ 합계잔액시산표의 당좌예금의 차변 금액인 △52,483,000원을 '단기차입금'으로 회계처리한다.

■ 저자약력

이 선 표

경인여자대학교 세무회계학과 교수(현)
전산세무회계 자격시험 운영위원(현)
중앙대학교 대학원 졸업(경영학박사)
한국세무학회, 한국회계정보학회, 한국회계학회 이사 역임
인천지방국세청, 계양세무서, 서인천세무서 위원회 위원 역임

저서) 회계의 이해 / 전산회계 / 법인세법의 이해 / 재산세제의 이해 외 다수
논문) 전산회계학습에 있어 챗GPT 활용방안 외 다수

챗GPT를 활용한 **기초전산회계**

초　　　판	: 2026년 1월 12일	
저　　　자	: 이 선 표	
발　행　인	: 허 병 관	
발　행　처	: 도서출판 어울림	
주　　　소	: 서울시 영등포구 양평동3가 14번지 이노플렉스 1301호	
전　　　화	: 02) 2232 - 8607, 8602	
팩　　　스	: 02) 2232 - 8608	
등　　　록	: 제2 - 4071호	

저자와의
협의하에
인지생략

ISBN　979 - 11 - 7616 - 000 - 1　13320　　　　　정 가 : 25,000 원

파본은 구입하신 서점이나 출판사에서 교환해 드립니다.